Je dédie ce livre à ceux qui m'ont aidé à devenir un vrai social-démocrate.

D'abord Jacques Boetsch
Georges Brutelle
Alain Savary
Pierre Mendès France
Ensuite Bruno Kreisky
Giorgio Napolitano
Puis Felipe Gonzalès
Enfin Olof Palme
Helmut Schmidt,

Car il établit

qu'en aucun cas les hommes, les femmes et les forces politiques qui tiennent le profit privé comme le meilleur régulateur possible des affaires du monde ne pourront dégager l'humanité des menaces qui l'assaillent,

et qu'il y faudra une orientation, des solutions et des pratiques d'inspiration sociale-démocrate.

Prologue

L'idée de ce livre commençait à peine à s'ébaucher dans ma cervelle et dans quelques conversations, que je butais déjà sur un problème de titre.

Fallait-il souligner la gravité profonde, trop souvent mésestimée, des évolutions mortelles qui nous menacent à terme – nous l'humanité – ?

C'était essentiel, et c'est un des propos majeurs du présent ouvrage.

Le risque aurait été alors de pousser à la désespérance, de laisser croire que le déclin est amorcé sans aucune possibilité de l'empêcher, ce qui n'est sans doute pas vrai et que la deuxième partie de ce gros volume s'acharne à démentir.

Alors, « halte au pessimisme » ou l'équivalent ? Le risque, là, était inverse. Une formulation de cet ordre, un peu trop floue sur l'importance des dangers qui s'amoncellent, risquait d'inciter à croire que les réponses sont connues et disponibles, et qu'il suffit de volonté et d'optimisme – un peu ou beaucoup – pour les mettre en œuvre, ce qui est encore plus faux peut-être. Il faut déjà une bonne dose tant d'optimisme que de volonté et surtout d'intelligence innovante pour esquisser et définir les issues possibles.

Le point d'interrogation est alors apparu comme l'outil grammatical de la solution. Mais où le placer ?

Le mettre à la fin du titre laissait fâcheusement supposer que le point restant ouvert était celui de savoir si c'est l'Occident seul ou l'humanité tout entière qui était en cours de suicide, la seule certitude implicite étant qu'un suicide est en train de se produire, ce qui n'est pas acquis non plus.

Même si elle est difficile, et peu évidente, une sortie positive reste possible. C'est même l'autre message essentiel de ce volume. D'où la répétition valant deuxième point d'interrogation placée dans le titre.

Ce livre n'est en aucun cas une œuvre scientifique, sociologique, ni économique, ni financière, ni politique, dans l'hypothèse où une telle science existerait. Aucun expert ou savant d'aucune de ces disciplines n'apprendra rien ici. Bien au contraire, beaucoup seront frustrés, voire irrités, de certains manques, de quelques approximations ou simplifications excessives, et surtout de la fermeté avec laquelle je prends parti dans des controverses pas encore clairement conclues scientifiquement, et contre quelques tabous qui ont la nécessaire vertu de nous rappeler fortement des évidences trop oubliées, mais l'inconvénient de pousser, le legs du passé étant ce qu'il est, à des solutions trop exigeantes et déséquilibrées, voire socialement et politiquement inacceptables, le respect strict de la niche écologique, les dangers de la croissance, l'efficacité du marché, les vertus propres de la sphère financière au-delà des services qu'elle rend à l'économie, notamment.

L'originalité du propos, voire son éventuelle utilité, tient à la juxtaposition et à la confrontation de tous ces dangers, et à l'essai de recherche de solutions les traitant sinon tous en même temps, du moins en fonction les uns des autres.

Bien loin en effet d'être une œuvre absolument rigoureuse, ce livre voudrait être un instrument de combat, une arme.

Car le premier résultat et le plus évident de cette convergence de tendances dangereuses est de laisser désarçonnés l'humanité, ses élites et ses responsables devant la simultanéité et surtout l'ampleur de difficultés qui dépassent largement la dimension habituelle, et par là traitable, des problèmes ordinairement mesurés et résolus dans le cadre des savoirs et des pratiques sectoriellement concernés. De là résulte le désarroi général conduisant tantôt au renoncement et à l'indifférence – c'est par exemple le cas de l'effet de serre aujourd'hui – ou à un pessimisme définitif et paralysant, devant le chômage et la précarité par exemple.

Parer aux dangers et aux drames exige donc d'abord de les comprendre, séparément et dans leurs interférences. C'est *grosso modo* l'objet de la première partie du livre, chapitres 1 à 8.

L'essentiel est la suite, engager les multiples combats qui vont permettre la sortie, et donc les décider.

Pour une part importante, mais peut-être pas dominante, du résultat final, ces décisions sont fragmentaires, individuelles, d'entreprises, ou de collectivités territoriales non souveraines. Le plus souvent, c'est de changements de comportements qu'il s'agit : consommer moins d'énergie, étanchéifier mieux les bâtiments en matière de calories ou de gaz à effet de serre, s'alimenter plus écologiquement, se déplacer en train ou en voitures électriques ou hybrides, et pour les collectivités privées ou publiques assurer la durabilité de leurs produits, limiter les déchets et la consommation d'énergie, donner priorité dans l'usage à ce qui est durable, réparable et biodégradable, etc. Sur tous ces sujets, l'avantage majeur, si fort et si visible d'ailleurs que déjà bien des comportements commencent à changer, est qu'entre les communautés scientifiques des différentes disciplines concernées et les pouvoirs publics, l'accord est fait. Le constat et le besoin de changement sont consensuels au point qu'ils sont publics et fréquemment rappelés par la presse.

Dans le cas des personnes privées, le comportement peut prendre une autre dimension, celle de l'action militante. On verra plus loin, chapitres 9 et 10 notamment, le nombre et la diversité des champs sur lesquels elle commence déjà fortement à s'exercer.

Essentiel aussi, voire plus encore, est le champ de la décision publique, locale, nationale, continentale et mondiale. Il n'y a pas lieu d'en faire mystère, c'est principalement à ce champ que le présent ouvrage est dédié. Mais en matière de décision publique, l'obstacle immédiat saute aux yeux, si elle impose un coût ou une contrainte la décision doit être non seulement légale – c'est le minimum absolu – mais autant que faire se peut légitime. La légitimité propre à l'organe décideur y suffit souvent, surtout lorsque l'on est dans le champ du banal et du déjà-vu. Si la mesure pèse lourd en coût ou en contrainte et qu'elle est nouvelle et inattendue ou incomprise, cette légitimité institutionnelle n'est pas suffisante. C'est naturellement le discours scientifique justificatif qui peut – doit – apporter le complément de légitimité nécessaire.

Or ces deux mondes, celui de la science et celui de la décision publique, sont profondément hétérogènes. Il n'y a science que là où le doute est préservé. Le consentement des pairs exprime l'accord sur la méthodologie et sur le respect des protocoles. Il n'implique pas que l'hypothèse étudiée soit la seule possible. L'affirmation d'une vérité scientifique découverte doit donc être formulée avec cette réserve. Si la matière est conflictuelle, et donc contestée, cette seule réserve affaiblit déjà la légitimité de la décision.

En outre, et depuis Hume, scientifiques et philosophes ont clairement établi que le monde de l'établissement des faits – la science – est étranger à celui de la fixation des normes – la décision publique donc la politique. On ne passe pas de l'un à l'autre.

De son côté, la décision publique ne prend sens que si elle est simple et nette. Elle ne peut s'accommoder de réserves, elle choisit et affirme, quelles que soient les incertitudes de la science au moment où elle est prise.

L'incertitude pesant sur la décision peut venir d'une autre source. Dans la multicrise actuelle, il est bien des problèmes dont les données ne peuvent être instruites par une seule discipline scientifique. Le plus fort exemple en est la question que tout le monde se pose : faut-il accélérer, ralentir ou même arrêter la croissance, alors qu'au vu des critères antérieurs elle est déjà dramatiquement insuffisante ? Les enjeux essentiels en sont le chômage et la précarité, dont le niveau actuel est de l'ordre de l'intolérable, et le réchauffement climatique pour cette raison évidente que dans les structures d'aujourd'hui on ne saurait avoir aucune croissance sans utilisation pour une large part d'énergie d'origine fossile productrice de CO_2, gaz à effet de serre, accélérateur de la menace de changement climatique.

À l'instruction de ce dossier doivent contribuer :

– La macroéconomie, mais son discours est incertain, fragilisé qu'il est par la controverse fracassante entre monétaristes et keynésiens.

– Les sciences dites sociales, dans toute la mesure où l'on ne saurait admettre que le chômage et la précarité relèvent exclusivement de la macroéconomie.

– L'écologie, quelque peu affaiblie par la controverse entre géologues et climatologues et sa dérive en un conflit entre les combattants contre l'effet de serre et les climato-sceptiques.

– La géologie et en son sein le domaine des énergéticiens, analystes aussi bien des mouvements de prix que de la dangerosité respective des différentes sources d'énergie.

Il est à peu près exclu qu'avec tant de parties prenantes aux paradigmes différents, la réflexion puis le débat puissent aboutir à un consensus scientifiquement accepté. Le choix final sera donc partial par nécessité et politique par nature. Il n'est guère probable qu'il puisse être couvert ou cautionné par un discours scientifique consensuel. Ce choix perdra donc en légitimité de ce fait, et ce manque ne pourra être compensé que par la clarté et la simplicité du discours politique expliquant les paramètres, les critères respectés et les raisons explicites des choix finalement faits en pleine partialité assumée.

Au-delà du doute principal que toute décision s'autorisant d'une conclusion scientifique doit respecter, au-delà d'une interdisciplinarité affaiblissant les paradigmes propres de chaque discipline, une troisième raison peut contribuer à aggraver encore les difficultés de la décision : le caractère douloureux des mesures à prendre. Celui-là inhibe beaucoup. De fait la coalition des intérêts contradictoires, refusant quelles qu'en soient les raisons toute aggravation des coûts, des prélèvements et des contraintes est inévitablement gagnante aussi longtemps que le débat n'a que le court terme pour horizon. La justification d'une mesure douloureuse est toujours proportionnée au degré de certitude que l'on a de la voir contribuer efficacement à la suppression d'un danger plus grand à plus long terme. Dans un univers médiatique où seuls l'actuel et l'immédiat ont droit de cité – je reviendrai sur ce point au chapitre 2 notamment –, il s'agit là d'un des défis les plus difficiles pour les décideurs. Le traitement commence par l'exigence minimale qu'ils en aient conscience et le disent.

Les conditions de préparation de la décision publique doivent en outre tenir compte du fait que les rapports entre les experts, les décideurs et l'opinion ne sont pas, tant s'en faut, de même nature selon les problèmes.

Sur l'effet de serre, en gros on sait. Il reste peu de gens pour nier la tendance au réchauffement sur période longue, ni la part qu'y prennent les gaz à effet de serre et notamment le dioxyde de carbone CO_2. L'opposition à agir vient principalement de l'immense puissance des intérêts liés aux énergies fossiles, à peine renforcés par le climato-scepticisme mais surtout appuyés par des intérêts nationaux eux-mêmes puissants, Russie et Arabie par exemple.

Sur la nature et le rythme de la croissance, dans leur relation avec le chômage et avec la consommation d'énergie productrice de gaz à effet de serre, on sait moins. La science économique, domaine où par définition devrait se dérouler ce débat, n'est actuellement guère en état de le porter.

Discréditée pour n'avoir en rien vu venir ni annoncé les multiples drames de l'ordre économique ou financier qui fondent les craintes actuelles, elle est en outre ravagée par la grande controverse entre les défenseurs de ses paradigmes monétaristes hérités de la période précédente et les artisans de la renaissance d'une pensée économique modernisée et plus globalisante, mais plus fidèle aux intuitions fondamentales du grand Keynes.

Le politique n'en est que plus esseulé pour décider, surtout si l'on n'oublie pas que laisser faire et ne pas décider, c'est aussi clairement décider en faveur du statu quo, et donc de la perpétuation des menaces.

Il est un troisième type de problèmes, encore plus inquiétant du point de vue du rapport avec une pensée scientifique seule capable d'aider le politique à éclairer et à légitimer ses choix.

Dans la multiplicité des menaces qui nous assaillent, trois, à peu près clairement, découlent des dysfonctionnements de la macroéconomie – la pérennisation du chômage et de la précarité, le désordre financier mondial et l'incertitude touchant la dette souveraine en Europe, donc en euros – et sont donc vues comme des corollaires mal ajustés d'un système dont le cœur reste accepté et indiscuté : compatibilité avec la liberté, efficacité, flexibilité et adaptabilité, le capitalisme resterait valide sauf à mieux traiter ses collatéraux, marché du travail, marchés financiers, relations dollar-euro.

Les autres menaces ne seraient liées à ce système qu'indirectement. L'effet de serre découle d'abord du gaz carbonique, qui lui-même ne doit sa production excédant celle de la nature qu'à notre activité, dont l'excès découle moins du capitalisme lui-même que du désir d'accumulation qu'il suscite et protège bien qu'il ne lui soit pas consubstantiel. Quant à l'évidente paralysie du politique, ce n'est que de manière indirecte qu'elle découle en partie des pressions que les intérêts financiers exercent sur les décisions, et de manière encore plus indirecte que le système médiatique, ne trouvant guère de profit à faire de l'information et de l'éducation, se réfugie vers le plus lucratif, l'immédiat et le divertissant, pervertissant ainsi gravement la démocratie.

Le basculement du monde lui-même de l'Occident vers l'Asie se fait dans des conditions à dominante économique, laissant l'impression rémanente un peu floue que ce serait l'économie occidentale, limitativement, qui serait en état de faiblesse, et que les économies asiatiques, elles, garderaient un potentiel intact. Et si ce n'était pas le cas ? Et s'il y avait au cœur du système un vice profond qui soit clairement la cause de la plupart de ses dérives, une composante structurelle déstabilisante et poussant à l'âpreté et à l'excès dans l'accumulation, que l'on retrouverait aussi bien en Chine qu'au fond du Japon et en Inde, comme au Brésil, aux États-Unis et en Europe ?

Le Club de Rome est une étrange institution, la seule au monde peut-être où l'on ne se réunit que pour penser, surtout pas pour se faire voir ou connaître – la liste des membres est inconnue – et qui prend la parole uniquement lorsqu'elle a quelque chose de vraiment important à dire, donc très rarement.

Son premier et jusqu'ici unique rapport a quarante ans tout juste (1972) et s'appelait « Halte à la croissance ». Il comportait bien sûr des inexactitudes et même des évaluations erronées de quelques tendances lourdes. Mais il fut le premier à tirer la sonnette d'alarme écologique et à appeler l'attention nécessaire sur la finitude de certaines ressources, l'asphyxie par les déchets, et le caractère mortel des risques de pollution chimique et biologique de la terre, de la mer et de l'air. La mise en garde demeure…

Quarante ans après – mais quoi d'autre a plus d'importance ? – le Club de Rome publie son deuxième rapport. Il s'appelle « Halte à la toute-puissance des banques ». Il plaide par la plume de son rédacteur adoubé, Bernard Lietaer, que tout système monétaire unique, centralisé, régulé par l'État, c'est-à-dire par un agent sans contrepoids économique, et qui émet sa monnaie en contrepartie d'une dette bancaire, donc d'un élément instable sinon volatil, est par nature d'une instabilité structurelle profonde et permanente. Dans la séquence où nous vivons des crises financières majeures qui s'enchaîneraient quasi tous les cinq ans, l'hypothèse apparaît forte, centrale même peut-être.

Si elle est confirmée, cela constituerait le plus puissant appel à décision publique venant de ces multiples sphères où l'on s'essaie à « penser la crise ». Mais que de tabous brisés, que d'intérêts puissants potentiellement violés ! Jusqu'ici, tant pour l'édition anglaise que pour la française, les *establishments* ont réussi à interdire tout intérêt et tout commentaire relatif à des idées aussi incongrues.

Il n'y a bien sûr d'autorité scientifique que collective. Dans le domaine de la doctrine monétaire, on peut considérer que le Club de Rome et son rapporteur Bernard Lietaer sont avec les institutions détentrices et conservatrices du savoir spécifique dans un rapport analogue à celui de Louis Pasteur avec l'académie de médecine, à l'époque tragique de ses tout premiers travaux, où même les esprits les plus ouverts n'osaient pas se dissocier des accusations, sarcasmes et insultes proférés par la science officielle contre ce bricoleur dont le non-respect des tabous frisait le blasphème.

C'est dire que devant une hypothèse de cette nature et de cette taille, peut-être la plus forte et la plus centrale parmi les innombrables présentées pour « expliquer la crise », aucun politique décisionnaire et audacieux ne recevra l'appui du monde intellectuel avant longtemps.

Cela ne revient en aucun cas à dire qu'elle soit fausse, moins encore à nier que sa prise en considération soit urgente.

J'aurais voulu préserver à ce livre une autorité scientifique indiscutée, je me serais bien gardé d'y faire allusion. Mais puisqu'il s'agit d'un combat, où toute arme nouvelle, même inhabituelle et non expérimentée, est bonne à considérer, il m'est apparu moralement impossible de ne pas mentionner cette hypothèse incertaine mais aux énormes conséquences. On la retrouvera chapitre 10.

Ici dans le prologue où je traite de l'incertitude de la validation scientifique des décisions en situation de crise, je ne peux que souligner la gravité de la solitude politique devant le problème et plaider pour le devoir d'ouvrir largement le champ de l'étude et de la réflexion comme celui de l'expérimentation partielle.

Dans le traitement de tous ces drames nouveaux et inconnus, si la validation par le savoir est un problème important, elle n'est pas le seul. L'état d'esprit dans lequel individus et collectivités abordent ces questions est fondateur de la manière de les traiter.

Or nous nous fourvoyons souvent. C'est un mot qui joue le rôle de « faux ami » et d'inducteur de méprise : « la crise ».

Ce mot sert aujourd'hui à évoquer, sinon à décrire à peu près n'importe quelle situation grave ou dangereuse, sans aucune allusion à sa soudaineté, sa profondeur ou son issue possible : en fait, l'emprunt de ce mot a été fait par les économistes à la médecine.

Nos grands dictionnaires sont d'accord. Pour l'Académie française, le mot est du XVe siècle, fut emprunté au latin médical « *crisis* », phase grave d'une maladie. Le sens figuré n'apparut qu'au XVIIe siècle. Pour le *Trésor de la langue française*, une crise est « un ensemble de phénomènes pathologiques se manifestant de façon brusque et intense, mais pendant une période limitée, et laissant prévoir un changement généralement décisif, en bien ou en mal, dans l'évolution de la maladie ».

La définition est donc claire et exigeante. Elle implique qu'il n'y a pas vraiment faute de langue à utiliser ce mot pour décrire des phénomènes aussi nettement typés que l'explosion du marché de la tulipe aux Pays-Bas de 1634 à 1637 avec le cortège de faillites qu'elle entraîne, ou encore la gigantesque faillite de la banque de John Law devenue banque d'État en France en décembre 1720. Les phénomènes pathologiques furent brusques et intenses, durèrent une période limitée, et provoquèrent un changement décisif, la disparition des opérateurs, mais ils n'affectèrent que ces opérateurs contaminés par la maladie, et non l'environnement général.

Mais lorsque le sens du mot dérive, et qu'en disparaissent la notion de soudaineté, celle d'intensité et surtout celle de durée limitée et brève du choc, tout change. Le mot de « crise » en effet est si associé à celui de « maladie » que son emploi laisse nettement penser que le locuteur sait parfaitement ce qu'est la non-crise, en l'espèce la santé, et plus généralement hors la médecine, la normalité.

Là est la connotation terrible. Pour les esprits contemporains, parler de crise implique clairement que l'on sait à quoi ressemble la sortie de crise, la normalité, et que l'on entend bien que le traitement de ladite crise vise à y revenir.

Or rien de ce qu'il nous faut observer, mesurer et comprendre ne correspond à un tel schéma. Sous bien des aspects, nous sommes en présence d'évolutions longues, lentes, progressives et irréversibles. Leurs résultats cumulés transforment profondément les conditions d'exercice des activités humaines de l'espèce, et abolissent tout espoir de voir l'état de choses antérieur réapparaître ou se restaurer. En fait il s'agit bel et bien de mutations, ce concept n'incorporant une notion de soudaineté que lorsqu'il s'applique au champ de la biologie. La différence d'approche est essentielle : on traite une crise comme une difficulté passagère en s'attendant clairement à revenir à la situation antérieure, on traite une mutation en inventant, et en apprenant des remèdes, des pratiques et des comportements nouveaux.

En outre l'amoncellement de difficultés multiples mais simultanées provoque une tendance évidente et compréhensible à parler au singulier. On dit « la crise » comme on dirait « le désordre ». Et voilà une nouvelle bonne raison de ne rien comprendre à ce qui se passe.

Pour être simultanées, et donc faire sentir leurs effets douloureux de matière convergente, ces différentes mutations n'en ont pas moins des origines ou des causes distinctes, le plus souvent étrangères les unes aux autres, et que l'on ne saurait traiter sans les isoler et analyser distinctement.

La simultanéité des dommages appelle à l'évidence la simultanéité des traitements, mais certainement pas pour autant leur polyvalence. La seule chose à laquelle on doive veiller est leur compatibilité, l'absence en tout cas d'effet inhibiteur ou destructeur mutuel.

Tel est donc l'esprit, et l'objectif de ce livre : tenter de distinguer toutes ces évolutions dangereuses, tenter aussi d'évoquer les pistes de réponses qu'elles appellent distinctement et bien sûr rechercher leur compatibilité.

Mais, on l'a vu tout au long de cette introduction, l'état actuel des savoirs connus sur nous-mêmes les humains, notre espèce, notre vie sociale et notre niche écologique, ne permet pas d'en déduire des réponses claires et convaincantes.

Bien des situations actuelles nous laissent perplexes. Or l'incertitude n'ouvre aucun droit à l'indécision. Le cas est trop fréquent de situations dans lesquelles l'inaction assure la poursuite ou l'aggravation de la détérioration à l'œuvre. Bien souvent les conclusions partielles des divers chapitres de ce livre sont des demandes d'action.

Je déborde ici largement le paquet de solutions proposées sur lesquelles un consensus scientifiquement fondé est possible.

Ce qui implique que je sois de parti pris. Loin de m'en cacher, je crois au contraire que l'affichage clair des partis pris majeurs est une condition de transmissibilité des solutions proposées et de partage des analyses.

Parmi les partis pris dont le choix s'est fait pour moi en dehors du champ de réflexion ouvert dans le présent livre et avant l'entreprise de sa rédaction, quelques-uns découlent à mes yeux des analyses de la raison.

Ils consistent alors à mettre un terme à certains doutes de nos contemporains sur les limites d'extension du champ de la raison :

– C'est la nature tout entière, humaine, animale, végétale et minérale, qui requiert notre attention, aux fins d'entretien et de préservation.

– La vocation des hommes et leur organisation sociale présente consistant à se diviser le travail, l'unique façon possible d'en mettre en commun les résultats est l'économie de marché. Aucune raison de principe ne peut la faire considérer stable, elle a besoin de régulation. Mais à l'évidence l'être humain ne peut vivre et se développer qu'en exerçant quotidiennement la liberté de ses faits, gestes et actes. Le champ de l'économie n'est pas le seul concerné mais c'est en son sein que s'assurent les fondements des libertés de base : acheter ce que l'on veut, à qui l'on veut, quand on le veut avec la possibilité de négocier le prix ou de peser dessus.

Même si le marché est indifférent au long terme, et aggravateur des inégalités, on ne lui a jamais trouvé de substitut acceptable. Ni les théocrates, ni les dictatures militaires, ni le communisme, qui l'ont tenté, ne l'ont pu. La cause est entendue. Cela clôt quelques pistes de réflexion imaginables devant l'ampleur des drames actuels.

– Les générations futures, et la pérennisation de leur niche écologique et de leurs ressources naturelles ont droit au même respect que notre propre génération.

– Dans l'état actuel, culturel et matériel, des inégalités parmi les hommes et de la priorité qu'ils donnent au bien-être matériel, toute décroissance est aggravatrice de drames sociaux. La décroissance voulue c'est la guerre civile, c'est donc un choix exclu.

– Enfin les enjeux liés à tous les changements qui surviennent appellent des désaccords d'analyse et même de principes et provoquent des conflits.

La recherche de la sortie de crise ne peut éviter d'appeler des combats. Ils seront politiques, sociaux, ici ou là militaires, produiront des dommages et des souffrances. On ne saurait pour autant les éviter, refuser d'engager ces combats eux-mêmes. Ce serait accepter le déclin de l'humanité.

À ces quelques principes, qui découlent pour moi d'un regard rationnel sur notre univers, s'en ajoutent quelques autres, tout aussi intangibles, mais dont la source est davantage une intime conviction de l'ordre éthique qu'un résultat de réflexion rationnelle :

– Refus absolu de provoquer ou donner la souffrance alors qu'elle apparaît surabondante dans la vie naturelle.

– Égalité absolue de la femme et de l'homme en matière d'identité, de dignité, de droit ou de respect malgré l'évidence d'une différence biologique que l'on ne saurait nier ni mettre en cause.

– L'animal est un être vivant sensible qui lui aussi mérite respect pour sa vie et sa souffrance.

– Créer de la matière vivante, ce que l'évolution de la science paraît devoir rendre possible dans quelques décennies, ouvre autant l'avenir à des monstruosités qu'à des progrès qualitatifs inimaginables… L'Humanité ne saurait se le permettre.

Tel est me semble-t-il sur le doute, sur le savoir et sur les principes intangibles, le bagage intellectuel nécessaire pour engager le voyage exploratoire dans les menaces de changement du monde auquel vous convie ce livre.

Chapitre 1

De terribles mutations enchevêtrées ou l'espèce humaine à la vaine recherche de la stabilité

La date de l'émergence de notre tribu homo sapiens sapiens fait doute. Elle serait vieille d'entre 50 000 et 100 000 ans. On ne lui découvre une histoire repérable qu'à partir du moment où elle se sédentarise, il y a de cela 7 000 à 8 000 ans.

Dès que c'est le cas, au-delà de sa propre survie alimentaire, le premier besoin qu'elle assure et affiche est celui de la stabilité de son organisation sociale. Lorsque les techniques d'utilisation des ressources et le régime alimentaire n'évoluent pas ou guère, il n'y a pas de difficulté majeure mais il n'en est que plus essentiel de formaliser la pérennisation des règles du mariage et des successions, du statut de la femme, des procédures de sélection des chefs et de la propriété des terres. La stabilité de la structure économique permet celle des rapports sociaux, essentielle à l'harmonie durable de la vie collective. Ce sont le plus souvent les religions qui vont se faire gardiennes de cette pérennisation des codes sociaux, de ce fait rigidifiés et solennisés.

Pendant six millénaires, l'économie ne change guère. L'alimentation est assurée par l'agriculture sédentaire et un élevage peu mobile au-delà de quelques transhumances. Le nomadisme est marginalisé. La transformation manuelle, artisanale donc, de quelques sous-produits : les peaux, les os, le bois, la laine, le coton, le lin, permettent de répondre à d'autres usages : s'habiller, se loger, se chauffer. Les premiers métaux que l'on découvre et que l'on sait utiliser sont d'abord – l'or et l'argent – d'usage décoratif et monétaire, puis – fer, cuivre, bronze – permettent de fabriquer des outils résistants. Quelques inventions techniques, la roue, les moulins à eau et à vent, le collier de cheval rigide permettent d'améliorer les rendements et par là les conditions de vie. Rien de tout cela n'est assez massif pour modifier l'équilibre social. Les chefs guerroient pour élargir leurs possessions, il n'y a pas de quoi modifier les structures profondes de la société. Les longues périodes de prospérité avec guerres petites et peu dévastatrices sont rares. Mais elles permettent – Haute Égypte, Mésopotamie, Europe à la fin du Moyen Âge et Chine aussi largement –, en séquences distinctes, l'émergence d'activités de l'esprit, de l'ordre de l'art ou de la pensée, qui définiront ce que l'on appelle aujourd'hui civilisation. Les rapports sociaux sont stables et n'évoluent que peu. Les religions et leurs Églises veillent avec vigilance contre le changement. La société s'affirme dans un besoin de stabilité et de continuité.

La difficile saga que l'on découvrira dans les pages qui suivent et qui concerne les maux et les inquiétudes de l'humanité du XXe siècle est, pour l'essentiel, une affaire d'instabilités. Car le développement est le facteur majeur de changements radicaux.

Ce que l'on appelle le développement découle d'innovations techniques importantes et largement accessibles à une grande partie de la population. Lorsque surviennent de telles conjonctions d'événements, la répartition des richesses change comme change aussi la nature des activités quotidiennes des hommes. Cela entraîne inévitablement des modifications des rapports entre hommes et femmes, entre parents et enfants, entre chefs et subordonnés. Voilà qui est trop pour les grandes religions qui voient toutes leur autorité vaciller et, de ce fait, les valeurs de la civilisation qu'elles pensent incarner mises en cause. Toutes se crispent, rigidifient et dogmatisent leurs croyances et les comportements sociaux qui en découlent. Bien des États font de même.

En Chine, au XVe siècle, un empereur va jusqu'à fermer les frontières et interdire sous peine de mort toute construction de navires, afin de préserver l'esprit du peuple de Chine de toute contagion avec ces Européens brutaux, divisés entre eux et trop amoureux de l'argent rendu plus abondant par le développement commençant... D'autres facteurs jouent dans le même sens, et la Chine s'endort pour cinq siècles. Son actuel réveil fait partie des problèmes redoutables d'aujourd'hui.

En judaïté, la crispation sur les dits de la Torah et sur ses prescriptions pour la vie quotidienne est plus absolue encore s'il se peut. Mais son peuple est sans foyer. C'est chez les autres, en diaspora, que les juifs découvriront le développement et en assimileront pratiques, comportements et façons d'être. Leur liberté d'action et de pensée, leur marge d'initiative, n'en seront que plus grandes.

En Islam, après l'éblouissement par la pensée, l'art et la science que suscitaient les califats des XIIIe et XIVe siècles, l'ossification religieuse traduit la crispation résultant de la constatation que le développement commençait au nord de la Méditerranée et pas chez eux. Les pouvoirs politiques, affaiblis de ce fait, resserrent leur relation avec les autorités religieuses pour confirmer leur légitimité à pérenniser autoritairement dogmes et conduites sociales. Dans les siècles suivants, tous les penseurs réformateurs seront tués ou réduits au silence et à l'impuissance. L'Islam manque ainsi son rendez-vous avec le développement.

C'est en chrétienté que le double mouvement d'invention de techniques nouvelles et d'appropriation de ces techniques par une large part de la population est le plus puissant. De plus, il se produit en une période où l'excès de richesse, des mœurs dissolues et des pratiques blasphématoires – la vente des indulgences par exemple – ont largement déconsidéré l'Église catholique. Les réformateurs sont écoutés. Bien au-delà de la théologie, la pensée de certains d'entre eux s'étend à la société tout entière. L'un d'eux, Jean Calvin, en tant que pasteur président de son conseil presbytéral, se trouve chef d'État *in partibus* à Genève. Théologien, il réitère la condamnation du prêt à intérêt formulée par toutes les grandes religions du Livre. Mais, chef d'État, il lui faut, pour des raisons séculières, nourrir son peuple et créer des emplois. Un nouveau boulanger ne pourra vendre du pain qu'après avoir acheté une échoppe, un four et de la farine. Si le prêt de consommation est devoir de charité, sur lequel il serait blasphématoire de s'enrichir comme le pensent toutes les religions du Livre, le prêt de production, lui, est nécessité sociale et, de ce fait, agréable à Dieu. Le vent réformateur souffle fort, de nombreux princes se convertissent, en Allemagne, aux Provinces Unies des Pays-Bas, en Suède, en Angleterre et par là dans les colonies anglaises d'Amérique du Nord. Pour des raisons tantôt politiques, tantôt matrimoniales et tantôt militaires, ces princes réformés construisent des lieux de pouvoir échappant à la domination de l'Église. De plus, le changement technique le plus considérable de la période contribue grandement à leur soutien : c'est l'imprimerie.

Naissance du capitalisme

Ainsi naît ce que l'on appellera un peu plus tard le capitalisme, interdit en d'autres lieux et par d'autres dieux... En fait il ajoute au marché inventé depuis largement plus de trois mille ans en Chine, en Grèce, à Rome, cette idée décisive que les épargnants peuvent non seulement acheter des biens et des services, mais aussi contribuer à l'investissement.

Mais on s'aperçoit assez vite que ce système est par nature instable : on l'a vu dans l'introduction, la crise néerlandaise de la tulipe date de 1637, et la faillite française Law de 1720... L'instabilité s'aggrave et devient structurelle lorsque le marché assimile et incorpore deux outils nouveaux qui permettent de passer de l'échange entre personnes privées à l'échange entre groupes, la machine à vapeur qui pour la première fois permet de faire travailler ensemble beaucoup d'hommes et de femmes sur la même source d'énergie, et la société anonyme qui permet d'associer beaucoup d'épargnants au même projet économique en lui assurant son capital. Le nouveau système prend là son nom, capitalisme, et aggrave son instabilité structurelle par la mise en jeu d'unités de grande taille et plus seulement d'individus isolés.

D'ampleur très variable, les crises surviennent à peu près tous les dix ans. Celle de 1907 inquiète sérieusement. Mais toutes sont courtes et après quelques faillites le système repart de plus belle, sans changement. Une nouvelle crise, à dominante boursière comme les autres, éclate en 1929. Plus grosse, elle est plus dangereuse. Elle est traitée de manière stupide, totalement contre-performante par les pouvoirs publics de l'époque, qui avaient à peu près ignoré les précédentes. De ce fait, le krach boursier devient une profonde récession. En Grande-Bretagne, aux États-Unis et en Allemagne, tous en état de plein-emploi en 1928, près d'une centaine de millions d'hommes tombent dans un chômage sans issue et sans ressources. Il arrive que l'on meure de faim. Le résultat le plus notable de cet épisode complexe est politique comme il se doit : c'est l'élection d'Adolf Hitler comme chancelier d'Allemagne. Le coût est une guerre, qui devient mondiale et provoque 50 millions de morts. Après la fin de cette immense tuerie, l'accord est général entre le monde communiste, le tiers-monde et l'Occident au moins sur un point : le responsable majeur de la guerre est l'instabilité du capitalisme.

Mais comment faire ? La doctrine est bien incertaine. Au final et après plus de quinze ans de tâtonnements, d'expériences et de controverses un peu partout en Europe et en Amérique du Nord – temps de guerre compris –, ce sont les intuitions de trois puissants génies, un industriel, un fonctionnaire financier et un économiste qui vont rallier le consensus et convaincre les pays développés, le Japon les rejoignant assez vite, de conjuguer leurs techniques.

Historiquement, le premier est l'industriel américain Henry Ford. Devenu très jeune le plus gros industriel du monde, il trouve d'abord que la reprise de l'économie après la Première Guerre mondiale est un peu lente, puis pense que le volume et la régularité du pouvoir d'achat sont les clés d'une consommation dynamique, et de ce fait invente et met en place le système des « Cinq jours de travail payés six » pour alimenter le pouvoir d'achat de ses salariés. Il résume un peu plus tard sa vision dans la forte formule « Je paye mes salariés pour qu'ils m'achètent mes voitures. »

Le deuxième est un haut fonctionnaire des finances britanniques, John Maynard Keynes, qui finira lord. Au regard de la crise de 1929-1932, il élargit et systématise l'intuition de Ford. Ce sont bien le volume et la régularité du pouvoir d'achat qui assurent ceux de la consommation, le marché étant instable. Au cas de ralentissement, de crise par exemple au vrai sens du terme, l'État est fondé à injecter dans l'économie, par la dépense publique, le pouvoir d'achat qui lui manque, quitte à se rembourser de sa dette par l'impôt dans les périodes favorables.

Le troisième est aussi un Anglais, William Beveridge, économiste du travail. Sa spécialité est l'amélioration de la condition salariale par les techniques de l'assurance. En 1942, en pleine guerre, il publie un gros rapport plaidant que la généralisation des retraites, des assurances maladie et chômage constituent un vrai soulagement de la dureté de la condition ouvrière, mais surtout que de telles institutions contribueraient en outre fortement à stabiliser le système. Si un tiers ou un quart du revenu des familles est assuré par ce système et non par le marché, il échappe à l'effet de crise.

On publie, on débat, on imite, on se copie. À Bretton Woods en 1944, une conférence mondiale adopte un système de paiements internationaux assurant approximativement la stabilité des changes. Tous les États développent chez eux de la protection sociale, et tous encouragent patrons et salariés à négocier une évolution des salaires aussi proche que possible de celle de la productivité. Tous, surtout, pratiquent des politiques keynésiennes, notamment en matière internationale.

Le résultat est inouï. Il est encore la référence à laquelle on mesure l'excellence perdue. Pendant à peu près trente ans, tous les pays des démocraties développées, Amérique du Nord, Europe, Japon, Océanie connaissent une croissance économique d'une rapidité stupéfiante, inconnue jusqu'ici dans l'Histoire, 5 % par an en moyenne. Cette croissance est en outre étonnamment régulière. Le plein-emploi est général sur toute la période. Les revenus privés croissent bien sûr, et ceux des États aussi. Toutes les puissances publiques sont à l'aise, voire florissantes : partout on investit en biens publics et développe la protection sociale. Enfin, les crises économiques et financières ont disparu : la dernière datait de 1929, la prochaine grande vient en 1991. L'économiste français Jean Fourastié appelle cette période fabuleuse « les Trente Glorieuses ».

Dans les pays qui connaissent cette aventure, dits développés, le volume de richesse produit chaque année est multiplié par 4,5 en moins de trente ans. Pour un cinquième de l'humanité, le travail productif de chacun ne permet plus seulement, comme il l'a fait depuis six mille ans, de se nourrir, s'habiller, se chauffer et se transporter mais aussi, innovation inouïe, de développer des soins personnels médicaux ou esthétiques, et mieux encore de disposer de moyens pour améliorer l'usage du temps libre : sports, pratiques culturelles, voyages, découverte de savoirs...

Tous les comportements sociaux sont bouleversés. Les trois grandes religions du Livre, nées ailleurs mais toutes concernées, voient leur influence s'affaiblir profondément dans ces zones.

Le plus extraordinaire est sans doute la longue stabilité de cet état de choses. Il n'y a plus de crises, alors qu'elles étaient quasi décennales...

Très clairement c'est là l'effet des puissants stabilisateurs du capitalisme imaginés, mis en place et généralisés après la guerre : salaires en hausse maximale possible parce que quasi indexés sur la productivité – l'intuition de Ford ; politiques économiques et financières publiques vouées à déjouer les crises – l'intuition de Keynes ; qualité de vie assurée chez les inactifs par la protection sociale – l'intuition de Beveridge. Le seul grand politique ayant manifesté quelque pressentiment préalable à ce sujet est Bismarck.

En fait, tout bien considéré, ces trois stabilisateurs reviennent, chacun à sa manière et sans qu'on l'ait noté, à mettre des limites au développement de l'activité et de l'accumulation capitalistes.

Or le vrai génie du capitalisme, son innovation peut-être la plus révolutionnaire, fut d'abolir toute limite à l'action des hommes, à son champ et à ses résultats. Assez vite, une convergence s'observe entre les fondateurs de la pensée économique, Vauban puis Quesnay ensuite et surtout Smith, Malthus, Ricardo et Mill, sur les paramètres centraux qui régissent le champ de ce qui va être la science économique. Cet acquiescement se formula à peu près ainsi par la suite, ni Smith, ni Mill n'étaient allés aussi loin :

– les ressources sont illimitées ;

– la nature a un considérable pouvoir réparateur et reconstituant ;

– il n'y a pas de limite physique à la croissance.

Ces trois aphorismes avaient quelque chose d'esthétique dans leur simplicité, et avaient surtout l'énorme avantage de fonder en légitimité l'espoir d'accumuler des fortunes illimitées. Les classes moyennes des pays développés nourrirent un véritable engouement pour un pareil système. Certes il est instable, mais les mécanismes stabilisateurs mis en place un peu partout fonctionnaient bien. Les crises avaient disparu. L'on se sentait en sécurité.

Reste que la protection sociale enlevait à la médecine et à l'assurance des pans entiers de l'économie de marché. Reste que l'incorporation de la politique anticrise et de la protection sociale dans la fiscalité va la faire changer d'échelle pour le désagrément des classes moyennes supérieures. Reste, enfin, qu'une politique assumée de hauts salaires systématiques ampute d'autant l'espoir de dividendes, le rêve de la nouvelle couche de nantis sécrétée par le capitalisme.

La revanche du capitalisme contre la stabilité

C'est dans la décennie 1960 que de nouveaux théoriciens, Hayek, puis surtout Milton Friedman, reprenant une intuition au fond peu commentée et peu étayée d'Adam Smith parlant de la main invisible du marché, donnèrent de la force logique et du lustre à un nouveau corps de doctrine économique, nommé le monétarisme et faisant de l'économie une science autonome ne relevant ni de contraintes naturelles ni non plus de contraintes découlant de l'organisation sociale des hommes. Le marché est autoéquilibrant, tout équilibre de marché est optimal. Il est demandé à la puissance publique de ne pas intervenir par la taxation, la réglementation ou la subvention pour laisser se faire ces équilibres souhaitables. Le profit maximal résultant de ces équilibres et de cette vision est à la fois un résultat souhaitable, une addition au volume de carburant – le profit – qui fait marcher le système, et une confirmation de son bon fonctionnement. Les prix Nobel d'économie viennent : Hayek en 1974, Friedman en 1976, puis douze autres. Moins sous son vrai nom, le monétarisme, que sous des noms inadaptés tels l'ultralibéralisme ou le néolibéralisme, le système fait un triomphe d'opinion comme n'en a jamais obtenu aucune doctrine économique. Il s'empare des façons de penser et y demeure aujourd'hui fortement présent aux États-Unis, en Grande-Bretagne, au Japon, aux Pays-Bas, au Fonds monétaire international, à la Banque mondiale, épisodiquement en Espagne, en Italie, partiellement en Allemagne, et dans quelques pays de l'ex-tiers monde à commencer par l'Inde.

L'émergence de cette doctrine aurait pourtant dû donner à penser sérieusement, plus qu'on ne l'a fait, pour plusieurs raisons.

La première est cette étrange affirmation d'une filiation libérale. Le libéralisme, méthode philosophique née au XVIIIe siècle, affirme clairement, tant en politique qu'en économie, que la liberté dont il se veut défenseur et porte-parole s'affirme d'autant plus nettement que les bornes – les conditions dans lesquelles celle de chacun peut nuire à celle d'autrui – en sont bien définies, et qu'il appartient à la loi de le faire. Il est étranger au libéralisme de concevoir une quelconque activité humaine, le fonctionnement du marché par exemple, qui doive et puisse échapper à toute règle. Au demeurant, Quesnay était médecin, Smith philosophe moraliste, Malthus pasteur et Mill, philosophe lui aussi, logicien, tous sont demandeurs de règles… Le monétarisme n'est pas un libéralisme, ni néo ni ultra. C'est une pensée autre, ayant peut-être quelque chose à voir avec l'anarchisme et potentiellement dangereuse.

La deuxième raison est qu'il y a quelque chose de profondément choquant dans le caractère absolu et lucidement explicite de la façon dont l'économie, sous prétexte de rigueur scientifique, décide d'exclure de son champ la nature et l'éthique.

Pour la nature, c'est de toute éternité. Le caractère marginal de l'activité des hommes jusque-là, par rapport à elle, son indéniable pouvoir réparateur et reconstituant, et l'apparente illimitation de ses ressources sont relevés depuis toujours. Seul, à ma connaissance, Karl Marx laisse échapper dans une note de travail, vers 1860, que nous n'avons aucun droit sur la nature et qu'il nous appartient de la restituer à nos enfants qui ont autant de droits sur elle que nous, dans l'état où nous l'avons trouvée.

On ne peut plus dire dans les années 1960 et 1970 que les activités des hommes sont indifférentes à la nature, et moins encore que leurs prélèvements de ressources soient négligeables. Il y a là errance de la science économique, jury du prix Nobel compris.

L'oubli de l'éthique est aussi clair, et aussi discutable. Science des relations quantifiées entre les hommes, l'économie entend se saisir de toute activité à portée de mesure de la monnaie. Pour être criminelle, l'économie criminelle n'en est pas moins de l'économie. Faite de transactions à base financière, la prostitution a sa place dans le produit intérieur brut. Puisqu'on ne sait compter dans ce dernier que des flux mais pas des stocks, tout accident est une bénédiction, la perte de capital ne se comptant pas, on ne comptera que la réparation ou le renouvellement. Et puisque la nature n'existe pas, le PIB ne peut qu'ignorer déchets, pollutions et prélèvements abusifs. Et ne parlons naturellement pas des industries d'armement. Nos instruments d'information et de pilotage sont moralement dévoyés.

Léon Walras, par exemple, est l'un des grands économistes qui se soit permis les commentaires les plus explicites à cet égard.

Ajoutons enfin qu'il n'y a dans cette pensée économique aucune mise en garde, aucune allusion même à la démesure.

Il n'est pas seulement choquant, il est encore plus étonnant qu'un tel corps de préjugés malsains et dangereux ait accompagné si longtemps et si tard une pensée économique qui se voulait scientifique en même temps que respectable.

Car c'est au début de la décennie 1970 que les coups de tonnerre annonciateurs des grands drames qui nous assaillent aujourd'hui se font successivement entendre et que notre vieux rêve de stabilité se découvre menacé.

1971, 1972, 1973. Il faut se souvenir de ces trois années symboliquement maléfiques : elles annoncent d'immenses et redoutables changements du monde, en gestation.

1971. Richard Nixon, président des États-Unis, décide en août la rupture du lien fixe entre le dollar et l'or. Il met ainsi fin au régime de changes fixes qui tenait depuis quelque vingt-six ans, et pousse par là le monde dans un désordre monétaire massif dont il n'est pas sorti depuis. Tout devient instable, prix des matières, taux d'intérêt et cours des changes. Pour se protéger de cette volatilité, la finance invente d'innombrables procédures et montages dont le résultat final aujourd'hui est une aggravation de la menace de krach général. J'y reviens au chapitre 3.

1972. « Halte à la croissance ? », le premier rapport du Club de Rome, et unique jusqu'en 2012, est publié cette année-là. Il pousse un cri d'alarme sur les rapports de l'homme avec la nature. Bien des ressources sont limitées, les déchets atteignent un volume dangereusement toxique, les pollutions chimiques et biologiques menacent la vie elle-même, la biodiversité étant déjà largement en danger. On n'a pas encore, au moment de cette publication, pleine conscience de l'aggravation de l'effet de serre par l'excès de production de gaz carbonique, cela ne viendra que plus tard. Mais la question centrale de la préservation de notre niche écologique est enfin fortement et clairement posée, même si c'est au prix de quelques erreurs monumentales. Je reviendrai sur tout cela au chapitre 5.

Avant d'explorer plus avant, au paragraphe suivant, la suite des transformations du marché du travail amorcées en 1972, et pour en terminer avec la charge symbolique de ces trois années terribles, 1971, 1972 et 1973, il faut rappeler ici que 1973 est l'année du premier choc pétrolier. Venant après le décrochage des marchés de premier achat, il n'a guère de valeur causale dans tout cela. Mais, ouvrant l'ère de l'énergie chère, même s'il est neutralisé en peu d'années par la hausse générale des prix, et parce que ses effets sont renforcés par le deuxième choc de 1979, il est un des signes de ce que tout change. Le prix en consommation énergétique de 1 % de croissance va quadrupler en moins d'une décennie. L'énergie bon marché est derrière nous, c'est une altération majeure et définitive dans le fonctionnement du système, une mutation, en aucun cas une crise.

Le marché du travail et le dramatique triomphe des actionnaires

1972 doit se rappeler à nos mémoires pour une tout autre raison. Elle marque le début de la période où s'enregistre un affaiblissement du dynamisme du capitalisme, un effet de maturité pourrait-on dire. Plus clairement, 1972 est l'année où en Europe occidentale – le changement de rythme statistique est un peu moins nettement daté aux États-Unis – la vente d'automobiles, qui tirait toute l'économie mondiale développée depuis le début du siècle, passe d'un marché de premier achat (90 % de la population adulte en possédant) à un marché de renouvellement, à la croissance évidemment moins rapide. À quelques années près, il en va de même des pièces maîtresses de l'électroménager blanc (machine à laver le linge) et brun (télévision en noir et blanc). Jamais les industries de l'informatique et des télécommunications, qui prennent la suite en dynamisme, n'atteindront un volume d'activité suffisant pour compenser. L'ère du plein-emploi tire à sa fin. La chose est d'autant plus flagrante que ce début des années 1970 est aussi marqué par l'apparition de deux autres phénomènes.

L'un est le ralentissement, le quasi-arrêt en fait, du mouvement à peu près séculaire qui entraînait, dans tous les pays développés, une baisse lente et progressive de la durée du travail, à des rythmes analogues chez tous. En la comptant par année pour occulter l'effet de durées variables des congés annuels, elle était passée de quelque 4 000 heures par an vers 1850 à 3 000 environ au tournant du siècle, à 2 000 à peu près pendant les années qui précèdent et qui suivent la Deuxième Guerre mondiale, reprenant ensuite le mouvement de baisse pour se stabiliser entre 1 700 et 1 800 heures dans à peu près tous les pays vers 1970-1980.

Le capitalisme apparaît donc pendant ces cent vingt ans comme un système de plein-emploi permanent hors les crises. Ce résultat fut permis par une baisse de la durée du travail de l'ordre de 60 % durant la période. Cette baisse avait été partout spontanée, en fait négociée entre employeurs et travailleurs. Un seul pays, la France, avait mêlé la loi à ce processus, avec au demeurant des résultats fort peu convaincants.

Les causes de cet arrêt sont mal établies, en fait peu connues. Tout semble s'être passé comme si les syndicats de salariés avaient une grande réticence à descendre au-dessous de 40 heures par semaine, seuil en dessous duquel il devenait difficile de préserver le principe défensif selon lequel le salaire était avant tout le revenu d'un chef de famille chargé d'enfants. Toujours est-il que, conjugué avec l'évolution évoquée précédemment, cet arrêt de la baisse entraîne l'apparition d'un chômage structurel durable et massif, qui progressera en deux ou trois décennies jusque vers 5 à 10 % de la population active dans tous les pays développés.

Cette situation va s'aggraver d'autant plus que, deuxième phénomène évoqué ci-dessus, commence à faire sentir ses effets une évolution d'une tout autre nature. Il était évident, et en outre accepté, qu'une politique de hauts salaires systématiques amputait les profits possibles des entreprises et donc les dividendes versés aux actionnaires. Isolés les uns des autres, ceux-ci n'y pouvaient rien. Mais le système est efficace, les revenus progressent et l'actionnariat s'élargit. L'on place même en actions l'épargne préservée pour la retraite. Des fonds de pension se créent pour gérer la chose. De là découle l'idée simple de se faire représenter collectivement dans les assemblées générales des sociétés où le fonds a placé le capital de ses épargnants. La méthode est efficace, le système progresse très vite. Dans les décennies 1970 à 2000, des fonds de pension multiples, nés partout en pays développés sauf en France à cause des caractéristiques du système de retraites, prennent des positions importantes, souvent des minorités de blocage, parfois des majorités, dans toutes les entreprises multinationales importantes de la planète. Cette technique de groupement d'actionnaires se révèle si efficace qu'elle va être recopiée pour des usages bien différents, fonds d'investissement, et même fonds d'arbitrage, les seuls qui aient curieusement gardé en langue française leur nom de baptême anglais : *hedge funds*. Nous avons clairement quitté l'ère des managers pour entrer dans celle des actionnaires. Le quasi-doublement en guère plus de trente ans, en Amérique du Nord, Europe, Japon et Océanie du prélèvement actionnarial sur la richesse produite est très nettement l'évolution macroéconomique la plus fondamentale survenue depuis longtemps. Cela change beaucoup de comportements.

C'est en assemblée générale de société que sonne d'abord, et toujours, la chasse aux dépenses amputant « illégitimement » le dividende. La première phase s'est rendue visible sous le nom de valse des PDG. Elle a visé bien sûr les frais de représentation, les dépenses de recherche propres à l'entreprise mais bien sûr aussi l'ensemble des coûts de main-d'œuvre. La technique consistant à menacer en AG puis à changer les PDG pour des plus rapaces est vite complétée par une autre, l'offre publique d'achat, OPA, par laquelle un investisseur extérieur fait l'offre aux actionnaires d'une entreprise de leur racheter leurs actions à un prix supérieur à celui du marché, la fondant sur son intention d'écrémer les dépenses « inutiles » de la société.

Les licenciements pleuvent. Le mot clef est « externalisation » : il évoque la technique consistant à placer beaucoup de tâches peu qualifiées à l'extérieur de l'entreprise, en les sous-traitant (entretien, maintenance, propreté, services annexes, fabrication de multiples composants simples) à des sociétés extérieures, assez petites pour être faiblement syndiquées, et non-filiales de groupes puissants. On peut alors revoir les contrats de fourniture aussi souvent que possible pour baisser leurs prix. Les PME sous-traitantes craquent mais peu importe, la maison mère s'est délestée d'une grande partie de son personnel. Les opérations qui aboutissent à cela, bien vues de la Bourse, commentées dans la presse, s'appellent des restructurations. C'est dans ces conditions que la norme salariale de base a cessé d'être le CDI, contrat à durée indéterminée, pour devenir le contrat à durée déterminée CDD. Cela peut inclure le temps partiel non choisi. Le travail devient précaire, les « petits boulots » se multiplient prenant toutes les formes, y compris le travail au noir – auquel incite une telle situation. Les chefs de PME sous-traitantes ne peuvent plus rien garantir.

Très diverse, mal définie, la précarité est difficile à mesurer, donc peu connue. La limite n'est guère apparente entre un CDD à durée courte et salaire de misère, et un CDD pour des mois avec salaire décent et possibilité de renouvellement. La précarité n'est décrite et mesurée, en général, qu'une ou deux fois l'an, dans des études compliquées peu comparables entre elles dans le temps, ni surtout internationalement. Étant peu connue, elle a l'immense vertu que l'on n'en parle guère. Et pourtant tout ce que l'on sait confirme qu'aux États-Unis, en Europe et au Japon elle concerne de 10 à 25 % de la population active, peut-être un peu davantage au Japon et en Grande-Bretagne, 3 à 5 fois le volume du chômage.

Cette désorganisation du marché du travail est le fait majeur du XXe siècle finissant. Il est directement lié à la violence civile urbaine, au malaise des banlieues, au désarroi politique que traduisent à la fois la montée de l'abstentionnisme et celle des partis extrémistes. Tout cela naturellement s'ajoute au chômage. Ce dernier, connu depuis longtemps, mesuré tous les mois, objet d'administration, partiellement compensé, fait l'objet de commentaires constants, il est quasiment intégré au « socialement acceptable ». Le système reste ce qu'il est, cruel par nature : il est fréquent que le cours de Bourse d'une action de société augmente fortement lorsqu'est annoncé un plan de licenciement massif.

La précarisation du travail reste largement en dehors du statistiquement connu. Elle se lit à d'autres signes.

L'OCDE a publié en 2010 un calcul qui cumule les résultats macroéconomiques de 15 de ses États membres. Sur les trente années de 1976 à 2006, la part des salaires dans le PIB (y compris les salaires « indirects », c'est-à-dire la protection sociale), qui était encore de 67,3 % en 1980, est tombée à 57,3 % en 2006 soit exactement 10 % de moins, un bon millier de milliards d'euros. Tout cet argent, toute cette richesse produite, qui en cumulé sur la période approche sans doute les 100 à 200 trillions d'euros (on appelle trillion, T, la nouvelle unité monétaire utile de 1 000 milliards d'euros ou de dollars selon ce qu'on mesure…) n'est pas venu grandir la part des impôts dans le PIB, restée au total approximativement stable. Elle est venue grossir la catégorie multiple et diverse du profit. Nous retrouverons ces sommes et le rôle qu'elles jouent au chapitre 3.

Mais avant d'explorer le monde de la finance, séjournons encore un peu dans celui des hommes et des entreprises de l'économie réelle. Le choc énorme que j'évoque en ce moment se rend visible à d'autres résultats.

Comptablement d'abord. L'exemple de la France est probant comme chez les autres : la part des dividendes dans l'agrégat « résultats des entreprises » est passée d'environ 8 % du total vers 1980 à 15 % vers 2010. Le solde s'appelle précarité.

De manière comportementale ensuite. Je veux évoquer ici deux attitudes nouvelles qui n'ont guère elles-mêmes de résultats macroéconomiques repérables, mais qui laissent présager de bien funestes conséquences.

À la Bourse de Londres, on a pu calculer que pendant la période des Trente Glorieuses évoquée ci-dessus, la durée moyenne de détention d'une action de société par le même propriétaire était de l'ordre de sept ans. En 2005-2006, juste avant la crise financière (dernières années de mesure), elle était tombée à moins d'un an. Aux dernières nouvelles, et trading ultrarapide informatisé compris, on en serait à douze secondes ! On n'est plus actionnaire par intérêt et confiance dans une entreprise, on est actionnaire pour spéculer… Le vrai corps des propriétaires d'une entreprise ne la connaît guère, et n'a plus la légitimité pour la diriger, ce qu'il continue pourtant à faire. En cas de crise profonde, tout cela peut devenir extrêmement grave.

Un autre comportement nouveau de cette fin de siècle est illustratif aussi de cette séparation entre la réalité de l'entreprise, collectivité productrice de richesse, et le système de droits et de positions rendant possible l'enrichissement illimité. Il s'agit de la rémunération des dirigeants d'entreprise.

Dans la décennie 1920, Henry Ford, toujours lui car il est superbement emblématique, répétait souvent une tirade qui disait à peu près ceci : « Pour bien fonctionner, le capitalisme a besoin de n'être soumis qu'à très peu de règles. En contrepartie il se doit de respecter une éthique forte. À ce titre, il n'est pas bon qu'un chef d'entreprise – industrielle ou financière – se rémunère plus de quarante fois le salaire moyen qu'il paie à tous ceux qui sont sous ses ordres. »

Lui-même s'appliquait cette règle qui, au demeurant, a été la norme usuelle du capitalisme dès sa naissance au XIXe siècle, et l'est restée pendant l'entre-deux-guerres et pendant les Trente Glorieuses soit pendant plus de cent trente ans.

C'est à partir de la décennie 1980 que l'on s'en écarte, et de plus en plus fortement. L'idée est venue des milieux financiers : tout chef d'entreprise industrielle est fondé à avoir une réticence à durcir beaucoup le traitement qu'il fait subir à ses employés, il faut donc l'y inciter. On va assister alors à l'invention de diverses procédures, la plus connue étant les « stock-options », pour augmenter fortement le revenu des dirigeants opérationnels des entreprises, mais en le faisant dépendre du cours de la Bourse. De ce fait, en une trentaine d'années, le revenu moyen des présidents-directeurs généraux et de leurs plus proches collaborateurs passe d'une quarantaine de fois le salaire moyen de tous les personnels commandés à plusieurs centaines. Cela se complète de retraites stupéfiantes, de primes de départ représentant plusieurs dizaines d'années de SMIC (salaire minimum interprofessionnel de croissance).

Non seulement cette évolution a pour résultat de faire passer les chefs d'entreprises industrielles et financières dans une catégorie sociale à l'importance numérique nouvelle, les « très riches », ainsi coupés de toutes relations sociales normales avec le reste des vivants, mais elle crée surtout une situation dans laquelle la rémunération n'a plus aucun rapport rationnel explicable et quantifiable avec la compétence, la responsabilité, le risque pris, ou la qualité de la gestion. Le système devient arbitraire et n'est plus défendable par quiconque. Il devient fragile car il perd l'essentiel de sa légitimité.

En outre et enfin, cette indexation de revenus énormes sur les cours de la Bourse attire l'attention des dirigeants sur la volatilité quotidienne de celle-ci, sur l'importance de publier des résultats fréquemment, trimestriellement aujourd'hui, et l'éloigne de l'avenir long, des projets et des stratégies à mûrissement progressif... Comme en outre, de restructuration en restructuration les unités productives de base changent de rattachement et de nom très fréquemment, la masse des travailleurs ne sait plus pour quels propriétaires elle travaille et moins encore à quelle entreprise doit s'attacher sa conscience professionnelle. L'entreprise elle-même, en cette affaire, perd autant que la dignité humaine.

Résultats de cette longue évolution commencée voici trente ans : le marché du travail est un champ de ruines, toutes les entreprises importantes du monde développé sont engagées dans un « Monopoly » planétaire où leurs différents départements et structures changent de main fréquemment, il n'y a plus de vision longue pour ces unités aux propriétaires volatiles. La masse salariale dans l'ensemble de l'OCDE a diminué de 10 % ou un peu plus, de 67 vers 57 % du PIB, ce qui implique que 200 à 300 trillions de dollars en cumulé sur la période ont quitté le champ de l'économie réelle pour celui des marchés financiers spéculatifs. La croissance n'est plus assurée par une consommation désormais stagnante. Les pays qui conservent une certaine croissance ralentie, 1 à 2 % du PIB, la financent par l'émission monétaire à tout-va, principalement les États-Unis et la Grande-Bretagne, ce qui augmente le volume des liquidités monétaires oisives, en attente de spéculation, que la Banque des règlements internationaux chiffrait en 2011 à 750 trillions de dollars.

Tout cela n'a rien à voir avec une crise, c'est un gigantesque changement de nature du capitalisme.

Pour leur malheur, les pays développés qui ont subi cette évolution en subissent d'autres aussi, dans la même période, aux causes différentes, mais qui cumulent leurs effets dommageables et souvent concernent aussi d'autres pays, émergents ou sous-développés. Il convient d'en établir la liste, car chacune de ces évolutions distinctes appelle des traitements différents dont il faut espérer cumuler les effets en évitant que certains de leurs éléments ne soient contradictoires.

Les évolutions multiples et différentes qui frappent le monde en ce tournant du millénaire

Il y a quelque chose de terrifiant dans la redoutable accumulation que l'on va recenser ici. Le mot de malédiction vient aux lèvres. Découvrant cette convergence de tendances dangereuses depuis une quarantaine d'années, certains seraient tentés d'y voir l'effet de taches solaires particulièrement actives, ou d'une conjonction de planètes inhabituellement défavorable dans notre ciel astrologique... Bien loin de telles interprétations, je pense au contraire que s'il y a un élément commun à tout cela, c'est bien l'état de maturité finissante de ce système capitaliste qui nous régit. Car enfin, même le réchauffement climatique est un produit de notre industrie, et la diffusion et l'intensification de la violence tant civile qu'étatique sont puissamment aidées par l'extraordinaire perfectionnement – en nature et en quantité – de notre production d'armes.

Quoi qu'il en soit, et facteur commun ou pas, cet observateur attentif qu'est Henry Kissinger a dit, au début de 2012 : « Jamais au cours de l'histoire une seule génération n'a, comme la nôtre, eu à faire face à autant de défis différents et dangereux à la fois. »

Car le drame de la croissance et de l'emploi qui vient d'être évoqué se complique et s'aggrave de beaucoup d'autres qui n'ont parfois avec lui qu'un rapport lointain.

La finance

La période des Trente Glorieuses avait un cadre financier international stable. Le système dit de « l'étalon de change or » adopté à Bretton Woods en 1944 assurait en gros, à quelques dévaluations durement négociées près, la stabilité mondiale des cours de change des monnaies.

Très vite cependant, les États-Unis profitèrent du rôle dominant assumé par le dollar dans ce système, pour se permettre des déficits budgétaires considérables. Ils ont par exemple mis en place les débuts d'un vaste système de protection sociale – Medicare, Medicaid et les premières retraites publiques – sans lui assurer un financement spécifique et suffisant. Très vite ensuite vint la guerre du Vietnam, dont la conduite à la manière industrielle des États-Unis les amène à augmenter encore massivement leur déficit budgétaire et par là leur endettement. Au cours de l'année 1971, le Trésor américain fut hors d'état de continuer à acheter l'or offert par d'autres pays au prix fixé en 1944 de 35 dollars l'once. Plutôt que de chercher à équilibrer ses budgets sociaux et moins encore à mettre une fin rapide à la guerre du Vietnam, le président Richard Nixon décida en août 1971 de rompre le lien entre le dollar et l'or. Toutes les monnaies devinrent flottantes et le monde est entré cette année-là dans un désordre et une volatilité financière où il est toujours, depuis quarante-deux ans maintenant.

Tout devint flottant : les prix des produits, les taux d'intérêt et les cours de change.

Industriels et commerçants, notamment ceux qui avaient métier de fabriquer ou d'échanger des produits complexes longs à faire, cherchèrent à s'assurer contre ce nouvel aléa. La « science financière » prit alors un vigoureux essor et inventa notamment l'idée d'ajouter aux contrats commerciaux classiques – achat de quantités annoncées de produits de qualité définie – des « contrats annexes » décidant de la date de la transaction et de son prix. C'était en quelque sorte une assurance prix à quelques mois ou quelques années d'échéance. Ces contrats annexes furent appelés produits dérivés. Les marchés ont alors eu l'idée assez stupéfiante de séparer les contrats annexes des contrats principaux et de se mettre à faire commerce des promesses de prix en tant que telles.

Les objets de ce commerce n'avaient plus dès lors aucun rapport avec l'économie réelle, et perdaient de ce fait les pesanteurs et les limites quantitatives qu'implique le fait de faire commerce avec de l'acier, du maïs, des voitures automobiles ou même des services réels. De nombreux marchés se sont ouverts à ces produits dérivés, certains s'y sont spécialisés. La doctrine dominante, le monétarisme, évoquée ci-dessus, plaidant que le marché est autoéquilibrant, et que tout équilibre de marché – fût-il financier, mais la doctrine ne le précise pas – est optimal, toutes les autorités de contrôle ont laissé se créer et même encouragé la multiplication de ces marchés. En outre, la même doctrine – pour des raisons de lutte contre l'inflation – avait condamné l'émission de monnaie par les banques centrales, et ostensiblement préféré l'émission de monnaie par les banques privées, ce à quoi les gouvernements n'ont point vu de mal. Il n'y a donc plus eu de limite au volume de liquidités que pouvaient produire des établissements non contrôlés sur ce point, et cela dans le dessein dominant d'alimenter des marchés financiers extérieurs à toute économie réelle.

Depuis la mise en place de l'étalon de change-or en 1944, et surtout depuis une loi Roosevelt de 1933 (Glass Steagall Act) séparant absolument, pour sortir de la crise, les établissements gérant des dépôts de ceux qui finançaient des risques, le monde n'avait plus jamais connu de crise financière, pendant plus de soixante ans. Mais avec le nouveau règne des produits dérivés, cette sécurité a disparu : un commerce financier massif voyait s'échanger des titres appuyés chacun sur l'engagement d'un financier.

C'est ainsi que le monde de la finance retrouva de manière illimitée la possibilité de spéculer. On trouvera chapitre 3 le rappel des grandes catastrophes successives qui en résultèrent. Or depuis la dernière de ces grandes crises – subprimes et titrisations 2006-2008 –, le monde a été incapable d'effectuer les réformes profondes nécessaires, et de ce fait, la menace demeure d'une explosion globale de cette bulle financière mondiale, grosse plusieurs fois comme celle de 2006-2008, avec ce facteur aggravant que la limitation du drame par l'appel aux contribuables, qui a marché une fois en 2009 et 2010, ne fonctionnera pas deux : ni les gouvernements ni les parlements n'ont la légitimité ni le courage de renouveler une opération pareille... L'explosion menace toujours, il n'y manque qu'un détonateur. On peut aussi bien l'imaginer à propos de Taïwan que des archipels contestés de la mer de Chine ou encore des folies nucléaires de la Corée du Nord, voire des désordres cumulatifs du grand Moyen-Orient, ou aussi bien d'une implosion de l'euro.

Les dettes souveraines et l'euro

La doctrine monétariste s'est emparée du pilotage du monde dans les décennies 1970 et 1980, par les ralliements successifs des élites et des gouvernements des États-Unis, de la Grande-Bretagne, du Japon puis de beaucoup d'autres, et surtout par celui du Fonds monétaire international.

Son premier champ de bataille avait été la lutte contre l'inflation, domaine dans lequel elle a en fait rendu de vrais services. Cependant parmi ses travaux figurait cette observation que les banques centrales nationales, émettrices des monnaies nationales, étaient trop soumises à leurs gouvernements, par ailleurs trop peu rigoureux. On en arriva à l'idée de leur interdire l'émission de monnaie, pour la confier aux banques privées. Ainsi s'explique en grande partie l'excès dangereux de liquidités évoqué ci-dessus. Cette interdiction est même formalisée de manière particulièrement claire dans les statuts de la Banque centrale européenne, à qui les prêts directs aux États sont interdits.

Résultat : les puissances publiques ne peuvent financer leur trésorerie que par appel direct aux marchés financiers et aux banques, donc à des taux non favorisés.

Ce corpus doctrinal emporte avec lui une autre conséquence : c'est l'encouragement à l'endettement. Pour les personnes privées et les entreprises, l'insuffisance de ressources ne saurait être un frein à la consommation ni à l'investissement, qui sont les clés de la croissance. Depuis près de trois décennies maintenant aux États-Unis et en Grande-Bretagne, terres d'expérience les plus achevées du monétarisme et où le salaire réel moyen stagne, tant en niveau qu'en masse, l'endettement privé s'est énormément développé au point de devenir l'un des moteurs de la croissance. Il représentait aux États-Unis en 2006 de l'ordre de 40 % du revenu total des ménages.

La même doctrine exigeant par ailleurs, toujours pour encourager l'investissement privé, un abaissement massif des impôts sur les classes moyennes et supérieures, tous les États développés contemporains sombrent à des degrés divers dans un déficit budgétaire massif et permanent. Il sera traité par l'endettement public sur le marché, aux taux du marché. Dans les États aux exécutifs les plus faibles, États-Unis et l'essentiel de l'Europe du Sud, on en est arrivé à des taux d'endettement excessifs et dangereux.

C'est au milieu de ces évolutions fragilisant les États que, derrière Jacques Delors, François Mitterrand et Helmut Kohl, les fédéralistes européens remportent leur dernière grande victoire, la création d'une monnaie commune, l'euro. Comptablement opérationnelle depuis 1998, celle-ci a pris la forme effective de pièces et de billets en circulation au tournant du millénaire.

Mais la mise en place de l'euro fut une décision parfaitement politique, prise pour des raisons géopolitiques. L'expérience acquise par la Communauté économique européenne montrait que le cadre du traité de Rome permettait l'intégration économique croissante, et par là un surcroît de croissance, à plus d'une vingtaine de pays sans pour autant qu'ils aient besoin d'une monnaie unique. Celle-ci, en revanche, était utile pour protéger l'Europe des conséquences de la volatilité du dollar et de l'absence de contrepoids à sa domination monétaire dans le monde. Le lancement de l'euro fut un grand succès. Il devint très vite la deuxième monnaie du monde, tant en matière de transactions que de dépôts gérés et même, un peu plus tard, la première pour les émissions d'obligations d'État.

Mais la négociation qui aboutit à sa création et à sa mise en place dut se faire entre la vingtaine de nations membres de l'Union européenne à l'époque, c'est-à-dire y compris certaines nations telles le Royaume-Uni, le Danemark et la Suède, plutôt hostiles à l'idée, et en tout cas résolues à n'y participer à aucun prix. De ce fait, à côté de la nécessaire Banque centrale acceptée tout de même, il fut impossible de créer un système de gouvernance politique commun aux États choisissant d'entrer dans la zone monétaire commune. Pour la même raison, il fut même fixé un plafond et des limitations strictes aux opérations que la Banque centrale européenne pouvait effectuer seule.

C'est dans cette situation que survient en 2006-2008 la gigantesque crise bancaire évoquée ci-dessus. Elle fut traitée, on l'a vu, par un appel généralisé des États à la garantie publique, et donc pour partie aux contribuables, afin d'éviter qu'un effondrement bancaire trop général ne provoque, comme en 1930, une profonde récession.

Résultat, les déficits budgétaires de beaucoup d'États se sont aggravés d'autant, notamment en Europe. Des risques de défaut de paiement sont nettement apparus pour l'Irlande et la Grèce, un peu plus tard et un peu moins nettement pour le Portugal et l'Espagne. Même l'Italie, et à un moindre degré la France, sont devenues fragiles.

Or la dette publique de ces États est en euros. Or la BCE n'a pas le droit de les aider... Les créanciers ne peuvent faire le détail : une dette en euros est une dette de l'euro. Point. Un défaut de paiement dans la zone aurait des conséquences cataclysmiques menaçant même jusqu'à l'existence de cette monnaie « fédérale ». Sa disparition probable a d'ailleurs été annoncée par bien des commentateurs... Le monde de la finance comprend très vite qu'il peut y avoir là une sorte de détonateur pour l'immense bulle financière évoquée ci-dessus, qui peut exploser n'importe quand et qui est dix fois grosse comme le marché des changes autour de l'euro...

Cette crainte considérable et fondée explique que les milieux européens depuis plus de trois ans aient consacré beaucoup de temps et de travail à l'élaboration puis à l'adoption de plans de sauvetage successifs, de l'Irlande d'abord, de la Grèce ensuite, en même temps qu'à des programmes d'appui au Portugal et à l'Espagne.

Au début de ces travaux, Mme Merkel et l'Allemagne affichaient une extrême raideur, dont le résultat fut de limiter le volume des efforts consentis. De ce fait ils ne furent guère suffisants et il fallut y revenir.

Ainsi furent créés le Fonds européen de stabilité financière, puis le mécanisme européen de stabilité. La BCE a manifesté dès l'origine une conscience beaucoup plus aiguë de ces enjeux que les gouvernements des États membres. Les gouverneurs Jean-Claude Trichet puis surtout Mario Draghi ont très tôt affirmé qu'il n'était pas question de laisser survenir une crise de l'euro, et qu'il n'y avait donc pas de limites à la solidarité nécessaire. Le consentement allemand fut d'abord réticent, mais l'Allemagne elle-même observant la baisse de ses exportations chez ses voisins européens en récession s'est trouvée conduite à soutenir dans la zone euro des politiques moins récessives demandées aussi par la BCE.

Nous en sommes là. Le problème est loin d'être résolu mais il s'est estompé. Le risque est aujourd'hui moins immédiat et urgent qu'il ne l'était il y a deux ans. La tornade peut cependant se redéclencher n'importe quand, à partir d'un incident financier ou politique, ou par exemple des résultats d'une élection générale que les opérateurs et les marchés jugeraient générateurs d'incertitude.

Après le chômage et la précarité, la désorganisation financière mondiale, l'incertitude sur la stabilité et l'avenir de l'euro est donc la troisième de ces évolutions redoutables qui menacent l'humanité actuelle de ravages économiques et sociaux inconnus. Certes, le danger concerne d'abord directement les Européens. Mais une implosion de l'euro serait un détonateur mondial.

La niche écologique en danger : pollutions et réchauffement climatique

Les évolutions inquiétantes pour l'humanité contemporaine ne relèvent pas seulement de l'ordre économique et financier. Il en est d'autres.

Ce chapitre introductif a pour principal objet l'inventaire de ces situations, pour en relever tout à la fois la diversité, la gravité et aussi la nouveauté. Résultant dans certains cas seulement de l'intensification inhabituelle de phénomènes déjà connus, comme le chômage évoqué ci-dessus ou la violence civile ci-dessous, cette nouveauté peut découler aussi de ce que la tendance en cause était totalement inconnue jusqu'ici dans l'histoire humaine. C'est cet ensemble, simultanéité, diversité, gravité et nouveauté qui rend ces tendances si difficiles à combattre pour une humanité qui n'en a ni l'habitude ni même la connaissance et qui peine à s'en donner les moyens.

À l'évidence cette liste doit inclure les menaces qui pèsent sur la pérennité des conditions qui rendent la vie possible dans notre niche écologique, c'est-à-dire sur notre planète, la « terre patrie » comme l'appelle Edgar Morin. Je reviendrai chapitre 5 plus en détail sur ce sujet.

Il suffit ici de rappeler :

– que malgré de timides efforts, l'accumulation de déchets toxiques continue sur la planète ;

– que la pollution chimique et biologique est en aggravation constante ;

– que la désertification d'immenses surfaces de terres qui furent labourables ne ralentit pas, notamment en Afrique ;

– que la biodiversité reste menacée comme elle ne l'a jamais été. Des milliers d'espèces disparaissent chaque année ;

– que si le Club de Rome avait anticipé de manière peut-être un peu rapide l'épuisement de certaines ressources naturelles, l'inquiétude demeure pour quelques autres. La plus redoutable menace repérée, inconnue à l'époque, concerne une ressource vivante essentielle : le poisson. L'incapacité de la communauté internationale à coopérer autour d'accords efficaces pour limiter la surpêche et pour protéger les espèces menacées entraîne des disparitions massives, locales sinon générales. La morue, dans le nord-ouest atlantique (Terre-Neuve, Saint-Pierre et Miquelon), en est l'exemple le plus notoire mais sûrement pas le seul ni le plus important. C'est de tous les océans que le thon rouge disparaît progressivement.

Le plus grand expert de ces questions est le Canadien Philippe Cury. L'un de ses livres, publié en français par Calmann-Lévy en 2008, est titré : *Une mer sans poissons ?*

L'acidification des eaux des océans – qu'elle provienne du réchauffement climatique ou directement de nos émissions de CO_2 – vient aggraver brutalement cette menace. Et un gros quart de l'humanité sinon davantage a le poisson comme élément principal de son régime alimentaire ;

– enfin, que tout effort de coordination internationale sérieux pour tenter de limiter le réchauffement climatique dans le monde entier a jusqu'à présent échoué. Le cinquième rapport du GIEC, sorti au début de l'automne 2013, affine ces diagnostics et laisse entendre qu'il est peu probable que la hausse moyenne de la température mondiale soit, en fin de siècle, inférieure à 2 degrés centigrades, alors que ce seuil de dangerosité tolérable est repéré depuis deux décennies. De même il n'est guère probable que la hausse du niveau des océans à la fin du siècle par rapport à aujourd'hui reste inférieure à 80 centimètres, niveau généralement considéré comme celui de la tolérabilité.

Il y a dans tout cela quelque chose de terrifiant. Et pourtant, les 193 nations existant au monde n'en concluent pas à la nécessité de se donner une organisation et une discipline communes pour y faire face, loin s'en faut.

Bien au contraire, au-delà des menaces relevées jusqu'ici, qui d'une certaine manière pourraient être qualifiées de « techniques », apparaissent d'autres risques, qui eux relèvent clairement de la façon dont les nations se conduisent, et de leur persistant refus d'une coopération mondiale efficace.

Le basculement du monde

Toutes les tendances lourdes qui affectent actuellement le destin de l'humanité ne sont pas nécessairement des menaces par elles-mêmes. Elles ne le deviendraient qu'en cas de mauvais traitement.

C'est à l'évidence le cas d'une des plus fortes et des plus évidentes à l'œuvre actuellement : le basculement du monde.

Dans beaucoup des drames et des difficultés que nous évoquons, le facteur majeur est notre mode d'organisation économique, le capitalisme. Son émergence a commencé il y a quatre siècles dont deux siècles d'existence à plein régime. Il est né en Occident, il est occidental. Pendant ces quatre ou cinq derniers siècles, l'Occident a dominé le monde. Cela se terminera dans trente ans à peu près. Dès le milieu de l'actuel siècle, la moitié de la production mondiale de biens ou de services sera faite en Asie, la moitié du commerce mondial aura l'Asie comme émetteur ou destinataire. L'immense Chine sera l'entraîneur d'un bloc où s'inscrivent l'Inde, l'Indonésie, le Japon, les Philippines, le Vietnam et bien d'autres. L'Asie sera dominante à l'Organisation mondiale du commerce et peut-être aussi au FMI, sinon au Conseil de sécurité.

Le moins que l'on puisse dire est que nous n'en avons pas l'habitude. Nous avons humilié voire colonisé beaucoup de ces pays. Il y a de l'aigreur dans les souvenirs. En outre, les Occidentaux que nous sommes ont coutume de voir la démocratie régir les conduites publiques. L'Asie moins.

Saurons-nous trouver dans ce nouvel équilibre de forces les procédures, les capacités d'écoute et la confiance réciproque essentielles pour définir par la négociation le cadre financier international, les règles commerciales nécessaires pour maintenir un commerce actif entre pays à régimes politiques différents et à niveaux de salaires et de protection sociale variant d'un facteur 8 à 10 ? C'est loin d'être certain. Beaucoup d'hommes, de courants politiques, de nations auront la tentation de la force. La Chine s'arme à toute allure, les États-Unis préservent un outil militaire surpuissant. L'Europe, le géant économique, est absente de ce débat parce qu'inexistante sur les plans politique, diplomatique et militaire. C'est encore un nouvel apprentissage que le monde va devoir faire à marche forcée.

Y a-t-il une crise de la civilisation matérielle ?

L'idée de cet inventaire est qu'il soit à peu près complet. Comment oublier ici cette suite d'incidents étranges qui ont affecté les communautés intellectuelles entre 1968 et 1970, en Suède, au Japon, en Italie, aux États-Unis, en Allemagne et surtout en France avec cet étonnant mois de mai 1968 où les ouvriers des usines ont largement accompagné les étudiants dans l'expression d'une colère sociale intense en même temps que ludique.

C'était la fin des Trente Glorieuses. Il y avait plein-emploi dans tous les pays développés et la croissance était encore rapide.

Il ne s'est plus produit de mouvements sociaux de cette nature depuis, nulle part. Syndicats, salariés activistes, opinions publiques et gouvernements ont eu entre-temps, partout, à se préoccuper de problèmes autrement plus graves et plus immédiats, on vient de le voir. Cela ne devrait pas laisser oublier l'importance de ce qui se passait et s'exprimait là.

Dans aucun de ces pays et notamment pas en France, on n'a parlé de salaires ni de revendications matérielles. Ce qui était en question s'appelait dignité, respect, abus de pouvoir des hiérarchies intermédiaires. La principale revendication était celle du droit à la parole, appuyée sur une vigoureuse critique du sens et du contenu du savoir enseigné et diffusé à l'époque.

Ce qui était en cause en fait, et le relatif soutien de quelques éléments du mouvement syndical à cette colère étudiante observé en partie en Suède, aux États-Unis et surtout en France le confirme, c'est le refus d'une société surabondamment hiérarchisée, exclusivement vouée à et dominée par la consommation marchande. Dans le cas de la France, au-delà de la régionalisation et du mouvement féministe, les principaux legs de Mai 1968 sont la reconnaissance de la section syndicale d'entreprise (quatre-vingt-quatre ans après la reconnaissance légale des syndicats...) et la loi Auroux sur la liberté d'expression des employés sur le lieu de leur emploi à propos des conditions de travail. Mais ce fut aussi l'amorce du changement progressif et immense du management patronal, passant lentement du vertical à l'horizontal, de la hiérarchie au réseau, s'ouvrant à l'autonomie des exécutants et aux cercles de qualité.

On pourrait lire là une crise du mode d'organisation sociale découlant du capitalisme et une perte de sens relative des valeurs d'accumulation quantitative par rapport à celles de l'épanouissement personnel. Le produit de remplacement qui émerge est un individualisme frénétique, destructeur des valeurs d'engagement collectif et plus encore dénonciateur de l'esprit de solidarité. Cet individualisme n'est pas pour autant immatériel. Bien au contraire, l'aggravation vertigineuse des inégalités et l'apparition d'une couche de dirigeants économiques ou financiers et d'animateurs de nos distractions sportives et médiatiques richissimes aiguisent les jalousies et les aigreurs que sécrète une société où tout, et d'abord le sens et la réussite d'une vie humaine, se mesure à l'argent. Or quarante ans après l'expression de ces signes prémonitoires, rien d'essentiel n'a changé sur ce sujet. Il reste de ces « tensions de la vie marchande » des signes nombreux et graves. On baptise souvent de « malaise de la jeunesse » l'un des plus perceptibles.

Quand il s'aggrave de la pauvreté et du sous-emploi, il devient « le malaise des banlieues ». Davantage vécu sur le lieu de travail que dans l'environnement local, un signe aussi fort du même type de malaise est l'aggravation forte et récente de l'inconfort psychologique au travail. L'extension reconnue des maladies psychosomatiques, la place prise par le stress dans le panorama médical contemporain, dans certaines professions ou entreprises la multiplication des suicides témoigne à des degrés divers de cette désadhésion sociale. Potentiellement génératrice de comportements collectifs incivils ou asociaux, cette tension induit des attitudes politiques d'apathie, d'abstention ou de vote protestataire qui peuvent produire des situations graves. Déjà l'élection d'Adolf Hitler était le produit typique d'une panique psychique engendrée par la misère économique. C'est dans le sarcasme et la bouffonnerie d'un Beppe Grillo que l'Italie contemporaine cherche l'exutoire à ses difficultés. Plus dangereux peut-être s'il se peut est le fait que, par les temps qui courent, l'État américain soit quasiment tous les trois mois obligé de renégocier son droit d'exister et donc de payer ses dettes comme le fonctionnement de ses services.

Ce type d'évolution insaisissable est difficile à dissocier des difficultés économiques et financières comme des menaces vitales évoquées précédemment.

La violence

Le lecteur, sans doute, le sentait venir depuis quelques pages. Il est difficile de terminer un tel inventaire des inquiétudes mondiales sans parler de la violence.

La violence est consubstantielle à l'espèce humaine. La nature l'a voulu ainsi, et l'Histoire en accuse fortement la trace.

Les instruments de mesure n'existent pas. La violence accompagne le destin de l'humanité depuis l'origine. Il serait contestable de dire qu'elle est en augmentation. Pourtant les formes qu'elle prend dans le monde d'aujourd'hui inquiètent par une banalisation, une intensification et une omniprésence que je crois seulement contemporaines.

Sur ce front de la violence, il est pourtant pour commencer une bonne nouvelle à enregistrer. C'est la disparition progressive, au cours du dernier demi-siècle, des guerres traditionnelles classiques entre États. Depuis la Seconde Guerre mondiale, une quinzaine se sont produites, entre les deux Corées, entre Israël et les États arabes voisins (5), l'Inde et le Pakistan (3), la Chine et le Vietnam, le Pérou et l'Équateur, l'Irak et l'Iran, l'Éthiopie et l'Égypte, l'Irak de nouveau et le Koweït, quelques autres de moindre importance.

Aucune ne s'est terminée par une victoire claire. Toutes ont vu leurs protagonistes se replier finalement sur leurs positions de départ. Tout s'est au fond passé comme si la communauté internationale, qui est intervenue dans beaucoup de ces conflits, avait assez de force pour au moins limiter la contagion géographique de ces guerres.

Ce tarissement de l'une des sources de la violence militaire ne suffit pourtant pas à empêcher la prolifération de la violence sous de multiples aspects.

Cela prend deux grandes formes : la violence comme expression d'affirmation d'identité et la violence latente tenant à la dispersion des capacités d'autodestruction de l'espèce humaine par le moyen des armes de destruction massive.

L'affirmation personnelle et collective d'identité même par la violence, mais pas toujours, est l'une des réponses les plus immédiates à l'ensemble des malaises évoqués ci-dessus, aggravés qu'ils sont par la très forte tendance à l'uniformisation qui les accompagne. Musique, vêtements, modes alimentaires, l'Occident capitaliste exporte massivement ses comportements, même comportant une part de dégénérescence. Les banlieues, résidence actuelle de près de la moitié de l'humanité, se ressemblent de plus en plus.

Ce refus de la dilution exprimé par l'affirmation identitaire, dans laquelle le passage à la violence n'est limité que par les forces de la culture héritée, prend le plus fréquemment une dimension géographique et ethnique. C'est aussi clair au Québec, en Flandre, en Catalogne, peut-être en Écosse, que ce le fut en Corse et que ce l'est dans l'ex-Yougoslavie ou au Sri Lanka. Les régions du Caucase ou de l'Afrique de l'Est vivent une instabilité dans laquelle ce facteur pèse aussi. L'Indonésie est travaillée par ce même type de tensions, et l'immense Fédération de Russie inquiète lorsqu'on se souvient qu'elle est aujourd'hui composée de 84 entités administratives ethniquement, linguistiquement et culturellement distinctes.

La violence urbaine relève aussi de la même cause, sinon du même diagnostic, bien qu'à l'évidence pas du même traitement. On y voit d'ailleurs l'affirmation d'identités linguistique, ethnique ou religieuse s'y mélanger fortement avec la drogue et le crime. Un phénomène nouveau apparaît dans ce domaine, c'est l'accès du crime organisé à la violence informatique et financière. La marque en est clairement repérable dans l'affaire des subprimes américaines. Elle l'est plus encore au Mexique et en Colombie, deux pays dévastés par des gangs mafieux considérablement mieux armés que la police ou l'armée locales. Les tribunaux en Islande, la justice financière aux États-Unis et, un peu partout, les analystes devenant criminologues ont eu depuis quelques années de multiples occasions de découvrir et de décrire une part du crime parfaitement nette dans l'effondrement des systèmes bancaires nationaux dans les années 2007 à 2009.

Il est encore des cas fréquents où une crise politique interne à un État débouche sur des situations brutales où des facteurs politiques et religieux se mélangent à des facteurs ethniques et linguistiques pour engendrer instabilité, affaiblissement de l'État et violence civile durable : Syrie à l'évidence, Égypte, Libye et Tunisie en partie. Les violences populaires qui se font jour régulièrement en Turquie sont un peu de même nature, sinon de même ampleur.

Il faut garder en mémoire aussi, et sous observation, les quelques cas des populations et des territoires qui connaissent de tels conflits locaux, depuis tant de temps que l'État y a disparu et le droit avec lui. Haïti et la Somalie sont les exemples les plus typiques, le Liberia et la Sierra Leone qui en étaient arrivés là semblent entrés en relative convalescence, quelques régions de l'Indonésie paraissent relever du même diagnostic. Ce sont les lieux d'hébergement préférés de la piraterie maritime de grande puissance qui déjà mobilise largement les marines nationales des grands pays, dont la française.

On ne saurait oublier dans ce diagnostic les zones du monde où menace une considérable puissance de violence déflagratoire mais qui n'explose pas parce que tenue en laisse de l'extérieur ou de l'intérieur par des appareils d'État développés toujours capables de maîtriser leurs forces et leurs réflexes : Taïwan, la mer de Chine et ses archipels contestés, la Corée du Nord, l'Iran, dans une certaine mesure Israël également. Il faut d'ailleurs classer aussi sur cette liste la Palestine, où les souffrances qu'endure tout un peuple sont courageusement canalisées vers un espoir de paix qui tourne au mythe par une direction politique affaiblie mais lucide et responsable.

Cette liste ne se veut qu'incitatrice à la réflexion ; elle ne prétend pas à l'exhaustivité. Elle serait pourtant gravement incomplète si l'on n'y mentionnait pas l'extrémisme assassin de quelques mouvances qui n'ont de référence dominante ni territoriale ni nationale ni peut-être même linguistique. Il s'agit d'Al-Qaïda et de l'émiettement qui en subsiste, comme des différentes mouvances dites salafistes.

Dans ces cas, la dérive devient si clairement mafieuse que l'on en perd de vue le mécanisme initiateur et reproducteur. Il s'agit de l'humiliation, vécue sous le signe religieux. Un admirable écrivain libanais a publié voici quelques années un essai superbe intitulé *Le Malaise arabe* [1]. Il est vrai au demeurant que le monde arabe en affiche plus nettement les signes que le monde musulman asiatique non arabe. Mais on les relève aussi clairement, ces signes, au Pakistan, en Inde, dans quelques régions d'Indonésie et même des Philippines.

L'essor de l'Islam fut du XIe au XIVe siècle de notre ère extraordinairement créateur de civilisation. La science, l'art, la littérature, la poésie et la pensée en ont reçu l'apport aussi nettement que le droit et l'art de préserver la paix civile. Mais c'est au nord

1. Burhan Ghalioun, *Le Malaise arabe*, La Découverte, 1991.

de la Méditerranée que l'évolution conjointe de la pensée et des techniques a permis le développement. Tout développement bouscule les rapports sociaux, entre hommes et femmes, entre parents et enfants, entre l'autorité et la population. Aucune religion nulle part ne l'a permis. La Chine s'en est endormie pour cinq siècles dont elle sort tout juste. La judaïté n'a jamais dominé un territoire assez vaste pour que s'y expérimente la rencontre entre le développement et la religion. L'orthodoxie s'est affaissée au point de se replier sur les mœurs et les comportements privés et de laisser tout l'espace public aux potentats féodaux, jusqu'aux rois et empereurs, puis aux politiques.

Ce n'est qu'en zone catholique – on l'a vu plus haut – que des réformateurs de l'Église ont pris en charge et accompagné la pensée du développement. Les hasards de l'histoire ont voulu qu'assez vite, pour des raisons ici politiques, là matrimoniales, ailleurs encore militaires, les réformateurs aient pu construire des territoires et des institutions échappant au contrôle de l'Église. Ainsi est né le capitalisme, consubstantiel de la démocratie et de la liberté de conscience et de presse.

Rien de tel en Islam où tous les réformateurs de tout temps ont été réduits à l'impuissance et exterminés. Le développement creusa le fossé, la richesse passa de l'Europe du Sud à celle du Nord, de la Méditerranée à l'Atlantique. L'humiliation commença dans les savoir-faire, elle s'étendit à toute l'économie. Les pouvoirs politiques affaiblis cherchèrent partout à consolider leur légitimité défaillante grâce à l'appui des religieux. Donnant donnant, le conservatisme dans les rapports sociaux fut le prix de cette alliance. L'affaiblissement fut tel que les terres d'Islam furent disponibles pour la colonisation, nouvelle forme d'humiliation. L'étranger que nous étions méprisa toutes les hiérarchies sociales héritées de l'histoire pour, à sa guise, dessiner des frontières et fabriquer des États qui lui conviennent : Irak, Jordanie, Syrie, Liban, et dans une certaine mesure l'Algérie sont ainsi nos créations sans réalité ancestrale. S'agissant des affaires des hommes, la pensée religieuse tourna à la désespérance. Il est tragique mais compréhensible que quelques courants marginaux de ce réservoir de croyance se radicalisent au point de théoriser au nom du Prophète, qui lui n'avait jamais rien dit de tel, que l'extermination des infidèles était la condition nécessaire au réveil de ces peuples et de leur foi.

Ce n'est qu'une toute petite minorité. Jamais une nation arabe entière, jamais un chef d'État musulman ne s'est rallié à de telles positions, que tous au contraire prétendent combattre.

Mais l'argent du pétrole fuyant par de multiples canaux et l'extraordinaire capacité moderne à produire à très bas prix des armes légères ou semi-lourdes terriblement efficaces permettent à ces hommes et à ces mouvances d'acquérir une puissance telle qu'il n'est plus au pouvoir de ces États affaiblis de les réduire. Pour se réapproprier d'abord la démocratie puis le développement, les communautés musulmanes, à l'évidence de plus en plus nombreuses à le souhaiter, auront besoin de l'aide des infidèles et de leurs armes. Jusqu'à présent, les autorités religieuses, dispersées, ne l'ont jamais permis. Le souvenir des croisades aidant, la peur panique des changements de comportements sociaux qui découlent nécessairement de la démocratie et du développement, en commençant sans doute par la condition de la femme, amènent toutes ces autorités à maintenir la priorité collective au rejet des « infidèles », même sans demander pour autant qu'on les tue, et en ne condamnant jamais l'extrémisme assassin, le blocage demeure donc, et peut s'aggraver.

La première communauté musulmane à prendre nettement la position contraire a été le Conseil suprême islamique du Mali lorsqu'il a remercié la France de son intervention salvatrice et expliqué aux imams d'Al-Hazar au Caire et du Qatar qu'ils se trompaient et que la France avait sauvé leur peuple de tueurs monstrueux qui déshonoraient le message du Prophète en devenant des assassins purs et simples. Ce message inouï est resté sans suites, et je ne suis pas sûr que chez nous il ait été écouté et compris. Le Mali est petit. La seconde communauté musulmane clairement demandeuse de démocratie et à ce titre d'aide à la « communauté internationale des infidèles » fut la rébellion syrienne. Mais le tyran qu'il s'agit là de combattre est un Alaouite donc un chiite, donc un hérétique. Et des extrémistes tueurs sunnites se sont joints à la rébellion, au point de rendre incertain le pronostic sur l'exercice du pouvoir après al-Assad. Cela suffit à rendre impossible une réaction claire de la communauté internationale, et cela d'autant plus que la Russie a fait le choix stratégique de défendre l'arc chiite (Iran, Irak, Syrie) contre la domination trop longue à ses yeux des sunnites (Arabie, Jordanie, Égypte, Maghreb) devenus vassaux de l'Occident.

L'on n'est donc pas près d'en sortir. Encore faut-il comprendre, et surtout émettre en permanence les signaux de compréhension et de soutien aux démocrates musulmans qui, tout en gardant leur foi, décident d'entrer dans le processus mondial d'approfondissement de la démocratie, de la paix et de la compréhension mutuelle.

L'on peut s'arrêter là dans le repérage des formes que prend aujourd'hui la violence active.

Mais le monde a encore une autre raison de vivre dans l'inquiétude ou la peur : la menace de prolifération des armes de destruction massive, ADM.

Je ne prendrai pas le temps ici de parler du chimique. Cette ADM du pauvre reste jusqu'ici d'un usage rare, d'un effet limité localement et d'une diffusion assez bien contrôlée et entravée, Syrie comprise semble-t-il. Il est clair cependant que la vigilance mondiale ne saurait se relâcher.

Le danger majeur est la prolifération nucléaire. Neuf nations déjà détiennent l'arme atomique, dont quatre l'ont mise au point ou acquise de manière à peu près clandestine. Ce petit nombre est déjà un succès pour la diplomatie du Traité de non-prolifération, TNP. Mais le nombre de pays disposant de communautés scientifiques capables de maîtriser ce domaine, l'abondante vulgarisation des techniques en cause et la multiplication des situations de tension évoquées ci-dessus laissent craindre une multiplication du nombre des possesseurs d'armes. La probabilité qu'un État détenteur de l'arme ou capable de l'acquérir rapidement tombe sous l'autorité de fanatiques, d'irresponsables ou de fous est maintenant considérable.

Or dans le monde tel qu'il est, toute frappe, même non nucléaire d'un État contre un autre sous prétexte que le second représente une menace d'emploi de l'arme nucléaire pour le premier serait immanquablement interprétée comme un règlement de comptes, un retour du colonialisme ou une manifestation d'impérialisme. Le danger de déflagration générale serait alors extrême. Le seul antidote à ce risque est entre les mains du Conseil de sécurité des Nations unies, seul détenteur du droit, reconnu par la Charte en son chapitre VII, d'appliquer au nom des Nations unies des sanctions impliquant l'usage de la force pour prévenir le risque de l'emploi de l'arme.

Il est d'une évidence absolue que jamais le Conseil de sécurité ne sera en situation de décider de sanctions contre un État pour cause de détention de l'arme nucléaire, si cinq de ses membres et en l'espèce les membres permanents décident de préserver et de conserver leur armement nucléaire. « Pourquoi eux et pas nous ? » Le débat est sans issue. La conservation de l'armement nucléaire, y compris sous la forme de la dissuasion, devient un empêchement de décision internationale et donc, dans une certaine mesure une complicité de prolifération. Les deux présidents des États-Unis et de la Fédération de Russie Obama et Medvedev l'avaient bien compris qui, à deux reprises, ont exprimé ensemble leur souhait d'un monde débarrassé des armes nucléaires. Mais les structures internes de leurs deux pays, politiques, militaires, administratives et surtout industrielles, ont réussi à rendre impossible la mise au point d'un programme en ce sens, qui devait être soumis à la réunion quinquennale d'examen du TNP de 2010. Là encore, rien ne s'est passé. Maintien du blocage. Seule une pression croissante de l'opinion publique pourra peut-être un jour faire bouger les choses.

Ce résumé de l'état du monde est assez pessimiste. La principale de ses conclusions est que l'essentiel des réponses nécessaires est de l'ordre politique.

Or « le politique » lui aussi se porte mal par les temps qui courent. C'est lui maintenant qu'il faut interroger.

Chapitre 2

La mort lente du politique

Toutes les évolutions aux conséquences dommageables qui viennent d'être rappelées sont lentes. L'unité de temps pertinente pour les découvrir et aussi pour les traiter est de l'ordre du demi-siècle pour quelques-unes, à commencer par le réchauffement climatique, de l'ordre de la décennie pour beaucoup d'entre elles, de l'ordre de l'année seulement, pour la dette souveraine en Europe par exemple.

Mais aucune d'entre elles ne paraît irrépressible, irrémédiable au point d'être hors de portée d'une action préventive de l'humanité.

Et la quasi-totalité d'entre elles est d'une dimension telle qu'elle ne relève en rien d'une action sectorielle spécialisée. Au contraire, le coût des ripostes nécessaires, et leur ampleur hors de tout exemple historique connu, appellent des mesures, des décisions, des changements de comportements et des réformes multiples affectant nos sociétés dans leur ensemble.

À l'évidence un ensemble de décisions spontanées, locales ou nationales, ne saurait suffire. Pour réguler le rapport des personnes privées, isolées ou groupées, à la violence, ou les règles de circulation de l'argent et du crédit, ou encore la nature et le volume des consommations d'énergie, des normes collectives sont nécessaires. Qu'elles soient mondiales, locales, nationales, ou autres, on est dans l'ordre du politique dont la fonction dominante est précisément la fixation des normes.

Or le spectacle que donne l'humanité d'aujourd'hui dans sa réponse politique à tant de menaces est désolant.

Les Nations unies en ce XXIe siècle sont impuissantes à endiguer la dérive violente potentielle des tensions les plus visibles, mer de Chine, Taïwan, Palestine, embrasement de l'Afrique centrale par exemple. La violence urbaine, en connexion grandissante avec de multiples mafias, semble en croissance irrépressible.

Les précautions prises contre le désordre financier et l'explosion possible de bulles immenses se limitent à une augmentation limitée des contrôles internes de l'activité bancaire et une augmentation elle aussi peu significative des ratios de sécurité des bilans bancaires.

La précarité, dans les pays développés, ne donne aucun signe de ralentissement, même s'il arrive au chômage, ici ou là, de régresser de manière marginale.

Aucune mesure collective n'annonce le moindre commencement du combat contre le réchauffement climatique. Il y a même quelque chose de suicidaire dans cette conduite de l'humanité se laissant aller sans rien faire vers la mégacatastrophe planétaire. Il reste peu de décennies avant la phase de l'irréversibilité absolue.

L'instance politique – « le politique » comme l'on se met à dire aujourd'hui – est totalement silencieuse. Rien n'a bougé, internationalement ni même nationalement, en dehors de réactions partielles de quelques pays courageux. Or pour être pertinentes et efficaces, les réponses doivent être mondiales ou mondialement coordonnées.

Ce silence du politique est signe de paralysie. Or cette paralysie est à elle seule une redoutable aggravation de tous ces dangers ou de tous ces risques.

Cette disparition du politique n'est pas momentanée. Elle traduit plutôt son affaiblissement profond, résultat d'un processus qui confine à la mort lente. Bien des facteurs se conjuguent pour en arriver là.

Il n'y a pas de système de pouvoir là où il en faudrait

Ce n'est pas nouveau, mais les conséquences s'en aggravent.

Les hommes ont besoin de contraintes collectives pour vivre ensemble, mais à l'évidence ils n'aiment pas cela. Il a fallu bien des siècles pour que des institutions chargées d'édicter les normes collectives nécessaires soient reconnues, légitimes et respectées.

Les plus anciennes, parce que les plus immédiatement nécessaires, furent et demeurent locales : maisons regroupées, villages, bourgs, villes ont eu très tôt leurs prévôts, baillis, échevins, bourgmestres, maires ou chefs de village. Le plus souvent, et pas seulement en pays de chrétienté, l'unité de regroupement fut celle de la prière commune. C'est la paroisse qui donna naissance à la municipalité. En zone française, la grande révolution des années 1789-1800 se garda bien d'y toucher, mais l'appela « commune », en baptisant « municipalité » son collège dirigeant.

On en est toujours là. Pourtant l'évolution des techniques a profondément modifié les conditions matérielles de la vie commune. Alimentation, gestion des déchets et des eaux usées, fourniture de produits ou de services en réseaux, l'eau longtemps, l'électricité, le téléphone, le télégraphe et la relation informatique aujourd'hui, puis l'organisation des transports locaux ont tous complètement changé de modalités matérielles et de dimension pertinente. Seuls les pays les plus homogènes ethniquement et religieusement, et les plus adaptables institutionnellement – il y a entre les deux une relation de cause à effet assez fréquente – ont pu par des réformes successives faire évoluer ce cadre initial de la décision publique locale jusque vers le niveau pertinent. C'est en effet l'agglomération tout entière qui présente à la fois la densité, l'unité fonctionnelle, et la perception des exigences de proximité rendant possible de faire émerger un nouveau modèle de consommation énergétique, d'organisation des déplacements locaux et de modalités de la vie commune en collectivité, correspondant aux exigences écologiques d'aujourd'hui. Bien des pays d'Europe s'approchent aujourd'hui de cette dimension spatiale pertinente des institutions locales. La France demeure de loin celui qui est le plus bloqué : elle a toujours 36 600 communes, soit à peu près autant que toute l'Union européenne regroupée. Il y est donc plus difficile qu'ailleurs d'avancer en tâtonnant vers un nouveau modèle énergétique local…

Il en va de même, sinon plus mal encore, à l'étage supérieur de l'organisation sociale. Cantons, départements, districts, provinces, régions, pays (lands), États, « autonomies » et « républiques autonomes » : l'humanité a quasiment tout essayé. Aucun modèle ne s'est imposé. Il n'y a même pas d'optimum reconnu en ce qui concerne le degré d'autonomie souhaitable de ces regroupements nécessaires entre la localité de base et la nation ni non plus sa taille relative. Il est pourtant bien clair que les infrastructures nécessaires à la société écologique en train de naître, transports de marchandises et de personnes, réseaux de toutes natures, ne sauraient se limiter à la proximité immédiate, pas davantage qu'ils ne peuvent ni ne doivent dépendre uniquement de collectivités nationales trop vastes et trop diverses pour qu'y soit ressentie la perception d'utilité nécessaire à la légitimité du financement. Et cela concerne bien sûr les institutions de création (recherche) et de diffusion des savoirs nécessaires.

Mais en cette matière l'échelon essentiel est celui où s'exerce la souveraineté : la nation.

La nation fut longue et lente à émerger. Du monde entier et d'une histoire multimillénaire venait une tout autre expérience.

Tout système de pouvoir parmi les hommes a la sécurité comme objectif essentiel et comme source majeure de légitimité. Et sur tous les continents l'argumentaire fondateur de cette légitimité prit des formes analogues, le chef flattant son peuple pour en obtenir la confiance : notre peuple est bon, calme, fraternel, la violence parmi nous reste limitée. Le vrai risque de violence vient de « l'autre », l'étranger, le barbare, le lointain, celui qui n'a pas la même couleur de peau, parle différemment et prie d'autres dieux. Pour se protéger de cette violence-là, il faut d'autres forces, plus puissantes que la police – ce sera l'armée –, et il faut repousser les frontières que l'on défend le plus loin possible. Ainsi sont nés les empires étendus à toute la surface explorable avec les moyens de l'époque, jusqu'aux frontières « naturelles ». Les batailles pour le pouvoir à l'intérieur de ces limites n'enlevaient rien à leur prégnance. L'empire de Chine est né ainsi, avec la Grande Muraille comme confirmation. L'empire des Indes est lui, tout aussi nettement, bordé par des montagnes au franchissement difficile au nord, à l'est et à l'ouest. L'empire du Japon n'est fait que d'îles, mais la logique fut la même. On la revoit à l'œuvre dans l'émergence de l'Égypte ancienne, celle de l'empire de Cyrus de Perse, puis d'Alexandre de Macédoine et surtout de Rome. Si les empires nomades de Gengis Khan ou de Tamerlan relèvent d'une autre logique, on retrouve la première avec l'Empire russe en Europe et en Sibérie, tout comme on la retrouve avec l'Empire aztèque en Amérique du Nord et l'Empire inca en Amérique du Sud. Le peu que l'on sait de l'Afrique, où pour l'essentiel la culture n'était pas écrite, laisse deviner la même logique dans l'apparition de ces empires de quelques siècles, séparés par d'autres siècles de désordre anarchique, zoulou, ghanéen, béninois, malien.

Tous ces empires étaient immenses, multiethniques, multilingues et leur chef parfois élu. Les affaires locales y étaient réglées par des autorités locales déléguées.

L'Europe est la seule à résister à ce schéma. Une quinzaine de communautés linguistiques furent chacune assez puissante pour survivre les unes aux autres et, après l'Empire romain et sa courte résurrection par Charlemagne, établir des systèmes d'ordre plus restreints, plus homogènes et plus centralisés. L'institution de l'empire, plus fédéral, hétérogène y compris religieusement, et électif pour le choix du chef suprême, ne fut finalement pas réintroduite. La solution devait venir d'ensembles plus petits. C'est de la tradition des tribus germaniques que vient le roi, ayant vocation à imposer sous ses ordres une homogénéité plus exigeante, y compris religieusement avec droit de vie et de mort sur ses sujets. La nation est fille de cette tradition, qu'elle assuma et représenta lorsque, alphabétisation et développement aidant, ce fut le peuple qui devint garant de la préservation de la souveraineté. La nation France s'identifiait déjà sous les rois, avec des moments forts tels la victoire de Philippe Auguste à Bouvines en 1214. Sa cristallisation définitive s'est faite lors de la grande révolution de 1789, et notamment à l'occasion de la bataille de Valmy en 1792. Mais ce fut bien plus tôt que les relations entre princes et entre entités publiques finirent par intégrer une dimension territoriale et populaire dans la définition des pouvoirs des princes. On considère en général les deux traités de 1648 dits de Westphalie qui mirent fin à la guerre de Trente Ans, assurèrent la victoire de la France et de la Suède, reconnurent l'indépendance des Pays-Bas et de la Suisse et aggravèrent l'émiettement de l'Allemagne, comme fondateurs de l'intégration des nations dans le droit international. Le Congrès de Vienne en 1815, et le traité qui le conclut pour réorganiser l'Europe après l'épisode napoléonien fut le dernier effort pour assurer la légitimité des princes et des trônes à l'encontre de celle de leurs peuples. Toute la fin du XIXe siècle, et notamment les révolutions de 1848, vit le principe des nationalités s'imposer. Le destin de ce concept fut extraordinaire : exigeant la cristallisation conjointe d'une population, d'un territoire et d'une sécurité collective organisée, il fut le cadre de l'émergence du droit, et par là de la civilisation. On n'est jamais allé au-delà. L'évolution du droit international ne se fait que par le consensus des nations.

Tentatives d'organisation du monde

Deux guerres mondiales au coût énorme, jamais vu jusqu'alors dans l'histoire, 30 millions de morts pour la première, 50 pour la seconde, ne suffirent pas à mettre en cause la suprématie de ce concept qui se révélait meurtrier, mais conduisirent tout de même à essayer de lui apporter quelque tempérament en fournissant un cadre à la coopération internationale et à la recherche de consensus pour trouver des solutions aux crises les plus graves. La première tentative, la Société des Nations, née en 1919 de la vigoureuse impulsion du président américain Wilson, fut dès sa naissance condamnée à l'impuissance par le rejet de la ratification du traité de Versailles par le Sénat des États-Unis. La SDN assista, impuissante, et sans y rien pouvoir, à la montée du fascisme en Italie, puis du nazisme en Allemagne, et donc à la préparation de la Seconde Guerre mondiale. Née de celle-ci en 1945 et 1946, l'Organisation des Nations unies est plus robuste. Elle a mieux résisté, et nous régit toujours. Elle comporte même un germe fécond, celui de la possibilité de décisions contraignantes prises par vote au Conseil de sécurité. La charte des Nations unies, qui en est le texte constitutif, prévoit en effet, dans son chapitre 7, la possibilité pour les Nations unies de recourir collectivement à la force afin de préserver la paix. Même sans le recours à la force, des décisions obligatoires sont possibles.

L'ONU commença, spectaculairement, par se doter d'une charte permettant l'action collective, et au besoin l'emploi de la force (1945), puis de la Déclaration universelle des droits de l'homme (1948), texte considérable, qui inspire les décisions du Conseil de sécurité et qui est toujours en vigueur à ceci près que ses deux pactes d'application, adoptés en 1966, relatifs l'un aux droits civils et politiques de l'homme, et l'autre encore plus novateur, à ses droits économiques, sociaux et culturels, n'ont jamais reçu le nombre de ratifications nécessaires à leur entrée en vigueur.

Sur cette lancée, l'ONU entreprit de se doter d'agences assez puissantes pour mettre en œuvre les politiques sectorielles qu'elle jugeait nécessaires. Commençant par intégrer l'unique organisme de cette nature créé par la SDN en 1919, l'Organisation internationale du travail, elle créa ensuite l'Organisation mondiale de la santé, l'Organisation pour l'alimentation et l'agriculture (FAO), l'Organisation pour l'enseignement, la science et la culture (Unesco), l'Organisation maritime internationale (OMI) et bien d'autres. Elle reçut en outre en héritage, mais sans véritable autorité sur elles, les deux grandes organisations financières créées dès 1944 par les accords de Bretton Woods, le Fonds monétaire international (FMI) et la Banque mondiale. Enfin rentrèrent dans ce cadre des organisations techniques très autonomes et parfois plus anciennes. L'Union postale universelle créée en 1876, l'Organisation météorologique mondiale puis l'Association du transport aérien international créée en 1919.

Dans ce début flamboyant, le monde commençait à se doter d'une gouvernance complète.

Et le Conseil de sécurité décidait. Il intervint souvent efficacement, dans quantité de conflits, notamment postcoloniaux. Le vote majeur, le plus visible et le plus sensible, est celui de 1947 qui créa l'État d'Israël en partageant la Palestine.

Mais dès la création de l'organisation et la rédaction de ses statuts, les cinq principales puissances victorieuses, Union soviétique, Chine, États-Unis, Grande-Bretagne et France, exigèrent le statut de membres permanents du Conseil de sécurité, et à ce titre la disposition d'un droit de veto face à tout texte discuté dans cette instance. Ainsi s'explique la quasi-paralysie du Conseil de sécurité, qui lui interdit de jouer quelque rôle que ce soit dans l'affrontement entre les deux blocs pendant la guerre froide. Ladite guerre froide est certes finie, mais il reste de cette période des alliances, des proximités nationales et des habitudes qui continuent d'entraver la capacité des Nations unies de peser sur des conflits à caractère régional marqué, comme ceux du Moyen-Orient ou de l'Asie de l'Est. Pourtant quelque chose est commencé, qui est beaucoup plus qu'une amorce institutionnelle.

L'ONU est capable de prendre des décisions obligatoires pour ses membres. On l'a notamment vu à l'occasion de sanctions décidées contre certains États, par exemple l'Afrique du Sud. Cela reste vrai même si l'usage du veto, utilisé des milliers de fois, en a interdit beaucoup.

Mais l'usage n'est pas encore venu de faire du droit international un droit contraignant dans n'importe quel autre domaine que celui de la sécurité. La seule amorce d'une régulation internationale, plus forte et plus astreignante, est de l'ordre financier, et incarnée par le Fonds monétaire international.

L'expression « sécurité internationale » figure dix-sept fois dans le court texte que constitue la Charte des Nations unies. Une douzaine de ces occurrences concerne le Conseil de sécurité des Nations unies, ses compétences et ses responsabilités. Mais nulle part la Charte ne définit la Sécurité internationale. C'est par consensus tacite que, depuis soixante-trois ans maintenant, le Conseil de sécurité se réunit tous les jours ouvrables pour traiter de situations jugées dangereuses pour la sécurité internationale, celle-ci n'étant définie que par la menace sur un territoire donné de l'usage d'armes à feu.

Ni de grandes épidémies ni le réchauffement climatique n'ont jamais été considérés comme des menaces pour la sécurité internationale. Ils le sont, pourtant, à l'évidence, et rien ne s'oppose juridiquement à ce que cela soit reconnu. La saisine du Conseil de sécurité et la mise en route des procédures des Nations unies en seraient facilitées. Cela ne reste qu'une piste pour l'avenir.

De toute façon les Nations unies n'ont guère cherché à se donner les moyens de mettre en œuvre les pouvoirs qu'elles tiennent du chapitre VII de la Charte, celui qui permet dans certains cas l'usage de la force pour traiter des menaces contre la paix. Elles n'ont pas de force militaire à leur disposition permanente. Aucun pays n'a jugé bon d'affecter de manière constante un corps militaire particulier, avec la formation spécifique nécessaire, aux éventuelles missions de l'ONU. Le comité des chefs d'état-major prévu par la Charte se résume à la réunion courtoise annuelle des chefs d'état-major interarmées des membres permanents du Conseil de sécurité.

En outre, bien des nations et pas seulement les membres permanents, détestent se trouver dans des situations où le risque d'un vote peut entraîner celui de leur dénonciation devant une opinion publique mondiale qui commence bel et bien à exister. Dès lors leur préférence va à l'organisation de conférences « de consensus » où l'on décide à l'avance de ne rien décider, sauf accord général, mais où cependant on accepte de discuter les « problèmes qui fâchent » et que cette même opinion publique internationale demande fermement que l'on aborde. Un tel dispositif n'est pas prévu par la Charte. C'est une dérivation, d'une certaine manière, mais bien des gouvernements préfèrent éviter ainsi de s'exposer à l'opprobre d'une désapprobation de l'opinion publique envers un vote de préservation nationale d'intérêts ou de traditions lors d'une délibération sur une cause à grand soutien populaire. Ainsi s'explique l'étonnante multiplication de ces grandes conférences mondiales sur des sujets vastes et variés – la population, la condition féminine, l'écologie via le « sommet de la terre », l'urbanisation, le climat, etc. – et n'ayant pouvoir de décision que par le canal de résolutions unanimes. Toutes ces réunions sont en quelque sorte des substituts à l'Assemblée générale des Nations unies dont pourtant les compétences ne sont pas limitées, et qui, elle, vote, sans majorité qualifiée ni quotas ni veto. La plupart de ces conférences se terminent par des textes conclusifs vagues, voire oiseux, et parfois par un échec flagrant et l'impossibilité d'adopter le moindre document, fût-il déclaratoire. On l'a vu notamment à propos du climat.

Une telle situation ne permet pas de traiter par des mesures fortes et contraignantes les menaces directement mondiales qui convergent et se multiplient en ce début de XXIe siècle : réchauffement climatique, prolifération des armes de destruction massive, désordre bancaire et financier généralisé sur la planète, incapacité du système dominant, le capitalisme, à assurer le plein-emploi, désintégration anarchique de régions entières : grand Moyen-Orient, Afrique du Centre et de l'Est… À tout cela il ne peut y avoir de réponses qu'à partir d'un système fondateur de pouvoir. On y reviendra au chapitre 10.

Reste que l'absence de ce système de pouvoir aux niveaux pertinents n'est de loin pas le seul problème ni même peut-être le problème dominant. Car si elles n'ont pas la taille appropriée, le monde n'en fourmille pas moins en institutions détentrices de pouvoir, les nations. On pourrait espérer dès lors qu'une conscience suffisante des problèmes les amènerait à les traiter par accord entre elles. Or c'est loin d'être le cas. On peut même se demander si l'on n'assiste pas, depuis une ou deux décennies, à une remontée des égoïsmes nationaux, avec pour conséquence un ralentissement perceptible de l'effort de coopération internationale.

Dans une première phase, la création de l'ONU avait, on l'a vu, ouvert l'espoir que le monde devenait capable de se donner des règles et des institutions adéquates pour traiter les conflits et les problèmes qui n'avaient pas de solution purement nationale.

Mais très vite survint la guerre froide. Et l'URSS commença à bloquer toute décision concernant sa zone d'influence grâce au veto dont elle disposait comme membre permanent, qu'elle utilisa des centaines de fois. La seule exception à la paralysie qui en résulta fut en 1950 la décision de l'ONU d'intervenir militairement en défense de la Corée du Sud. Ce ne fut qu'une erreur de procédure : l'URSS à ce moment poursuivait une politique de boycott des Nations unies, et c'est son absence qui rendit possible sans veto la transmission du dossier à l'Assemblée générale et par là l'adoption de la résolution décisive. Pendant à peu près les quarante ans qui suivirent, l'ONU fut largement paralysée, et vit son influence et son action limitées aux nations qui n'appartenaient pas à la mouvance soviétique.

On y travailla pourtant beaucoup, mais sur des sujets à forte dominante technique. Son plus gros succès fut probablement en 1982 la signature à Montego Bay en Jamaïque d'une immense convention dite : « le droit de la mer ». Sa négociation avait pris quinze ans, elle est maintenant ratifiée par plus de 170 nations. Elle reste un des monuments annonciateurs d'un ordre mondial futur.

Il est utile de rappeler, vu l'objet central de ce livre, un autre succès important de l'ONU. Qui remonte à 1986, période où la tension Est-Ouest commençait à perdre de l'intensité. Devant des controverses multiples sur l'existence ou non, sur la plus ou moins grande intensité, et surtout sur les causes du réchauffement climatique, c'est un secrétaire général des Nations unies, Javier Pérez de Cuéllar, qui obtint de deux des agences placées sous son autorité, l'énorme et ancestrale organisation météorologique mondiale, et le jeune et petit mais dynamique Programme des Nations unies pour l'environnement, qu'elles créent conjointement le Groupe international d'études pour le climat, GIEC. C'est donc sous le signe de l'ONU que les nations se rassemblent pour examiner quelles mesures prendre afin de limiter l'ampleur du réchauffement climatique. Elles ne sont jusqu'à présent arrivées à rien. Pourtant la résolution initiale sur le sujet (Convention Cadre des Nations unies sur le changement climatique, CCNUCC Rio de Janeiro 1992) ne manquait ni de force ni de panache, elle prévoyait une réunion annuelle des États (Conférence des parties à la CCNUCC, COP) pour approfondir le sujet. Ce cycle continue, nous en sommes à la COP 21 ou 22. Mais jusqu'à présent et sauf la tentative limitée de Kyoto (COP n° 3) que seule l'Union européenne a appliquée, l'échec est permanent. Nulle pression internationale n'a pu empêcher certains égoïsmes nationaux de défendre leur totale autonomie face à tout règlement mondial, ni surtout leurs intérêts pétroliers. Pourtant l'implosion et la disparition de l'Union soviétique, en 1989-1990, diminuèrent les tensions et ouvrirent l'espoir d'un renouveau.

Parmi les signes de ce renouveau, il faut relever l'adoption le 8 décembre 1988 de la résolution n° 43-131, la première et jusqu'à présent la seule des résolutions de l'ONU qui prévoit, et demande presque explicitement, une possibilité pour la Communauté internationale de faire « ingérence » dans les affaires intérieures d'un pays membre. Certes elle n'emploie pas ce mot, mais décide fermement l'interdiction pour toute autorité publique sur le territoire de laquelle survient une catastrophe, naturelle ou guerrière, d'empêcher la presse ou les ONG humanitaires d'avoir accès aux populations victimes. Elle n'a été ni complétée ni étendue mais elle a eu plus d'une centaine d'occasions d'application au sujet par exemple des Kurdes et de la Somalie. C'est un superbe début. J'ai quelque fierté à rappeler qu'elle est d'origine française.

Un autre beau succès de l'ONU réveillée, le dernier du genre sans doute, est la manière dont elle a pu, dans les années 1989 et 1990, accompagner la Namibie, terre de colonisation en guérilla depuis des décennies, jusqu'au statut d'État indépendant et respecté.

La création de l'Organisation mondiale du commerce en 1995 est le dernier succès significatif de cette période.

Mais depuis, le mouvement de coopération mondiale appuyé par l'ONU donne l'impression de se ralentir nettement, sinon de s'arrêter totalement.

Le XXIe siècle n'a que quinze ans, mais toutes les négociations mondiales qu'il a connues ont échoué, qu'elles aient été des suites de travaux commencés au XXe siècle ou des négociations nouvelles appelées par la période.

C'est ainsi que le processus de paix commencé à Oslo en 1993 entre Israël et la Palestine s'est interrompu, que les six dernières réunions sur le climat ont échoué, que l'annonce conjointe par les présidents Obama des USA et Medvedev de Russie d'un programme d'élimination des armes nucléaires n'a eu aucune suite, qu'après la réunion du G20 de 2009 il a été impossible d'arrêter collectivement des mesures de sécurité financière suffisantes devant l'énorme bulle qui nous menace, que les tensions s'aggravent en Afrique du Centre et de l'Est, dans le grand Moyen-Orient et en Asie de l'Est, que la vaste négociation commerciale dite de Doha a tristement échoué après cinq conférences mondiales, qu'aucune tentative de réformer l'ONU elle-même n'a abouti, et qu'enfin en 2012 la perspective de multiplier pour des raisons de recherche scientifique et de préservation de la ressource halieutique les créations d'aires marines protégées a été brutalement brisée.

La série est accablante. Elle a naturellement parmi ses causes la faiblesse institutionnelle de l'ONU. Cette faiblesse a sans doute été aggravée par l'inflation continue du nombre des États membres de l'ONU : 54 en 1945, 115 en 1964, 127 en 1970, 144 en 1976 et enfin 193 en 2012, parmi lesquels plusieurs dizaines ont moins de 1 million d'habitants.

Mais à l'évidence des tendances plus fortes et plus négatives se font jour.

La remontée des égoïsmes nationaux

La Russie, gravement humiliée après la dissolution du pacte de Varsovie, par la non-dissolution de l'OTAN et au contraire son extension jusqu'à ses frontières et même l'intégration de nations anciennement Républiques de l'Union soviétique, semble s'être jurée de retrouver dignité et respect international par le refus de coopérer.

Tous les pays émergents se révèlent pointilleux sur la définition, la surveillance et la protection d'intérêts nationaux dont l'ampleur croît avec leur propre développement. Tous vivent avec l'impression que le reste du monde les a peu aidés dans leur décollage, et que par conséquent la coopération internationale n'a rien d'une obligation. La découverte que beaucoup des menaces qui nous frappent sont mondiales ne saurait occulter la priorité qu'ils donnent à leur propre épanouissement et cela d'autant plus qu'à leurs yeux la responsabilité des pays développés dans tous ces déséquilibres et ces risques excède de très loin la leur.

Les États-Unis apportent à cette série une contribution majeure, liée pour une bonne part à l'intensification récente de traits culturels présents chez eux dès leur origine, le refus de l'État central comme celui de l'impôt. Restés longtemps marginaux, ces comportements produisent de période en période des bouffées cycliques provoquant des dégâts ravageurs dans la pensée et la conduite collective de ce grand pays. Un des dogmes de l'espèce « jamais en aucun cas ni en aucune occasion les États-Unis ne doivent accepter de se soumettre à une loi qu'ils n'auraient pas écrite et adoptée eux-mêmes », par exemple, est de manière rémanente mais constante un prétexte à filibuster [1] législatif pour une petite dizaine de sénateurs, le plus souvent endigué par une écrasante majorité de législateurs responsables. Mais l'importance de l'enjeu, une symbolique accompagnatrice de mauvais augure, une conjoncture économique défavorable aux gouvernements de l'époque, suffisent à ce que réapparaisse

1. Ce mot américain d'origine flamande décrit une pratique sénatoriale au titre de laquelle n'importe quel sénateur des États-Unis peut monopoliser le droit à la parole, sans limite de temps et sans qu'on puisse la lui couper, pour empêcher le vote d'un texte législatif désapprouvé.

la marée populiste. Ainsi s'explique la non-ratification du traité de Versailles en 1919, et par là la condamnation de la SDN à l'impuissance, et donc en partie la Seconde Guerre mondiale. Ainsi s'explique aussi, largement, l'extrême difficulté qu'eut Franklin Roosevelt à faire adopter législativement le New Deal dont le Congrès n'adopta qu'une modeste part.

Pour avoir été longtemps cyclique et marginalisée, cette tendance s'est beaucoup renforcée, quelque peu institutionnalisée depuis deux ou trois décennies.

L'une des raisons en est clairement que le « rêve américain » s'émousse. Mythe de toute-puissance, et d'assouvissement personnel illimité, ce rêve individualiste intense a comme condition d'émergence l'absence de limites. L'espace, comme la terre, comme les ressources, sont illimités, il n'existe de règles acceptées que pour préserver la liberté de chacun devant celle des autres, la Constitution commence par la longue liste des interdictions faites à l'État de mettre en cause les libertés individuelles à commencer par celle de porter des armes, et la justice, loin de défendre un intérêt général éventuellement commun, édicte les procédures de défense de chaque intérêt privé devant tous les autres. L'assassinat de Kennedy est déjà le fruit de ces sombres tendances. Or l'espace se découvre limité, la terre se raréfie, les ressources demandent protection. L'ascenseur social est en panne. La charge impériale de défendre un tel modèle à la face du monde devient intenable. Devant ce tassement du rêve, la crispation se colore religieusement. Montée des sectes, « moral majority », créationnisme, tea party… une part notable des États-Unis se mure dans un populisme xénophobe réactionnaire et raciste. La bataille politique contre l'assurance maladie presque universelle voulue par Barack Obama a atteint un degré de violence rare aux USA, colorée qu'elle était du rejet profond par bien des courants de ce pays, de leur premier président noir. La liste des traités internationaux non ratifiés ou même non signés s'accroît : le droit de la mer, l'arrêt complet des essais nucléaires, le projet d'un programme diplomatique d'élimination des armes nucléaires, le climat…

De manière beaucoup plus générale, la persistance de la crise sous son aspect chômage et précarité aussi bien que sous son aspect financier, déficits publics ingérables, menace permanente d'explosion de bulles spéculatives, pousse bien des pays à chercher refuge dans des attitudes populistes xénophobes et outrageusement nationalistes. Flandre, Slovaquie, Pologne, divers autres pays d'Europe centrale, affichent cette orientation qui menace aussi en Grèce et en Espagne et commence même à poindre en Écosse. Il y a des évolutions de cet ordre dans bien des pays d'Amérique latine, où le refus du mode de vie nord-américain colore d'un gauchisme vigoureux des attitudes dont le repli nationaliste est l'une des clés les plus lisibles.

Dans cette régression générale de l'ouverture à la coopération internationale, l'Europe hélas n'est pas en reste.

C'est sous la première forme institutionnelle qu'elle s'est donnée, la Communauté européenne du charbon et de l'acier, CECA, née en 1951, qu'elle acceptait la plus forte dose de supranationalité qu'on lui ait connue.

L'exécutif y était partagé en deux, la partie représentant les États membres étant le Conseil des ministres, et celle incarnant l'Europe au sens strict s'appelait la Haute Autorité. Elle se faisait représenter dans le monde par des représentants désignés comme ambassadeurs et recevait de partout des ambassadeurs. Dans son système de décision, le vote à la majorité avait une très large place.

Ce n'est que six ans après que fut entreprise la rédaction du deuxième traité, beaucoup plus décisif, qui créa la Communauté économique européenne, effective en 1959. Mais là, déjà, l'organe majeur n'est plus qu'une « Commission ». Dans un sens ni dans l'autre il n'y a plus d'ambassadeurs mais seulement des représentants. Et l'unanimité a repris ses droits. Toutes les matières majeures sont à nouveau soumises à son exigence. Pourtant nous n'étions à l'époque que six États membres, mais même ceux-là, les fondateurs, n'osaient plus aller jusqu'au bout de la démarche.

La France, à l'époque de cette négociation et de cette écriture, n'était pas encore gaulliste… Elle va se rattraper après. Mais le virus de la souveraineté était partout, et les six États fondateurs trouvèrent leur complicité à « faire le travail ». Il ne fut pas question que l'Europe, en dépit du rêve initial, s'occupe de politique étrangère, de défense ou de justice. Et dans le champ principal, l'économie, la fiscalité et le droit du travail restèrent régis par l'exigence de l'unanimité. C'est-à-dire voués à la paralysie, où ils sont à peu près toujours. Il ne restait de toute cette espérance qu'une vaste machine à harmoniser normes, standards, comportements et procédures et à parfaire la concurrence. L'avenir dira pourtant assez vite que c'était déjà une énorme puissance, qu'illustrera la réussite flamboyante des deux premières décennies.

Seul ce succès apparut aux yeux du monde extérieur, très peu informé par ailleurs et au demeurant indifférent aux difficultés considérables de la prise de décision interne. De ce fait tout le monde voulut en être, à commencer par la Grande-Bretagne. Au moment de la naissance du projet de Communauté économique, cette dernière s'engagea de manière presque unanime dans une campagne d'opinion déchaînée d'hostilité totale au projet. Mais lorsqu'il prit finalement corps, elle s'aperçut vite que l'on était fort loin d'un projet d'union politique, dont elle ne voulait à aucun prix, mais beaucoup plus proche d'une union douanière, ce qui était son choix. Elle posa sa candidature en 1963 et c'est Charles de Gaulle, tout nationaliste qu'il était, qui releva l'incompatibilité des deux projets et obtint le rejet de la candidature anglaise, seul cas connu jusqu'à présent de rejet d'une candidature à l'adhésion. Même la Turquie, à qui les avanies n'ont pas manqué, n'a pas – encore ? – connu cela.

Tenace, la Grande-Bretagne renouvela sa demande en 1969, accompagnée cette fois-ci du Danemark et de l'Irlande. De Gaulle fut amené à quitter le pouvoir en France en 1969, et de ce fait la Grande-Bretagne, le Danemark et l'Irlande adhérèrent en 1972. De nombreux autres suivirent. Dans la Communauté, un principe fit l'accord général : accepter les adhésions mais à la condition que chacune s'accompagne d'un approfondissement de l'intégration. Aucun approfondissement ne fut jamais possible. Ainsi adhérèrent successivement Grande-Bretagne, Danemark et Irlande en 1972, Grèce en 1980, Espagne et Portugal en 1985, Autriche, Finlande et Suède en 1994, dix pays d'un coup en 2004 : Chypre, Estonie, Hongrie, Lettonie, Lituanie, Malte, Pologne, République tchèque, Slovaquie et Slovénie. En 2007 la Roumanie et la Bulgarie, enfin en 2013 la Croatie, 28e État membre.

Toutes ces adhésions se sont faites sans aucun « approfondissement ».

Quelques tentatives d'amélioration furent cependant faites : le Traité dit Acte unique, signé en 1986, acheva l'édification du marché intérieur unique en y incluant les services publics. Le traité de Maastricht (1992) tenta l'extension des compétences de l'Union à la politique étrangère, à la défense et à la justice, mais ne put qu'isoler pour elles des champs distincts, gérés en intergouvernemental en excluant la Commission et ne permettant que des actions communes, et non des politiques globales communes. Les deux Traités d'Amsterdam (1992) et de Nice (2001) n'apportèrent que des modifications minimes, affaiblissant plutôt la Commission.

Une nouvelle Constitution de l'Europe, plus lisible et un peu simplifiée mais sans aucun changement majeur, est rédigée en 2004. Mais elle est en 2005 rejetée par référendum aux Pays-Bas et en France.

On entreprit alors d'en faire un résumé, éliminant quelques dispositions et notamment les symboles de l'Union – hymne et drapeau – l'Europe presque inchangée devenant seulement personne morale de droit public. Ce fut le traité de Lisbonne, signé en 2007.

Pendant toute cette période, à trois reprises, le veto britannique interdit l'accès à la présidence de la Commission européenne de responsables politiques à fort caractère. Et la Commission entre en inhibition. Pendant la grande crise financière mondiale de 2006-2008, on n'entendit jamais la Commission émettre ni diagnostic ni commentaire ni proposition. Et l'on se résigna à appeler européenne la position prise ensemble par quelques-uns de nos chefs de gouvernement lorsque les autres s'y ralliaient, et sans que les institutions européennes proprement dites n'aient formellement délibéré…

Cet affaissement de l'Europe fut plus visible encore en politique étrangère. Lors de l'implosion de l'ancienne Yougoslavie, il fallut trois ans aux membres de l'Union pour accepter d'en discuter et de prendre une décision commune, qui fut d'appeler les États-Unis à l'aide… Et lorsqu'en 2002, les États-Unis décidèrent d'envahir l'Irak, un violent désaccord se fit jour entre ceux qui les soutinrent, Grande-Bretagne, Espagne, Italie notamment et ceux qui désapprouvèrent fortement et publiquement la décision, France et Allemagne notamment. Il n'y a pas d'Europe sur la scène internationale. Cela se confirma en 2013 lorsque la France, se sentant obligée d'intervenir au Mali pour des raisons de civilisation, s'y retrouva tragiquement seule, ou auparavant lorsque les présidents américain et russe, Obama et Medvedev, annoncèrent conjointement leur souhait d'en arriver à une planète débarrassée de l'arme nucléaire, et qu'aucun commentaire ni national ni de l'Union ne vint saluer, ni d'ailleurs condamner cette entreprise. Plus important encore pour notre sujet central, jamais l'Union européenne n'arriva à un accord sur les propositions à faire pour la très nécessaire réforme de l'ONU. Le continent européen ne parle pas plus d'une voix unique dans le monde, que l'Amérique latine ou l'Asie, et même moins que l'Afrique où l'on a vu ces dernières années – sur les armes légères et à un moindre degré sur le climat – l'Union africaine être parfois capable de définir des positions communes.

Même vu d'Europe, il se confirme donc que le XXIe siècle commence par une période de régression dans le domaine de la coopération et de la décision internationales.

Reste la question : est-ce qu'au moins les gouvernements nationaux croissent de leur côté en conscience des problèmes, en ouverture à la coopération internationale, et en capacité de prendre et de gérer ensemble des décisions collectives ?

L'affaiblissement des pouvoirs nationaux

C'est aux XVIIe et XVIIIe siècles que l'alphabétisation croissante et presque achevée des peuples d'Europe permit l'intensification de leurs prises de conscience nationales. Dans un premier temps, les trônes assez puissants pour avoir résisté à la tornade napoléonienne tentèrent de garder des empires immenses : Russie, Autriche-Hongrie. La Grande-Bretagne fit de même, mais à l'extérieur du continent, son empire était fait de colonies. L'Empire ottoman lui aussi restait puissant en Europe orientale.

Mais le développement économique, combiné avec l'alphabétisation, conduisit à l'affirmation croissante d'intérêts économiques et sociaux. Ainsi grandit la demande de démocratie, source de la vague de révolutions de 1848-1850. On commença à voter dans bien des pays. En France on passa du suffrage censitaire au suffrage universel. Pour être plus progressif et plus lent, le mouvement fut le même en Grande-Bretagne. Les empires s'affaiblissaient, Prusse, Espagne et Italie se renforcèrent. La guerre de 1914-1918 provoqua la disparition des empires multinationaux encore présents en Europe : Autriche-Hongrie, Russie et Empire ottoman. Ainsi apparut l'extrême diversité des nations qui la composent aujourd'hui, ce mouvement étant accompagné de l'émergence des États-Unis d'Amérique et de la décolonisation de toute l'Amérique latine. Afrique et Asie restaient colonisés ou dépendants.

Le XXe siècle connut donc, pendant l'essentiel de sa durée, la conciliation à peu près complète de la nation et de la démocratie, en tout cas dans les pays développés : Amérique du Nord et Europe. Le Japon rejoignit le bloc dans la deuxième moitié du siècle. La décolonisation accéléra puissamment le mouvement.

Le modèle de la nation démocratique fut donc finalement celui qu'essayèrent de rallier nombre de nations nouvellement indépendantes après décolonisation. Mais tant en Afrique qu'en Asie les affres du sous-développement valurent à beaucoup d'entre elles des phases plus ou moins longues de dictatures plus ou moins marxisantes. Les pays échappés du communisme après 1990 y vinrent plus facilement, car beaucoup l'avaient connu entre les deux guerres.

C'est donc seulement dans les pays les plus avancés que se déroule l'expérience démocratique au milieu de laquelle nous sommes toujours. On a vu ci-dessus que, notamment à cause de la violence des deux guerres mondiales, l'expérimentation originelle de la démocratie s'accompagnait plutôt d'une disponibilité, voire franchement d'une ouverture à la coopération internationale.

Il y avait à cette attitude une prédisposition favorable. Par nature les démocraties sont pacifiques. Hors le cas de l'Irak envahi par les États-Unis en 2003, jamais dans l'histoire une démocratie n'a provoqué une guerre : elles les ont toutes subies, quitte néanmoins à les gagner !

Mais trois éléments vont se conjuguer pour affaiblir profondément le pouvoir de ces États nations. L'un est structurel, le second médiatique.

Commençons par ces deux-là. Le troisième, qui est économique et financier, se découvrira aux chapitres suivants.

La démocratie, pour commencer, est un système faible. Décider est plus facile en dictature, même si cela se paie cher mais autrement. Or il faut être fort pour mener une grande politique internationale, et plus encore pour accepter les risques d'une coopération avec d'autres, à l'évidence différents.

Beaucoup de démocraties, parfois anciennes, se sont donné une structure fédérale : Allemagne, États-Unis, Inde, Brésil, Espagne d'une certaine façon, Autriche, Suisse, Canada, Australie, plus récemment Indonésie, Belgique, Afrique du Sud, et bien d'autres.

Dans ces cas, il peut être difficile d'obtenir l'accord de la quasi-totalité des entités fédérées sur des orientations internationales de quelque ampleur.

De plus et surtout, il y a des fragilités propres au système central. En régime présidentiel il est fréquent que la Constitution (Inde, Brésil immédiatement après la dictature militaire, et surtout États-Unis d'Amérique) limite strictement les pouvoirs de l'autorité fédérale en faveur des entités fédérées. La paralysie américaine de ce fait est même devenue un problème mondial, car elle est en voie d'aggravation, visible et récente.

En régime parlementaire, c'est la difficulté de réunir des majorités stables qui fait le problème. Quelques pays l'ont même profondément aggravée en se dotant d'un système électoral incompatible avec la production de majorités : la représentation proportionnelle. La liste est longue des pays qui ont connu des crises redoutables à cause de leur incapacité à trouver des majorités pour prendre des décisions importantes. La Pologne faillit manquer la reconstruction démocratique, la Belgique éclate, l'Italie a changé deux fois de république largement pour cette raison en y perdant beaucoup de son crédit international, Israël est incapable de trouver une majorité parlementaire favorable à la paix alors que son peuple l'a été très longtemps. Sans que la technique électorale joue tout à fait de la même façon, la France des IIIe et IVe Républiques a vécu des situations analogues. L'impuissance gouvernementale japonaise, moins liée aux règles du jeu et davantage à la corruption, est tout aussi patente.

Cette fragilité relativement plus grande des démocraties a rendu difficile tout au long du XXe siècle et particulièrement au cours de sa deuxième moitié la construction entre elles d'alliances solides et continues, notamment au sujet de causes internationales. On le voit en permanence à propos de la défense de la paix. On le voit à l'évidence à propos du climat. Cette faiblesse est aussi l'une des clés de leur impuissance à se mettre d'accord sur une réforme de l'ONU. Le système tenait tout de même grosso modo, aussi longtemps que l'économie mondiale, et notamment sa partie entraînante, le capitalisme développé, restait à peu près stable et performante. Or depuis bientôt trois décennies l'économie des pays développés est entrée dans une suite de tracas et de bouleversements, improprement appelée crise, évoquée au chapitre 1, et qui aujourd'hui pousse la plupart des pays à un repli national accentué, fréquemment mêlé de xénophobie et donc de réticence à la coopération internationale.

On y viendra un peu plus loin. Mais il est logique d'accorder attention auparavant à une autre évolution, largement acquise pendant la période de croissance à peu près stable, avant l'apparition des premiers grands troubles économiques.

Le système médiatique et ses effets

Il s'agit des dérives subies par le système politique, tout spécialement dans le gouvernement des États, à la suite des transformations profondes qu'a vécues en un siècle notre système général d'information collective. Il suffisait autrefois de parler de la presse, il faut maintenant parler du système médiatique.

Les agents de transformation sont deux : l'argent et la technique. La combinaison de leurs influences produit des résultats massifs et redoutables.

C'est pour l'essentiel au cours du XVIIIe siècle qu'en Europe de l'Ouest et en Amérique du Nord, la multiplication des écoles et l'extension de l'imprimerie permettent l'alphabétisation à peu près totale de la population. De là découle la croissance irrépressible de la demande de liberté et de démocratie en même temps que d'information.

Dans ces conditions naissent de manière à peu près simultanée la démocratie et la liberté de la presse, en même temps d'ailleurs qu'une discipline de l'esprit visant à comprendre l'époque qui commence, « l'économie politique ». La presse naît sous le signe de l'écrit, du besoin croissant d'information. Dans ses premières décennies, elle respecta scrupuleusement aussi bien la langue que l'information.

Le professeur américain Neil Postman, spécialiste des médias et qui inspira certaines des remarques qui suivent, rappelle avec délectation dans son *Se distraire à en mourir*, l'ivresse de lecture du peuple américain à son origine, découlant sans doute de ce qu'il y avait plus de 60 % de lecteurs de la Bible, protestants et alphabétisés, parmi les pèlerins fondateurs, à comparer avec 10 ou 15 % d'alphabétisés dans leurs terres d'origine, Angleterre, Écosse ou Scandinavie… Toujours est-il que, bien plus lue qu'en Europe, la presse américaine s'est très longtemps obligée à publier l'intégralité des débats des Assemblées et le texte complet des lois ou traités en discussion, et que sénateurs et représentants venaient au marbre vérifier la correction stylistique des propos mis dans leur bouche… La noblesse de l'écrit ne saurait supporter les facilités de l'oral.

Plus près de nous, et pour la France, on ne saurait oublier la brutale intransigeance d'Adrien Hébrard, longtemps directeur du *Temps*, le journal de référence sous le Second Empire, et la troisième République, sur la qualité de la langue d'une part et sur la rigueur de l'information de l'autre. Sa rude consigne « Faites emmerdant » visait à la fois l'obligation de publier les textes des traités ou lois en discussion, d'approfondir les causes et si possible les conséquences des faits et des décisions présentés, et naturellement de vérifier scrupuleusement la véracité de leurs informations.

Bien avant les innovations techniques, et plus fortement qu'elles, c'est l'appât du gain qui détruisit petit à petit cet équilibre subtil et magnifique dans lequel la qualité de la démocratie était appuyée sur celle de l'information, l'une et l'autre protégées par le préréquisite de la qualité de la langue.

Mais l'équipement coûtait cher, la recherche de l'information aussi. Il fallut des capitaux. Ils vinrent. Les premiers arrivés respectèrent longtemps cette éthique. Puis il en fallut plus. Le respect de l'éthique devint une contrainte limitative du gain.

La découverte que parmi les fonctions de la presse, éduquer, informer, la plus lucrative était la dernière-née, celle à laquelle on n'avait pas pensé à l'origine, distraire, est américaine. Elle est liée à l'apparition des techniques permettant l'impression et la diffusion en masse. Elle est au demeurant assez tardive, XIXe siècle seulement, principalement américaine mais pas seulement. Les initiateurs de cette dérive sont innombrables. Mais il faut savoir gré à Orson Welles d'avoir, avec son admirable *Citizen Kane*, film majeur connu de l'élite cultivée du monde entier, immortalisé l'un des plus voyants d'entre eux, Randolph Hearst.

La lenteur et la progressivité du processus qui conduisit à la dominance actuelle de la presse à sensation ne doivent pas cacher la profondeur et la gravité du changement d'éthique qui se produit dans cette mutation. Il faudrait évoquer ici le respect des faits, la violence, le sexe, le respect aussi des lois et règlements, et de la vie privée. Je me contenterai de rappeler une seule anecdote, mais sa violence même montre qu'elle est symbolique largement au-delà du champ qu'elle couvre. Un jour Hearst sermonna son correspondant à Cuba pour manque de production. Réponse du malheureux intéressé : « Cuba est calme, il n'y a rien à raconter, il faudrait une guerre… » Réponse de Hearst : « Je provoquerai la guerre, assurez le reportage. »

Ainsi se développa dès avant la Première Guerre mondiale, surtout après, une presse indifférente à la véracité, et qui capte ses lecteurs par la violence, le sexe, le scandale et la vulgarité. Le contenu informatif y baisse beaucoup, mais il reste commentaires et éditoriaux, frustrés et véhéments. Or c'est cette presse-là qui fait les gros tirages. Les démêlés du groupe Murdoch avec la justice britannique illustrent bien le point où l'on en est arrivé.

Mais n'allons pas trop vite, car d'autres évolutions affectent l'ensemble de notre système d'information et de communication collectives, bien au-delà de la seule presse à sensation.

Pour Neil Postman, toujours lui car il est l'auteur majeur sur le sujet, c'est la qualité de la langue qui va être la première et peut-être bien la plus importante victime de ces changements. Car le respect de la qualité de la langue implique celui de la véracité, de la précision et de la distinction, toutes valeurs dont l'oubli entraîne des conséquences éthiques dépassant largement le seul domaine de la communication.

La première invention décisive est le télégraphe, courant XIXe siècle. Transmettre n'importe quelle nouvelle n'importe où sur terre à grande vitesse, bientôt à la vitesse de la lumière, est une révolution inouïe, riche à première vue d'effets immédiatement et immensément positifs. Mais il faut faire vite et très court. Les phrases deviennent ultrabrèves. Finis les subjonctifs et les conditionnels. Le doute, la subtilité, même l'humour, n'ont plus leur place. Finies aussi, ou atrophiées, les formules de politesse. Or elles sont le code d'identification mutuelle qui étalonne la qualité des interlocuteurs donc, parmi beaucoup, l'un des éléments de mesure de la confiance qu'ils peuvent se faire. Là où le doute n'a plus sa place, la science non plus. La transmission du savoir se transforme en affirmations brutales sans nuances.

Puis vient la photographie. L'image parle plus fort que le texte. Les quelques mots des légendes excluent l'explication et globalisent abusivement, ou au contraire enracinent le message dans un temps et un lieu. Nuance et mesure disparaissent.

Vient ensuite la radiodiffusion. L'oral commence à se substituer à l'écrit. Mais la radio n'a pas le temps d'assurer sa dominance et de façonner nos cultures à ses exigences et à ses contraintes que surgit la télévision qui irrigue une grosse majorité des foyers des pays développés dès le deuxième tiers du XXe siècle et apporte d'autres déterminations.

Chacun perçoit le conflit, ancien déjà, mais omniprésent entre acteurs et commentateurs, entre politiques et journalistes. Avec des variantes culturelles locales fortes, il est mondial. Mais dans la rancœur mutuelle entre professionnels qui le caractérise, on oblitère totalement les facteurs techniques qui bien plus encore que l'attitude et la conduite des opérateurs, ont des conséquences dommageables pour l'esprit public.

Le premier est la vitesse. J'ai par exemple été questionné, en pleine réunion publique consacrée au chômage et à l'économie, sur la mort d'Yitzhak Rabin moins de dix minutes après son assassinat, donc sans qu'on sache à ce moment qui l'avait tué, Juif ou Arabe. N'importe quelle annonce publique provoque l'envoi dans l'espace d'innombrables escouades de reporters chargés d'interroger notoriétés, responsables politiques, experts de toutes disciplines et anonymes du grand public avant que l'on dispose d'informations précises sur l'intention annoncée.

Or tout le monde répond, les responsables pour ne pas donner l'impression d'esquiver, qui leur serait préjudiciable, experts et notoriétés parce que l'accès aux médias est une promotion, le peuple anonyme par une gloriole amusée – on t'a vu à la télé ! – et les politiciens de base ou débutants parce que la sortie publique de leur nom – peu importe comment et pour quoi dire – est la condition de leur survie…

C'est ainsi qu'en toute occasion on parle trop vite, sans avoir réfléchi et que l'on finit par dire n'importe quoi.

Une habitude redoutable de la presse, orale et même écrite, aggrave beaucoup les choses, c'est celle d'anticiper sur l'événement. Qu'il s'agisse de devancer la concurrence, ou de dépasser l'effet de lassitude qui survient dès que l'information précise est connue, il faut commenter avant que le détail soit connu.

Les résultats sont catastrophiques, notamment à l'occasion de décisions lourdes et complexes comme par exemple le budget de l'État. La substance est par définition évacuée et l'on en reste aux généralités de principe, aussi conflictuelles que possible naturellement.

On comprend dans ces conditions que la compréhension mutuelle entre gouvernants et gouvernés sur les complexités de la gestion publique s'estompe, ou pis disparaisse.

Plus gravement peut-être, l'exigence de la vitesse en entraîne une autre : on ne prend plus le temps de vérifier les informations, tellement le besoin de faire des scoops est grand.

Les informations fausses sont légion, les imprécisions dangereuses et les propos mal rapportés bien plus encore. Certes la loi permet le démenti, mais elle laisse au média-support le droit au commentaire conclusif. Atteint dans sa dignité le média-support, même s'il publie et reconnaît, se débrouille toujours, je n'ai jamais vu d'exception, pour inclure quelques dernières flèches assassines dans son commentaire conclusif, quitte à les choisir complètement hors du sujet si le démenti est trop fort et trop concluant.

Résultat : le politique est toujours le perdant. Résultat du résultat, un politique expérimenté ne dément plus, jamais… Si l'affaire est importante, les historiens régleront le problème quelques décennies plus tard. On est chez Beaumarchais… Calomniez, calomniez…

Mais la vitesse n'est pas tout, tant s'en faut. Le deuxième élément technique décisif est l'image. On ne saurait en revenir au soi-disant conflit entre journalistes et politiques sans avoir approfondi les contraintes propres qui sont les leurs.

Il est clair que l'image ne fait pas travailler dans nos cerveaux les mêmes neurones que l'imprimé. Accompagnée du son, sa prégnance est si forte qu'elle occulte tout le reste. L'appel qu'elle fait à la compréhension intellectuelle est mineur, elle nous capte par le choc, l'émotion, le drame, la violence, le charme, l'affectif en général. L'attention faiblit – et l'on zappe – dès que l'intensité émotionnelle diminue.

Les conséquences sont considérables, mais elles découlent de la technique beaucoup plus qu'elles ne viennent des journalistes eux-mêmes.

L'image peut porter l'événement. Elle porte beaucoup moins bien l'explication de ses causes, et moins encore l'estimation de ses conséquences possibles. De ce fait le long terme disparaît, et avec lui la complexité. Tout se simplifie, le plus souvent à l'excès.

Autre conséquence : une décision, un travail, un rapport collectifs sont très difficiles à présenter comme tels. Il faut les ramener à un visage.

Dans l'ordre politique cet effet est renforcé par le caractère uninominal de beaucoup de scrutins et par le fait qu'il ne saurait y avoir qu'un seul chef d'État et un seul Premier ministre. La télévision exacerbe la personnalisation.

Troisième élément technique décisif : la surabondance des médias. Leur concurrence est telle que la recherche de la priorité et de l'exclusivité bannissent totalement toute autre préoccupation, aussi bien celle de la véracité que celle du respect de la dignité et de la vie privée de quiconque a le malheur de devenir, fût-ce momentanément, objet d'intérêt médiatique.

Du point de vue qui nous intéresse ici, l'art de gouverner, les conséquences de tout cela sont dévastatrices.

Malgré les efforts de ce qui reste de presse scrupuleuse et de journalistes soucieux d'éthique, c'est aujourd'hui l'image et notamment ce qu'elle diffuse aux heures de grande écoute, qui fonde la cristallisation de l'opinion sur les grands enjeux des débats nationaux et notamment leur signification symbolique.

Un autre instrument contribue à l'aggravation de ces dérives : les sondages. Omniprésents – il en sort plusieurs par jour –, ils touchent à tout. Beaucoup sont nominatifs : popularité, notoriété, chances électorales, rien ne leur échappe. Beaucoup d'autres sont thématiques. On sonde sur toute question qui vient à se poser : peine de mort, violence urbaine, embarras de circulation, budget de l'État, nouvel impôt éventuel, intervention militaire au Mali, etc.

On appelle cela sondages d'opinion, avec un faux-sens manifeste dans l'usage du mot. Dans son sens d'aujourd'hui, le mot d'opinion est d'usage assez récent en langue française, guère plus de deux siècles. Il découle d'un très ancien verbe, opiner, qui signifie donner accord. Qui dit opinion dit d'abord collectivité, et dit aussi conversation ou débat.

Lorsque les journaux étaient rares et chers, une opinion se faisait lorsque, « au café du commerce », l'unique consommateur capable d'en acheter un faisait la lecture à ses voisins de table…

Mais aujourd'hui le spectateur reçoit son information seul devant son écran. Le lendemain l'agent sondeur collecte une impression, une intuition, une colère ou un fantasme, certainement pas une opinion, qui suppose confrontation.

Une telle technique ne saurait collecter des résultats de raisonnements et guère davantage la résignation progressive qu'apportent la réflexion et le débat sur une annonce désagréable mais qui fit choc, si elle se révèle petit à petit nécessaire et tolérable.

Le bombardement par les sondages n'en est pas moins quotidien, et impressionnant pour les pouvoirs publics. Ses effets interdictifs sont lourds.

La publicité joue aussi son rôle dans l'affaire. Les annonceurs font forte pression pour que les programmes n'encombrent pas les spectateurs de préoccupations trop graves au moment où passent leurs messages.

Un ancien patron de TF1 en France, Patrick Le Lay, a eu le vrai courage de dire un jour que son métier consiste à vendre à Coca-Cola du « temps de cerveau disponible ». On ne l'a pas assez remercié de la tragique lucidité de cette phrase effroyable…

Tout cela combiné produit une dérive générale que chacun peut découvrir : le système déserte de plus en plus l'information pour se centrer sur la distraction, infiniment plus profitable parce que plus captivante.

Les débats entre responsables en désaccord fuient la confrontation d'idées pour tourner en match de boxe.

Dans l'art de gouverner, l'effet d'annonce d'une mesure a beaucoup plus d'importance que son suivi, jamais présenté ni discuté. On gouverne par effets d'annonce...

Le contenu intellectuel des messages étant estompé, les électeurs choisissent leurs élus de plus en plus pour des raisons de charisme et de talent théâtral, plus que de convictions.

Il n'est plus possible d'espérer un accord durable et relativement précis entre gouvernants et gouvernés sur une politique à long terme.

Il faut ajouter à tout cela que l'absolue omniprésence des médias, paparazzis à la chasse d'échos croustillants sur la vie privée compris, crée une tension permanente à l'effet harassant. Nous ne pouvons plus être gouvernés que par des gens épuisés, et mentalement menacés par le harcèlement qui saccage aussi bien leur vie privée que celle de leurs proches.

Réformer un État en difficulté prend quelques années. Il n'y a plus un gouvernement démocratique qui dispose de ce temps de continuité et de sérénité.

Pis, dans ce désastre de l'intercommunication, une multitude d'inventions techniques vient bouleverser plus encore les choses. L'ordinateur, puis sa version portable, puis le téléphone mobile, puis leur interconnexion générale par internet, dite la « toile » ou le web, l'intégration à tout cela de la quasi-totalité de la production mondiale de musique, de littérature ou de savoirs intellectuels, la généralisation sur tous les continents et à toute la population – classes populaires comprises – de la pratique des mails, des SMS, des réseaux sociaux, de Facebook et de Twitter, ont produit une authentique révolution.

Il est impossible d'imaginer jusqu'où et comment ces nouveaux outils vont provoquer des changements de modes de vie et de relations entre les hommes. Nous sommes dans l'ordre de grandeur de ce que fut l'invention de l'imprimerie, ou plus tard, de l'électricité.

D'un point de vue strictement économique, il est clair que l'on entrevoit l'époque où tout achat de biens ou services se fera depuis les domiciles privés par commande électronique suivie de sa livraison à domicile. La fonction commerciale se réduira à la gestion d'entrepôts. Le temps gagné sera immense, la documentation technique de présentation et d'accompagnement illimitée, et la variété d'articles accessibles illimitée elle aussi. Il est probable que la fonction commerciale ainsi définie ait besoin de bien moins de travail qu'actuellement. On gagne en coût, on perd en emplois. Mais il est impossible de savoir si la disparition du contact physique entre deux personnes, l'acheteur et le vendeur, sera, au total, un mal ou un bien. L'on gagne un temps considérable, on perd la fonction de conseil du vendeur de proximité ; mais est-elle indispensable ? Homme, femme ou enfant, l'individu privé, déjà seul devant son écran au travail comme dans une partie de ses distractions, voit la solitude s'étendre à tous ses besoins d'approvisionnements. Faut-il le craindre ?

Toujours en matière économique, l'universalisation croissante du système et la multiplication des interconnexions ouvrent une autre perspective : celle que, pour jouir des satisfactions qu'apportent d'innombrables types de biens (maison, véhicules, machines domestiques, biens de culture…), il ne soit plus nécessaire de les posséder, mais qu'il suffise d'y avoir accès pendant la durée désirée. Disparition des coûts qu'impliquent la propriété, son entretien et sa sécurisation, multiplication extrême sinon infinie du type de jouissances auxquelles l'accès devient possible… tout bouge. Anticipations inouïes, changement de monde à l'évidence.

Il est donc compréhensible qu'analysant les suites d'une mutation si puissante, nombreux soient ceux qui voient ses vertus s'étendre aux relations mêmes entre êtres humains : donc anticipent une métamorphose des vies sociale et politique.

De fait, tout individu « connecté » a dorénavant accès au savoir produit par l'humanité comme à tous ses produits de culture – musique, livres, tableaux… Chaque personne privée peut interroger et communiquer avec toute institution. L'interactivité est donc, potentiellement, générale. Il n'y a plus de savoir confiné. Il est dès lors raisonnable d'attendre de ces possibilités radicalement nouvelles un approfondissement, une amélioration de la démocratie.

L'information étant générale, pouvant se voir approfondie, il n'y a plus d'exclus. Le droit à l'intervention, à la parole, n'est plus soumis à un privilège hiérarchique ou à une préséance mondaine. La participation au débat démocratique devient ouverte à tous.

Dès aujourd'hui, tous les grands médias ouvrent leurs sites, presse écrite, chaînes de radio et de télé, etc. Déjà, certains ont autant de lecteurs sur écran que sur papier, autant d'auditeurs sur portables que sur installations fixes.

La population des internautes expérimente de nouvelles formes de création et de diffusion du savoir comme de la culture. À l'évidence, les réseaux sociaux provoquent une révolution culturelle.

J'ai pourtant du mal à n'y voir que des avantages. Il faut prendre garde, en effet, au fait que ces possibilités formidables ne s'accompagnent d'aucun contrôle à l'entrée. C'est l'une des vertus majeures du système, qui en fait un déstabilisateur potentiel des régimes totalitaires. Mais cela signifie aussi qu'aucune information entrante n'est vérifiée, porte ouverte à l'erreur, à la contre-vérité, au mensonge, à l'information fausse. On sait déjà qu'au-delà de l'incitation aux rencontres, la prostitution trouve sa place dans le système. Lequel système se voit même devenir le principal mode de recrutement des candidats au djihad venant d'Occident… Toute liberté assure aussi celle du crime.

Par ailleurs, le langage qu'impose ce type de communication n'est guère rassurant. On s'oblige aux affirmations courtes, donc on les admet sommaires, du moins dans les échanges : l'accès à la littérature universelle, c'est évidemment autre chose. Reste que la revigoration de la démocratie à partir de tels réseaux est difficile à imaginer. Ils n'admettent ni la hiérarchie dans le droit à la parole ni la représentation.

Il y a cependant peut-être, là, une piste que le proche avenir explorera.

À ce point, le lecteur aura compris pourquoi, par exemple, la menace du réchauffement climatique a disparu du débat public. Il est de trop, celui-là. On verra bien plus tard.

Reste à examiner les problèmes que leur complexité fait échapper à la grande opinion d'aujourd'hui.

Chapitre 3

Le monde malade de l'argent

L'invention de la monnaie, avec celles de l'écriture et de l'agriculture sédentaire, est une de celles qui ont permis à l'humanité de sortir de la préhistoire et de commencer à construire des civilisations.

Freud à son sujet s'est gravement trompé. Loin d'être évocateur seulement d'un individu humain demeuré au stade anal, et d'être symbolique des matières fécales, l'argent est au contraire la première des créations de l'homme qui lui permette de s'approprier ce qu'il désire sans avoir à le voler ni à tuer qui le possède. Avant l'émergence de la monnaie, du signe d'échange, le prédateur qu'est l'homo sapiens ne connaît que ses proches et son voisinage. Le reste, vivant ou non-vivant, est un monde indistinct dans lequel il faut puiser – chasser, cueillir – pour vivre, et combattre pour se défendre ou s'approprier ce dont on a besoin. Le signe de l'échange, un coquillage, un bâton décoré, un mouton, avant d'être de l'argent, oblige à reconnaître l'autre comme identique à soi-même en droit d'exister et de posséder. Il aide à parfaire la connaissance de soi, de sa propre identité, par la distinction et l'identification de l'autre. Bien sûr, c'est une longue histoire. Elle commence par l'échange, aussi par le don, la nécessité du contre-don… etc. Reste que l'argent – gardons ce mot pour évoquer l'instrument monétaire – est l'instrument permissif de relations non-violentes entre les hommes pour s'approprier des choses.

L'argent naît donc de la première de ses fonctions, celle d'instrument d'échange. De manière à peu près simultanée, mais au long de bien des siècles tout de même, émerge la deuxième fonction de l'argent, collatérale à la première, mais qui l'englobe, celle d'instrument de mesure, d'étalon de valeur. Sans cette capacité de l'échange pacifique, sans cette reconnaissance de l'autre comme identiquement humain, ne pouvaient naître ni le droit ni la civilisation. Sans cette capacité de mesure unifiante ne pouvaient s'élargir et se formaliser les règles de la vie en commun.

C'est dans cette vie en commun que, petit à petit, apparut la troisième fonction de l'argent, celle de stockage de réserves. S'agissant limitativement de l'argent, le mot adéquat est thésaurisation.

Cette troisième fonction a fort tôt révélé qu'elle comportait des caractéristiques négatives, si les deux premières n'étaient qu'immensément positives. Le fait de conserver et d'accumuler de l'argent ouvre le champ illimité des inégalités. Avec lui s'ouvre aussi, au-delà de celle que donnent la force comme le privilège d'être chef, sorcier ou prêtre, la possibilité de dominer. Cette façon d'appréhender l'argent fit de lui l'instrument d'exercice de traits pervers de l'espèce humaine : égoïsme, hypocrisie, cupidité. Les traits sont humains, l'argent n'en est que le support, pas l'origine.

Dès leur émergence, les trois grandes religions du Livre, comme aussi le bouddhisme, condamnèrent la grande richesse. « Il est plus difficile à un riche d'entrer au Royaume de Dieu qu'à un chameau de passer par le trou d'une aiguille. » Les paraboles sont innombrables, convergentes et communes. L'Islam fait même de l'aumône aux pauvres un devoir impérieux du croyant. Et toutes condamnent le prêt à intérêt, comme un enrichissement sans cause, et une offense à Dieu.

L'argent pourtant gagna. Ses deux premières fonctions suffirent pendant des millénaires, sans que la troisième prît une dimension destructrice, à réduire sinon à quasi éliminer l'insuffisance et l'insécurité alimentaires.

Mais vint le temps des gros outils, longtemps seulement des navires. Avec l'apparition des machines se généralisa le besoin de l'appel à des masses d'argent rassemblées. La fonction de thésaurisation les avait rendues possibles. Et la distinction géniale de Calvin entre le prêt de consommation et le prêt de production, évoquée au chapitre 1, déverrouilla le système : le capitalisme pouvait croître puisqu'il devenait possible de financer l'investissement par le crédit rémunéré.

Avant de passer à la suite, enfin contemporaine, il est prudent de ne pas oublier que, si dans ces conditions Calvin saluait la richesse comme une bénédiction de Dieu, il rappelait fermement que ladite richesse n'était agréable à Dieu que si elle était utilisée selon ses vœux : réintroduite dans le système productif ou distribuée à ceux qui en manquaient.

Toujours est-il que le capitalisme incarne à l'évidence la grande réconciliation de l'argent avec la société des hommes.

Et ce fut inouï. On l'a rappelé chapitre 1, n'y revenons pas.

Des signes malheureux s'accumulent pourtant, on l'a vu aussi chapitre 1, dans les deux dernières décennies du XXe siècle. Beaucoup de ces signes relèvent des rapports des hommes avec la nature. Bien d'autres des rapports collectifs des hommes entre eux et des groupes collectifs qu'ils forment – religions et nations – entre eux. Mais nombre d'autres, enfin, de l'usage fait de l'argent. Déséquilibres, chocs, excès de certaines fonctions, asphyxie d'autres… tout y est. L'argent n'a trouvé ni un statut ni des règles d'emploi respectés, légitimes et stables. Le monde de ce troisième millénaire est malade de l'argent.

Les signes en sont multiples.

– *Primo*, les crises se multiplient,

– *secundo*, la finance s'éloigne de l'économie,

– *tertio*, l'argent asphyxie le lieu de naissance de la richesse, l'entreprise.

Commençons par le signe le plus voyant.

Les crises se multiplient

J'ai rappelé déjà que, dans le premier siècle de son établissement dominant comme système du monde, le capitalisme était relativement peu stable, et affichait tous les dix ans (ou à peu près) des accidents boursiers d'ampleur variable et parfois accompagnés de récessions plus ou moins profondes.

C'est au point, on l'a vu, qu'après pas loin d'un siècle, la plus violente de ces crises à peu près décennales, éclatant en 1929, fit si peur et fut si stupidement traitée par les puissances publiques, qu'elle dégénéra en une longue et profonde récession, créant dans les pays les plus avancés – États-Unis, Grande-Bretagne, Allemagne – près d'une centaine de millions de chômeurs, à une époque où aucune allocation n'était prévue pour les soulager. C'est ainsi qu'Adolf Hitler fut élu chancelier d'Allemagne et que se déclencha la Seconde Guerre mondiale.

Dès 1933 une loi américaine brutale, exigée par Roosevelt, signée des congressmen Glass et Steagall, refusée par toutes les autorités bancaires mais votée tout de même, ramena le calme financier en interdisant aux banques de cumuler leurs fonctions. Celles qui géraient les dépôts et transactions de l'économie courante avaient interdiction de faire des opérations à risque, investissement ou placement spéculatif. Et celles qui faisaient ce métier devaient le faire sur leurs fonds propres ou des capitaux dédiés, jamais en y mêlant des dépôts.

Après le massacre, en 1945, tout le monde convenait que l'instabilité du capitalisme était la cause principale, mais pas la seule naturellement, de la guerre. J'ai d'ailleurs rappelé plus haut les trois stabilisateurs sur lesquels les pays de libre entreprise se sont mis d'accord après la guerre : la sécurité sociale, la dynamisation de la demande – lorsque celle-ci faiblit – par la puissance publique, et la politique de haute consommation grâce à un haut pouvoir d'achat par la quasi-indexation des salaires sur la productivité.

Dans l'ordre purement financier, auquel se consacre ce chapitre, cette recherche de stabilisation est complétée par deux dispositions majeures. La première est l'adoption en 1944 à Bretton

Woods d'un système de changes fixes, l'étalon de change-or, qui reposait sur la stabilité du lien fixe entre le dollar et l'or, à 35 dollars l'once d'or, prix auquel le Trésor américain acceptait le métal précieux comme moyen de paiement international. La seconde fut l'adoption par toute l'Europe et le Japon des principes posés par la loi américaine Glass-Steagall de 1933 : les banques recevant et gérant des dépôts ne touchaient plus au risque, qu'il s'agisse d'investissement ou de spéculation, deux domaines entre lesquels il n'y a guère de frontière claire.

L'ensemble de ces dispositions eut un résultat à proprement parler extraordinaire, sur lequel il faut revenir : les crises ont disparu du fonctionnement habituel du capitalisme. De 1930, année de la dernière, à 1990, soit soixante ans, il n'y en eut plus aucune, pas même pendant la guerre ni à son occasion. Bien des pays ont connu des banqueroutes retentissantes (Turquie, Argentine, Mexique, Brésil, d'autres...) qui furent toutes cautérisées localement sans dommages collatéraux pour leurs voisins. Beaucoup d'autres ont dévalué à de nombreuses reprises (la France dix-neuf fois, même la Grande-Bretagne quelques-unes) sans jamais de contagion ni même de crise au sens propre. Le graphique ci-contre est d'une aveuglante clarté à cet égard.

Donc « on saurait faire »... Le capitalisme n'est instable que lorsque certaines conditions ne sont pas remplies.

Mais, on l'a lu aussi plus haut, la formidable expansion qui résulta de tout cela permit de créer des masses énormes de capitaux thésaurisés. Les États-Unis ayant en 1971 mis fin à l'étalon de change-or, une volatilité extrême s'abattit sur tous les prix : cours des changes, taux d'intérêt, prix des matières... C'est dans le monde de la finance que fut inventée et s'organisa une sorte de défense contre cette volatilité : contrats à terme impliquant une assurance prix, transformation de prêts octroyés en titres d'investissement cessibles (titrisation), contrats dérivés de toutes natures, beaucoup liés à des contrats-marchandises, bien d'autres dépourvus de tout lien avec l'économie réelle, etc.

Le système bancaire réalisant beaucoup plus de profit – tant en commissions de gestion qu'en plus-values – dans ce type

PROPORTION DE PAYS SUBISSANT UNE CRISE BANCAIRE, 1900-2008 (PONDÉRÉE PAR LEUR POIDS DANS LE PIB MONDIAL)

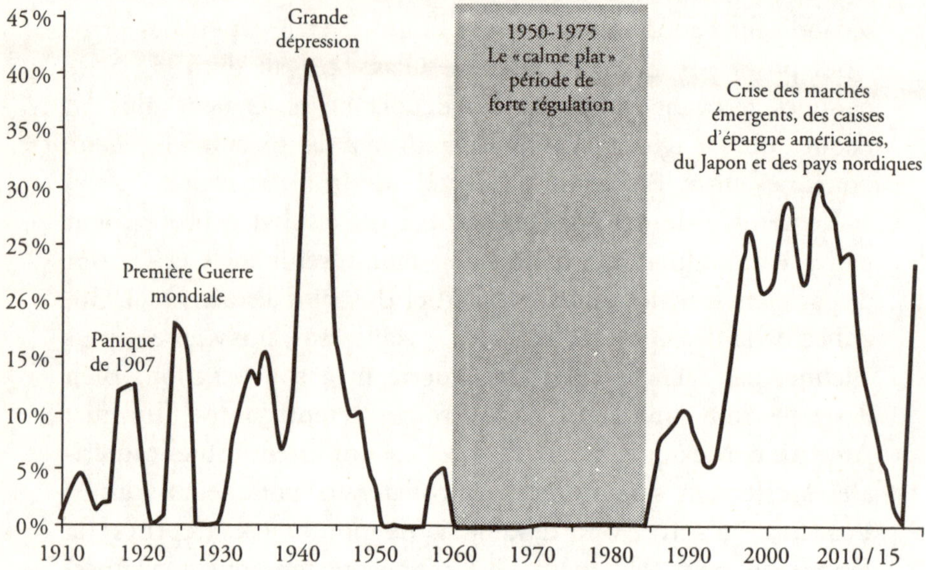

Source : Reinhart & Rogoff

d'activités que dans la gestion des dépôts et de leurs mouvements, il fit partout une pression pour abolir la séparation des fonctions, et gagna. La loi Glass-Steagall fut abolie aux États-Unis en 1997, et ses équivalents dans les différents pays d'Europe ou au Japon supprimés tout au long de la décennie 1990.

En outre, dans les décennies 1970 et 1980, naquit et se développa une nouvelle doctrine économique, le monétarisme, parfois baptisé à tort ultralibéralisme – car, par nature, le libéralisme appelle l'existence de limites et de règles alors que l'autoéquilibre du marché et l'optimalité de ses équilibres les excluent –, qui devint dominante en Occident. Or elle accordait les mêmes vertus à tous les marchés, qu'ils soient de matières, de services ou d'argent. Elle exigeait en outre le retrait de la puissance publique de toutes les activités économiques et notamment de la création monétaire qui échappa ainsi aux contingentements et limitations. Le monétarisme se révéla en outre fort incitateur à l'endettement, tant public que privé, devenu un moyen efficace aussi bien de créer de la liquidité que de dynamiser l'activité des marchés, marchés financiers inclus puisque non-distingués.

Ainsi redevint possible l'apparition de bulles spéculatives, avec leur caractéristique principale : finir par exploser. Depuis 1990, après soixante ans sans la moindre crise financière mondiale ou même régionale, le monde est entré dans une phase de crises systématiques répétées, parfois limitées à une région ou à un type d'activités, mais toujours à incidence largement mondiale.

Il vaut la peine de rappeler les principales. La première éclate en 1992. Elle est européenne par sa nature et par ses raisons, même si les déséquilibres et les destructions de valeurs qu'elle produit affectent aussi la zone dollar et la zone yen. Je l'ai contée au chapitre 1.

Ce fut torrentiel. En moins d'un mois, la peseta espagnole, puis la lire italienne, puis la livre sterling, durent dévaluer fortement et quitter le système monétaire européen. La spéculation s'attaqua alors au franc français. Mais l'appui de l'Allemagne et du mark permit à un ministre courageux, Michel Sapin, et grâce à lui au franc, de résister au flot.

Cette résistance de notre monnaie sauva ce qui restait du système et, par là, la perspective de créer plus tard la monnaie commune – unique – de l'Europe, qui sera appelée l'euro. On commençait déjà, à l'époque, à agiter cette idée qui révulsait aussi bien, quoique pour des raisons un peu différentes, la Grande-Bretagne craignant l'affaiblissement de la puissance de la City, que les États-Unis, furieux de voir se créer une monnaie potentiellement concurrente du dollar. C'était à l'évidence une des raisons de cet assaut, l'autre étant le déséquilibre interne du système évoqué à l'instant.

Quoi qu'il en soit, George Soros gagna 2 ou 3 milliards de dollars – il déclare en souriant quelques mois plus tard : « Si j'ai gagné tant d'argent à cette occasion, c'est parce que les États n'ont pas fait leur métier », formule rigoureusement exacte.

Italie, Espagne et Grande-Bretagne furent conduites à des dévaluations lourdes et pénalisantes, et plusieurs centaines de milliards de dollars disparurent, volatilisés. Ce fut une secousse tellurique. Le SME réduit à quelques pays, et avec lui la perspective de créer l'euro, ne furent sauvés que de justesse. Ce fut aussi, après soixante ans de stabilité, une énorme surprise.

Cinq ans après seulement – en juillet 1997 – éclata, au départ de la Thaïlande, une autre gigantesque crise boursière qui atteignit une grosse dizaine de pays d'Asie en y brisant la croissance. Seule la Chine y échappa, son passage à l'économie de marché étant trop récent pour que se soient développées les interdépendances financières qui l'auraient affectée. Récession et chômage ravagèrent ces États pour les deux ou trois années suivantes. Ce furent les moins développés d'entre eux, Thaïlande, Birmanie alias Myanmar, qui s'en remirent le plus rapidement. Mais il faut compter en milliers de milliards de dollars la richesse volatilisée, et en dizaines de millions les travailleurs réduits au chômage de ce fait.

Le pays le plus gravement atteint fut le Japon. Il avait connu depuis plus d'un demi-siècle une croissance absolument continue, très rapide dans les premières décennies, toujours significative et à peu près régulière en fin de période. Aussi l'arrêt fut-il brutal, la croissance stoppée net. Jusqu'à aujourd'hui, c'est-à-dire pendant les dix-huit ans qui suivirent, le Japon n'aura plus connu qu'une croissance moyenne de 0,7 % par an de son PIB. Il a, pendant cette période, tout essayé afin de s'en sortir : il a accepté un déficit budgétaire considérable (jusqu'à 8 ou 9 % du PIB) pour financer des investissements et la recherche, poussé des dépenses de recherche et développement jusqu'à 3 % du PIB (ce qui doit être un record du monde), et augmenté son endettement public à près du double de son PIB, autre record. Rien de tout cela n'a suffi. La croissance était brisée, et les leviers qui la permettaient aussi. C'est seulement en 2013 que de nouvelles réformes et de nouvelles injections de liquidités permirent au Japon de retrouver un faible 2 % de croissance du PIB. Les crises des temps nouveaux ne détruisent pas seulement des fortunes.

Le mécanisme particulier de cette crise-là n'a rien de mystérieux. Les pays concernés du Sud-Est asiatique, portés par la vogue de l'endettement, empruntaient en dollars et finançaient ainsi la spéculation foncière et le surinvestissement immobilier auxquels leur épargne interne abondante se livrait ardemment, jusqu'au déséquilibre, et au krach, vite contagieux.

L'onde de choc déborda petit à petit d'Asie. Elle atteignit la Russie en 1998. Dans ce pays où le communisme et son système économique avaient été abolis en 1989-1990, des conseillers américains avaient recommandé trop vite, d'abord à Gorbatchev puis à Eltsine, de laisser se mettre en place un marché financier complètement dérégulé avec liberté totale des mouvements de capitaux. La privatisation complète des entreprises s'est faite de manière brutale et anarchique, ouvrant le champ à une spéculation déchaînée en l'absence de tout contrôle public. Le krach qui en résulta ne fut pas que boursier. L'effondrement de l'économie russe affecta profondément les pays voisins anciennement ou nouvellement indépendants aux liens commerciaux importants avec l'ancienne URSS : Pays baltes, Finlande, Autriche, Hongrie, notamment. Il fallut deux ou trois ans à la Russie pour s'en remettre, et le chaos créé par cette crise eut sa large part dans l'appel à une autorité publique forte, qui caractérisa et caractérise toujours la nouvelle étape de l'histoire russe.

L'onde de choc atteignit aussi, en 1998, l'Amérique latine, mais beaucoup moins gravement que l'Asie ou la Russie.

Toujours est-il qu'après cet ensemble de chocs où ils perdirent beaucoup d'argent, les spéculateurs internationaux voulurent se refaire.

L'enchaînement qui vient d'être décrit les ayant amenés à s'écarter des marchés des pays émergents, ils trouvèrent, dans leur espoir de plus-values massives en capitaux, un secteur beaucoup plus porteur : les industries de l'informatique et de la communication. Dès 1996-1997 les capitaux se ruent, et les cours des actions des sociétés actives dans ces domaines montent vertigineusement. On atteint même des folies, telles des valeurs boursières égales à une dizaine de fois le chiffre d'affaires, ou encore des valeurs stupéfiantes pour des sociétés déficitaires. Tout explose en l'an 2000. Quelques milliers de milliards de dollars sont volatilisés. Mais dans ce cas, à la différence des crises évoquées jusqu'ici, les opérateurs eux-mêmes se rendirent compte des excès auxquels ils avaient abouti, et le mouvement spéculatif ne s'étendit pratiquement à aucune autre branche industrielle ou économique que l'informatique et la communication. Après cette nouvelle et terrifiante volatilisation de capitaux, le mouvement s'arrêta de lui-même, en n'entraînant qu'assez peu de faillites d'entreprises et guère de chômage supplémentaire.

L'autoextinction du mouvement spéculatif entraînant celle de la crise, la planète vécut en 2001-2002 un vif sentiment de soulagement. Une reprise s'esquissait, l'impression générale était qu'elle serait durable. En vérité, elle fut timide et seul le Japon n'en profita pas. Pis, on n'accorda guère pendant cette période d'attention à deux faillites d'entreprises, certes américaines, mais énormes et d'importance mondiale : le fonds de placements LTCM en 1998 et l'opérateur financier dans l'énergie Euron en 2003. Comme ces défaillances étaient isolées, on jugea suffisant de parler de mauvaise gestion et de changer les présidents. Sans y voir l'amorce de déséquilibres en fait systémiques. Partout ailleurs, en Europe notamment, le soulagement global permit le retour d'un peu de croissance et d'une légère augmentation des salaires, qui avaient stagné pendant les cinq ou six années précédentes.

Deux pays firent de ce peu de croissance retrouvée un usage qu'il faut rappeler pour comprendre la suite.

L'Allemagne, d'abord, aborda cette période en terminant l'effort énorme qu'elle avait entrepris pour aider l'Allemagne de l'Est à retrouver aussi vite que possible les standards occidentaux. Les salaires notamment en avaient souffert, mais l'économie générale aussi. Le chancelier d'alors, Gerhard Schröder, proposa aux partenaires sociaux de profiter de ce moment pour remuscler l'économie allemande par l'exportation, en privilégiant donc l'emploi par rapport aux salaires qui demeurèrent bridés quelques années. Ce furent les réformes « Schröder », dites, du nom d'un ministre, Hartz IV. À l'abri de ce quasi-dumping social, l'Allemagne exporta massivement, principalement chez ses voisins d'Europe dont le pouvoir d'achat augmentait et qui presque tous virent croître dangereusement leur déficit commercial. Cela aggrava beaucoup, en expliquant d'ailleurs la position qu'y prit l'Allemagne, les aspects intraeuropéens de la crise qui allait suivre en 2006 et 2009.

Mais celle-là fut surtout d'origine américaine. En effet les États-Unis, deuxième pays à avoir mis quelque excès dans l'usage de l'amélioration de la conjoncture de 2001-2002, abordèrent cette période dans l'euphorie. Les longues incertitudes financières de la période précédente semblant avoir disparu, on se rua vers la consommation. Les salaires demeurant stagnants ne la finançaient guère, aussi l'endettement y pourvut, public bien sûr, mais largement privé aussi. L'euphorie était telle que toute la société américaine, pouvoirs publics et résidents, se prit à rêver d'abolir les distinctions sociales. « Tous capitalistes » semblant un slogan encore un peu hors de portée, « tous propriétaires » en devint le substitut adopté et revendiqué.

Prenant cela pour une consigne publique, à défaut d'être une garantie, l'appareil bancaire américain entreprit de développer sans mesure le crédit hypothécaire à l'immobilier. Fini l'examen des ressources des débiteurs, finie l'exigence d'un niveau minimum de salaire, finie la demande d'un apport personnel, on prêta bien au-delà de la valeur des biens acquis pour financer travaux et équipements. En cas de revenus faibles, un intérêt supplémentaire seulement fut demandé. C'était les « subprimes ». Le seuil de la démesure était atteint. Dès 2005, les remboursements ne suffirent plus à couvrir les sorties bancaires. Entre 2006 et 2007, des milliers de banques américaines – et quelques autres en Angleterre, Irlande et Islande notamment – firent faillite, parmi lesquelles les quatre plus grandes banques d'investissement des États-Unis.

Dès le début elles auraient dû comprendre, évaluer, provisionner, et avertir les autorités de tutelle. Mais elles n'en firent rien et, au contraire, commencèrent à utiliser de manière déviante quelques trouvailles récentes de la science financière. La première consistait à regrouper des prêts multiples en une créance financière unique ; la seconde à rendre cessibles d'établissement à établissement ces prêts regroupés en un titre unique figurant au bilan des banques. Ce fut la titrisation. Et bien sûr on glissa beaucoup de créances incertaines parmi les bonnes. De tels titres, que toutes les agences de notation – payées par ceux qu'elles notaient – avaient validés, furent acceptés par les organismes bancaires du monde entier, sauf les chinois et ceux du monde musulman, et tout spécialement par ceux des pays anglo-saxons.

La découverte qu'il y avait là-dedans beaucoup de créances douteuses – pourries dit-on dans le jargon spécialisé – fut progressive en 2006 et 2007. L'évaluation en était impossible. Les banques ne pouvaient plus déterminer la fiabilité de leurs partenaires. Panique, le crédit interbancaire s'arrêta brutalement, partout dans le monde. Deux petits pays, aux mœurs financières particulièrement anglo-saxonnes, l'Islande et l'Irlande, où la dette bancaire avait atteint six ou sept fois le volume du PIB local, firent des banqueroutes retentissantes et virent leur richesse par habitant diminuer d'un quart en quelques semaines. En Grande-Bretagne et aux États-Unis, on bricola quelques sauvetages de banques pour limiter la casse. Mais… on ne put les sauver toutes car il fallait bien qu'il y en ait quelques-unes de punies. Et le quatre ou cinquième monstre bancaire universel du monde, Lehman Brothers, fit faillite. Personnes privées ou entreprises, les déposants spoliés se comptèrent par millions.

Le monde se réunit alors en urgence et inventa même pour cela le G20, regroupement des vingt principales puissances, afin que les pays émergents soient présents. La doctrine reconnue s'appelle le monétarisme, qui veut que les équilibres de marché se fassent automatiquement, sans intervention publique, et par conséquent que les faillites inévitables se produisent, fussent-elles celles de quelques États. C'était accepter que le krach bancaire se termine en récession profonde, bref reproduire le mécanisme de 1930.

Le président américain Obama, étranger au monétarisme, savait cela aussi impossible qu'inacceptable. Intellectuellement, l'agent de changement majeur fut le chancelier de l'échiquier – ministre des Finances – travailliste anglais Gordon Brown. Il avait été keynésien, avant de se rallier émerveillé au monétarisme, largement en raison de la place qu'y tenait la City et de l'extraordinaire fortune que cela lui valait. Mais, se souvenant de sa jeunesse, il comprit vite, et trouva un allié capable d'être un porte-parole retentissant : Nicolas Sarkozy. Ce président français nouvellement élu n'était pas un économiste. Il avait fait une campagne d'un monétarisme orthodoxe, et même recommandé, à l'image des États-Unis, l'extension du crédit immobilier ! Mais, fort intelligent, il comprit très vite. Devant la menace de l'épouvante, il proclama à son tour que l'intervention des États était indispensable. Ainsi le monétarisme, après quarante ans de règne, fut-il aboli en une réunion mondiale du G20. Il n'en reste aujourd'hui que quelques zélateurs, affaiblis dans leurs contradictions, mais notamment la très puissante Angela Merkel, chancelière d'Allemagne.

Le krach boursier entraîna une légère et courte récession, moins 4 à 5 % du PIB en 2009 en moyenne dans tous les pays développés, parfois plus et même beaucoup plus. L'Islande changea de gouvernement et traîna quelques banquiers en justice. Bien plus lentement, des procédures judiciaires commencèrent aussi aux États-Unis.

Les banques en difficulté se virent offrir la garantie publique pour un montant voisinant les 70 % du PIB aussi bien aux États-Unis qu'en Grande-Bretagne. La même chose se produisit dans la zone euro, pour une moyenne de 35 % de la valeur du PIB. Il faut ici mentionner – en souriant – le cas de la France qui, naturellement, fit comme les autres, mais dont les grandes banques avaient été moins imprudentes, notamment parce que la moitié du réseau est mutualiste ; notre pays fut de ce fait le seul à se voir peu après remboursé de toutes ses avances, à la seule exception des banques Dexia et Natixis. Il y gagna même quelque argent !

En tout cas on évita l'approfondissement et la généralisation de la récession. En deux ou trois ans, la plupart des pays d'Europe absorbèrent le choc et revinrent d'une récession de moins 5 % à une pénible stagnation. D'une certaine façon, c'est un immense succès des puissances publiques rassemblées ; hélas c'est le seul.

Avant de passer aux autres aspects de cette maladie de l'argent, il convient de tirer quelques conclusions du peu qui vient d'être écrit des crises.

1) Comment ne pas relever que, hors la Chine et le monde musulman, c'est toute une profession mondiale, celle de la banque, qui a affiché sa complaisance sinon sa complicité avec des comportements déviants, voire frauduleux, qui a pris des risques excessifs et accepté des créances pourries parmi celles saines du processus de titrisation. Hors l'Islande, seuls les États-Unis donnèrent peu à peu à ces déviances les suites judiciaires qui s'imposaient. Ce ne peut être que long et difficile, mais il est impérieux que ces processus aillent jusqu'au bout. Avant que ne changent, et ce sera long, les comportements et les règles, seule la justice peut restaurer la confiance dans les opérations – au moins celles nécessaires – de cette profession évidemment indispensable à toute économie.

2) Éviter la récession produisit un évident soulagement. En 2012, 2013, 2014, le monde eut le sentiment d'avoir échappé à un drame et que le pire était derrière lui. Depuis, les marchés et les commentaires affichent un mieux indéniable. Les Bourses remontent. L'analogie est grande avec les années 2003-2004, pendant lesquelles s'est mitonné un terrible cocktail explosif. Il y a au demeurant une analogie de plus sur laquelle il faut revenir car elle illustre bien le système dans lequel nous vivons : les Bourses montent lorsque le chômage augmente. La précarité elle aussi sans doute, mais de cela on ne sait rien : pas de mesures, silence. Il n'y a aucun mystère à ce phénomène moralement inacceptable : toute annonce de plan de licenciement est une bonne nouvelle pour les actionnaires puisque c'est la promesse d'une

diminution – peut-être – des charges, en tout cas d'une limitation de leur pression. Et l'amélioration des Bourses fait partie de l'embellie temporaire.

3) Si le premier G20, celui de 2009, a prévenu la récession, il n'a ensuite rien pu faire d'autre et s'est arrêté là. Oh, pas tout à fait : un vaste effort a été lancé, il est même encore en cours, pour améliorer quelque peu les contrôles et la discipline bancaires, en même temps que les ratios prudentiels de sécurité. Pour la banque ces nouvelles normes portent le nom de Bâle III, et pour l'assurance celui de Solvency II.

Mais c'est trop peu de chose, et de très loin. D'abord la pratique dément déjà la sincérité de l'effort. Juste après la crise, le président Obama nomma à la tête de l'instrument américain de contrôle des banques, la SEC, Securities and Exchange Commission, une personnalité ombrageuse à l'autorité rude et sans faiblesse. Après moins de deux ans, la pression du milieu était telle que ce responsable renonça et fut remplacé par quelqu'un de plus accommodant. Et surtout, le peu fait pour neutraliser la nocivité des paradis fiscaux, pourtant détenteurs d'environ la moitié des liquidités mondiales, se révéla aux limites de l'insignifiant. Rien non plus n'a été entrepris pour tenter de contrôler le volume des nouvelles liquidités mondiales, rien pour interdire parmi les produits dérivés les plus éloignés de l'économie réelle, rien pour soumettre les marchés financiers spéculatifs à des règles et à des contrôles efficaces.

Le volume des liquidités mondiales en circulation est en train d'approcher les 800 trillions de dollars, soit plus de trois fois le PIB mondial. De 600 en 2006, il était tombé aux environs de 500 en 2008 à cause de la crise qui, donc, a fait se volatiliser entre 100 et 200 trillions de dollars ! En 2006, juste avant l'explosion générale, le rapport annuel de la BRI montrait que cette énorme quantité de liquidités était affectée pour environ 2 % au paiement d'importations, d'exportations ou d'échanges de services, et pour quelques 98 % à des opérations spéculatives. En l'absence des chiffres les plus récents, il n'y a guère de raisons de penser que l'emploi de cet incroyable volume de liquidité ait massivement changé. Nuage noir au-dessus de l'embellie, l'orage menace toujours. Et le coup de l'intervention publique n'est pas refaisable. Les contribuables sont électeurs et ont compris.

Si au moins la maladie de l'argent s'arrêtait aux crises... Mais ce n'est pas le cas.

L'appât du gain sépare la finance de l'économie

L'homme est ainsi fait que l'appât du gain est consubstantiellement inséparable de la naissance de la monnaie.

Il existe peu de moyens de collecter ou de gagner de l'argent.

Le plus général est de vendre ce que l'on a fabriqué ou fourni plus cher qu'il n'a coûté de le faire.

Le second est plus évident encore, mais plus rare, c'est de prélever l'argent sur les autres sans leur consentement. Ce fut longtemps le cas des Églises, des villes, des seigneurs, des princes et des rois. Il n'en reste plus que le cas des collectivités publiques, souveraines ou territoriales.

Le troisième est bien connu, mais rare lui aussi. Il est de bénéficier d'une extrême rareté, liée à un objet ou à un talent que nombreux sont les demandeurs à se disputer le droit de posséder ou de contempler : objets de collection, objets d'art, talent artistique ou sportif.

Enfin le quatrième est moins évident, mais parfois très efficace : bénéficier d'une circonstance extérieure qui modifie à votre avantage le prix ou le salaire.

Aucun de ces quatre moyens ne modifie en rien un caractère essentiel de l'échange, son instantanéité. Il apparaît vite que la multiplication des échanges ne peut se faire que s'il y a disponibilité de l'argent.

Pour faire face à ce besoin, une profession, commerçant, où il est un peu moins difficile que dans les autres d'accumuler de l'argent, engendre petit à petit une autre profession, banquier, qui fait métier d'assurer la disponibilité de l'argent. Bien avant que la licéité du taux d'intérêt ne facilite la chose et ne l'encourage, ce service exige d'abord de ceux qui l'offrent une certaine maîtrise du temps, donc une capacité à stocker des réserves d'argent sur une longue période.

L'on en vient ensuite à une certaine maîtrise de l'espace, que permet la création de la lettre de change. Prêt à intérêt aidant, l'instantanéité de l'usage de l'argent reçu s'efface progressivement. Ces options sont de tous les temps. Elles s'intensifient et se multiplient en Occident à l'époque de la Renaissance.

Ce système commençant à s'établir, tout récepteur d'une somme d'argent significative se trouve devant un choix, soit l'utiliser vite, comme ce fut l'habitude depuis que le marché existe, soit le garder en attente, ce que l'existence de banques facilite. Il est bien des raisons d'attendre : la prévoyance de besoins privés, la survenance d'une opportunité d'augmenter le volume ou la puissance des outillages, etc. Mais naturellement, plus le développement s'intensifie, plus les transactions s'étendent et se multiplient, plus souvent une autre raison d'attendre se présente, celle de voir augmenter les prix de ce que l'on fabrique ou possède. On appelle spéculation cette conduite explicite des transactions intégrant l'espoir que les prix montent. Le marché n'étant ni sûr ni prévisible, il arrive que l'espoir soit déçu. Le premier épisode dont l'histoire ait gardé la trace, où les espoirs de hausse atteignirent un niveau si déraisonnable qu'ils finirent par s'effondrer est la crise néerlandaise de la tulipe en 1637, déjà évoquée.

Mais avant d'en venir à la fin du XXe siècle qui est ici mon propos, il convient de formuler déjà la remarque majeure qui éclairera la suite. Bien ou service, il faut mobiliser des ressources pour vendre. Toute transaction fait marcher l'économie, appelle du travail et permet de distribuer des revenus ou des salaires. Tout placement en attente est étranger à cela. Non seulement la spéculation n'encourage pas l'économie réelle, mais elle l'entrave, en stérilisant des ressources.

Or aucune banque ne peut se créer ni fonctionner si elle ne garantit pas à ses utilisateurs – ses clients – la disponibilité de leurs fonds sans limite de temps. Même si elles observent des ratios de sécurité, les banques disposent donc en permanence de fonds importants. Elles peuvent naturellement les prêter à court terme, à un taux d'intérêt bien sûr supérieur aux frais de gestion. Mais elles, qui ne font pas métier de créer la richesse réelle, sont amenées aussi à tenter de rechercher des placements susceptibles d'augmenter sa valeur, en d'autres termes de faire de la spéculation. Depuis des siècles, l'espace laissé à cette activité était relativement limité, les liquidités en circulation ayant pour principal objet de financer l'activité économique réelle : achats et ventes, financement des investissements. Mais un choc majeur va bousculer ce bel équilibre. Je l'ai déjà évoqué au chapitre 3, à l'occasion d'un regard historique sur l'évolution récente du capitalisme, et je viens d'être obligé d'y refaire allusion d'une phrase au début du présent chapitre, pour expliquer le passage d'une période sans crises à la réapparition des crises financières. Il s'agit de la décision du président américain Richard Nixon, en août 1971, de mettre fin au lien fixe entre le dollar et l'or, lien qui permettait à l'étalon de change-or, créé en 1944, de maintenir dans le monde, à l'exception de la zone soviétique, des parités de change à peu près fixes à quelques dévaluations près. Nixon fut acculé à cette décision par le cumul aux États-Unis d'un déficit budgétaire énorme avec un déficit commercial lui aussi dangereux. Pour éviter d'en arriver là, il eût fallu qu'il puisse à la fois mettre une fin rapide à la guerre du Vietnam et amputer largement les programmes sociaux – Medicare, Medicaid et les premières retraites publiques – que les États-Unis n'arrivaient pas à équilibrer. Il ne l'a ni pu ni voulu.

Ce coup de tonnerre donna instantanément une volatilité extrême à tout ce qui faisait l'objet de transactions : cours de change, taux d'intérêt et prix des produits. Ce fut la panique dans le monde commercial. L'imprévisibilité paralysait les échanges, notamment pour les produits lourds et complexes, mais aussi pour les matières premières. Producteurs et commerçants se retournèrent alors partout en Occident vers leurs banquiers et assureurs afin de savoir si l'on pouvait se prémunir – s'assurer – contre un tel risque. Cela commença par provoquer un développement foudroyant des mathématiques financières, discipline à laquelle la contribution française est considérable.

La réponse vint assez vite. Il y a deux causes principales possibles aux variations relatives de prix.

La première est de traduire en termes de prix de la monnaie, donc de cours du change, les différentiels locaux de variation de la productivité moyenne. À cela on ne peut absolument rien. C'est « tellurique ». Mais c'est surtout relativement lent, plutôt régulier et assez prévisible. Les dix-neuf dévaluations du franc français entre 1945 et 1987 sont un exemple limpide de cette évolution. On peut calculer pour prévoir. Il suffit de le faire soigneusement.

L'autre est l'insuffisance locale et surtout soudaine d'un produit – ou même d'un service – pour lequel il existe une demande solvable présente. Les cas sont plus franchement accidentels, et l'on peut dès lors s'assurer. René Dumont, l'agronome, avait ainsi découvert au début des années 1950, à Saint-Louis du Sénégal, à la suite de l'arrêt d'activité d'un transporteur de bidons de lait en charrette à cheval, le lait le plus cher du monde. Le mécanisme d'assurance est d'autant plus aisé que le produit ou le service en cause voit son prix augmenter lentement en tendance longue et quels que soient les chocs de court terme à la hausse ou à la baisse : la hausse moyenne lente permet de financer l'assurance – la technique consiste alors à joindre au contrat commercial-vente de tel produit en telles quantités et de telles qualités un contrat annexe prévoyant la date et le prix de la transaction. C'est donc une assurance prix pour un délai convenu.

Jusque-là il s'agit d'une facilitation, d'un service rendu à l'économie réelle. Mais assez vite les opérateurs des marchés spécialisés ont ajouté une idée de leur cru à ces inventions géniales de la science financière. Celle de séparer les contrats commerciaux des contrats d'assurance prix et de procéder à des transactions séparées sur les uns et les autres. On en vient ainsi à vendre et acheter des promesses d'opérations de change pour l'avenir. Ces titres financiers ainsi échangés n'ont plus de rapports avec des opérations économiques réelles quelconques. Ce ne sont plus que des promesses de cours authentifiées seulement par la confiance qu'inspire la signature des banquiers qui les émettent. Les marchés spécialisés sont hautement spéculatifs. Il est possible d'y gagner beaucoup d'argent. Ils se sont développés très rapidement. Comme la doctrine monétariste a provoqué l'interdiction aux banques centrales d'émettre de la monnaie et corrélativement l'autorisation aux banques privées de le faire, les grands groupes bancaires privés, américains ou autres, se sont vus demander par leurs clients d'immenses montants de liquidités employées pour financer de telles opérations spéculatives.

Telle est l'origine de la masse énorme de liquidités dont une partie s'est, aux États-Unis, ruée sur les subprimes et les titrisations à l'origine de la crise des années 2006-2008, puis beaucoup plus largement des faillites retentissantes des banques islandaises et irlandaises puis d'un millier de banques du monde, en Angleterre, Écosse, enfin surtout aux États-Unis.

Celles des banques centrales, l'américaine à titre principal, l'anglaise et la japonaise largement aussi, qui continuent à créer des liquidités pour financer leurs dettes publiques respectives, alors que la Banque centrale européenne n'en a pas le droit, ont largement contribué à ce flot énorme de liquidités. Mais leur part reste faible.

Deux graphiques aident à mesurer le phénomène. Le premier (détention cumulée de la dette publique fédérale américaine 1945-2011) montre l'effarante rapidité de l'augmentation du volume de ces liquidités en fin de période, mais seulement pour une très petite partie de l'ensemble, celle qui est contrepartie de la dette publique américaine, 16 trillions de dollars sur les 750 dont il va être question ci-dessous. Il faut y noter l'importance rapidement croissante des créanciers étrangers (Chine et reste de l'Asie pour l'essentiel) élégamment baptisés investisseurs par la FED, la banque centrale US. C'est à l'évidence une grande source de fragilité. Leur confiance reste conditionnelle.

Le second, qui décrit ce que l'on appelle techniquement la valeur notionnelle des sous-jacents de l'encours mondial des produits dérivés de gré à gré (OTC) de 1998 à 2011 – c'est-à-dire les produits économiques ou financiers sur lesquels les produits

DÉTENTION CUMULÉE DE LA DETTE PUBLIQUE FÉDÉRALE AMÉRICAINE, 1945-2011 (EN MILLIARDS CONSTANTS 2012)

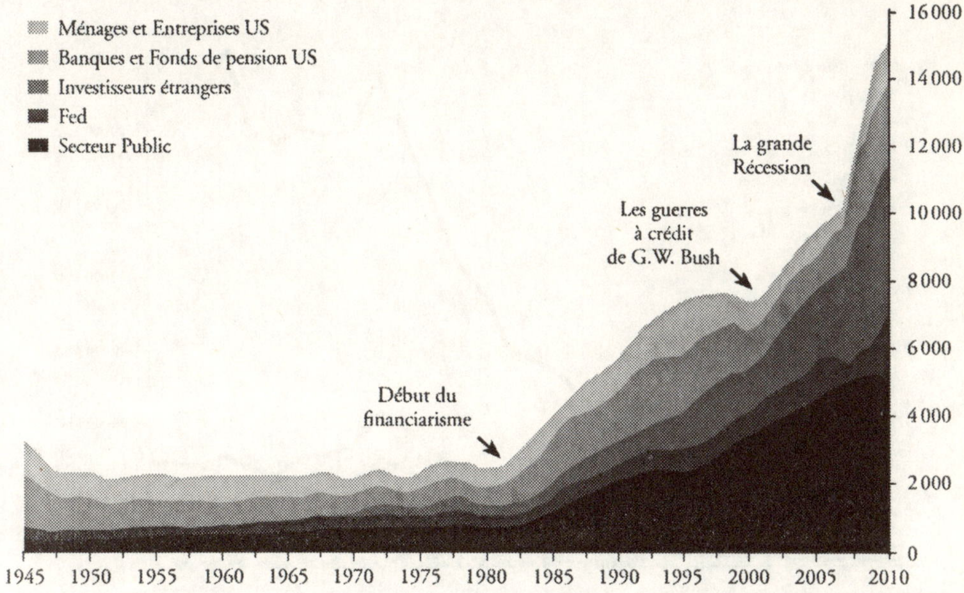

Source : Fed

dérivés sont fondés – est infiniment plus important. Il est établi par le seul organe qui tienne les comptes de tout cela, la Banque des règlements internationaux de Bâle. On y lit d'abord le montant total des liquidités circulant dans le monde, soit 700 trillions de dollars en juin 2011.

On sait d'ailleurs qu'en 2014 où ces lignes sont écrites, les 750 trillions de dollars sont dépassés.

On note ensuite que la crise financière de 2006-2009 n'a fait disparaître qu'une petite partie de ces sommes himalayennes. On note encore que, dès que l'inquiétude sur les situations bancaires s'est relativement calmée, nous sommes repartis bon train pour une vitesse de croissance inquiétante. On note enfin que, pour près des trois quarts, ces sommes représentent des paris mutuels entre opérateurs sur la variation des taux de change et surtout des taux d'intérêt dans l'avenir à moyen terme.

Valeur notionelle des sous-jacents de l'encours mondial des produits dérivés de gré-à-gré (OTC), 1998-2012 (en Md$)

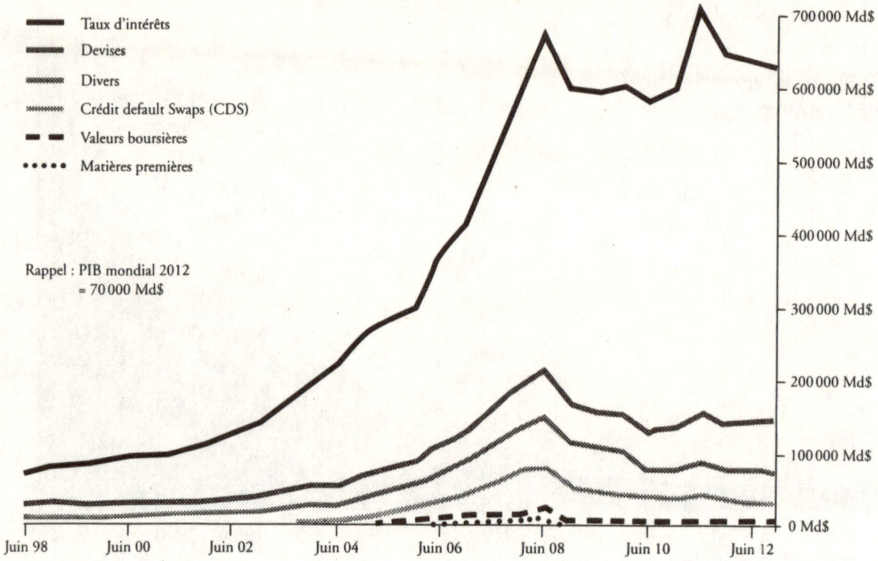

Source : BRI

Quelques remarques d'ordre macroéconomique doivent accompagner ces constats.

La première est que ces liquidités représentent plus de trois fois le produit brut mondial.

La deuxième est que, dans un tel ensemble, l'Europe est toute petite et disparaît presque. La sous-crise qui l'affecte et dépend surtout des menaces touchant les dettes souveraines donc la solvabilité des États, n'atteint pas la centaine de trillions de dollars en cause.

La troisième est que la part de ces liquidités dont le volume et les emplois sont liés à de l'économie réelle est très faible. La somme de celles fondées sur des matières premières ou même seulement sur des actifs boursiers est négligeable. Même celle qui relève de la spéculation sur des titres de crédits entre États (Credits Default Swaps) est petite. Près des trois quarts sont des paris mutuels entre opérateurs.

Quatrième remarque, la précieuse BRI tient aussi statistique de l'emploi de ces sommes, qui font l'objet de millions de transactions par jour. Deux pour cent concernent des paiements d'importations ou d'exportations de biens ou de services. Quatre-vingt-dix-huit pour cent opèrent sur les marchés financiers spéculatifs.

Cela démontre – en l'aggravant – l'intuition émise plus haut : la monnaie en attente de spéculation ne finance plus l'économie réelle, pas plus d'ailleurs que ne contribuent à la financer les éventuelles hausses de prix enregistrées sur les marchés financiers spécialisés. On découvre donc ici l'un des facteurs les plus pesants des difficultés économiques actuelles : en pays développés, les banques et les marchés financent de moins en moins l'investissement et l'économie réelle en général.

Il faut ajouter à cela que, dans de nombreux pays développés, cette fragilité financière générale, cette menace latente de nouveaux krachs, ont un effet inhibiteur considérable sur les banques. Le nombre de demandes de prêts, surtout venant des PME – des plus petites d'entre elles notamment – qui se voient opposer des refus augmente de manière alarmante. Or plus de 85 % des emplois se trouvent dans les PME. Dans la zone euro, cela affecte surtout les pays à situation financière fragilisée par l'importance de leur dette publique.

Dans ce dernier cas, la création de l'Union bancaire européenne est une tentative de relever ce défi, à la hauteur du problème semble-t-il. Mais si le mécanisme de supervision unique qu'il implique est à peu près défini et mis en place, le mécanisme de résolution unique qu'en exige l'application ne sera complètement mis en place qu'en 2023, et il n'est pas adossé au mécanisme européen de stabilité, ce qui le limite. Et, surtout, l'assurance dépôts reste nationale, ce qui pourrait s'avérer dramatique en cas de grande crise. Dans l'état actuel des décisions prises, les raisons de l'inhibition bancaire au financement de l'économie diminueraient objectivement. C'est bien peu de chose, mais c'est déjà cela… Reste le problème de fond, qui affecte aussi États-Unis, Grande-Bretagne et Japon.

Mon lecteur aura compris que cette préférence pour le gain en capital par la plus-value, dissuadant le financement modeste et régulier de l'investissement, cette hantise de la spéculation donc, est aujourd'hui un frein majeur à la croissance.

Il en est cependant un autre, qui touche d'encore plus près l'outil de production capitaliste.

L'entreprise est menacée

Les dérives liées à l'intensification du désir de gains massifs en plus-value, ceux que ne permet pas l'économie réelle courante, qui provoquent aussi bien les explosions intermittentes dites crises que l'inhibition de l'investissement, découlent pour l'essentiel du comportement de personnes ou d'institutions disposant de moyens énormes inutilisés.

Une dérive de même nature s'observe chez les acteurs ayant utilisé leurs fonds – les actionnaires –, dérive qui en arrive à menacer l'entreprise elle-même.

Les rapports entre le capitalisme, l'entreprise et l'argent sont plus complexes qu'il ne semble. Le capitalisme serait un système regroupant des entreprises ayant comme finalité de produire des richesses conventionnelles en argent ? Trop simple.

Première découverte surprenante en la matière : il n'existe pas de définition acceptée de l'entreprise. Elle est inconnue du code civil et du code de commerce. Le capitalisme n'en a pas eu besoin et ne l'a ni suggérée ni demandée.

La sixième édition du *Dictionnaire* de l'Académie française, celle de la décennie 1820, donc celle de l'émergence confirmée du capitalisme, donne du mot entreprise deux définitions : « Dessein formé, ce que l'on a entrepris » puis en deuxième mention : « Signifie quelques fois violence, action injuste par laquelle on entreprend sur le bien, sur les droits d'autrui ! » Entre ces deux définitions est glissé cet alinéa stupéfiant : « Se dit aussi de certains établissements d'utilité publique formés par des spéculateurs : entreprise générale des messageries »...

L'utilité publique implicitement définie comme capacité commerciale et non par référence à l'intérêt général, l'épargnant prenant un risque entrepreneurial présenté comme un spéculateur... On ne saurait dire que nos académiciens de l'époque avaient le regard aiguisé sur l'économie de leur temps...

Près de deux siècles plus tard, le mot est adopté. Mais il n'est toujours pas correctement défini.

Le *Grand Robert*, dont la publication a commencé en 1950, écrit : « Organisation de production de biens ou de services à caractère commercial ». Cette définition est acceptable à cela près qu'elle semble oublier 90 à 95 % des entreprises, celles qui, boutiques, ateliers ou exploitations agricoles, sont unipersonnelles.

Le *Trésor de la langue française*, monument voulu par Charles de Gaulle au service de notre langue, immense publication commencée en 1971, indique : « Unité économique combinant des capitaux et une main-d'œuvre salariée en vue de la production de biens ou de leur commercialisation. » Voilà de nouveau oubliées toutes les entreprises unipersonnelles, de même que les SCOP, sociétés coopératives ouvrières de production, dont les membres n'ont pas le statut de salariés et surtout toutes les entreprises de services... La mention « ou de leur commercialisation » ouvre bien des perplexités. « Et » de leur commercialisation ne serait-il pas plus exact ?

Le dictionnaire de l'Académie française, 3e édition, de 1992, s'en tire un peu moins mal : « Organisme de nature industrielle ou commerciale fournissant des biens ou des services ». Pourquoi oublier l'agriculture ? Que signifie le caractère alternatif de la nature industrielle ou commerciale ?

Organisme, organisation, unité... Ces concepts sont imprécis. On comprend que le code civil, dont le besoin de précision et de délimitation est absolu, se soit bien gardé de se fourvoyer dans ce maquis de définitions incertaines. L'entreprise n'y existe pas. À son image, le code du commerce l'ignore également. Tous deux ne connaissent que la société de capitaux avec ses variantes, anonyme, en commandite, à responsabilité limitée, etc.

Il en va de même en langue anglaise, où le mot accepte beaucoup de traductions mais aucune au champ aussi général qu'en français : *enterprise*, *firm*, *business*, *company*, etc.

Il est cependant un corpus législatif français où l'entreprise apparaît, et même relativement souvent : c'est le code du travail. Mais il ne s'agit pas d'un véritable code : c'est plutôt le rassemblement relativement récent et presque désordonné sinon anarchique des interdictions et limitations imposées par des lois successives au caractère absolu du pouvoir des actionnaires – les propriétaires – sur les hommes et les femmes qui travaillent dans l'entreprise.

Tout cela laisse comprendre que, depuis deux siècles, le législateur et les tribunaux ont eu beaucoup affaire aux entreprises, à l'entreprise, pour des raisons qui tiennent à sa nature mais ne sont pas incluses dans sa définition. Replacée dans la société où elle existe, l'entreprise est la communauté de personnes humaines – fût-elle très réduite – qui tirent leurs moyens d'existence d'un même projet économique. La confusion conceptuelle et sémantique qui aboutit à l'inexistence de l'entreprise en droit découle de cette évolution étrange et continue par laquelle le capitalisme est arrivé à ce que les personnes travaillant dans une entreprise se voient interdire d'y participer aux décisions, celles-ci relevant exclusivement du collège des propriétaires, les actionnaires, ces derniers n'étant définis que par leur apport d'argent représenté par les actions, à l'exclusion de toute autre forme de rapport avec l'entreprise, à laquelle finalement ils sont étrangers.

Comment en est-on arrivé là ?

Cette longue affaire se déroule sur bien des siècles mais finalement se résume vite.

Depuis que nos ancêtres chasseurs-cueilleurs se sont sédentarisés, l'homme doit fournir des efforts pour assurer sa subsistance, et il est vite apparu la nécessité d'outils pour y contribuer. La division du travail s'est développée. Toute activité permanente appuyée sur un lieu déterminé et utilisant des outils devint une entreprise. Et bien sûr il apparut très tôt dans l'histoire que toute activité exigeant de la terre et des outils ne pouvait se dérouler que si l'on réussissait à se les procurer bien avant d'en avoir tiré bénéfice. De là est né le prêt.

L'histoire est riche des conflits et des règles qui ont accompagné l'extension de l'économie et la multiplication des entreprises partout sur la planète. Il n'y a pas d'entreprises sans fourniture des moyens nécessaires à leur croissance et à leur développement. Sous bien des formes possibles le prêt en est l'outil, et l'usage, en même temps que le prêt lui-même, reconnut la règle selon laquelle le non-remboursement d'un prêt donne au prêteur le droit de saisir les matières ou les objets en cause pour se rembourser.

Procédures, formes et dénominations sont innombrables : garanties, hypothèques, nantissements, warrants – le commerce ayant très tôt provoqué le mélange des notions et des langues – sont de tous les temps et de tous les codes.

Ainsi accompagnée, l'économie prit tout son champ. Elle utilisa le progrès des techniques et en bénéficia largement en même temps qu'elle le favorisait. Vint, avec la Renaissance, le temps où la connaissance du monde et des techniques navales révolutionnaires rendirent possible la grande expédition maritime lointaine. Loin de se limiter à l'aventure et au courage de la découverte, elle eut immédiatement des objectifs économiques : recherche des épices, de produits exotiques, et d'or ou d'argent.

Une expédition est une entreprise, et n'est possible que si elle a pour support une structure permanente, qui au sens strict est l'entreprise elle-même. Mais la nature de cette entreprise-là apporte aux habitudes ancestrales de financement par le prêt un changement majeur : l'objet du prêt, le navire, peut se perdre en mer et devenir par là irrécupérable. Les prêteurs furent obligés de donner de nouvelles formes aux garanties dont ils entendaient se doter pour assurer leurs prêts. Il n'y en avait point d'autres possibles que la compétence des commandants, et la pertinence du choix des destinations comme des itinéraires. Les prêteurs trouvèrent leur garantie dans la participation aux décisions concernant ces choix.

Ainsi se développa progressivement une nouvelle forme de regroupement d'intérêts assez vite appelé société, rassemblant des apporteurs d'argent, ayant à ce titre le droit de participer aux décisions, à côté des apporteurs de compétences ou de savoir-faire dits apporteurs en industrie, successeurs des entrepreneurs au sens original.

Petit à petit, dans un travail d'élaboration législative qui occupa l'essentiel du XIXe siècle, se définit ainsi le concept de société anonyme, regroupant pour la désignation de la direction et pour les décisions majeures les apporteurs en capital et les apporteurs en industrie.

L'évolution fut la même dans tous les pays où émergea ce que l'on appela, pas très longtemps après, le capitalisme.

Le développement de l'économie et de beaucoup d'entreprises, en taille et en puissance, entraîna une croissance parallèle du volume du risque financier encouru. En cas de faillite, quand il fallut partager le capital restant entre les créanciers, il apparut vite que les apporteurs en industrie ne disposant que de leur savoir-faire et de leur capacité de travail, ne pouvaient y contribuer suffisamment et se trouvaient ruinés pour le restant de leurs jours. Massivement, ils furent conduits à troquer leur statut risqué d'actionnaires pour celui, moins incertain, de salariés. Ils y perdaient leur pouvoir de décision, qu'au demeurant ils avaient longuement vu s'éroder devant la puissance du capital. C'est dans la décennie 1960, donc après la Seconde Guerre mondiale, qu'en France une nouvelle réforme législative de la Société anonyme entérina la disparition des apporteurs en industrie. Personne n'y porta attention ni ne le releva ; aucun commentaire.

Pourtant, et bien avant le terme de cette évolution, dès le début de son essor le capitalisme fit montre de l'extraordinaire cruauté sociale dont il est porteur. Entre 1830 et 1850 en Europe du Nord-Ouest et aux États-Unis, la durée du travail est de 17 heures par jour, samedi compris, sans congés ni retraite.

L'encadrement dans les usines est quasi militaire. Grèves et protestations sont réprimées avec une cruauté meurtrière. Le chômage ne reçoit ni aide ni allocation.

Médecins, philosophes, prêtres parfois et même quelques industriels, multiplièrent les critiques et les propositions d'autres systèmes sociaux. C'est aussi dans cette période et dans ces conditions que naissent et se développent coopératives et mutuelles.

Mais le capitalisme est le plus fort. En moins d'un siècle, il voue à l'oubli ces élaborations théoriques et marginalise coopératives et mutuelles, tout le mouvement de l'économie sociale.

Dès la fin du XIXe siècle, l'entreprise, dès qu'elle n'est plus unipersonnelle et que son fondateur et chef a su s'entourer d'apporteurs de capitaux, se trouve livrée en toute propriété aux mains de ses financeurs, les actionnaires.

Ce système est lourd de dérives possibles, notamment à cause de la sensibilité particulière des actionnaires, en tant que financiers, aux accidents ou crises nés dans le système financier et, de ce fait, sans rapport direct avec le système productif bien que l'affectant profondément. Le XXe siècle en offre quelques exemples, le plus grave étant la crise et récession de 1929-1932.

Pour faire vite, admettons cependant que ce système productif fut à peu près stable pendant l'essentiel du XXe siècle. C'est seulement durant le dernier cinquième de cette période que s'intensifièrent – ou apparurent – les plus graves et plus dangereuses de ses dérives. Il me faut identifier les trois plus menaçantes.

La première tient au comportement des actionnaires eux-mêmes, en tant que propriétaires des entreprises.

Le graphique ci-contre, établi à partir des transactions enregistrées par les Bourses de commerce de New York et de Londres, met en évidence la durée moyenne de détention d'une action par son propriétaire, et sa variation sur une période de cent dix ans. Il montre clairement qu'après la reconstitution des structures financières consécutive à la crise de 1929-1932, les actionnaires ont retrouvé un authentique comportement de

DURÉE MOYENNE DE DÉTENTION D'UNE ACTION
À LA BOURSE DE NEW YORK ET DE LONDRES, 1900-2011
(EN ANNÉES)

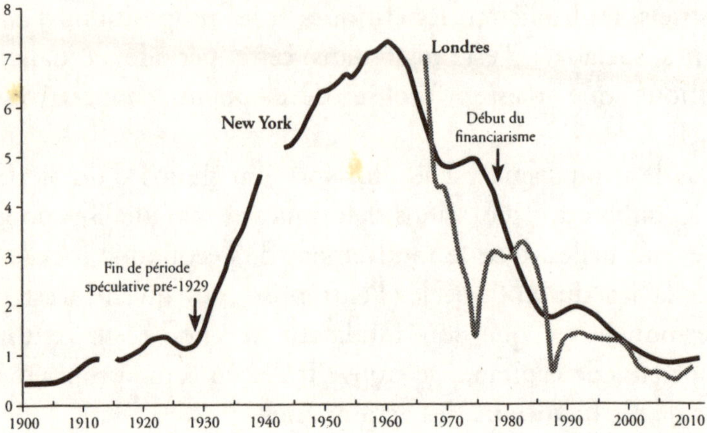

Source : NYSE

propriétaires. Détenir une action au moins deux ans, et préférentiellement quatre ou cinq, permet de faire connaissance avec l'entreprise, de suivre son devenir et ses projets, de partager ses aventures les plus audacieuses, de comprendre voire d'approuver ses politiques de fidélisation de la main-d'œuvre, ou de recherche à haute ambition. Revendre après un an ou moins signifie être étranger à tout cela. Un actionnariat volatile fragilise beaucoup l'entreprise en cas de difficultés.

Comme on note que la période 1900-1928 est un moment de spéculation intense et croissante, ce qui n'est pas sans rapport avec l'explosion de 1929, on comprend dès lors qu'un actionnariat volatil est davantage en attente de plus-values en capital. Pour le pilotage des entreprises, cette différence est majeure. Il est intéressant aussi de noter que la Bourse de Londres enregistre le passage de ses actionnaires à l'attitude spéculative dominante plus brutalement et plus précocement que celle de New York. Si on ne dispose pas de données pour l'Europe continentale, il y a fort à parier qu'elles afficheraient un changement de comportement moins brutal.

L'essentiel demeure : depuis une vingtaine d'années, le capitalisme occidental vit sous haute intensité spéculative. Les entreprises n'ont plus de propriétaire identifié et stable à qui se fier en cas de difficulté. L'informatique – et l'automatisation des ordres d'achat – aboutit au résultat qu'aujourd'hui bien des actionnaires le sont seulement pour quelques heures, voire quelques secondes...

La deuxième grande dérive dangereuse de notre système économique depuis vingt ou trente ans est corollaire de celle-ci, sans s'y identifier ni s'y limiter. Il s'agit de la déformation, progressive et profonde, du partage du produit intérieur brut. Décomposé selon les revenus qu'il occasionne, celui-ci comporte trois types d'agrégats : les impôts, les salaires directs et indirects, c'est-à-dire y compris la protection sociale, et tout le reste un peu sommairement nommé profits, qui regroupe revenus agricoles, loyers, intérêts financiers, profit industriel ou commercial réel, honoraires des professions libérales, etc.

J'ai été conduit à décrire déjà, au chapitre 1, le mécanisme qui commence à jouer dès la décennie 1980. Je l'ai fait du point de vue de la société globale, et pour rendre compte de l'augmentation dramatique du chômage et de la précarité. N'y revenons pas. Ce qui m'intéresse ici, c'est la situation des entreprises.

L'énorme pression financière des actionnaires, et surtout des fonds collectifs qui les représentent – fonds de pensions, fonds d'investissement, et fonds d'arbitrage ou hedge funds – en vue d'arracher des dividendes plus massifs entraîne des résultats macroéconomiquement significatifs.

Dans l'agrégat « résultats des entreprises », la part des dividendes est passée en France de 1980 à 2010 de quelque 8 % à environ 15 %. La France est ici un indicateur acceptable de la moyenne d'ensemble.

Dans le partage du produit intérieur brut, cette même évolution se lit, en moyenne pour l'ensemble des pays de l'OCDE, comme le passage de la part des salaires directs et indirects, donc protection sociale comprise, entre 1980 et 2010, des deux tiers à quelque 56 %. Soit une perte de quelque 10 %, c'est-à-dire un manque cumulé sur la période de largement une grosse centaine de trillions d'euros ou de dollars.

S'agissant de revenus salariaux, cette énorme perte s'impute principalement sur la consommation. Tout cela est du pouvoir d'achat en moins, donc de la croissance en moins. Échappant à l'économie d'entreprise, ces sommes gigantesques ont pour l'essentiel alimenté les marchés financiers spéculatifs dont on a déjà vu l'usage et le rôle.

Il faut, enfin, avoir une dernière lecture de l'effet de ce changement dans le partage des résultats d'entreprise.

Le graphique 5, tiré des chiffres de l'INSEE, ne concerne que la France. Mais là encore, notre pays n'étant guère éloigné de la moyenne de l'OCDE, il a valeur plus large. Il concerne la part du revenu distribuable des sociétés non financières versée aux actionnaires entre 1960 et 2008 (hors la période 1975-1985, pour laquelle les statistiques manquent). La lecture est simple et le commentaire peut être bref. Jusque vers 60 % de revenu distribué, il reste à l'entreprise des moyens suffisants pour financer sa recherche et ses investissements d'avenir. Lorsqu'on dépasse les 70 %, la situation se tend. Au-delà de 80 %, la capacité à préparer l'avenir est en péril. Lorsque, comme en 2008, pour répondre à la demande actionnariale malgré la crise, l'entreprise distribue plus qu'elle n'a créé de revenu distribuable, elle prélève donc sur son propre capital pour y parvenir et s'affaiblit d'autant.

Tous ces chiffres sont globaux au point d'en devenir quelque peu abstraits, je l'admets, mais ils décrivent une réalité terriblement concrète. La très grande fragilité des entreprises, et notamment des grandes sociétés qu'ils laissent découvrir, se traduit dans la pratique.

Pendant les Trente Glorieuses, cette période de grande croissance, la part distribuée des revenus distribuables d'entreprises était en moyenne de 50 %, chiffre qu'elles dépassaient rarement. Le « trou statistique » de notre série se produit précisément au moment où apparaissent, se développent et se généralisent les

PART DU REVENU DISTRIBUABLE VERSÉE AUX ACTIONNAIRES PAR LES SOCIÉTÉS FINANCIÈRES, 1960-2008 (EN %)

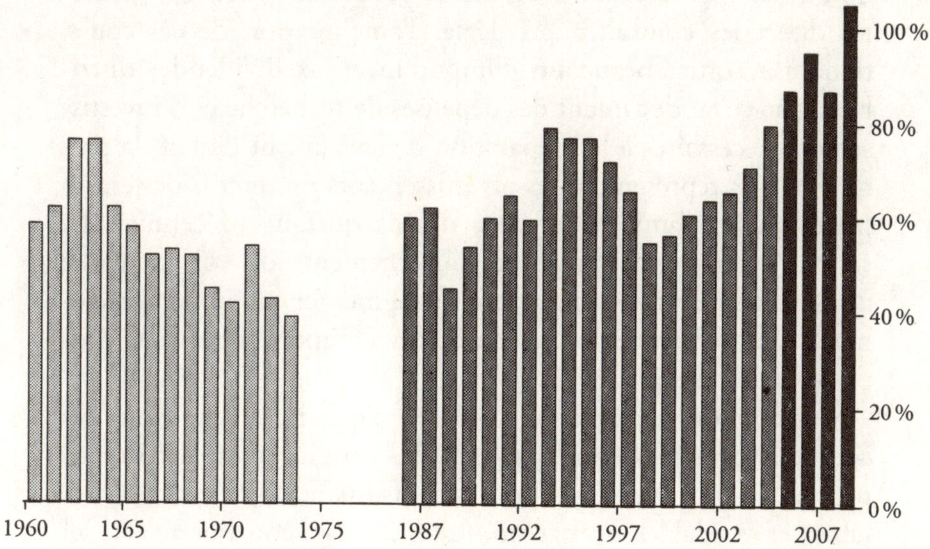

Source : INSEE

comportements du capitalisme financiarisé. L'appétit de gain brut des actionnaires augmente, la part distribuée dépasse largement les 60 % avec une tendance nette à se stabiliser vers 80 %. Le notable affaiblissement temporaire de 1997 à 2000 pourrait avoir des causes multiples, en partie liées à la crise dite asiatique déjà commentée, voire à la crise de la e-économie. Mais très vite, cette part reprend sa valeur tendancielle dans la nouvelle configuration : 50 % et au-delà.

Mieux, ou plus dangereux si l'on veut, il arrive à beaucoup d'entreprises (ce que les barres sur le graphique mettent en évidence !) de distribuer presque tout sinon un peu plus que ce qu'elles ont produit comme résultat distribuable. Dans ce dernier cas, elles se mangent elles-mêmes. De tels comportements ne s'expliquent que par l'obligation où se sentent les directions de ces sociétés de préserver l'attractivité du cours boursier. Une autre évidence s'impose : la rémunération des dirigeants principaux des grandes sociétés étant largement indexée sur les cours de Bourse, par le canal notamment des stock-options, leur intérêt direct les conduit à privilégier l'amélioration de ces cours, donc à accorder beaucoup d'importance aux dividendes distribués, fût-ce au détriment des dépenses de recherche et d'investissement nécessaires à la préparation de l'avenir. Et de fait, la part du PIB que représentent les investissements productifs des entreprises est en diminution nette depuis quelques décennies. Le souhait exprimé par tous les gouvernements de voir ce genre d'investissements recommencer à augmenter va donc directement... à l'encontre des vœux et des comportements des propriétaires d'entreprises !

Il n'est pas surprenant, dans ces conditions, que pour les actionnaires les entreprises n'aient plus ou plus guère d'existence propre. Elles ne sont plus que des actifs financiers isolables, achetables et vendables un par un, selon la suspicion que tel ou tel actif recèle encore un volume de dépenses évitables, qu'il s'agisse de recherche non immédiatement indispensable, ou surtout d'un volume significatif de main-d'œuvre jetable.

Je fus dix-huit ans maire d'une commune industrielle de la banlieue parisienne. La plus grosse usine installée sur son territoire était la plus importante des trois ou quatre unités fabriquant, en France, de la câblerie téléphonique en cuivre. L'entreprise, familiale et centenaire, fut vite étranglée par l'intensification de la concurrence que révèle implicitement ce que je décris ici. Elle commença donc par diminuer massivement ses frais de recherche. C'était renoncer à la survie... De fait elle fut à vendre. Le premier des grands racheteurs successifs y créa une unité de fabrication ultramoderne de câblerie en fibre optique. Mais l'option ne fut point suffisante. L'entreprise changea de propriétaire cinq fois durant mes trois mandats. Ingénieurs et techniciens, compétents et fiers, ne savaient plus pour qui ils travaillaient. L'entreprise, bien sûr, finit par mourir. Elle a aujourd'hui disparu.

Esprit d'entreprise, fierté professionnelle, fidélité à une équipe ou à une direction, à notre époque, hélas, tout cela n'a plus ni sens ni support. Ainsi disparurent SIMCA, puis Citroën, puis Péchiney, et tant d'autres. La liste est, en 2014, en train de s'allonger vite. On en est à Alsthom. Les démantèlements sont légion. Chacun les découvre du reste à la valse des enseignes commerciales ou industrielles qui occupent son environnement.

Dans l'industrie, la presse et la grande distribution, l'économie mondiale est maintenant un vaste jeu de Monopoly, fait d'unités séparables les unes des autres, échangées en fonction de la conjoncture ou de l'urgence affichée par les propriétaires, et ainsi coupées de leurs origines, introduites dans des synergies ou des complémentarités entre unités variables dans le temps…

De tels objets ne peuvent devenir le support de stratégies longues visant leur transformation ou leur amélioration progressive. Un appareil de production ainsi constitué peut sans doute suffire à assurer le tout-venant nécessaire à la vie quotidienne dans l'alimentation, le vêtement ou la mécanique ménagère, mais je ne vois guère des outils ainsi gérés devenir – ou redevenir – le support d'aventures industrielles innovantes à long terme.

Dans ces conditions, le discours patronal et gouvernemental comme les mesures concrètes d'incitation poussant à la reprise de l'investissement et de la croissance ne s'adressent guère à des unités entrepreneuriales de production, qui n'ont ni existence légale ni direction définie, mais à des collectifs d'actionnaires, propriétaires ensemble de myriades d'unités disparates ne pouvant guère se relier à une stratégie commune.

Seule la catégorie des PME conserve encore une vraie identité d'entreprise. Mais le vide juridique ici évoqué les pénalise aussi, puisqu'il les entraîne, dès qu'elles grandissent, dans la valse dévastatrice des restructurations. C'est même une des raisons majeures de l'insuffisance du nombre des grosses PME en France. Cette catégorie effectue la moitié des exportations allemandes, contre 10 % seulement chez nous. Certes, il existe des raisons propres à notre pays, notamment fiscales, d'une telle limitation suicidaire que jusqu'à présent nous n'avons pas su traiter, mais le problème général demeure, et il est mondial.

Je ne crois pas possible la redécouverte d'une nouvelle croissance, surtout appuyée sur des technologies innovantes notamment écologiquement, s'il n'y a pas de renaissance d'une forte identité d'entreprise, d'une fierté d'entreprise même, tirée tant de l'innovation que de l'insertion sociale. Il faut une refonte des statuts de l'entreprise, y associant bien plus qu'aujourd'hui ceux qui y créent, y produisent et y travaillent réellement. Une telle réforme serait en outre la condition majeure pour que se développent à l'intérieur de l'entreprise des forces de cohésion capables d'empêcher les dépècements abusifs aussi bien que les licenciements boursiers.

Il est fascinant de relever que ce type de réflexions s'exprime aussi dans le monde patronal. Preuve que le malaise est profond. Preuve aussi qu'on ne saurait ni lutter efficacement contre le chômage ni engager sérieusement la transition vers l'économie écologique de demain, sans créer un statut précis de l'entreprise. Un statut la mettant à l'abri de la voracité financière indifférenciée qui la menace aujourd'hui.

Tout ce que je viens de raconter décrit en fait une maladie contemporaine grave, celle où la brutalité de l'accumulation financière multiplie les crises, détourne la puissance capitaliste de l'investissement et menace jusqu'à l'entreprise, autrement dit la cellule de base même de la production.

La difficulté de notre organisation sociale à définir, limiter, contrôler le rôle de l'argent dans le fonctionnement de l'économie n'est hélas pas le seul aspect des dysfonctionnements que nous constatons aujourd'hui. La priorité absolue donnée à l'évaluation monétaire dans les relations humaines, l'étouffement progressif de la part d'humanité existant dans les rapports entre les hommes, peu à peu remplacés par des transactions, traduisent ce que Freud décrivait voici plus de quatre-vingts ans comme un « malaise dans la civilisation ». Mais l'être humain, dans tout cela ?

Chapitre 4

Le dieu Marchandise

La maladie d'argent n'a pas seulement eu pour résultat de ruiner de temps en temps nombre d'humains devenus richissimes, de raréfier le financement de l'investissement et, par-là, de ralentir la croissance et menacer la survie de l'entreprise elle-même. Elle a aussi eu pour résultat, dans le champ des activités économiques réelles, de transformer les relations interpersonnelles en transactions, de colorer les comportements et attitudes des humains vivant en économie marchande, d'affaiblir l'éthique et nombre de valeurs non quantifiables sans lesquelles l'humanité perd son caractère de civilisation, de dégrader la nature et le sens même du travail.

Est venu le règne du dieu Marchandise !

Ces logiques perverses se sont insinuées de façon tellement progressive dans la société que personne ne l'a remarqué, donc décrié et éventuellement corrigé. Pour autant, les rapports individuels tendent, de plus en plus, à n'être que l'expression de relations marchandes. Bien sûr l'invention de l'argent, nous l'avons vu, fut un élément clé dans la construction de notre civilisation : moyen d'intermédiation, elle a permis de substituer au troc, objet contre objet, l'achat et la vente, libérant l'homme de la contrainte inhérente à cet échange (on ne peut vendre qu'à celui qui dispose d'un objet qu'il nous plairait de recevoir en retour), mais dévoilant en même temps des pulsions catastrophiques. La décorrélation de l'échange, dans l'espace (il n'est plus nécessaire d'acheter un objet à celui auquel on en vend un) et le temps (il n'est plus indispensable d'acheter un objet au moment même où l'on en vend un) a permis l'accumulation : on peut depuis des siècles créer – une création vite muée en production – et vendre non plus pour satisfaire ses besoins à travers l'acquisition d'autres objets, mais pour accumuler de l'argent au-delà du nécessaire, la satisfaction des besoins se voyant reléguée au second plan. Début d'une évolution dangereuse.

Des barrières morales

Longtemps, une barrière morale a retenu les hommes, les empêchant de se laisser vaincre par leurs pulsions marchandes. Qu'on me comprenne : mon idée n'est pas, loin de là, de glorifier l'époque où l'Église régnait en maître sur les individus et la société, imposant son carcan sur le savoir, les libertés et même les prix ! Néanmoins, le capitalisme naissant se voyait au moins régulé par la morale chrétienne. Les marchands étaient par exemple récusés. « Vendre une chose plus chère qu'on ne l'a achetée, si le gain en excès est notable, compte tenu de toutes les difficultés, des dangers ou des améliorations dont on doit être dédommagé, doit être considéré comme une faute, et une faute grave si, ce faisant, on profite du besoin de son prochain », écrivait ainsi Jean de Gerson au début du XVe siècle. Au même titre, l'usure était condamnée : l'argent ne pouvait décemment engendrer l'argent.

Toutes les religions du Livre, et même le bouddhisme, ont affiché une grande méfiance envers la richesse, pris la défense des pauvres et tenté d'empêcher que, par lui-même, l'argent ne puisse produire de l'argent. La condamnation du prêt à intérêt leur est commune.

Mais c'est en zone chrétienne que la dérive commence le plus nettement, et connaît sa grande extension.

Revenons à ce que disait Jean de Gerson.

On note, aux précautions prises par celui qui était surnommé le Docteur Très-Chrétien, qu'une rémunération pouvait être accordée en « dédommagement » des risques pris par le marchand ou le créancier. Cette marge de manœuvre, cet espace de liberté laissé par l'Église, est précisément la faille ayant permis au capitalisme de se développer, entraînant notamment la naissance de la finance. Résumons ici, rapidement, sa raison d'être originelle.

À l'époque où les échanges commerciaux entre les villes européennes (Gênes, Hambourg, Venise, Amsterdam) s'intensifient, il est extrêmement périlleux de transporter des marchandises à travers le continent : les mers recèlent de dangereux pirates et la terre, pleine de pièges, de barrières et de frontières tant humaines que naturelles, n'est pas une alternative envisageable. Or, celui qui transporte les marchandises, le *marchand*, n'a pas vocation à prendre ces risques inconsidérés. Son travail, ce pour quoi il veut se faire rémunérer, c'est le fait de vendre en un point B des marchandises achetées à un point A. Avec le risque, évidemment, de ne pas trouver d'acquéreur à l'arrivée, ou pas aux prix escomptés. Se développe alors l'économie des assurances : un autre acteur que le marchand décide que son travail ne sera pas de transporter des objets ou denrées d'un pays à l'autre et de courir le risque de ne point trouver d'acheteur mais d'évaluer les dangers afin d'assurer la cargaison, tout en lui intimant, éventuellement, un itinéraire à emprunter. S'il a du flair, de la chance et a bien étudié la question, le marchand arrivera sain et sauf et le prix que ce dernier aura payé pour être protégé constituera un bénéfice pour l'assurance.

Autre exemple : un agriculteur qui cultive du blé n'a pas nécessairement envie d'être sujet aux variations du cours de cette céréale. Il peut préférer avoir une certaine visibilité sur le prix auquel il vendra sa récolte afin d'être en mesure de prévoir les achats et investissements à réaliser. Un autre agent économique peut alors faire de la couverture du blé son métier : il promet à l'agriculteur qu'il vendra ses semences à une date T et à un prix P. Si, le jour venu, le cours du blé est plus bas et qu'il ne parvient pas à obtenir le tarif promis, ce sera à lui de payer, de sa propre poche, ce qu'il avait annoncé à l'agriculteur. *A contrario*, en cas de cours plus élevé, il empoche un bénéfice. Son métier est de gérer le risque pour l'agriculteur qui ne veut en dépendre.

Il n'y a rien de fondamentalement malsain au comportement ni du marchand et de l'agriculteur d'un côté, ni du financier qui fait de la couverture des risques son métier de l'autre. Celui-ci permet même, au contraire, la libération du potentiel productif du marchand et de l'agriculteur, qui peuvent se consacrer entièrement à ce qu'ils savent faire (transporter des marchandises, cultiver du blé) sans craintes ni incertitudes. Dans la logique même de ce qu'écrivait le Docteur Très-Chrétien, il n'est donc en rien anormal de voir le financier, dans les deux cas, se rémunérer en fonction des *difficultés* et *dangers* qu'il affronte. S'il met en jeu son argent en assurant la marchandise ou en couvrant la fluctuation des cours du blé, c'est bien dans l'espoir d'en gagner plus. L'intérêt rémunère en fait deux choses : le temps et le risque. La rémunération du second, légitime, est acceptée, à tel point que le Coran considère le gain issu du commerce comme une « grâce de Dieu ». Sans elle, personne ne serait incité à prendre des risques, inhibant le développement : pourquoi oser traverser des mers dangereuses avec une cargaison si ce n'est dans l'espoir d'obtenir plus d'argent pour celles-ci à l'arrivée qu'au point de départ ? Ce qui n'est pas toléré, dans la religion, en revanche, c'est la rémunération du temps. Celui-ci appartient à Dieu : se payer dessus, c'est se rétribuer sur Dieu.

On le voit, la nuance est réelle mais ténue entre les deux composantes de l'intérêt. D'où les précautions croissantes de l'Église dans les pays occidentaux en la matière, à l'heure de la naissance du capitalisme.

Le problème, c'est que rapidement les limites morales venues calmer les ardeurs fiduciaires de l'homme, mû par l'appât du gain, cèdent. À partir du XIIIe siècle, fondant sa réflexion sur le principe de réciprocité des gains et des pertes, le prêt à intérêt commence à être regardé avec moins d'hostilité dans l'Église. L'argent peut engendrer l'argent, et déjà une logique étrangère s'infiltre dans le système. La généralisation du commerce des indulgences marque, à la même période, l'accommodement de l'Église avec ses propres principes lorsqu'il s'agit de trouver de nouvelles sources de revenus. Vous pouvez pécher, dit-elle en somme, mais débrouillez-vous pour pécher intelligemment sous peine de n'avoir pas assez d'argent pour vous faire pardonner... Ou comment laisser les hommes se livrer aux activités économiques autrefois condamnées... parce qu'elles peuvent contribuer à remplir les caisses.

Des positions très ambiguës et surtout peu légitimes aux yeux d'une théologie qui se voudrait rigoureuse. C'est beaucoup plus tard, au XVIe siècle, en fait entre 1545 et 1555, qu'un théologien, d'abord clerc puis exclu de l'Église, Jean Calvin, théorise à partir des exigences de sa fonction de chef d'État *in partibus* à Genève, la distinction entre le prêt de consommation, qui est de l'ordre de la charité, et celui de production, nécessaire à la survie de l'humanité. Ainsi fut enfin légitimé le prêt à intérêt, dans les zones géographiques échappant à l'autorité de l'Église de Rome. Cette dernière y vint également, mais progressivement et finalement bien plus tard.

La bourgeoisie, élément perturbateur

Le lent essor de la bourgeoisie, à partir du Xe siècle, a joué un rôle clé dans la perversion progressive de la société par la marchandisation, comme l'a bien montré l'historienne Régine Pernoud. Le bourgeois, littéralement, c'est l'homme du *bourg*, l'endroit où se tiennent les marchés : il est donc une créature urbaine vouée au commerce et à l'industrie par essence, un pur *homo economicus*, comme l'expliquait Max Weber.

À la fin du premier millénaire, entre le VIe et le VIIIe siècle, l'agriculture se modernise si rapidement que les historiens n'hésitent pas à parler d'une *révolution agricole*, tant dans les outils que dans les techniques utilisés. Celles-ci n'étaient pas toujours nouvelles : plusieurs dataient de l'Antiquité, comme la charrue lourde, l'assolement triennal ou le collier de cheval. Mais ce n'est qu'à cette époque qu'elles se perfectionnent et se répandent, entraînant avec elles un accroissement de la production agricole et des changements structurels dans les campagnes. Comme il fallait quatre fois plus de bœufs pour tirer la charrue lourde que pour l'araire utilisé auparavant, les agriculteurs durent se regrouper et s'associer. Ensuite, les bœufs furent progressivement remplacés par des chevaux – plus coûteux mais plus productifs. Alors que les agriculteurs devaient vivre près de leurs champs lorsqu'ils n'utilisaient que des bœufs, la rapidité des chevaux leur permit de s'éloigner et de se réunir en villages. En outre, le travail s'avérant moins pénible, les esprits mêmes des agriculteurs ont commencé à se libérer, partiellement émancipés de la contrainte et de la fatigue inhérentes à leur métier.

« L'adoucissement » des conditions de vie et la production agricole en quantité suffisante donnèrent lieu à une croissance démographique significative dans l'Europe de la fin du premier millénaire et du début du second : c'est la naissance de l'essor urbain, sous l'impulsion du marchand/bourgeois, les deux termes recoupant alors une seule et unique réalité sociale. Ce dernier se met aussi à organiser la cité autour de ses intérêts propres. La bourgeoisie ne représente alors qu'une « petite fraction de la population urbaine, d'après l'historien Manfred Groten, mais elle n'en devint pas moins le groupe social dominant ». Or, « le bourgeois, dès les origines, a conçu l'organisation sociale et juridique de sa ville dans un esprit essentiellement utilitaire », écrit Pierre Thuillier dans une remarquable analyse de la montée en puissance du bourgeois et de sa responsabilité dans les dérèglements de la société contemporaine. « Tout ce qu'il pouvait concevoir comme proprement "politique", c'était un ensemble de pratiques de gestion ; ou, si l'on veut, l'art de faire fonctionner des marchés aussi lucratifs que possible. » L'auteur cite par exemple la ville d'Ypres où, au XIIe siècle, les marchands avaient obtenu d'être les seuls à avoir le droit de porter une épée dans l'enceinte de la ville.

Au fil des siècles, les bourgeois ne sont intervenus dans le champ *politique* que s'il s'agissait de défendre leurs intérêts, autrement dit ceux de leur commerce. Jamais ils n'ont pris en considération le bien-être de la Cité ou de ses habitants. Lorsqu'ils se battaient pour des libertés nouvelles, lorsqu'ils affrontaient les classes dominantes – noblesse, clergé – ce n'était en rien au nom d'un idéal universel, de valeurs chéries teintées de romantisme, mais pour leur permettre de développer leur commerce, base et fin de leur pouvoir : liberté de circuler, sécurité du commerce, desserrement de l'étau fiscal…

La révolution agricole a donc provoqué un essor urbain, créant des villes de plus en plus détachées d'un monde rural vite rejeté, condamné avec ses habitants car jugé inférieur à la civilisation urbaine. D'ailleurs, le mot civilisation lui-même, que le Larousse définit comme un « état de développement économique, social, politique, culturel auquel sont parvenues certaines sociétés et qui est considéré comme un idéal à atteindre par les autres » ou comme un « ensemble des caractères propres à la vie intellectuelle, artistique, morale, sociale et matérielle d'un pays ou d'une société », sanctionne, étymologiquement, une distinction peu à peu établie entre gens des villes et habitants des campagnes, explique le même Larousse, « ces derniers étant jugés plus proches de l'état de nature ». « Ce peuple ne laboure pas, ne sème pas, ne vendange pas », s'émerveille un voyageur du XIe siècle arrivé à Venise. On trouve de nombreuses citations, à travers les siècles, qui illustrent cette conception de la supériorité de l'homme des villes face à celui des champs. Comme celles que rapporte Pierre Thuillier dans *La Grande Implosion* [1] : « La ville seule est capable de former des hommes, la campagne ne produit que des bêtes » (Paolo da Certaldo, marchand florentin du XIVe siècle), ou encore cette définition du Français Furetière dans son *Dictionnaire* de 1694, à l'article « civiliser » : « Les paysans ne sont pas civilisés comme les bourgeois. »

Or, Paul Valéry avait bien analysé, dans ses *Carnets*, la situation de l'homme dans la ville : « Le civilisé des villes immenses

1. Pierre Thuillier, *La Grande Implosion : Rapport sur l'effondrement de l'Occident, 1999-2002*, Fayard, 1995.

revient à l'état sauvage – c'est-à-dire isolé, parce que le mécanisme social lui permet d'oublier la nécessité de la communauté et de perdre le sentiment de lien entre individus, autrefois réveillés incessamment par le besoin. » Il revient à l'état sauvage car, précisément, le commerce et l'échange marchand prennent une place démesurée, au détriment des rapports humains. « Les grandes villes ont toujours été le siège de l'économie monétaire dans laquelle la multiplicité et la concentration des échanges économiques confèrent aux moyens d'échange eux-mêmes une importance que la limitation du commerce rural n'aurait pu permettre », écrivait Georg Simmel. On le voit, la marchandisation croissante a dénaturé les relations humaines, les réduisant au plus petit dénominateur commun existant, ce moyen d'échange à l'importance devenue démesurée : l'argent.

Tous ces auteurs, brillamment cités par Pierre Thuillier dans son livre d'une clairvoyance remarquable, ont donc montré à quel point la ville avait corrompu l'humanité. À quel point elle avait, en quelque sorte, déshumanisé l'homme même. Loin de moi l'idée de condamner le regroupement humain – les villes ont apporté beaucoup à l'homme –, mais un amas d'individualités ne fait pas une collectivité humaine pour autant.

L'argent a également détruit une certaine forme de sensibilité : nous avons vu, au chapitre précédent, ses différentes fonctions ; elle a eu pour conséquence majeure de niveler l'ensemble des biens et services imaginables. Tout se réduit à l'argent, plus petit – mais seul et unique ! – dénominateur commun, d'un ordinateur portable à une heure de psychanalyse, d'une paire de chaussures à un voyage, d'une prothèse dentaire à un four à micro-ondes.

C'est par et pour le marchand/bourgeois, également, que nos sociétés se sont dotées d'un tel maillage réglementaire et normatif, nécessaire pour garantir la pérennité et la sécurité des échanges et de leur commerce. En somme, on leur doit le triomphe de la rationalité qui, s'il a permis à la science de progresser et à l'Homme de faire des découvertes majeures dans nombre de domaines du savoir, a également engendré une certaine rigidité d'esprit qui a pris le pas sur l'élan romantique et lyrique, sur la poésie, sur l'art – au-delà de ses considérations économiques… « Répression de l'affectivité, primat de la valeur, voilà à quoi menait (et à quoi mènerait toujours davantage) la civilisation urbaine », serait-on tenté de dire avec Pierre Thuillier.

« Délibérément, le monde a été amputé de ce qui fait sa permanence : la nature, la mer, la colline, la méditation des soirs. Il n'y a plus de conscience que dans les rues, parce qu'il n'y a plus d'histoire que dans les rues, tel est le décret », écrivait Albert Camus, synthétisant tant la dénaturation créée par les villes que l'inflation normative et l'excès de règles qui ont déshumanisé l'homme urbain. La marchandisation du monde a certes permis une progression sans pareille dans l'Histoire des conditions de vie de chacun, mais elle a, dans le même temps, perverti l'Homme, le reléguant au rang de consommateur aveuglé par la perspective d'acquérir plus, créant artificiellement du besoin.

« La dictature parfaite serait une dictature qui aurait les apparences de la démocratie, une prison sans murs dont les prisonniers ne songeraient pas à s'évader. Un système d'esclavage où, grâce à la consommation et au divertissement, les esclaves auraient l'amour de leur servitude. » Aldous Huxley, qui écrivait ceci dans *Le Meilleur des mondes* en 1931, croyait-il si bien dire ? Quasiment quatre-vingt-cinq ans après, nous y sommes.

Le travail, victime collatérale

« Le chômage est la conséquence d'un système économique qui n'est plus capable de créer de l'emploi car il a mis au centre une idole qui s'appelle l'argent. » Le pape François lui-même s'érige, désormais, en pourfendeur des vices inhérents au système capitaliste. Le chômage de masse semble en effet être l'une des autres manifestations du couple dénaturation-déshumanisation (deux phénomènes qui, il faut bien le reconnaître, semblent plutôt antagonistes à première vue mais que, comme je l'ai montré, le capitalisme a réussi le tour de force de conjuguer !). Mais, pis encore que le chômage, c'est la place centrale prise par le travail dans la société qui pose problème. Dès 1985, Jürgen Habermas décrivait la « société fondée sur le travail »... Un siècle auparavant, déjà, le socialiste français Paul Lafargue, gendre de Marx et marxiste lui-même, dénonçait cette prééminence du travail parmi les concepts organisateurs de notre société dans un robuste pamphlet nommé *Le Droit à la paresse* qui eut une énorme influence et dont beaucoup de constatations et d'assertions demeurent d'une brutale actualité.

Le travail est-il vraiment la composante majeure sinon exclusive de l'avenir à proposer aux femmes et aux hommes qui composent la société ? Hors le travail, point de salut ?

Pour commencer, il nous faut démonter le mythe d'un travail émancipateur. La majorité des travailleurs, en France comme ailleurs, ne le voit pas du tout de cet œil-là. On ne vit pas pour travailler, on travaille pour vivre. L'une des erreurs, peut-être, du Conseil national de la résistance, a été de fonder le fantastique système social français sur le travail, c'est-à-dire non pas sur le citoyen mais sur le travailleur, excluant de fait tous ceux qui ne travaillent pas. Bien sûr, des mécanismes ont été mis en place pour ne pas laisser ceux-ci sans protection, mais il n'empêche que c'est par le travail que l'on acquiert une protection sociale, ce qui consacre sa prédominance au cœur de la vie de chacun.

Pourtant le travail a connu une mutation extraordinaire par son ampleur au cours des siècles ayant consacré l'avènement du dieu Marchandise. On l'a dit, il est devenu une valeur cardinale de notre société, un moyen d'émancipation et d'accomplissement ; à tel point que certains affirment : « Le travail, c'est la liberté ». Marx lui-même n'en était pas très loin lorsqu'il théorisait, dans *Le Capital*, que c'est le travail qui permettrait de passer du « règne de la nécessité » au « règne de la liberté ». Et, en effet, on retrouve tant chez les penseurs libéraux que chez les marxistes cet aspect essentiel, structurel, du travail au sein de la société : chez les premiers, il fonde l'appartenance économique ; chez les seconds, libéré de ses aspects aliénants, il est la base de l'appartenance sociale. Quoi qu'il en soit, il est donc largement considéré comme un élément constitutif du monde. Est-il nécessaire de rappeler l'étymologie même du mot, qui vient du latin *tripalium*, instrument de torture ? L'étymologie ne fait pas le concept, car les mots et leur sens évoluent avec les siècles, mais la rappeler n'est jamais dénué d'intérêt.

On peut, là aussi, parler de perversion du travail, érigé au rang de « valeur » dans les discours (et les comportements), condamnant les travailleurs à l'oppression, et, pis encore, faisant du chômage une véritable prison sociale.

« Le travail ne peut plus servir de base à l'intégration sociale », écrivait André Gorz. Comme l'expliquait celui qui théorisa avec brio la crise fondamentale du système capitaliste contemporain, il faut réduire la place du travail, entendu comme *emploi*, pour permettre au travail, au sens d'*ouvrage réalisé*, d'occuper l'espace qu'il mérite dans la société. Seul ce dernier, véritablement porteur de sens, peut s'avérer un vecteur d'intégration sociale. Pour lui permettre de monter en puissance, il importe de désacraliser la question de l'emploi, d'une part, et de réduire sa place dans la vie des individus (qui en ont un, cela va sans dire) d'autre part. La réduction progressive et négociée du temps de travail, rendue possible par l'accroissement du progrès technique et de la productivité, m'a toujours semblé une piste intéressante à explorer, sans compter que cette dernière augmenterait probablement d'autant plus que le temps de travail serait réduit. Dans une société où le travail serait devenu une activité accessoire, chacun aurait le temps, en dehors, de se consacrer à des activités diverses et variées, artistiques, culturelles, familiales, politiques, personnelles, humanitaires, sportives, toutes porteuses d'externalités positives pour l'ensemble de la collectivité – bien que le sacro-saint PIB, qu'on sait vicié depuis longtemps mais qu'aucun consensus international n'a permis de remplacer, ne prenne pas en considération ces activités hors du champ de la production pure.

La primauté du travail dans la société est fondée sur l'illusion de l'abondance : c'est par le travail, et uniquement par lui, que l'homme est censé pouvoir se libérer de la rareté et accéder, en toute (apparente) liberté, au royaume de la consommation. On retrouve donc, intrinsèquement liée, cette marchandisation du monde que je dénonçais plus tôt : en créant le besoin (quand on pense à tout le capital humain et financier dépensé dans le secteur de la publicité, dont le but est précisément de créer du besoin…), la marchandisation a poussé l'individu à vouloir travailler toujours plus, au détriment de tous les autres – et essentiels – aspects de son existence. Perdre sa vie à la gagner, certes – mais dans l'opulence, s'il vous plaît !

Voyons les choses telles qu'elles sont : on ne transforme pas le monde en travaillant, comme voudrait le faire croire une conception philosophique traditionnelle du travail, portée par beaucoup, de Rousseau à Kant. Allez demander aux ouvrières et aux ouvriers de l'industrie sidérurgique du Nord, aux caissières et aux caissiers des supermarchés parisiens, aux employées et aux employés des centres d'appels souvent délocalisés au Maghreb – pis encore, aux ouvrières et ouvriers des usines textiles du Bangladesh ou électroniques de Chine… Ont-ils la fierté de transformer le monde par leur travail ? Ce dernier est-il vraiment, pour eux, un facteur d'émancipation personnelle et de réalisation de soi ? Travailler plus pour gagner plus, voilà qui fait mouche dans l'opinion mais porte, en soi, un soupçon de défaitisme tant collectif qu'individuel : se replier dans son travail pour être en mesure de consommer plus, mais vivre moins ? La priorité, c'est de travailler mieux, ce qui implique de travailler moins. Bien sûr, gagner plus est une perspective complètement rationnelle pour nombre de citoyens vivant dans le besoin, qui, malgré des métiers tentaculaires dévorant leur existence, peinent à joindre les deux bouts. Pour autant, est-ce en les acculant plus encore au poste de travail qui les détruit qu'on parviendra à les faire sortir de leur situation financière, à laquelle s'ajoute souvent, conséquence logique, une détresse psychologique et sociale ?

Une tout autre évolution, d'une nature bien différente, doit être mentionnée ici ; celle qui enlève progressivement au travail l'une de ses fonctions fondamentales dans l'organisation sociale, à savoir être le support de la distribution de leurs revenus aux hommes ou femmes qui le fournissent.

Le problème n'est devenu une réalité concrète que depuis un peu plus d'un demi-siècle. Mais, comme souvent, il avait été entrevu par quelques visionnaires.

Le premier est incontestablement François-René de Chateaubriand, qui, vers 1840, écrit dans les *Mémoires d'outre-tombe* cette phrase stupéfiante : « Supposez les bras condamnés au repos en raison de la multiplicité et de la variété des machines ; admettez qu'un mercenaire unique et général, la matière, remplace les mercenaires de la glèbe et de la domesticité, que ferez-vous du genre humain désoccupé ? »

Près de vingt ans après, travaillant à l'écriture du *Capital* vers 1860, Karl Marx laisse échapper dans des notes qui ne seront regroupées et publiées qu'en 1951 (et en russe) sous le titre *Fondements de la critique de l'économie politique*, une remarque qui dit à peu près : le capitalisme a une immense puissance d'innovation et de changement. Devant ce qu'il fait et fera de l'organisation, de la gestion et de la circulation (les mots d'automatisme ou d'automatisation n'existent pas dans la langue de l'époque) le processus de production devient de plus en plus autonome. Au lieu d'en être comme aujourd'hui l'acteur essentiel, le travailleur productif en deviendra le spectateur ou le régulateur…

Soixante-dix ans après, en septembre 1930 exactement, Keynes renouvelle cette intuition en la précisant. Dans un article de revue intitulé « L'économie politique de nos petits-enfants », après un rappel de l'étonnante puissance de la machine à produire capitaliste, il affirme que « le problème économique n'est point, pour le regard tourné vers l'avenir, le problème permanent de l'espèce humaine ». Au-delà du peu de travail qui sera encore nécessaire, « nous nous efforcerons de faire des tartines de beurre en faisant des tranches de pain aussi fines que possible, et la quantité de travail qu'il sera encore nécessaire de faire, nous nous arrangerons pour que le plus grand nombre d'entre nous en ait sa part. Trois heures de travail chaque jour par roulement ou une semaine de quinze heures peuvent ajourner le problème pour un bon moment… »

En somme, il y en aura toujours pour poursuivre la richesse et la puissance mais nous ne serons pas obligés de les applaudir. « Si le problème économique est résolu, l'humanité se trouvera donc privée de sa finalité traditionnelle », poursuit-il. Et Keynes, à peine une page plus loin, termine sa réflexion par cette phrase : « Pour parler le langage qui fait fureur aujourd'hui, ne devons-nous pas nous attendre à une dépression nerveuse universelle ? »

La lente sortie de crise, la perspective de la guerre qui menace – Hitler est nommé chancelier d'Allemagne en 1933 – et l'obligation de réarmer qui se fait sentir en Europe puis en Amérique du Nord, font oublier ces propos dont la brûlante actualité se réaffirme huit décennies après.

C'est après la Seconde Guerre mondiale que le problème est posé à nouveau. Il ne l'est guère par les institutions officielles en charge de la statistique comme de la création du savoir et de sa diffusion, institutions de recherche et universités. Mais par de rares grands esprits, visionnaires et isolés. Ceci écrit, toute grande aventure humaine n'a-t-elle pas toujours commencé de la sorte ?

La première qu'il faut écouter, et relire, est l'immense philosophe allemande Hannah Arendt. Elle met dix ans à écrire *La Condition de l'homme moderne*, qui paraît en 1958. Dans ce livre majeur, elle rappelle les immenses progrès de la science, qui laissent entrevoir l'avènement d'un homme coupé de la terre mère. Mais elle anticipe « un autre événement, non moins menaçant » : la généralisation de l'automatisation qui, en quelques décennies, videra probablement les usines et libérera l'humanité de son fardeau le plus ancien et le plus naturel, celui du travail, l'asservissement à la nécessité. Là encore, c'est un aspect fondamental de la condition humaine qui est en jeu. Mais la révolte, le désir d'être délivré du labeur ne sont pas modernes, ils sont aussi vieux que l'histoire. Le fait même d'être affranchi du travail n'est pas nouveau : il comptait jadis parmi les privilèges les plus solidement établis de la minorité. L'automatisation peut permettre demain ce que l'esclavage a permis sous l'Empire romain : les citoyens ne travaillent pas…

Or l'automatisation est un accélérateur de la croissance et de l'enrichissement. Quels que soient les dégâts collatéraux, l'avidité reste le moteur de notre machine économique.

Mais Hannah Arendt continue. « Cela n'est vrai, toutefois, qu'en apparence. L'époque moderne s'accompagne de la glorification théorique du travail et elle arrive en fait à transformer la société tout entière en une société de travailleurs. Le souhait se réalise donc, comme dans les contes de fées, au moment même où il ne peut que mystifier. C'est une société de travailleurs que l'on va délivrer des chaînes du travail, et cette société ne sait plus rien des activités plus hautes et plus enrichissantes pour lesquelles il vaudrait la peine de gagner cette liberté [...]. Ce que nous avons devant nous, c'est la perspective d'une société de travailleurs sans travail, c'est-à-dire la seule activité qui leur reste. On ne peut rien imaginer de pire. »

Hannah Arendt poursuit sa réflexion en distinguant les trois variantes possibles du « Faire ». La première est le travail, dimension économique, sphère de la nécessité qui veut que la vie soit la reproduction régulière de la force de production par la consommation. La deuxième est l'œuvre, dimension plus anthropologique par laquelle l'homme s'inscrit dans le monde et l'habite. La troisième est l'action, dimension éthique et politique par laquelle l'homme se fait, à travers la relation à d'autres hommes, créateur, innovateur. Cette distinction restera une référence très forte dans l'invention des comportements et mesures anticipant une réponse à ce drame.

Dans la même période, la même intuition est perçue par des esprits plus proches de la réalité du labeur des hommes. Le sociologue du travail Georges Friedmann publie en 1952 *Où va le travail humain ?* Il y décrit la double évolution provoquée sur le marché du travail par le développement rapide de l'automatisation qui conduit, d'une part, à la multiplication d'emplois de plus en plus déqualifiés « inconscients », « marqués par la frustration », et, d'autre part, à « la polarisation du travail vers des emplois hautement qualifiés, sélectifs, et rares ». Et Friedmann n'hésite pas : « La part de l'homme dans les processus industriels pourra progressivement être réduite, pour chaque individu, à quelques heures par jour. »

Rééditant ces travaux, onze ans plus tard, en 1963, il les accompagne d'une nouvelle préface où il revient sur cette évolution probable, utilise pour la première fois l'expression « la fin du travail », et se demande « Où reloger l'homme ? » « Ces producteurs "libérés" (mais le sont-ils ? et en attendant leur relogement, cette libération n'est-elle pas, pour la plupart d'entre eux, une nouvelle forme de servitude ?) il est urgent de les diriger vers autre chose que du "travail" [...]. Comment orienter ces hommes vers les activités non supportées, dans le cadre de l'économie nationale, par le mécanisme des prix ? Vers quels services d'éducation, d'information encouragés par l'État pour élargir, enrichir son équipement actuel, vers quelles formes de culture personnelle et de création, gratuites ? » Autrement dit, comment survivre à la disparition du dieu Marchandise ?

Il faut citer aussi l'économiste Jean Fourastié qui publie en 1965 *Les Quarante Mille Heures* et commence son ouvrage par cette phrase : « L'on pense communément que, dans un avenir assez proche, l'homme moyen des nations économiquement avancées pourra satisfaire ses besoins avec un travail professionnel d'une durée de trente heures par semaine... qui s'accompagnera d'un bon nombre de semaines de vacances par an... »

Trente ans plus tard à peu près, l'Américain Jeremy Rifkin renouvelle et approfondit l'analyse, la complète et titre son gros livre *La Fin du travail*. Lui aussi y lit le rétrécissement de l'espace marchand dans l'organisation de la société, et n'y voit guère d'autre substitut que dans les activités du corps et de l'esprit, le bénévolat, les structures associatives, la création artistique et culturelle, ce qu'il appelle en gros le tiers secteur.

Bref l'argent va jusqu'à chasser la vie de là où il règne, pour la remplacer par la machine. Et la vie trouve refuge là où l'argent n'exerce plus sa domination écrasante.

Le triomphe des inégalités

Il est un dernier aspect de ce qui arrive à l'humanité lorsque triomphe le dieu Marchandise, c'est-à-dire la conversion possible de tout ce qui peut se vendre, objets matériels, services, produits de l'art et de l'esprit humains, en marchandises, hors de toute limite, après disparition des barrières morales et des interdictions ou freins réglementaires : l'aggravation des inégalités de revenus.

Un économiste d'origine italienne, Gini, mit au point vers le milieu du XXe siècle un indice, d'un calcul très complexe mais à la signification d'une grande simplicité, pour la mesure des inégalités. Une collectivité dont l'indice de Gini vaut 0 voit tous ses membres bénéficier de revenus strictement égaux. Là où l'indice de Gini vaut 1, un unique individu s'approprie la totalité des revenus disponibles, pendant que tous les autres n'ont rien. Variant le plus souvent entre 0,35 et 0,55 dans les sociétés contemporaines, il est un bon indicateur de la distribution des revenus. Il faut, pour le construire, des statistiques nombreuses, fouillées et précises. S'il existe peu de pays pour lesquels on en dispose de manière absolument continue sur une longue période, les États-Unis d'Amérique, eux, fournissent ces données. Le Census Bureau (repris et publié par Olivier Berruyer) a établi cet indice, que je reproduis ci-après. Examinez-le. Il en vaut la peine, car il montre l'économie qui domine et tire les autres.

On y voit que le XXe siècle commence avec une grande intensité spéculative que la guerre de 1914-1918 fait baisser nettement, mais pas longtemps. Le conflit à peine terminé, l'acharnement à s'enrichir déferle de nouveau, chez ceux qui le peuvent, avec un dynamisme considérable.

C'est ainsi qu'éclate la crise de 1929, vite transformée en récession, et pour longtemps. La Seconde Guerre mondiale calme l'appétit d'enrichissement ou, à tout le moins, oblige le gouvernement des États-Unis à le refréner par la règle administrative et fiscale.

J'ai dit longuement, chapitre 3, comment après la guerre tous les pays de libre entreprise ont cherché ensemble à limiter

ÉVOLUTION DE L'INDICE GINI
AUX ÉTATS-UNIS, 1913-2009

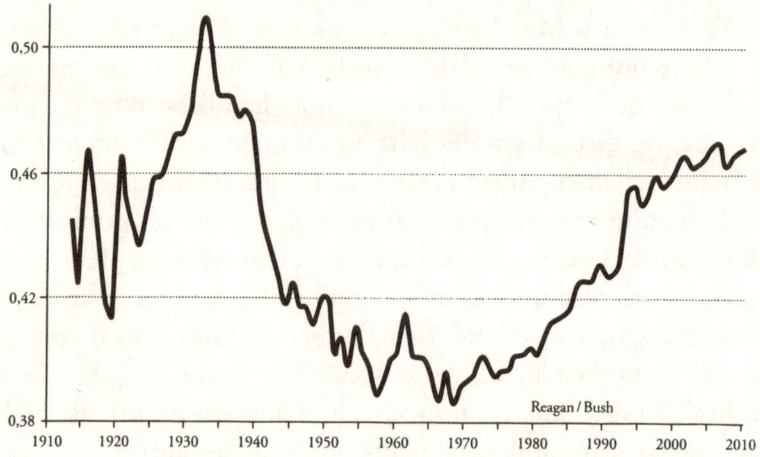

Source : Berruyer, d'après Doug Henwood et Census bureau

l'ampleur des secousses du capitalisme et par là les crises : mise en place de la protection sociale et régulation keynésienne interne et externe. Le résultat se lit partout, il est spectaculaire aux États-Unis. L'économie devient nettement moins inégalitaire parce que plus stable. Dans les années 1970 prend son envol une nouvelle doctrine économique, le monétarisme, dominante dans les années 1980. Elle proscrit l'intervention étatique et la régulation, et affiche une nette préférence pour le déficit et l'emprunt, exigeant de sous-taxer la richesse, considérée comme le carburant de l'économie. Avec Reagan puis les deux Bush, les États-Unis redeviennent, comme au début du siècle, un pays de haute inégalité sociale.

C'est le secrétaire au Travail (ministre) de Bill Clinton (on voit nettement sur la courbe le petit creux dans la pente montante illustrant le moment où le président démocrate essaie de revenir à plus de justice, effort brisé par la folie Bush qui succède), Robert Reich, qui rassemble et publie les statistiques montrant qu'en vingt ans, 1985-2005, les salaires réels aux États-Unis sont restés stables, mais que dans les mêmes deux décennies, la moitié de l'énorme richesse supplémentaire produite, plus de 12 % du PIB, a été captée, accaparée, je dirais même, par les 1 % de citoyens les plus riches.

Il est un autre angle de vision, très significatif lui aussi. C'est la distribution des revenus, avant que l'impôt ne la tempère quelque peu. On doit à l'OCDE des calculs et des recherches permettant de mesurer dans onze des pays qui la composent, et sur un siècle, la part de ces revenus avant impôt perçue par les 1 % d'habitants les plus riches. Pour simplifier la présentation de ces travaux, je me suis borné à ne retenir que ce qui concerne quatre pays : États-Unis et Royaume-Uni d'une part, France et Allemagne de l'autre.

On distingue très clairement pour les États-Unis une courbe homothétique de celle de l'indice de Gini.

Il y a grande pertinence, le lecteur le relèvera vite, à présenter distinctement, comme le font les deux graphiques, deux groupes de pays : ceux de culture anglophone (États-Unis, Royaume-Uni), et ceux qui, pour être tout aussi capitalistes, sont moins intensément anglophones de culture (Allemagne, France).

La zone de culture anglophone est celle de l'écriture de la doctrine monétariste, celle aussi où la finance prend la part la plus grande de l'espace de la presse écrite ou parlée, celle enfin où le commerce et le « management » (la gestion) ont pris la plus grande place dans l'enseignement supérieur… Partout en anglophonie, l'élection de Ronald Reagan (1981), qui suivait de peu celle de Margaret Thatcher en Grande-Bretagne, fut le signal d'une ruée vers moins d'impôts, plus d'activité spéculative et plus d'enrichissement. La tendance est si nette qu'elle marque de la même manière le Canada, l'Irlande et l'Australie, non retenus sur le graphique.

Les pays non-anglophones sont très révélateurs aussi. La brutalité anarchique de la première moitié du siècle s'y découvre très bien, comme la clarté des marques laissées par l'histoire nationale qu'illustrent, inversement l'une de l'autre, l'Allemagne et la France.

PART DES REVENUS AVANT IMPÔTS PERÇUS PAR LES 1 %
LES PLUS RICHES

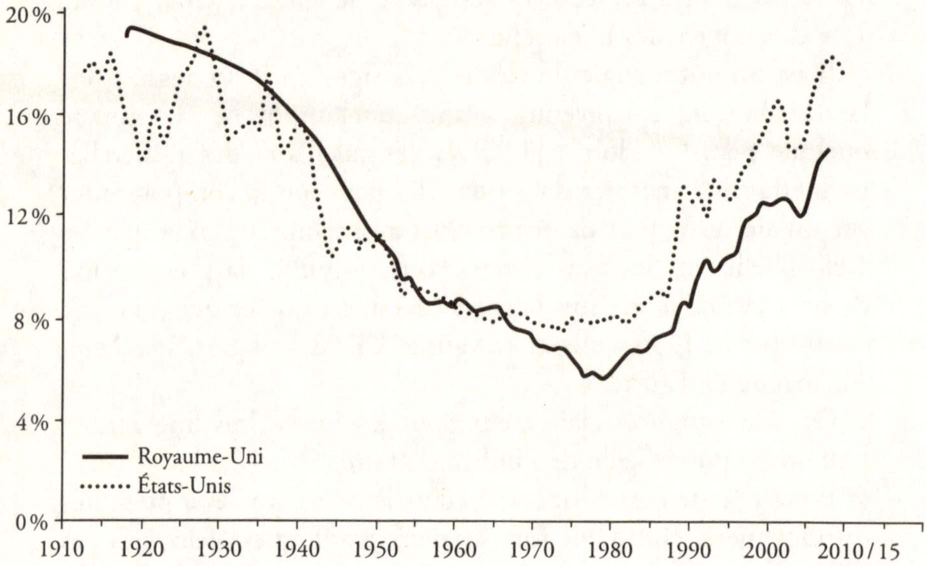

Source : OCDE

L'accalmie et la préservation d'une certaine équité s'y lisent clairement de 1950 à 1980, comme en zone anglophone. Ce qui correspond aux Trente Glorieuses, période keynésienne et d'influence intellectuelle sociale-démocrate. Mais aucun de ces pays ne rejoint l'envolée d'accaparement et de spéculation des anglophones qui succède à cette période à partir de 1980. Modération, retenue, traditions nationales ? Difficile à dire. Il est clair en tout cas que ces différences profondes découlent de caractéristiques nationales dominantes, tant structurelles que culturelles.

Il reste, de toute façon, que dans chaque situation où la conjoncture économique rend possible l'accaparement financier, fût-il spéculatif, et où la disparition ou l'affaiblissement des barrières morales, des inhibitions culturelles et des règles fiscales le permettent, l'humanité va vers l'ensauvagement par le mépris de

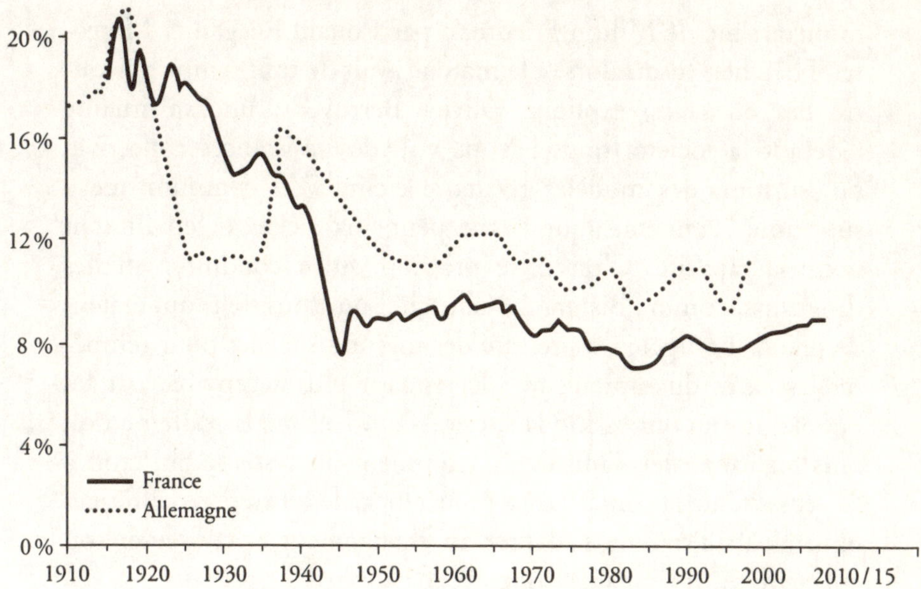

l'œuvre des hommes, l'aggravation des inégalités et le déferlement de la violence.

En résumé, après un mouvement continu d'atténuation, du sortir de la Seconde Guerre mondiale jusqu'à l'aube des années 1980, les inégalités ont explosé, atteignant des niveaux difficilement soutenables qui menacent le lien social. Comment, en effet, rester de marbre quand le peu de richesses produites à l'heure de la croissance quasi nulle est accaparé par un *happy few* toujours plus *happy*… et toujours plus *few* ? Qu'est-ce qui justifie l'inaction de nos gouvernants, de part et d'autre de l'Atlantique, face à cette explosion inacceptable ?

La gauche même s'y serait résignée ? La promesse d'une révolution fiscale est en effet tombée dans les oubliettes et la taxe à 75 % avancée par l'actuelle majorité socialiste semble être une mesure plus cosmétique qu'efficace pour lutter contre les inégalités croissantes : pourquoi ne pas, d'abord, créer de nouvelles tranches d'impôt sur le revenu et rationaliser les niches fiscales qui prolifèrent afin de rétablir la progressivité de l'impôt ?

Ces inégalités croissantes ne sont, en somme, que la conséquence de la dérégulation excessive instaurée sous l'égide du monétarisme de Milton Friedman par Ronald Reagan et Margaret Thatcher. Jusqu'alors, « le marché avait de tout temps rencontré des obstacles, explique Olivier Berruyer : une spiritualité fédérant la société [nous l'avons vu], des résistances collectives ou, surtout, des modèles rivaux. La chute du communisme a supprimé "l'ennemi" qui faisait peur aux riches et en limitait donc la rapacité. C'est cette pression qui a conduit bien des dirigeants, comme Bismarck, Churchill ou Roosevelt, qui étaient de grands bourgeois, à prendre des mesures sociales pour tempérer les excès du capitalisme ; le rendant plus acceptable par les peuples, ils en ont assuré la survie. » Or, comme le souligne non sans malice Lester Thurow : « Comment un système qui croit à la nécessité de la concurrence pour rendre les entreprises efficaces pourrait-il lui-même s'adapter au changement et conserver son efficacité s'il n'a plus de concurrent ? »

Dans leur obsession antiétatique, économistes et gouvernants ont confondu libéralisme et laisser-fairisme, que Maurice Allais, « prix Nobel » d'économie [1], assimilait à la « confusion du socialisme et du collectivisme, tout aussi funeste ». En effet, si les deux se targuent de défendre et de promouvoir la liberté individuelle, le laisser-fairisme est aussi radical qu'inefficace en essayant de faire tomber toutes les normes régulant la société dans une sorte de libertarisme anarchique. Or, ce même Maurice Allais écrivait, dès 1941, que « toute liberté économique implique un cadre minimum sans lequel elle dégénère rapidement en anarchie » et que « réclamer la liberté totale, c'est préparer l'avènement de la disparition complète de la liberté ». Comment, en effet, faire société sans définir et appliquer des règles collectives ? Le contrat social, fondement de nos collectivités, n'est-il pas précisément cet acte par lequel chacun renonce à une part de sa licence (que le Larousse définit comme « liberté excessive qui

1. Rappelons qu'il n'y a pas de prix Nobel d'économie, mais que la Banque royale de Suède (Banque centrale) a obtenu de l'Académie Nobel le droit d'offrir et de distribuer un prix d'économie au même moment que ceux de l'Académie.

tend au dérèglement moral ») au profit de l'État souverain chargé de perpétuer le corps social ?

Il apparaît clairement qu'en détricotant le tissu normatif qui avait contribué à atténuer les inégalités dans la société, les gouvernants ont privilégié l'instauration d'un capitalisme sauvage où les riches seraient toujours plus riches, au détriment du lien social et du bien-être collectif. Il faut quand même un cynisme sans bornes pour dire, tel Friedrich von Hayek, à un journal chilien pendant la terrible dictature de Pinochet, « préférer un dictateur libéral à un gouvernement démocratique non libéral »… *A fortiori* quand on connaît sa conception du libéralisme, qui n'a de libérale que le nom !

Les conséquences ne se sont pas fait attendre. Notons au moins, rare motif de satisfaction, qu'elles consacrent la puissance du politique, encore capable de changer structurellement la société quand il y met des idées, aussi fumeuses soient-elles… En effet, c'est bel et bien une volonté politique qui a engendré une telle recrudescence des inégalités, comme l'illustrent ces propos de Brian Griffiths, conseiller de Margaret Thatcher et par ailleurs vice-président de Golman Sachs International, en 2009 : « Nous nous devons de tolérer les inégalités, car elles constituent un moyen pour tous d'atteindre plus de prospérité et plus d'opportunités. » Félicitations : l'objectif est atteint – et pas qu'un peu !

Tolérer l'inégalité dans l'intérêt du bien commun : la pratique en fut très démonstratrice aux États-Unis où le pourcentage de la population le plus privilégié (1 % !) recevait légèrement moins d'un dixième du revenu national en 1980… et plus d'un cinquième aujourd'hui, d'après les données de l'OCDE et les études des économistes Emmanuel Saez et Gabriel Zucman. Dans le même temps, le taux marginal supérieur d'impôt sur le revenu est passé de 70 % à 35 %. Pour être extrêmement clair, cela veut dire que, jusqu'en 1981, les contribuables américains les plus riches devaient payer 70 % d'impôts – non pas sur l'ensemble de leurs revenus, ce n'était évidemment pas un taux moyen, mais sur la tranche supérieure (fixée à 200 000 dollars à l'époque, ce qui correspondrait à cinq à dix fois plus aujourd'hui). Et encore, jusqu'en 1965, ce taux marginal supérieur était de 91 % ! Pour autant, ce sont bien les États-Unis qui, en cette période de guerre froide, étaient le temple d'un capitalisme qui, loin d'être déstabilisé par de tels taux d'imposition, en était au contraire stimulé et renforcé. Pis, les inégalités de patrimoine sont évidemment exacerbées par ces inégalités de revenus croissantes, à tel point que les 1 % d'Américains les plus riches possèdent 40 % du patrimoine total… Quant aux 0,1 % des ménages les plus riches, c'est simple : ils possèdent autant que les 145 millions de ménages les plus pauvres.

C'est une spirale qui n'est malheureusement pas près de s'enrayer : la mobilité sociale, promesse démocratique fondamentale, est grippée et, d'ailleurs, le même Emmanuel Saez a montré que les 1 % qui bénéficiaient des plus hauts salaires avaient accaparé jusqu'à 95 % de la croissance économique depuis la crise financière. Pendant ce temps-là, neuf Américains sur dix se seraient appauvris… En somme, les fruits de la croissance bénéficient exclusivement à ceux qui sont, déjà, au sommet de la pyramide des revenus – et tant pis pour les autres. Pendant ce temps-là, les responsables politiques de tous bords continuent de ne jurer que par la sacro-sainte croissance du PIB, comme si elle portait, intrinsèquement et nécessairement, l'espoir d'une amélioration de la condition de tous. Mortifère myopie : seuls de véritables et courageux choix politiques pourront créer les conditions d'une société plus juste et moins inégalitaire.

L'évolution du ratio entre le salaire moyen des PDG les mieux payés et celui des salariés est un autre indicateur frappant des inégalités – et, pis, du sentiment d'impunité total de la part des plus privilégiés, ceux du « 1 % ». Aux États-Unis, si l'on prend les 350 PDG les mieux payés, leur salaire moyen était, en 1960, 41 fois supérieur à celui des employés. Qu'en était-il quarante ans plus tard, à l'aube du XXIe siècle ? Il était devenu 525 fois supérieur. Oui oui, vous l'avez bien lu : 525 fois supérieur.

L'explosion de la bulle Internet au début des années 2000 a permis d'atténuer le phénomène, mais il s'avérait encore, au déclenchement de la crise de 2007-2008, 319 fois supérieur.

Or les États-Unis ne sont que l'initiateur et l'exemple. À y regarder de plus près, c'est la structure de la rémunération qui a considérablement changé, avec l'apparition des stock-options et le recours de plus en plus massif à l'octroi d'actions, le tout proposé par les actionnaires afin d'être certains que les intérêts du patron de l'entreprise sont bien en phase avec les leurs – à savoir maximiser la valeur boursière des actions. Pourtant, on sait que leurs intérêts, pour légitimes qu'ils soient, ne sont pas les seuls qui devraient être pris en compte et que, parfois, la vision à long terme d'une entreprise n'est pas compatible avec les desiderata court-termistes des actionnaires, dont la durée moyenne de détention de l'action est en chute libre, on l'a vu. Toujours est-il que grâce à ces nouvelles techniques de rémunération des PDG, les actionnaires se sont assurés que c'était bien leur intérêt propre, et nul autre, qui serait poursuivi. Quant aux employés qui, s'ils n'ont pas apporté de capital dans la société comme ont pu le faire les actionnaires, y fournissent leur travail, leur vie même… tant pis pour eux ?

Dans son ouvrage *Gouverner le capitalisme* [1], Isabelle Ferreras apportait une proposition intéressante de réponse pour pallier ce déséquilibre malsain : le bicamérisme en entreprise. Si notre système politique est fondé sur un bicamérisme essentiel au processus de démocratisation, pourquoi le capitalisme et l'entreprise ne s'y convertiraient-ils pas ? Afin de « penser les conditions d'une souveraineté légitime dans l'entreprise capitaliste », l'auteure propose ainsi d'instaurer, en lieu et place des traditionnels conseils d'administration ou de surveillance, un gouvernement de l'entreprise responsable devant la « chambre des représentants des apporteurs en capital » et la « chambre des représentants des investisseurs en travail ». Voilà une proposition iconoclaste et audacieuse qu'il conviendrait de creuser pour réfléchir à un système alternatif capable de conjuguer efficacité économique et justice sociale.

1. Isabelle Ferreras, *Gouverner le capitalisme*, PUF, 2012.

Comment espérer tisser du lien social entre des éléments aussi disparates ? Comment tisser du lien entre des parties aussi lointaines les unes des autres, avec un *happy few* sur l'Acropole des richesses et une grande majorité qui en subit la loi ? Elle la subit d'autant plus que des études ont montré l'influence de ce « 1 % » en matière démocratique : ils votent plus que les autres citoyens, sont plus impliqués et, forcément, vu la manne financière qu'ils sont susceptibles d'apporter aux candidats – rappelons la différence fondamentale entre les systèmes français et américain en matière de financement des campagnes électorales –, ils jouissent d'un accès direct aux responsables politiques. « Cette inégalité d'influence, d'engagement et d'accès aux décideurs publics en fonction de la richesse serait sans grande importance si leurs choix ne différaient pas de ceux de l'ensemble de la population, écrit Matthieu Pigasse, or plus on s'élève dans la pyramide de la richesse, pour atteindre la minorité des 0,1 % les plus fortunés, plus on rencontre des opinions hostiles à la réglementation, à l'action sociale, à l'éducation pour tous. »

Autant dire que les inégalités ne sont pas près de se résorber. Mais la société tiendra-t-elle longtemps sans ce ciment que constitue le lien social ? De nombreux mouvements sociaux d'un genre nouveau ont vu le jour ces dernières années, qui à Madrid, qui à New York, pour dénoncer ce gouffre devenu intolérable. Rien n'est mis en œuvre pour y remédier. La *Grande implosion* serait-elle en gestation ?

J'en étais là de ce chapitre, et j'étais même en train de boucler ce livre, lorsque la presse écrite nous a révélé l'énorme succès d'audience et de presse d'un philosophe américain tout juste sexagénaire, Michael J. Sandel. Son triomphe commence aux États-Unis, mais s'étend au Japon, en Corée, et même en Chine. Son dernier ouvrage, ni le seul ni le premier, mais le plus décisif dans ce succès, a pour titre *Ce que l'argent ne saurait acheter*[1].

Partant d'une critique de la théorie de la justice de John Rawls, qu'il juge trop individualiste, et traitant de la société

1. Michael J. Sandel, Ce que l'argent ne saurait acheter, traduit de l'anglais par Christian Cler, préface de Jean-Pierre Dupuy, Seuil, 2014.

comme d'une collection d'individus autonomes et isolés, il s'élève contre l'oubli du bien commun dont il attribue l'orientation à l'hypothèse implicite que l'on pourrait tout acheter y compris son temps, son honneur et sa conscience. Son livre est une dénonciation de l'absence de limites morales à ces comportements.

On lit par exemple, sous la plume de Sandel, le lumineux paragraphe suivant :

« À l'issue de la guerre froide, le marché et la doctrine du libre-échange ont joui d'un prestige incomparable pour des raisons tout à fait compréhensibles : aucune autre méthode d'organisation de la production des biens n'avait réussi à engendrer une abondance et une prospérité équivalentes. Et pourtant, malgré le nombre croissant de nations de tous les continents qui ont alors adhéré aux mécanismes de l'économie de marché, autre chose était en train de se produire. Les valeurs marchandes ayant fini par jouer un rôle de plus en plus grand dans la vie sociale, l'économie n'allait pas tarder à acquérir une dimension impériale. Désormais, la logique de l'achat et de la vente ne s'applique plus aux seuls biens matériels mais façonne de plus en plus la totalité de l'existence : il est temps de nous demander si nous voulons vivre de cette façon. »

L'ouvrage fourmille d'exemples étonnants d'immoralité dans les niveaux de revenus, dans les comportements collectifs excluant les « pauvres » de bien des droits sociaux, dans les comportements privés attentatoires à la dignité…

Et Sandel pose, à l'occasion de chaque cas évoqué, la question morale implicite qu'il recèle.

Pour dire le vrai, il n'y a rien là de tellement nouveau. Calvin prêchait la même chose avec une fermeté frisant la brutalité. Adam Smith lui-même, pourtant l'un des créateurs de l'économie « libérale », approchait de cette vision dans sa « théorie des sentiments moraux ». Et je viens d'évoquer dans ce chapitre une liste des auteurs plus récents, voire contemporains, qui suivent la même piste.

Le nouveau, c'est l'énorme triomphe mondial de librairie du livre de Sandel. Le monde serait-il en train de mûrir sur ce sujet ? Or c'est la condition centrale pour qu'il accepte une nouvelle régulation de la circulation de l'argent.

Chapitre 5

Le ravage de la niche écologique menace la vie

Si seulement la conjugaison terrible des ravages de l'argent et des dommages de la marchandisation, de la dénaturation et de la déshumanisation, n'affectaient que l'espèce humaine… Mais non, dans notre folie destructrice, ce sont la nature même, les espèces animales et végétales qui partagent notre planète, les sols et les eaux que nous menaçons. La situation semble difficilement soutenable. Avec une population croissante, à la demande croissante – qu'elle soit le fruit légitime du développement économique, certains diraient du « rattrapage », dans les pays du Sud, ou qu'elle soit artificiellement créée et superflue –, comment faire face à l'érosion et à la détérioration de la niche écologique qui permet de nourrir notre vie en même temps qu'à la raréfaction des ressources naturelles ? Si certaines, certes, se régénèrent (mais à un rythme limité), d'autres pas du tout, notamment celles qui fournissent l'essentiel de notre énergie. La réponse semble alors évidente : changer les techniques de production, en privilégiant des façons de faire propres ; changer de mode de vie, en privilégiant des façons de vivre soutenables ; ou se résigner à détruire notre habitat naturel dans une logique de terre brûlée type « après nous, le déluge ». Il va sans dire que cette troisième voie est celle du suicide.

Pourtant, dans les faits, n'est-ce pas précisément celle qu'est en train d'emprunter l'humanité ? Malgré la situation dramatique diagnostiquée par le rapport « Halte à la croissance » du Club de Rome publié en 1972 et confirmée (voire amplifiée) par l'ensemble – ou presque – de la communauté scientifique internationale depuis, nous continuons à vivre comme si de rien n'était – ou presque ! Bien sûr, des mesures pour « verdir » l'économie ont été prises ici et là – nous y reviendrons. Bien sûr, de plus en plus de collectivités, dans les pays occidentaux, ont mis en place des systèmes de recyclage des déchets. Encore heureux ! Mais, d'une façon générale, nous courons tout droit vers un désastre. D'ailleurs, à l'occasion des trente ans de ce rapport sur les limites de la croissance, une mise à jour a été effectuée par les auteurs ; ils y expliquent, en préface, être beaucoup plus pessimistes qu'à l'origine, trente ans auparavant, à propos du futur de la planète. Et encore, douze ans se sont écoulés depuis cette mise à jour sans que les choses aient vraiment changé – du moins, pas dans le bon sens…

Avant de réfléchir à la façon dont nous pourrions sortir *par le haut* de cette menace imminente – pis, de cet abîme vers lequel l'humanité tout entière se précipite allègrement –, je vais essayer d'établir clairement les dérèglements naturels en cours, ou à venir, qui menacent notre survie, en les resituant, à chaque fois, dans leur cadre scientifique et politique. Ce n'est qu'une fois que les faits seront clairement posés, intelligibles et précis, que nous pourrons réfléchir à la construction d'une alternative.

À force de malmener notre planète…

Il semble évident que les révolutions industrielles successives, si elles ont permis un développement économique fulgurant dans les pays occidentaux et une amélioration générale du niveau de vie – fût-ce au détriment de beaucoup d'autres choses dont nous avons discuté plus tôt – se sont faites en toute méconnaissance des enjeux écologiques sous-jacents. Or, aujourd'hui, après deux siècles d'une torture croissante de notre environnement, nous risquons d'arriver à un point de non-retour en matière de dégradation de la planète et de ses espèces animales et végétales.

Des gaz nocifs rejetés bien impunément

Trop souvent, les confusions en tous genres perturbent les débats relatifs à l'environnement. C'est vrai, les données sont multiples, complexes et parfois assez peu intelligibles pour le citoyen lambda comme pour le responsable politique (supposément) avisé. En matière de rejet de gaz dans l'atmosphère, il convient de distinguer deux phénomènes qui, s'ils sont tous deux extrêmement préoccupants, n'en sont pas moins différents : les gaz à effet de serre, d'un côté, et le trou dans la couche d'ozone, de l'autre.

Pour bien saisir les deux phénomènes, suivons le parcours d'un rayon du soleil qui arrive sur notre planète. Celui-ci est freiné par la couche d'ozone située dans la stratosphère, approximativement à 35 kilomètres au-dessus de nos têtes, qui absorbe une partie de son rayonnement ultraviolet. Une fois altéré par le filtre protecteur de la couche d'ozone, qui empêche une partie des rayons d'arriver jusqu'à nous, c'est ce rayonnement, plus énergétique que la lumière, qui est responsable du bronzage. Ceux qui y parviennent finalement sont absorbés par la Terre sur laquelle ils se réfléchissent et repartent en rayonnements infrarouges, cette fois moins énergétiques que la lumière, et vecteurs de chaleur. Alors qu'ils sont censés quitter l'atmosphère, ils sont absorbés par les gaz à effet de serre ; ainsi retenus, ils participent de l'augmentation de la température terrestre.

Attention : de la même façon que la couche d'ozone est utile à la vie sur Terre, nous protégeant des rayons les plus agressifs du Soleil, l'effet de serre l'est également. Sans lui, la température terrestre serait trop froide pour que la vie s'y développe et l'eau serait gelée. C'est la prolifération outrancière des gaz à effet de serre qui est dangereuse, puisqu'ils retiennent de plus en plus les rayons infrarouges vecteurs de chaleur, réchauffant la planète au-delà du souhaitable – voire du soutenable.

Le trou de la couche d'ozone

La couche d'ozone nous protège donc des rayons du Soleil les plus nocifs en les absorbant avant qu'ils ne parviennent jusqu'à nous. Sa dégradation l'empêche de jouer aussi efficacement ce rôle essentiel de filtre protecteur, nous laissant à la merci de plus en plus de rayons ultraviolets. Les conséquences peuvent s'avérer dramatiques pour l'homme (cancer de la peau, cataracte, affaiblissement du système immunitaire) comme pour l'environnement, en freinant la photosynthèse, ce qui ralentit la croissance de certains végétaux et perturbe ainsi l'équilibre du vivant.

Pour limiter le rejet des gaz à l'origine de ce dérèglement, les poétiquement nommés chlorofluorocarbures (CFC), la communauté internationale s'est mobilisée avec succès – une fois n'est pas coutume... – en signant le protocole de Montréal en 1987. Pour Kofi Annan, ancien secrétaire général de l'ONU, c'est probablement « l'accord international le plus abouti » qui ait été conçu : entre 1987 et 2009, il a permis de réduire de 98 % les émissions de substances nocives pour la couche d'ozone [1]. L'un des facteurs clés de réussite de ces accords, c'est que la participation active des pays en voie de développement, indispensable pour garantir le succès de telles opérations internationales, a été appuyée par un fonds multilatéral leur permettant de compenser les coûts liés à la transition vers un modèle de développement privé des gaz les plus destructeurs. Si les choses continuent d'aller dans le sens actuel, le trou de la couche d'ozone pourrait s'être assez résorbé pour retrouver un niveau dit « normal » d'ici à la moitié du XXIe siècle. Ce serait une victoire de la solidarité internationale et de l'écologie, assurément ; encore faut-il continuer d'agir, car celle-ci n'est pas totalement acquise. Par ailleurs, les gaz de substitution aux CFC qui ont été trouvés et utilisés, les hydrofluorocarbures (HCFC), s'ils ne mettent plus en péril la couche d'ozone, s'avèrent particulièrement nocifs en matière d'effet de serre (l'ONU les estime entre

1. Keeping track, PNUE, 2011, p. 35.

77 et 2 300 fois plus dangereux pour le réchauffement climatique que le CO_2…) et seront interdits d'ici à 2040 – il convient alors de trouver de nouveaux gaz de substitution.

Les gaz à effet de serre

Car le deuxième volet préoccupant – c'est un euphémisme… – est le rejet massif, continu et croissant de gaz à effet de serre dans l'atmosphère. Là ne s'arrête pas le diagnostic des menaces qui pèsent sur notre niche écologique. Même si pollutions et déchets continuent de progresser au rythme insoutenable qui vient d'être évoqué, il y a autre chose, de très différent, d'aussi dangereux peut-être sinon pire : l'effet de serre en lui-même.

Écrit en 1972, le rapport du Club de Rome ne pouvait en avoir connaissance. Diagnostic et analyse furent en effet lents à développer, les mesures conclusives sont relativement récentes et l'accord conceptuel de la majorité de la communauté scientifique encore plus.

C'est Joseph Fourier, au tout début du XIXe siècle, qui formula l'hypothèse selon laquelle la température de la Terre (moyenne générale jour-nuit, hiver-été, nord-sud-centre avoisinant 15 °C et permettant la vie), étonnante par sa modération et sa constance, dont on est sûr pour le dernier million d'années, provenait largement de la captation d'une partie de la réverbération des ondes solaires – lumière et chaleur – vers l'espace intersidéral. Une réverbération entravée par l'atmosphère dont la composition permet à certains des gaz la composant de bloquer le passage des ondes de chaleur envoyées par notre surface mais de les maintenir dans le voisinage de la Terre, préservant ainsi sa température et notre vie.

On a mesuré depuis que la température de la surface de Vénus, plus près du Soleil et sans atmosphère, dépasse 100 °C, interdisant la vie. On a établi aussi que la surface de Mars, sans atmosphère également mais plus loin du Soleil, est inférieure à moins 150 °C, interdisant là encore la vie.

Un siècle de travaux précise le phénomène et ses causes : le Danois S.A. Arrhénius s'y illustre particulièrement. Le plus important gaz à effet de serre, mais le plus inerte, est la vapeur d'eau, qui représente 60 % du volume de l'atmosphère mais a un effet faible. Le second est le dioxyde de carbone, CO^2. Le troisième est le méthane, pour 3 % à peine du volume, mais 10 fois plus actif que le CO_2 dans son rôle de bloqueur des ondes de chaleur. Une demi-douzaine d'autres gaz rares en quantités infimes jouent eux aussi un rôle actif en cette matière.

Les premières mesures précises sont entreprises à l'extrême fin de la Seconde Guerre mondiale par un astronome australien à Hawaii. On a ensuite perfectionné beaucoup les moyens de mesure de la densité du CO_2 dans l'atmosphère. Et surtout réussi à recalculer depuis ces mesures la température moyenne de la planète elle-même. Les mesures elles-mêmes n'ont jamais cessé depuis soixante ans maintenant. Le graphique en rappelle les résultats, pour les dernières décennies. L'autre graphique, issu de calculs faits à partir de la composition de l'air trouvé dans les petites bulles incluses dans les glaces polaires accumulées par strates depuis des millions d'années, donne une estimation de la température moyenne de la Terre et de ses variations depuis 900 000 ans.

Le résultat est clair : notre climat subit des variations non négligeables, à quelques degrés près, presque régulières sinon cycliques. Mais ce qui se passe depuis la seconde moitié du XXe siècle est d'une ampleur nouvelle et inhabituelle. Pour donner un ordre de grandeur, on compte aujourd'hui 395 ppm (parties par million) en suspension dans l'atmosphère, soit 40 % de plus qu'au milieu du XVIIIe siècle. Or, l'OCDE prévoit une hausse de moitié d'ici à 2050, pour atteindre 575 ppm, et le scénario *business as usual* du GIEC indique qu'au rythme actuel, nous atteindrons jusqu'à 900 ppm à la fin du siècle : à une hausse de 40 % en deux siècles et demi succéderait donc une explosion de plus de 120 % en cent ans. Chaque année, ce sont 50 milliards de tonnes d'équivalent-CO_2 d'origine humaine qui sont rejetées dans l'atmosphère – un chiffre qui progresse de 2 à 3 % par an… Sans compter les 12 milliards de tonnes d'origine naturelle qui viennent s'y ajouter.

Pour limiter à 450 ppm la concentration des gaz à effet de serre dans l'atmosphère d'ici à la fin du siècle, ce qui entraînerait

Concentration en CO2 de l'atmosphère depuis 800 000 ans

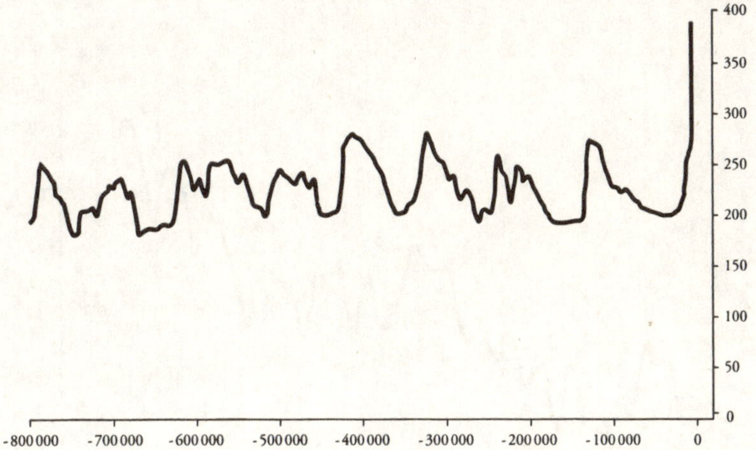

Sources : Forages glaciaires Epica Dome C, Vostok, Law Dome et Mauna Loa.

un réchauffement de deux degrés « seulement », il faudrait, d'après les experts du GIEC, réduire les émissions mondiales de 40 à 70 % d'ici 2050 et les ramener à un niveau « proche de zéro » d'ici à 2100. En sommes-nous capables ?

Plus du tiers des émissions de gaz à effet de serre (au dioxyde de carbone, CO_2, le plus connu, qui représente les trois quarts des émissions, s'ajoutent le méthane, CH_4, vingt-cinq fois plus nocif que le CO_2, le protoxyde d'azote, N_20, l'ozone, O_3, et d'autres types de gaz mineurs en volume) provient du secteur de l'énergie, suivi par l'agriculture, qui en concentre le quart, l'industrie (le cinquième) et le transport (14 %). Le GIEC a établi que les énergies fossiles et la conversion des terres sont à l'origine de l'augmentation mondiale des concentrations de dioxyde de carbone, tandis que celles de méthane et d'oxyde d'azote sont dues, principalement, à l'agriculture.

On le voit, seule une action concertée à l'échelle internationale et sur l'ensemble des secteurs productifs permettra de canaliser

ÉVOLUTION DE LA TEMPÉRATURE DE LA PLANÈTE
ENTRE 1880 ET 2010
(ÉCART PAR RAPPORT À LA MOYENNE 1951-1980 EN °C)

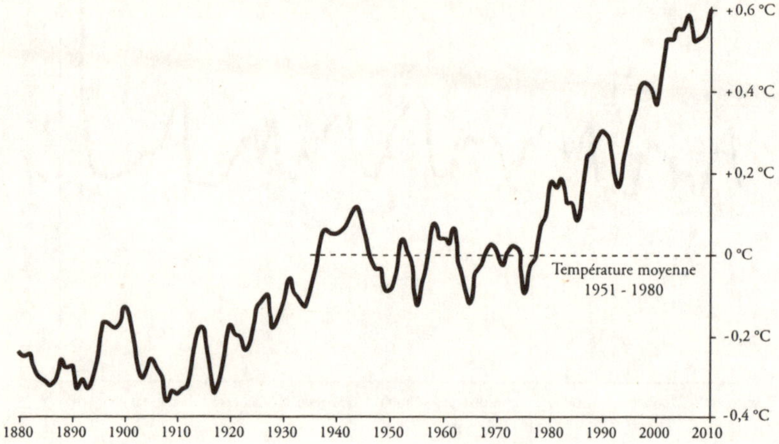

Source : Nasa.

ces rejets croissants à l'origine de dérèglements multiples. La clé de la réussite réside dans une transition énergétique rapide et intelligente, en substituant aux sources d'énergie « sales » (carbone) des énergies « propres », qui ne rejettent pas de dioxyde de carbone : si les énergies renouvelables sont bien entendu les plus intéressantes en la matière, elles ne suffiraient pas aujourd'hui, loin de là, à assurer un approvisionnement suffisant. L'énergie nucléaire apparaît donc comme un substitut nécessaire, malgré les autres problèmes qu'elle est susceptible d'engendrer.

Que faisons-nous de nos eaux[1] *?*

L'eau est abondamment présente sur la « planète bleue » – cela va de soi. « Il y a environ 1 385 millions de kilomètres cubes

1. http://www.un.org/fr/waterforlifedecade/themes/scarcity.shtml

d'eau sur Terre, nous explique Bill Bryson dans son excellent ouvrage de vulgarisation scientifique *Une Histoire de tout, ou presque...* [1], et nous n'en aurons jamais une goutte de plus. C'est un système fermé : on ne peut rien y ajouter ni rien en soustraire ». Or 97,5 % de toute cette eau est salée : mers et océans.

L'eau douce ne représente donc que 2,5 % du total. Plus de la moitié de ce volume est en outre glacé : Groenland, calotte antarctique, glaciers des montagnes, principalement de l'Himalaya. L'eau accessible facilement, c'est-à-dire contenue dans les rivières et les nappes souterraines, ne représente que 0,7 % environ du stock mondial. Cette quantité reste néanmoins suffisante pour couvrir les besoins humains : il n'y a pas de problème de pénurie d'eau douce dans l'absolu. L'enjeu devient cependant réel lorsqu'on observe l'explosion de la consommation (multipliée par 6 au cours du XXe siècle quand la population n'était que triplée [2]), son faible renouvellement, son inégale répartition spatiale et temporelle et l'inattention coupable avec laquelle nous la traitons – 90 % des eaux usées et 70 % des déchets industriels des pays développés sont déversés sans aucun traitement dans des cours d'eau !

L'eau douce ne coule pas de source

Plus de 1 milliard de personnes, 1,2 milliard pour être précis, vivent dans des zones où l'eau fait physiquement défaut. Et 1,5 milliard sont menacées de les rejoindre dans les décennies à venir. À ceux-là s'ajoutent 1,6 milliard de personnes ayant des difficultés d'accès à l'eau de nature non pas géologique mais économique, les infrastructures nécessaires pour utiliser celle des rivières et des nappes phréatiques ne leur étant pas accessibles. On parle donc, au total, de 3 milliards de personnes qui, aujourd'hui même, se voient confrontées à un grave problème. Dans dix ans, près des deux tiers de la population mondiale pourraient

1. Bill Bryson, *Une Histoire de tout, ou presque...*, traduit de l'anglais par Françoise Bouillon, Payot, 2007.

2. http://www.unicef.fr/userfiles/Eau.pdf

vivre dans des conditions de *stress hydrique*, c'est-à-dire dans une situation où la réserve d'eau douce de surface disponible serait inférieure au seuil d'alerte.

Tâchons d'avoir ces chiffres en tête, nous qui, dans l'aisance de notre mode de vie, pensons que l'accès à l'eau va de soi. C'est un point qui pourrait sembler marginal ; il est en fait fondamental. Comme l'a montré Esther Duflo, brillante économiste française du développement au MIT, le fait de n'avoir pas à se soucier de l'accès à l'eau, besoin primaire s'il en est, participe de la libération des esprits occidentaux : s'en remettant aux pouvoirs publics en la matière, les individus ne se préoccupent pas de cette question et se concentrent sur d'autres choses. Au contraire, dans les pays en développement, l'eau peut être une crainte de tous les instants, inhibant l'émancipation individuelle.

Consciente de l'urgence de la situation, l'ONU a érigé l'accès à l'eau au rang d'objectif du millénaire, avec en ligne de mire la réduction de moitié, entre 2000 et 2015, de la proportion de la population mondiale n'ayant pas un accès minimal à l'eau potable et à l'assainissement.

Deux cartes [1] montrent que, si l'objectif pourra être atteint à 90 % en ce qui concerne l'accès à l'eau potable, plusieurs États sont nettement en retard. Un problème de volonté politique ? De mobilisation des ressources nationales ? De financement ? On estime que 100 milliards de dollars par an seraient nécessaires pour apporter de l'eau – la base de la vie, rappelons-le – à chacun. C'est beaucoup, bien sûr, mais juste 10 % des dépenses militaires mondiales… Il faut surtout ne jamais oublier, alors que c'est très souvent omis, que l'accès à l'eau n'est réel et efficace que s'il est accompagné de son indispensable complément, l'assainissement, faute duquel la source elle-même est finalement vite polluée. Or celui-ci est beaucoup plus difficile à financer parce que moins noble et moins gratifiant pour les bailleurs de fonds. La deuxième carte le montre clairement.

1. Voir cartes « Objectif » en annexes, p. 416-417.

Des déséquilibres géopolitiques et sociaux potentiels

Insoutenable sur le plan humain, cette situation recèle de graves risques de déséquilibres géopolitiques : d'une part, certains pays peuvent se trouver dans une situation de « dépendance hydrique » vis-à-vis d'autres, sous réserve qu'ils aient les moyens économiques d'acheminer jusque chez eux une eau dont ils ne disposent pas par origine géologique. D'autre part, un tiers des frontières internationales sont des fleuves, et la même proportion de bassins hydrographiques, c'est-à-dire d'espaces qui alimentent un cours d'eau et sont drainés par lui, sont partagés entre plusieurs États [1]. Des tensions sur l'approvisionnement en eau, évidemment essentiel, pourraient vite dégénérer en conflits militaires régionaux, *a fortiori* quand, là encore, un pays se trouve dans une situation de dépendance. C'est déjà le cas de l'Égypte, dépendante à 97 %, l'essentiel des eaux du Nil venant d'Éthiopie et d'Ouganda. « Les guerres du prochain siècle seront pour l'eau », prophétisait d'ailleurs Ismaïl Serageldin, économiste égyptien qui fut vice-président de la Banque mondiale. Rappelons aussi que l'essentiel du Moyen-Orient, jusqu'à l'extrême ouest de l'Iran, dépend pour son eau potable du Tigre et de l'Euphrate ayant tous deux leur source en Turquie.

Problèmes sanitaire et géopolitique, donc, mais également crise sociale potentielle : comme je l'expliquerai au chapitre 8, l'effondrement de certaines sociétés a pu être provoqué, en partie, par de graves troubles écologiques – il semblerait notamment que l'origine de la disparition de la civilisation maya relève d'une pénurie d'eau provoquée par une sécheresse.

L'eau, facteur de production

Il faut bien avoir à l'esprit que l'utilisation domestique de l'eau ne représente en moyenne qu'un dixième de l'ensemble des eaux

1. Voir carte « Les principaux bassins versants du monde » en annexes, p. 414-415.

utilisées – beaucoup moins dans certaines régions en proie à d'intenses stress hydriques, légèrement plus dans les pays occidentaux. L'agriculture mobilise les deux tiers de l'eau consommée à travers la planète, et l'industrie un cinquième. En outre, seuls 10 % de la demande d'eau mondiale concernent la potable, précisément celle qui est la plus rare étant donné les traitements qu'elle nécessite. Il convient ainsi d'évoluer, progressivement, vers des circuits séparés, afin d'éviter des situations absurdes de consommation d'eau potable, traitée, rare et chère, pour des usages non alimentaires comme les toilettes ou l'arrosage !

En fait, c'est en amont de la chaîne de production que se fait la majeure partie de la dépense d'eau : si la consommation moyenne, dans les pays de l'OCDE, est de 120 litres par jour et par habitant, on estime qu'il faut jusqu'à 5 000 litres pour couvrir les besoins alimentaires quotidiens ! La production des biens industriels ou agricoles peut ainsi, parfois, s'avérer extrêmement gourmande : de 140 litres d'eau pour une tasse de café à 15 000 litres pour un kilo de bœuf [1] !

Le facteur qualité

Outre la question de la quantité d'eau se pose celle de sa qualité, qui vient donner une dimension d'autant plus dramatique et urgente au problème de l'approvisionnement. Selon l'Unicef, 7 millions de personnes décèdent chaque année de maladies liées à l'eau (choléra, typhoïde), parmi lesquelles 2 millions d'enfants de moins de 5 ans... Dans les pays en voie de développement, 80 % des maladies sont dues à de l'eau contaminée et à de mauvaises conditions sanitaires. C'est dire l'urgence du problème [2].

Or, notre mode de production actuel entraîne une pollution accrue des eaux. L'agriculture semble la première responsable : pesticides et engrais s'infiltrent dans le sol pour aller polluer

1. David Blanchon, Aurélie Boissière, *Atlas mondial de l'eau, De l'eau pour tous ?*, Autrement, 2009.

2. http://www.unicef.fr/userfiles/Eau.pdf

directement les nappes phréatiques. Les nitrates et les phosphates contenus dans les engrais y favorisent la prolifération de la végétation aquatique qui, en respirant ainsi qu'en se décomposant, consomme de l'oxygène et détruit des espèces animales, créant des « zones mortes » : c'est le phénomène d'eutrophisation. La salinisation est un autre fléau de l'agriculture irriguée : lorsque l'apport d'eau est trop massif et que le système de drainage n'est pas au point, le sol s'humidifie en profondeur et le sel remonte à la surface. À terme, cela rend les terres qui en sont victimes impropres à toute culture ; or cela concerne 8 % des surfaces irriguées dans le monde, près du quart dans certaines régions (Pakistan, Asie centrale). Aujourd'hui, on sait comment l'endiguer techniquement ; il n'y a que l'obstacle financier qui empêche les régions touchées de s'en prémunir. C'est d'ailleurs probablement ce phénomène qui a été à l'origine du déclin des premières civilisations agricoles de Mésopotamie. Comme quoi, de graves troubles écologiques peuvent être à l'origine d'un effondrement des sociétés humaines.

La mer à boire

Enfin, au-delà de ces questions liées à l'eau douce – que ce soit d'un point de vue quantitatif ou qualitatif – il convient de s'interroger sur le sort que nous réservons à nos mers et à nos océans. Leur niveau global augmente – nous verrons pourquoi et comment plus tard. Mais ce n'est pas le seul problème !

Rendons-nous compte : lors de l'année internationale de géophysique 1957-1958, les océanographes avaient affiché fièrement leur objectif d'étudier « l'usage des océans profonds pour le déversement des déchets radioactifs ». C'est dire la considération que nous leur portons… Pis, dès la fin de la Seconde Guerre mondiale, les États-Unis, l'Union Soviétique, la Chine et de nombreux pays européens ont commencé à jeter en mer des bidons de déchets – ceux-là même, explique Bill Bryson, qui rouillent derrière les stations d'essence ou devant les usines, sans aucune paroi de protection. Pour qu'ils sombrent plus vite vers les fonds marins, il arrivait même qu'ils soient criblés de balles – y faisant pénétrer l'eau, mais relâchant dans le même temps le plutonium, l'uranium et autres substances dangereuses dans lesquelles nous sommes désormais heureux de savoir que nous nous baignons allègrement.

Il faut raison garder : ces pratiques, bien qu'elles se soient poursuivies pendant près d'un demi-siècle, n'ont probablement pas souillé à tout jamais les océans, et dire que nous pataugeons dans ces produits chimiques serait abusif. Il n'empêche qu'il serait intéressant de savoir précisément l'impact qu'ont eu ces opérations sur la faune et la flore sous-marines ; malheureusement, il semblerait qu'aucune étude permettant de le découvrir n'ait été conduite.

Une empreinte écologique démesurée

Comme en témoigne, s'il en était encore besoin, la façon dont nous usons et abusons de la ressource première qu'est l'eau douce, notre mode de vie contemporain n'est pas *durable*, c'est-à-dire qu'il ne respecte pas le critère établi en 1987 dans le rapport Brundtland (et reconnu par la communauté internationale depuis) d'un développement qui « réponde aux besoins des générations du présent sans compromettre la capacité des générations futures à répondre aux leurs ». Aujourd'hui, notre empreinte écologique – mesurée comme l'impact des activités humaines sur la biosphère en hectares de terres productives et d'espaces marins nécessaires pour fournir à chacun les ressources biologiques qu'il consomme et absorber les rejets de son activité – ne cesse de croître : nous « consommons » 2,7 hectares de terre par personne quand la planète ne nous offre que 1,8 hectare. C'est 50 % de plus ; c'est 50 % de trop !

Si le découplage entre production et empreinte écologique a déjà été amorcé grâce à de légers efforts en la matière – ainsi le PIB mondial a-t-il été multiplié par quatre ces quarante dernières années alors que l'empreinte écologique n'a été multipliée « que » par trois, selon l'OCDE –, cette dernière continue de croître : elle devrait doubler d'ici à 2050, d'après les prévisions du Programme des Nations unies pour l'environnement et de WWF. Il faudrait alors trois planètes Terre pour répondre à la demande globale. La *biocapacité mondiale* ne suffit plus à répondre aux besoins (mais sont-ce réellement des « besoins » ?) humains, et ce depuis le milieu des années 1980. Sombre constat, tristes prévisions...

Il va sans dire que l'empreinte écologique révèle d'énormes disparités à travers le globe : un Américain « utilise », en moyenne, 9,5 hectares, soit cinq fois plus que ce que la Terre a à offrir, quand un Indien n'en consomme que 0,9 – onze fois moins que son *alter ego* théorique américain. Quant à nous, Français, nous consommons 5,2 hectares par personne, soit, tout de même, près de trois fois plus que ce que la planète nous offre, au-delà de la moyenne européenne de 4,8 hectares par habitant.

Loin d'un développement *durable*, nous vivons actuellement sur notre capital, la nature : nous transformons les ressources en déchets à un rythme bien supérieur à celui que la biosphère met pour transformer les déchets en ressources nouvelles.

Déchets comme s'il en pleuvait !

Chaque Européen consomme, en moyenne, 16 tonnes de matériaux par an, dont 6 deviennent des déchets – la moitié finissant en décharge, c'est-à-dire au degré zéro de la « hiérarchie des déchets » telle qu'établie par l'Union européenne. Au sommet de cette pyramide, il y a la prévention des déchets – éviter, tout simplement, d'en produire. Viennent ensuite leur préparation en vue d'un réemploi, leur recyclage, leur valorisation énergétique et, enfin, leur élimination en décharge sans valorisation. L'idée est simple : il faut considérer, et se donner les moyens intellectuels et logistiques de la mettre en œuvre, que les déchets d'aujourd'hui sont une ressource de demain, et que les déchets d'un endroit peuvent être une opportunité pour un autre, en servant par exemple de source énergétique ou de facteur de production.

En France, les données dont nous disposons pour 2008 montrent que les ménages ne sont, en fait, responsables que de moins du dixième des déchets produits, soit 472 kilogrammes annuels par habitant, le reste étant produit par les activités économiques, au premier rang desquelles la construction, qui concentre, à elle seule, près des trois quarts des déchets français [1].

Que faire de ces déchets, massifs, lorsqu'ils ne sont pas traités, *a fortiori* lorsque l'on sait que pour l'ensemble de l'Union européenne 100 millions de tonnes annuelles sont considérées comme « à risque » car contenant des métaux lourds et autres toxines ? Que faire, lorsque l'on considère que le rattrapage des pays en voie de développement et le mouvement d'urbanisation risquent, selon l'OCDE, d'entraîner un triplement du volume des déchets d'ici à 2030 ? Que faire des déchets nucléaires ? Si cette source d'énergie est plus vertueuse que d'autres en ce qu'elle émet considérablement moins de gaz à effet de serre que le charbon, par exemple, la question du stockage des déchets produits n'est pas sans poser problème... Et les rejeter dans les bas-fonds marins n'est vraisemblablement pas une solution envisageable !

L'Union européenne a beau avoir fixé comme objectif 50 % de déchets recyclés à horizon 2020, nous en sommes encore loin : si l'Allemagne, la Suisse ou la Belgique font figure de bons élèves avec autour de 60 % de recyclage, l'Espagne, l'Italie et nous n'en recyclons que le tiers. D'autres, encore, n'ont même pas mis en place ce genre de système : Roumanie et Bulgarie laissent respectivement 94 % et... 99 % de leurs déchets aller mourir en décharge. Encore ces données doivent-elles être relativisées par le manque de statistiques harmonisées d'un pays à l'autre – ce qui est, convenons-en, assez peu pratique pour évaluer la mise en œuvre d'une politique communautaire...

---

1. http://www.developpement-durable.gouv.fr/Chiffres-cles,399.html

Quoi qu'il en soit, les ravages de la croissance effrénée et du consumérisme aveugle déjà décrits entraînent une augmentation de la production de déchets qu'il faut apprendre à juguler pour éviter qu'ils ne finissent en décharge. Forme la plus ancienne mais également la plus néfaste de traitement, l'enfouissement entraîne d'importants rejets de méthane, dont nous avons vu plus tôt l'extrême nocivité... sans parler de l'écoulement de liquides hautement toxiques nés de la décomposition, qui contaminent les sols ainsi que l'eau souterraine et de surface, mettant en danger la santé publique et l'environnement. Ces liquides ne sont pas qu'un petit résidu qui coule modestement des produits en décomposition : un site d'enfouissement moyen peut en produire jusqu'à 150 m^3 par jour, soit la quantité d'eau douce consommée par un foyer moyen... en un an ! En outre, une trop forte concentration de gaz dans la terre risque de provoquer des explosions. Pourtant, ce méthane si craint pourrait, pour un site d'enfouissement municipal moyen, être converti en énergie et produire une électricité capable d'approvisionner 20 000 foyers pendant une année.

Tout l'enjeu est donc de passer, *a minima*, du dernier niveau de la hiérarchie des déchets – la mise en décharge – à celui supérieur de leur valorisation énergétique. Laquelle a d'ailleurs plus que doublé dans l'Union européenne depuis 1995 [1] – voilà, enfin, un domaine où nous allons dans le bon sens !

En haut de la hiérarchie, la prévention est un autre axe extrêmement important. Il suffit de réfléchir à la quantité démentielle d'emballages dont sont entourés les produits du quotidien, ceux que nous achetons au supermarché par exemple, pour se rendre compte de l'absurdité de la situation ! Certaines études ont montré que cet emballage, directement destiné à être jeté, pouvait représenter 80 % du poids du produit fini, et jusqu'à 65 % de sa valeur ! Le coût de gestion des emballages devenus déchets serait de 1,88 milliard d'euros par an. Qu'en serait-il si nous privilégiions les fruits au détail plutôt que préemballés, si nous

1. Waste Brochure, European Commission, p. 8.

buvions l'eau du robinet plutôt que d'acheter des bouteilles en plastique ; quoique leur poids ait diminué ces dernières années, à l'image de la tendance globale à la baisse avec une décrue de 10 % de la production d'emballage malgré l'augmentation de la consommation [1]. Les industriels auraient-ils compris la nécessité de réduire leur emballage ? Tout le monde y gagne : cela leur coûte moins cher à produire, une ristourne qu'ils peuvent (soyons fous !) répercuter en partie au consommateur final… et la planète s'en sort légèrement allégée !

Une étude menée en 2012 montrait que si l'ensemble de la législation communautaire sur les déchets était appliqué, l'Union européenne pourrait économiser jusqu'à 72 milliards d'euros par an. Parallèlement, le chiffre d'affaires du secteur du recyclage et de la gestion des déchets augmenterait de 42 milliards d'euros, entraînant la création de 400 000 emplois à horizon 2020. On le voit, la gestion des déchets est un sujet environnemental majeur où, comme souvent, un changement de cap radical permettrait de donner un grand bol d'air à la planète tout en étant porteur d'une croissance durable. Quand le social et l'écologie, le rouge et le vert, se conjuguent, il est du devoir de chacun, gouvernants et citoyens, d'œuvrer en faveur du changement.

Nous déréglons les équilibres de la nature au péril de nombreuses formes de vie… dont la nôtre !

On l'a vu, le développement économique s'est fait au détriment de l'environnement : le rejet de gaz nocifs vis-à-vis de la couche d'ozone ou en matière d'effet de serre, l'innocence coupable avec laquelle nous traitons cette précieuse ressource qu'est l'eau et la façon dont nous consommons sans faire l'effort intellectuel, d'abord, logistique, ensuite, de penser le déchet comme une ressource, nous ont conduits à utiliser beaucoup plus de

1. http://www.novethic.fr/empreinte-terre/dechets/isr-rse/des-emballages-trop-envahissants-118092.html

ressources que ce que la planète a à nous offrir, comme en témoigne une empreinte écologique qui laisse présager d'une catastrophe écologique.

Nous déréglons ainsi, progressivement mais de plus en plus rapidement, les subtils équilibres naturels : en conséquence, la planète se réchauffe, la biodiversité se tarit et les espaces vivables se voient rongés par la hausse du niveau des eaux comme par la progression des déserts. Nous allons dans le mur !

Ça chauffe, ça brûle…

Les données scientifiques en matière de pollution sont tout à fait préoccupantes – et pourtant bien peu semblent s'inquiéter réellement, ou du moins les discours alarmistes de beaucoup peinent à se convertir en actes tant l'effort qu'il serait nécessaire de déployer paraît décourageant. Ce n'est pas vrai, pourtant : il est probablement encore possible de réussir à changer le cours des choses sans sacrifices exubérants, à travers, simplement, des actions coordonnées et réfléchies susceptibles de permettre, en outre, de vivre mieux.

Dans le scénario *business as usual* esquissé par les experts du GIEC, c'est-à-dire ce qu'il se passerait si les évolutions actuelles se poursuivaient sans la moindre inflexion, les émissions de gaz à effet de serre doubleraient d'ici à 2050, entraînant une hausse des températures globales au XXIe siècle de 5 degrés, une croissance aussi radicale que dramatique. Les différents scénarios envisagés, eux, prévoient une augmentation de la température jusqu'à 4 degrés d'ici à la fin du siècle. Mais même le scénario le plus optimiste, celui qui correspond aux objectifs de la conférence de Copenhague sur le climat de 2009, prévoit un réchauffement de 1 degré sur la période – au prix d'un effort conséquent d'atténuation, c'est-à-dire de politiques actives en faveur de la réduction des émissions de gaz à effets de serre et, donc, par extension, de limitation de l'impact des activités humaines sur le climat. Il faut dire que les excès d'aujourd'hui sont voués à être payés par les générations futures au nom de l'inertie atmosphérique, en vertu de laquelle la température augmenterait même si toutes les émissions étaient arrêtées d'un coup de baguette magique, du jour au lendemain, à cause de la longévité de la nocivité des polluants déjà émis. Pauvres enfants…

Le réchauffement climatique peut paraître modéré : quelques degrés de plus, en somme, ce n'est pas bien grave, rien qui puisse mettre à mal notre bien-être, rien qui puisse nous engager à changer de mode de vie, avec son cortège d'efforts. Un raisonnement trop simpliste, évidemment : contrairement à notre corps, qui supporterait sans peine ces degrés supplémentaires, l'environnement serait, lui, victime de nombreux dérèglements, dont certains ont commencé à se manifester dès aujourd'hui et créent une sorte de cercle vicieux, les uns provoquant les autres dans un effet d'entraînement irrépressible et dangereux.

Peter Cox, de l'Office britannique de météorologie, évoque « un seuil critique où la biosphère naturelle cesse de faire tampon à nos émissions et se met à les amplifier » : multiplication des gaz à effet de serre et réchauffement de la planète s'autoalimentent alors dans une symbiose destructrice à travers des phénomènes scientifiques clairement identifiés.

À savoir : dégradation du cycle de carbone : forêts et océans, qui absorbent la moitié des émissions de gaz à effet de serre, ne remplissent plus leur rôle de régulateur naturel correctement ;

À savoir : fonte des glaces arctiques qui, pour sa partie faite d'eau douce (Groenland, calotte antarctique), contribue à la hausse du niveau des eaux océaniques ;

À savoir : dégel du pergélisol qui libérera dans l'atmosphère le méthane qui se cachait dessous, extrêmement nocif pour l'environnement. Cette couche de terre glacée qui couvrirait jusqu'au quart de l'hémisphère Nord contient 1 700 gigatonnes de dioxyde de carbone, soit le double de la quantité déjà présente dans l'atmosphère ! L'augmentation de la température terrestre pourrait être à l'origine de sa fonte, laquelle entraînerait la libération de ces gaz destructeurs, amplifiant encore le phénomène…

La biodiversité sans diversité

Ainsi, 2 degrés de réchauffement suffiraient pour menacer 20 à 30 % de la faune et de la flore, et 3,5 degrés risqueraient de mettre en péril jusqu'à 70 % de celle-ci, tant la vitesse du changement prendrait de court les espèces, incapables de s'adapter. En termes de biodiversité, la perte pourrait donc s'avérer considérable ! Des économistes comme John Krutilla et Pavan Suchdev ont estimé la valeur des services économiques rendus par la biodiversité (purification de l'eau, stabilisation et modération du climat, régulation des inondations et des sécheresses, pollinisation, etc.) – on connaît la folle propension des économistes à tout ramener au plus petit dénominateur commun que nous décortiquions précédemment, l'argent – à 33 000 milliards de dollars annuels, soit près de la moitié du produit intérieur brut mondial.

« Qu'est-ce qui garde le monde stable et frais ? C'est la vie », écrit Bill Bryson. La biodiversité constitue une sorte de police d'assurance tant pour la planète, permettant de l'adapter à un choc environnemental majeur, que pour notre santé, en constituant un réservoir conséquent de gènes qui pourraient faciliter la découverte de remèdes aux maladies frappant l'homme – les deux tiers des médicaments actuels proviennent, directement ou non, de plantes. La perdre, c'est donc se priver d'un des biens publics mondiaux les plus précieux.

Or, le rythme d'extinction actuel est plus soutenu que jamais : l'Union internationale pour la conservation de la nature estime que plus de 20 000 espèces sont menacées à brève échéance, dont un cinquième dans les décennies à venir. Pourtant, dans ce domaine comme dans tant d'autres, les actes ne suivent pas suffisamment les paroles de prise de conscience et de volonté de changement prononcées par les responsables politiques. En France, plus de cinquante plans nationaux de sauvegarde d'espèces ont été décidés en 1996, mais moins d'une vingtaine ont été mis en œuvre plus de quinze ans après…

En outre, le rejet massif de CO_2 dans l'atmosphère s'avère particulièrement destructeur pour les eaux, qui en absorbent entre le quart et le tiers [1]. Résultat : une acidification croissante des océans. C'est *l'autre problème du* CO_2 : depuis le début de l'ère industrielle, l'acidité a augmenté de 30 % mais, au rythme où vont les choses actuellement, elle pourrait tripler d'ici à la fin du siècle – une vitesse cent fois plus rapide que les évolutions naturelles des 300 derniers millions d'années [2] !

Trop acide, l'eau devient corrosive pour les matières calcaires à partir desquelles sont formées les coquilles de nombreuses espèces animales sous-marines, déstabilisant les équilibres naturels : ainsi les coraux risquent d'en être victimes, détruisant leurs écosystèmes – donc les espèces qui en dépendent. À la clé, une diminution de la biodiversité marine et la disparition d'espèces dont certaines jouent un rôle de filtrage de la qualité de l'eau, ce qui entraîne une dégradation de celle-ci.

On pourrait également évoquer le rythme effréné des pêches actuelles, qui participent de la mise à mal de cette biodiversité marine. Pourtant, le quart des prises ramenées par les filets est constitué de prises indésirables, à tel point qu'un observateur pouvait affirmer à *The Economist* : « Nous en sommes encore au Moyen Âge. Nous jetons un filet et voyons ce qu'il nous ramène. » Pour chaque kilo de crevettes pêché, explique Bill Bryson, on détruit 4 kilos de poissons et autres créatures marines ; au total, ce sont 22 millions de tonnes de poissons qui sont rejetées à la mer chaque année… essentiellement sous forme de cadavres.

Pendant ce temps-là, les eaux montent et la désertification ronge les terres

Dans le cortège de conséquences dramatiques du réchauffement climatique, je viens de citer la fonte des glaces. Il faut garder à l'esprit l'élévation conséquente du niveau des océans qu'elle pourrait créer, de 26 à 98 centimètres d'ici à la fin du

1. http://www.dfo-mpo.gc.ca/science/oceanography-oceanographie/impacts/acidification-fra.html

2. http://institut-ocean.org/images/articles/documents/1375452806.pdf

siècle selon le GIEC. Pis, l'inertie thermique des océans, beaucoup plus importante encore que celle de l'atmosphère, laisse présager des augmentations de niveau certes lentes, mais extrêmement importantes dans les siècles à venir du fait de la pollution que nous créons aujourd'hui même ! La fonte des glaces n'est en effet que l'un des facteurs d'augmentation du niveau de la mer, la dilatation thermique en étant un autre qui représenterait le tiers de l'élévation totale du niveau des océans : l'eau chaude occupe un volume plus important, et l'accroissement de la température entraîne donc une augmentation du volume – donc du niveau – de la mer. Même en cas de stabilisation des émissions, c'est-à-dire si nous parvenions à arrêter les nouvelles émissions de gaz à effets de serre d'un coup, la dilatation se poursuivrait pendant plusieurs siècles, provoquant une élévation du niveau de la mer de plusieurs mètres.

Si les émissions de CO_2 en 2050 sont 10 à 60 % plus élevées qu'elles l'étaient en l'an 2000, le GIEC estime qu'à terme, « à l'équilibre » (mais est-ce bien vraiment une situation d'équilibre que nous connaîtrions ?), la température augmenterait de 3,2 à 4 degrés et le niveau de la mer jusqu'à 2,4 mètres. Et ce n'est là qu'un scénario médian… Pour ce qui est du seul XXIe siècle, le GIEC prévoit, dans un rapport publié à la fin de l'année 2013, une augmentation du niveau des océans de 26 à 98 centimètres, quand la prévision du rapport de 2007 était de 18 à 59 centimètres. La route empruntée n'est donc pas la bonne, visiblement…

100 millions de personnes à travers la planète vivent, aujourd'hui, à moins d'un mètre au-dessus du niveau de la mer : le statut de réfugié écologique deviendra-t-il la norme ? Évidemment pas prévue dans la convention de Genève de 1951 relative au statut des réfugiés, rédigée à une époque où les considérations environnementales n'étaient en rien une préoccupation, la notion a été définie par l'Organisation internationale des migrations depuis. Ainsi, « on appelle migrants environnementaux les personnes ou groupes de personnes qui, essentiellement pour des raisons liées à un changement environnemental soudain ou

progressif influant négativement sur leur vie ou leurs conditions de vie, sont contraintes de quitter leur foyer ou le quittent de leur propre initiative, temporairement ou définitivement, et qui, de ce fait, se déplacent à l'intérieur de leur pays ou en sortent. » Alors qu'on estime leur nombre entre 20 et 50 millions actuellement – souvent déplacés dans leur propre pays étant donné le vide juridique qui entoure la notion –, ils pourraient être jusqu'à 150 millions en 2050 d'après le GIEC, victimes de la désertification (autour du désert de Gobi, en Chine, par exemple), de la montée des eaux (submersion d'archipels dans le Pacifique, menaces dans des métropoles sur le littoral), de la fonte du pergélisol dans le nord du Canada ou en Sibérie, etc. D'où l'urgence non seulement d'agir pour atténuer les effets du changement climatique, mais également d'agir pour s'y adapter – entre autres à travers un arsenal juridique prenant en compte les réalités nouvelles que nous devrons affronter !

Fonte des glaces et augmentation du niveau des océans, donc, menacent d'autant plus les populations littorales qu'un phénomène d'affaissement des sols a été constaté, dans plusieurs mégalopoles asiatiques notamment. À Shanghai, 23 millions d'habitants aujourd'hui, le niveau de la mer pourrait monter, par l'effet conjugué des différents facteurs évoqués, de plus de 4 mètres d'ici à la fin du siècle, la moitié de la ville s'exposant alors à des risques d'inondation. Des scientifiques ont montré que ce phénomène pourrait entraîner des dommages estimés à 1 000 milliards de dollars annuels dans les 136 plus grandes villes côtières au monde – sans compter les tragédies humaines…

Qu'on se le dise : ces drames humains risquent d'être nombreux si l'on n'infléchit pas nos mentalités et nos pratiques aussi rapidement que fortement, du fait tant de la hausse du niveau de la mer que des nombreuses autres conséquences du dérèglement climatique en train d'affecter la planète. La pluviosité, certes accrue mais mal répartie, sera à l'origine d'une sécheresse supérieure des zones semi-arides, entraînant, en sus de la diminution de biodiversité précédemment évoquée, un recul des terres arables donc une baisse des récoltes et, par extension, un phénomène de malnutrition – sans compter les dangers sanitaires liés au manque d'eau croissant.

Bien au-delà de Gobi, en Chine, la désertification est une menace sérieuse et répandue qui plane sur l'Homme : les zones sèches, caractérisées par des pénuries d'eau limitant les bienfaits que les hommes peuvent tirer localement de l'écosystème, occupent plus de 40 % de la surface de la planète, abritant plus de 2 milliards d'êtres humains. Déjà fragiles, les variations climatiques et les activités humaines (mais les premières sont la conséquence des secondes) les dégradent plus encore, risquant de mettre à mal leur productivité biologique ou économique. L'Institut des ressources mondiales, dans un rapport de 2005, définit la désertification comme « le résultat d'une incapacité prolongée à équilibrer l'offre et la demande en services des écosystèmes dans les zones sèches ». Dès 1977, une conférence internationale avait été organisée à Nairobi pour mettre en place un plan d'action contre ce phénomène rampant, qui avait alors été défini comme « l'accentuation ou l'extension des conditions caractéristiques des déserts » entraînant « une diminution de la productivité biologique et partant, une réduction de la biomasse végétale, de la capacité utile des terres pour l'élevage, des rendements agricoles et une dégradation des conditions de vie pour l'homme ».

Et pourtant, les tentatives successives pour résoudre ces problèmes ont échoué

Malgré l'urgence et l'acuité des menaces qui pèsent sur nous, malgré les comportements irresponsables que nous continuons d'avoir, les responsables politiques internationaux ne sont toujours pas parvenus à mettre en œuvre des changements radicaux et ambitieux pour se remettre dans la voie du sauvetage de la planète et de ses équilibres. Comme on l'a vu, deux stratégies sont envisageables : l'adaptation aux changements climatiques afin de préparer l'homme et, dans la mesure du possible, l'environnement aux bouleversements qui l'attendent (en parant à la montée des eaux, par exemple) ou l'atténuation des effets du changement climatique, en agissant à la source, c'est-à-dire en se mobilisant pour réduire les pollutions créées par nos modes de vie. L'urgence environnementale semble être le défi idoine pour activer des mécanismes de coopération internationale : y a-t-il un enjeu qui, plus que celui-ci, concerne l'ensemble de l'humanité ? C'est de sa survie dont il s'agit ! Pourtant, la communauté internationale n'a jusqu'à aujourd'hui guère souvent été à la hauteur de ses responsabilités. Qu'à cela ne tienne : sur le plan interne des États, à l'échelle nationale, les responsables politiques auraient pu compenser l'inaction internationale en portant à bout de bras des projets courageux et ambitieux. Las !

Conférences, vaines conférences…

L'impérieuse nécessité de limiter les émissions de gaz à effet de serre est claire et relativement partagée par la communauté internationale depuis plusieurs décennies. Pourquoi, alors, les conférences successives sur le climat se soldent-elles par des échecs systématiques – exception faite de Kyoto en 1997 qui, soyons généreux, n'était qu'un semi-échec… ?

Le problème, c'est qu'entre la reconnaissance de la nécessité de réduire les émissions pour sauver la planète et la reconnaissance d'une responsabilité pour ce faire, il y a un fossé, majeur : celui de l'engagement et de l'action. D'un côté, les pays en voie de développement refusent de prendre la responsabilité de dérèglements climatiques causés par le développement irréfléchi des pays occidentaux, de l'autre. De deux choses l'une : d'une part, ils ne consentent pas à se faire mettre des bâtons dans les roues de leur développement économique par des pays qui, eux-mêmes, se sont bien gardés de s'imposer des contraintes environnementales pour parvenir au niveau de développement devenu le leur aujourd'hui ; d'autre part, ils réfutent l'idée que le fardeau des erreurs passées, en ce qu'il menace chacun d'entre nous, doit être porté par l'ensemble de la communauté internationale.

Cette attitude, aussi dangereuse soit-elle, n'est après tout pas difficile à comprendre, et la logique néocolonialiste que peuvent ressentir certains de ces pays est tout sauf absurde. Aux États occidentaux revient donc la responsabilité de montrer la voie : c'est nous qui, aujourd'hui, sommes à même de financer cette transition vers des modèles de développement plus vertueux.

D'une part, nous devons donc nous montrer exemplaires en la matière chez nous – comment, sinon, prétendre l'imposer ailleurs ?

D'autre part, nous devons concentrer nos efforts de recherche vers ce but commun – sauver l'humanité en trouvant, rapidement, des façons d'échapper au péril qui menace.

Enfin, nous devons assumer la responsabilité financière et humaine de cette transition partout à travers la planète. Encore une fois, des comportements vertueux dans quelques régions du monde ne suffiront pas à résoudre le problème – *a fortiori* si les géants économiques d'aujourd'hui ou de demain ne participent pas à l'effort commun. À nous d'aider la Chine et l'Inde à orienter leur développement afin que virtuosité environnementale se combine avec développement économique (et, éventuellement, avec justice sociale, mais nous entrons là dans un autre débat dont la nature néocolonialiste, encore une fois, avec son cortège d'ingérences, n'est pas absente). Mais quelle légitimité aurions-nous à le faire si nous n'adoptons pas d'abord chez nous un comportement exemplaire en la matière ?

Des mesures politiques à la portée limitée par les politiques eux-mêmes

Bien sûr, tant à l'échelle internationale que sur le plan interne, les efforts en matière environnementale sont compliqués à faire accepter étant donné l'échelle temporelle : il faut faire comprendre aux citoyens qu'ils doivent impérativement entreprendre des efforts *aujourd'hui* pour assurer la qualité de vie de ceux qui leur succéderont *demain*, voire *après-demain*. On pourrait penser que la pédagogie sur l'air de « on n'hérite pas de la terre de ses parents, on l'emprunte à ses enfants » fonctionnerait, mais les échecs successifs des vingt-cinq dernières années sont visiblement la preuve que non. La faute à l'égoïsme des citoyens ?

C'est plus compliqué que cela, bien entendu. D'aucuns diraient même que c'est le vice de la démocratie que de n'être pas le régime le plus à même de prendre en compte la dimension du long terme. Tous les cinq, six ans, les citoyens votent et peuvent sanctionner les responsables politiques en place : la tentation est grande, alors, de minimiser les effets négatifs que peuvent avoir sur leur vie quotidienne des mesures pourtant nécessaires en matière de développement durable.

Je ne m'inscrirai jamais au rang des contempteurs de la démocratie. Je crois profondément que des responsables politiques avisés, courageux, intelligents et créatifs (nous en avons, nous en avons eu et nous en aurons d'autres) sont capables d'expliquer aux citoyens pourquoi des sacrifices sont nécessaires et de les mettre en œuvre de la façon la moins douloureuse possible, dans un souci permanent de justice et d'efficacité, pour que notre génération ne soit pas celle qui se soit dérobée à sa responsabilité historique.

En attendant, aujourd'hui, les occasions passent et ne sont pas concrétisées : de Grenelle en big-bangs, de promesses en incantations, les mots ne manquent pas mais les actes peinent à suivre. Dernièrement, la taxe carbone a été réduite comme peau de chagrin, l'empêchant de jouer son rôle désincitatif comme elle le devrait, et l'écotaxe a été repoussée aux calendes grecques et même supprimée pour s'assurer de ne mécontenter personne. S'il est probablement possible d'administrer un pays ainsi, est-il possible de le gouverner ?

Cri d'alarme

De manière étonnante, si ce n'est inquiétante, les experts du GIEC, dans leur dernier rapport, font pour la première fois appel à la géo-ingénierie, qui serait une sorte de troisième stratégie en sus des plus traditionnellement évoquées, adaptation et atténuation. La géo-ingénierie, c'est la possibilité de résoudre les immenses menaces qui pèsent sur l'humanité en matière écologique au travers non pas d'un changement radical de nos modes de vie, de faire et de penser, mais par les innovations techniques et technologiques : captage et stockage du carbone, qui pourrait passer par la fertilisation des océans afin de développer des algues capables de stocker des quantités importantes de CO_2 ; pulvérisation de soufre dans l'atmosphère afin de réduire l'éclairement de la Terre ; mise sur orbite d'écrans susceptibles d'atténuer ou de réfléchir certains rayons du Soleil.

Peut-être la science nous sauvera-t-elle : pour autant, cet infime espoir ne doit pas nous encourager à faire l'économie d'une profonde réflexion – devant déboucher sur une action résolue – en matière de changement de mode de vie. Bien sûr, les actes individuels peuvent paraître infimes et inutiles, dérisoires face à l'ampleur du problème – et face à l'évolution globale de celui-ci, que l'on ne tend pas à résoudre, bien au contraire. Pour autant, il convient de ne jamais oublier la somme des actes individuels pouvant, cumulés, changer le monde avec beaucoup plus de certitudes qu'une découverte scientifique incertaine qui donnerait lieu à une révolution technique majeure. D'ailleurs, si les experts du GIEC commencent à se reposer sur d'éventuels progrès scientifiques afin de conjurer notre inexorable course vers le gouffre, n'est-ce pas, précisément, parce qu'ils commencent à sérieusement douter de la capacité, du moins de la volonté, des peuples et de leurs gouvernants à changer de mode de vie en vue de sauver le monde ?

Chapitre 6

Disqualification d'une science : l'économie Déshonneur d'une profession : la banque

On l'a vu : les chercheurs et les institutions économiques ont été globalement incapables de prévoir la crise majeure qui se profilait. Comme Paul Krugman le notait dans un article publié en 2009 qui retrace, en quelques pages, les grandes lignes de l'histoire de la pensée économique occidentale, la majorité des économistes, toutes écoles confondues, affirmait, tel le Pangloss de Candide, que « tout allait pour le mieux dans le meilleur des mondes possibles ». C'est Olivier Blanchard, économiste du MIT devenu aujourd'hui économiste en chef du Fonds monétaire international, qui déclare en 2008 que « l'état de la macroéconomie est bon » ; c'est Robert Lucas, de l'université de Chicago, qui affirme en 2003 que « le problème central de la prévention des dépressions économiques a été résolu », ou Ben Bernanke, le futur président de la Federal Reserve qui, l'année suivante, célèbre la *Grande Modération*, cette période de stabilité relative – du moins de réduction de la volatilité économique – qui courrait depuis le milieu des années 1980 et qu'il attribuait à l'amélioration des politiques économiques. D'ailleurs, Nicolas Sarkozy lui-même, loin d'être un économiste mais tout de même responsable politique de premier plan tout au long des années 2000, ne vantait-il pas, lorsqu'il était ministre de l'Économie et des Finances, les mérites de la titrisation et des techniques de financement immobilier américaines avant de promettre, durant la campagne présidentielle, de changer les règles prudentielles des banques françaises ?

Des avertissements trop rares… et trop ignorés

Bien sûr, quelques responsables avisés avaient mis en garde contre les risques économiques et financiers croissants, comme Nouriel Roubini ou Raghuram Rajan. D'une façon générale, néanmoins, les économistes étaient aveuglés par un optimisme béat. « Le mot de "bulle" me rend fou », affirmait ainsi Eugene Fama en… 2007, l'année même de son explosion !, avant d'expliquer que les acheteurs, étant donné l'importance de l'investissement, ne manquaient pas de réfléchir sérieusement et de comparer attentivement les prix. C'est ce que Larry Summers appelle la parabole du ketchup : tant qu'une bouteille d'un litre de ketchup se vend exactement deux fois plus cher qu'une bouteille d'un demi-litre, alors les économistes affirment que le marché du ketchup est efficient… sans jamais se poser la question de savoir si le prix des biens en question est cohérent par rapport aux fondamentaux économiques réels – les revenus, par exemple. Le dérèglement du marché immobilier ne peut s'analyser qu'à travers cette parabole : certes, Eugene Fama pouvait dire qu'il n'y avait pas de bulle tant les prix étaient relativement cohérents – c'est-à-dire les uns par rapport aux autres. Pour autant, peut-on nier l'existence d'une bulle quand on prend un minimum de recul afin d'analyser les prix que l'immobilier avait atteints par rapport aux autres fondamentaux économiques et sociaux ? On ne peut analyser un marché dans un vase clos !

Faillite d'une science humaine qui s'est rêvée science dure

L'économie a donc, d'une certaine façon, failli. Pour autant, comme le souligne ironiquement Alain Minc, « Il pleut :

l'astrophysique ne fait pas figure d'accusée ; une explosion survient-elle, on incrimine la maladresse humaine, non le tableau de Mendeleïev ; une révolution se produit-elle, la sociologie n'est pas mise en accusation. » Certes. Mais l'astrophysique, d'un côté, « science dure » aux vérités absolues… jusqu'à ce qu'elles soient démontées par d'autres !, fondée sur une analyse rationnelle et scientifique, ne prétend pas gouverner ; la sociologie, de l'autre, science humaine à défaut d'être une « science molle », ne prétend pas faire dériver de ses analyses des lois objectives, rationnelles et vraies, mais uniquement des tendances, des observations, des tentatives d'expliquer les comportements des groupes sociaux. Elle ne se targue donc pas du même caractère scientifique que la première. L'économie, si.

Il y a donc un problème particulier de l'économie, une situation qui lui est propre, et qui découle de la conjonction entre l'influence extrême qu'elle a su prendre sur l'autorité politique et l'erreur majeure de prescription et de pronostic qu'elle a commise en ne voyant venir ni n'annonçant aucune des grandes catastrophes ayant frappé le monde depuis la Seconde Guerre mondiale : pérennité d'un chômage et d'une précarité du travail aussi massifs l'un que l'autre, chaos monétaire engendrant des crises financières majeures tous les cinq ou six ans, dégradation profonde et sous des formes multiples de la niche écologique qui, depuis des millénaires et jusqu'ici, protégeait la vie, y compris la nôtre à nous les humains.

En fait il ne s'agit pas ici de la pensée économique en général, et certainement pas de la totalité des formes qu'elle a prises au cours de l'histoire.

Les rapports des hommes avec la matière, les moyens qu'ils emploient pour en tirer la pérennité de leur vie et des formes d'organisation qu'ils lui ont données ont connu, au cours de la dizaine de milliers d'années que compte l'humanité, une histoire immense, diverse, contradictoire et d'une extrême complexité. Le nom d'économie qualifie les travaux de tous ceux, innombrables, qui se sont essayés à la décrire, à l'analyser et à la comprendre. Ils sont infiniment divers. Comment ne pas saluer ici le monumental travail de René Passet, *Les Grandes Représentations du monde et de l'économie à travers l'histoire* [1]. Dans cet immense chantier, l'étonnante diversité impressionne au moins autant que la multiplicité des géants de l'esprit ayant su et osé en donner une vision globalisée tentant d'en approcher la cohérence. Laissons donc sa noblesse à cette discipline de l'esprit et conservons l'espoir qu'elle deviendra capable de produire une pensée suffisamment adaptée à la réalité et précise pour répondre à ce qui définit une science : la capacité de déduire d'un ensemble de faits rassemblés et connus leurs conséquences prévisibles pour l'avenir.

Ce qui doit nous intéresser ici est le cas particulier de cette deuxième moitié du XXe siècle où une école particulière de pensée économique, le monétarisme, a réussi à prendre une influence dominante sur la conduite économique des autorités publiques et de la plupart des opérateurs, comme jamais école de pensée ne l'avait fait auparavant. C'est donc précisément cette doctrine qui s'est trouvée confrontée avec, même si elle ne les a pas créées, les grandes catastrophes qui viennent d'être rappelées et qu'elle n'a en rien anticipées.

Les sciences dites dures, qui traitent de la matière, n'affectent l'humanité que de manière indirecte, à travers les conséquences que l'invention technique peut tirer de leurs découvertes. Les sciences de la vie comme les sciences humaines (histoire, anthropologie, sociologie…) n'ont qu'une vocation descriptive et explicative, et s'y limitent. Mais il est deux disciplines, la médecine et l'économie, qui tentent d'approcher et de comprendre comment fonctionnent le corps humain d'une part et la société des hommes organisés de l'autre. Irrépressible est dans les deux cas le besoin pressant de l'humanité de s'approprier les conclusions de ces expertises pour en tirer, si possible, des moyens d'améliorer sa condition.

---

1. René Passet, Les Grandes Représentations du monde et de l'économie à travers l'histoire, Les liens qui libèrent, 2011.

Disqualification d'une science : l'économie.

Pendant bien des siècles, l'humanité ne s'est pas occupée d'économie. Les techniques agricole, hydraulique et architecturale suffisaient à assurer l'existant ; le marché, inventé presque à l'aube des grandes civilisations de Chine ou de Méditerranée, permettait l'échange et par là l'approfondissement de la division du travail. Que le marché fut approvisionné ou non dépendait de l'eau et de la Providence. Nul ne s'imaginait y pouvoir quelque chose. Quelques aphorismes vigoureux mais limités de Platon puis d'Aristote ne constituent ni une réflexion ni un traité d'économie.

La première parole forte évoquant à usage collectif l'importance de l'économie n'est pas d'un penseur mais d'un roi, Henri IV de France, exprimant le souhait que toute famille de France pût une fois par semaine s'offrir une poule au pot. Ce n'est pas très longtemps après que, les techniques permettant une forte intensification des échanges, les guerres intensifiant le besoin de remplir par l'impôt les caisses royales, et le bien-être ou la souffrance du peuple devenant un facteur global permissif ou inhibiteur de l'action des princes, une réflexion globale commença.

Le premier inspirateur en est incontestablement Vauban. Qui n'est ni un philosophe ni un moraliste ni même un écrivain, mais un ingénieur militaire, maréchal de France. C'est au titre de ses « oisivetés », comme lui-même le disait, qu'il multiplia les rapports au roi de France (Louis XIV) pour contribuer à améliorer sa gestion. Le très remarquable rapport de 1707, intitulé la *Dîme royale*, qui valut le bannissement de la Cour à son auteur, est la toute première tentative faite pour mesurer la richesse du royaume, analyser les conditions nécessaires à sa production, évaluer le poids des exigences fiscales royales, et tenter de décrire les formes de prélèvement fiscal les plus compatibles avec la pérennité de l'appareil de production.

L'élan était donné. Il fallut tout de même cinquante ans pour qu'un médecin, François Quesnay, renouvelle la démarche en lui donnant plus de puissance. De 1758, le « tableau économique » déserte le registre du « Conseil au prince » pour se vouloir purement descriptif. On n'osait pas encore, à cette époque, dire scientifique. Le temps des grandes œuvres fondatrices approche : 1776, Adam Smith, *Recherches sur la nature et les causes de la Richesse des Nations*, 1798, Malthus, *Le Principe de Population.* Suivront Ricardo en 1817, Stuart Mill en 1848 et tant d'autres.

Une discipline intellectuelle est née. Elle ne se prétend pas encore science, mais s'attache à établir l'enchaînement des causes aux conséquences, cherche à y introduire la rigueur de la logique, et assume le fait que son champ est largement quantifiable. Elle est surtout de plain-pied avec la pensée positiviste de l'époque, héritée des Lumières. Elle s'inscrit pleinement dans la vision optimiste de cette période, selon laquelle la science dans toutes ses dimensions et les savoirs qu'elle permettra de créer et d'utiliser mettront l'humanité en mesure de maîtriser la nature et de se gouverner par la raison.

La question qui se pose ici est de savoir comment cette science, née sous de superbes auspices, a pu voir dériver certaines de ses branches, certains de ses adeptes, jusqu'à l'impuissance et la disqualification actuelles.

Diagnostiquer les embranchements ou les bifurcations de la pensée, et par là les lieux et les points où purent être commises des erreurs, des omissions ou des fautes dans le cheminement de la réflexion, est l'une des clés essentielles de compréhension de cette aventure qui finit en naufrage.

Le premier élément de confusion, loin d'être complètement éclairci s'il commence à l'être en partie, ne tient guère aux économistes eux-mêmes, mais plus largement au climat intellectuel dans lequel est née et s'est développée leur discipline.

Il y a chez les philosophes des Lumières et leurs successeurs une immense confiance dans la science, soutenue par un enthousiasme aux limites de la naïveté. Pour Condorcet, Auguste Comte, Saint-Simon et bien d'autres, la raison et grâce à elle la science devaient rendre l'homme maître des secrets de la nature, tant inerte que vivante, et lui permettre par là de gérer rationnellement ses affaires. La raison devait à l'évidence tendre à éliminer aussi bien la violence que la pauvreté. Aucune occasion ne s'était présentée conduisant à distinguer radicalement paradigmes, méthodes et processus propres aux sciences de la nature d'avec celles de la vie. Il n'y a pas de temps dans la science telle qu'elle se développe, la matière est inerte et n'a pas d'histoire. Les lois de la nature telles que l'homme les découvre sont intemporelles et décrivent des causalités parfaites. Par exemple les équations décrivant la gravitation universelle et expliquant par là le mouvement des étoiles sont-elles aussi intemporelles et donc réversibles.

Elles rendraient compte du mouvement des astres aussi bien qu'elles le font actuellement si la pichenette initiale du big-bang leur avait conféré un mouvement dans le sens inverse de celui des aiguilles d'une montre alors que c'est celui qu'ils suivent actuellement.

L'émerveillement s'impose. Ces lois en effet sont belles. Pourquoi voudrait-on qu'elles ne soient pas aussi celles de la vie ? Au demeurant, il paraît clair qu'aux yeux d'Adam Smith la main invisible du marché agit avec la même rigueur et la même complétude que les lois de la gravitation, intuition erronée qui pourtant a été préservée et confirmée jusqu'à Milton Friedman, prix Nobel d'économie en 1976 !

La physique met près de trois siècles à sortir d'une vision aussi simplificatrice, déjà avec la théorie quantique puis plus complètement avec celle du chaos. Mais ce n'est pas notre affaire ici.

Les sciences de la vie pour leur part auraient dû être en alerte lorsque la thermodynamique perçut puis décrivit et mesura le phénomène de l'entropie, c'est-à-dire le caractère croissant de l'état de désordre de tout système en train d'évoluer vers un autre système d'ordre. Car, à l'évidence, la vie se définit par la capacité de certaines structures à défier l'entropie. La compréhension en relève d'un univers mental différent.

Une autre occasion semble avoir été manquée dans l'histoire du cheminement de la pensée, celle de la période où l'économie, dans son besoin de quantification, cessa de pouvoir se satisfaire du calcul direct au résultat aussi certain que le sont les données. Ce dernier, au demeurant, n'avait guère contribué à faire avancer la pensée. Il fallut utiliser d'autres mathématiques, calcul statistique et calcul de probabilités. Le degré de certitude des résultats change. On changeait de monde mental, mais on n'y prit pas garde.

Comment ne pas remarquer en outre que les grands fondateurs de la discipline, dont quelques-uns ont été cités plus haut, n'ont jamais utilisé de mathématiques, même si bien sûr la plupart d'entre eux ont fait état de mesures et donc utilisé des chiffres. Cela reste vrai encore des deux plus célèbres géants de la pensée économique, Karl Marx puis John Maynard Keynes. Et c'est toujours vrai des deux grands maîtres de la pensée économique sous le capitalisme florissant des Trente Glorieuses, François Perroux et John Kenneth Galbraith.

Qu'est-ce donc qui a conduit la plupart des économistes de la deuxième moitié du XXe siècle à recourir si puissamment à l'outil mathématique dont n'avait eu besoin aucun de leurs grands prédécesseurs ?

La chose est peu claire, et peu expliquée. Elle se passe alors que le développement permis par le capitalisme s'accélère et devient flamboyant. L'économie gagne en importance. Elle se revendique de plus en plus comme science, légitimant ainsi l'influence grandissante qu'elle prend sur les décideurs. Ce statut, d'ailleurs, la fait jalouser. D'autres horizons du savoir viennent des critiques, fortes et méchantes. Tenant à voir leurs disciplines respectives préservées des incertitudes, des doutes et des accidents qui jalonnent l'histoire des relations entre la pensée économique et l'économie réelle, mathématiciens, physiciens, chimistes, géologues et bien d'autres se plaisent à définir leurs disciplines comme sciences « dures » et ne cachent guère leur sentiment que les sciences « molles » ne sont pas vraiment des sciences.

Or les économistes sont, parmi toutes les catégories de détenteurs de savoirs, ceux qui approchent de plus près les décideurs politiques, les seuls mêmes qui, à plus ou moins juste titre mais très évidemment, inspirent carrément des décisions majeures. Leur légitimité est en cause dans cette controverse. Le confortement de cette légitimité exige la visibilité de l'appareil scientifique de calcul au nom des résultats duquel on se permet de prescrire des mesures et de prendre des décisions.

L'outil, d'ailleurs, est là, disponible, sans autre objet que d'aider à la compréhension et à la décision, et enrichi de catégories nouvelles d'instruments permettant à l'économie, vu la nature de son champ et de ses données, d'en faire un usage massif : calcul différentiel et intégral, statistiques, probabilités... Le Français Léon Walras est l'un de ceux qui insistent sur la puissance logique de l'instrument, et sur la rigueur qu'il exige de ceux qui l'emploient, en ce qui concerne la qualité des données et de leur traitement.

De fait l'usage croissant des mathématiques oblige ceux qui y ont recours à formaliser très strictement le champ qu'il recouvre, celui qui est couvert par leurs hypothèses. En un demi-siècle, un corps d'axiomes de base émerge dans un consensus largement majoritaire.

Il y a toujours eu des dissidents, des économistes parfaitement sérieux pour refuser ces axiomes. Reste que l'axe dominant du progrès de la science économique se fait sous l'empire – la paternité en est diffuse – des trois axiomes suivants :

Primo, les ressources sont illimitées ; *secundo*, la nature a un étonnant et immense pouvoir de réparation (on dit cicatrisation chez les humains) et d'autoreconstruction ; *tertio*, il n'y a donc pas, de ce fait, de limites physiques à la croissance.

C'est déjà dans la formulation de ces premiers axiomes que se glisse l'une des erreurs majeures de l'économie du XXe siècle expliquant l'une des principales impasses où elle se trouve enfermée : l'oubli de la nature, des limites physiques des ressources qu'elle contient, et des limites potentielles du pouvoir réparateur partiel que comportent les éléments vivants de la terre, de la mer et de l'air.

Là commencent seulement les dommages de la méthode – ils sont fort loin de s'y limiter.

Que faut-il chiffrer ?

L'économie se sait et se veut technique de conseil aux opérateurs pour améliorer et intensifier le jeu de l'économie, donc la création de la richesse, plus qu'elle ne se veut discipline descriptive et explicative.

La matière première de base en termes de données est naturellement fournie par ce qui est déjà chiffré : comptabilités commerciales et comptabilités publiques. Jusqu'où faut-il l'étendre et comment ?

Premier problème, gigantesque, l'autoconsommation. La moitié des habitants du monde aujourd'hui sont paysans. Beaucoup produisent pour vendre mais la plupart pour se nourrir. Il n'y a pas d'échange, donc pas de mesure. Pourtant, l'économie doit s'intéresser aux conditions de la production, à la vitesse à laquelle croît la part vouée à l'échange, et à la possibilité d'augmenter le volume total produit pour nourrir plus de monde. Il faut mesurer, donc évaluer.

Faut-il tenir compte de la finalité des opérations ? Si la guerre échappe au champ d'observation de l'économie, la production d'armement à l'évidence non. Aucune coutellerie ne saurait distinguer dans sa production la part qui servira aux particuliers pour se nourrir à table, celle qui permettra aux bouchers d'exercer leur activité et celle qui servira à tuer. L'économiste ne pourra effectuer ses mesures et exercer sa sagacité que sur l'activité globale.

Pour être répréhensible, la prostitution n'en est pas moins une vente de services tarifés. Elle a sa place dans l'activité des hommes. L'interdire, la limiter, la contrôler ne relève pas de l'économie. En mesurer le poids dans le volume global des transactions, si.

Parmi les activités des hommes contraires à la morale et à l'ordre public, le vol est assurément l'une de celles dont l'objectif économique est le plus clairement apparent. Comment éviter de mesurer ? Le poids de l'économie mafieuse ne saurait être négligé.

Très nombreux sont les économistes, Walras en est de nouveau, ayant insisté sur l'absolue nécessité, du point de vue de la science économique, d'écarter toute normativité et tout jugement de valeur dans l'inventaire, la description et la mesure des actes comportant une dimension économique.

Cela peut se comprendre, et n'a d'ailleurs jamais été discuté pendant longtemps, tellement est forte la nécessité du dénombrement et celle aussi de l'exhaustivité.

Il y a pourtant à cette disparition de toute connotation éthique ou morale dans l'exercice de la pensée économique des conséquences qui méritent considération.

La première est la disqualification de la quantité globale mesurée – le produit brut d'un pays ou du monde – comme approche du bien-être ou du bonheur des humains considérés. L'augmentation du produit brut, principalement à partir de l'industrie d'armement ou du crime, n'est pas une finalité acceptable. La recherche de la croissance de cet agrégat et sa mesure ont à l'évidence besoin d'autres instruments.

La seconde est plus spécifique et plus délimitée puisqu'elle ne concerne que la partie financière de l'activité humaine mesurable. Toute épargne constituée doit être stockée quelque part : ou elle reste chez son détenteur ou elle est placée chez un tiers. Ce tiers, banque ou institution financière, en fait un usage productif de revenu, intérêt ou dividende. Un tel placement s'appelle un investissement. Qu'il soit productif ou spéculatif ne dépend que de l'intention de l'opérateur – impossible à déterminer et mesurer – et de la durée pendant laquelle ce volume financier aura cet emploi, mesure qui est loin de fournir une évaluation exacte de la spéculation par rapport à l'investissement productif. Or, dans l'intention (détrousser autrui) comme dans le résultat (diminuer le volume affecté à l'investissement productif), la spéculation est une atteinte à la pérennité et à la stabilité de l'économie réelle, on l'a largement vu au chapitre 3.

Comment y voir une forme subtile de délinquance alors que l'on comptabilise sans hésitation ni murmure la prostitution ou le crime, alors surtout qu'elle est si proche parente d'une opération économique essentielle et parfaitement salubre, l'investissement, dont au fond, elle ne diffère que par la brièveté du temps de détention de cette forme de propriété ?

L'économie fournit donc un indicateur global de richesse produite, avec l'incitation implicite à chercher sa croissance elle aussi globale, sans aucune distinction ni éthique ni technique entre ce dont la croissance peut être souhaitable ou non.

Il convient d'ajouter à cela une autre observation, tout aussi essentielle s'il se peut. L'usage de l'outil mathématique introduit une logique rigoureuse dans la présentation des relations de cause à conséquence, des jonctions ou des intégrations, des interdépendances entre éléments partiels de cet ensemble immense et divers que l'on appelle l'économie. Cette rigueur confirme la certitude des enchaînements et des déductions.

Or cette rigueur, qui semble induite par l'usage même de l'outil mathématique, est en contradiction très profonde avec la nature des données rassemblées.

On comptabilise la production agricole. Mais quelle est, dedans, la part des variations météorologiques, et celle des épizooties ou des maladies végétales… ?

On comptabilise la consommation. Mais s'agissant de l'énergie, comment distinguer les hivers rigoureux des hivers doux ?

Le marché du vêtement et celui de l'automobile ne sont-ils pas affectés par des phénomènes de mode échappant à toute rationalité ?

Le marché des transports n'est-il pas marqué par des mouvements migratoires dépendant de décisions administratives sur les vacances scolaires, de variations climatiques débordant les moyennes observées, même saisonnières, et de tensions intermittentes découlant de facteurs religieux, identitaires ou purement criminels ?

L'oubli délibéré du caractère incertain et fluctuant de certains des agrégats juxtaposés jette un grand doute sur la rigueur des calculs. La chose est pire peut-être dans le domaine de la finance, car là le facteur majeur du comportement des opérateurs est leur vision fantasmée de l'avenir avec ce résultat que les moteurs essentiels sur les marchés sont l'enthousiasme et la panique. Tout se passe comme si, délibérément, le calcul économique ignorait les facteurs extérieurs non calculables qui peuvent produire emballements, déséquilibres et crises…

Et puis surtout, l'on ne compte que des flux d'argent : achats, ventes, salaires, loyers, dividendes, intérêts, etc.

L'individu humain en tant que tel disparaît. Le chômage, préoccupation centrale de Ricardo comme de Keynes, n'apparaît plus dans la logique chiffrée. Il n'est plus qu'un résultat malheureux des « imperfections » qui détériorent l'équilibre du marché du travail et ne concerne pas autrement l'économie monétariste qui, de fait, en renvoie le traitement à la police d'une part, et à la charité publique d'autre part puisqu'elle se permet en outre d'afficher une vive désapprobation du développement de la solidarité sociale, facteur à ses yeux de perturbation du marché du travail. Le monétarisme est né dans la même décennie que le chômage et la précarité de masses et les a tous deux accompagnés sans les nommer ni les traiter.

Il en va de même des inégalités parmi les hommes, qui se trouvent noyées dans les agrégats globaux. On a vu leur importance, leur variabilité, les conséquences que peut avoir leur augmentation sur la stabilité sociale et politique de nos sociétés. Tout cela disparaît du calcul et, de ce fait, largement aussi de la préoccupation des économistes de cette école. J'ai surtout expliqué, chapitre 3, à quel point les paradigmes et les règles du jeu monétaristes encourageaient l'aggravation des inégalités.

Il faut enfin signaler les deux dernières faiblesses, les plus graves s'il se peut, du calcul économique global tel qu'il se pratique désormais.

La première, l'avant-dernière de la liste, est bien davantage le fruit d'une impossibilité que d'une volonté. Il n'y a donc pas de perversité là, mais ses conséquences n'en sont pas moins gigantesques.

Toute comptabilité commerciale comporte un compte d'exploitation et un bilan. On quantifie les mouvements, les achats et les ventes, les entrées et les sorties, mais aussi les avoirs et les dettes. Il va de soi que la comptabilisation d'un ensemble global devrait aussi être présentée sous ces deux formes : exploitation et bilan, activité et situation, flux et stocks pour que tout calcul ait un sens.

Mais… combien vaut la cathédrale de Chartres ? Combien vaut, plus prosaïquement, l'étonnant réseau de ponts, routes, rues et chemins dont la France a mis des siècles à s'équiper ? Combien vaut la réserve de gisements miniers et pétroliers toujours présents dans notre sol ? Combien vaut notre patrimoine forestier ? On a renoncé.

La comptabilité économique, nationale ou globale, est une comptabilité de flux et non de stocks.

Il s'en déduit que toute consommation d'une richesse quelconque, naturelle ou fabriquée, n'apparaît que comme une vente de celui qui s'en sépare, et jamais comme une diminution d'un stock limité. S'agissant des richesses naturelles, non évaluées, chacun comprend que le résultat de cette convention comptable peut être terrifiant : on ne voit pas venir, et donc n'anticipe guère, la raréfaction ni la disparition possible de certaines ressources, et cela vaut aussi bien pour les gisements miniers ou pétroliers que pour l'eau douce de nos nappes phréatiques.

La dernière faiblesse de cette approche quantifiée présente de l'économie est peut-être la plus insignifiante pour nos conceptions et nos pratiques d'aujourd'hui. Il ne faut pas exclure qu'elle soit la plus grave dans la perspective de très long terme et de survie de l'humanité qu'essaye de dresser ce livre.

Il résulte de la combinaison de diverses limites à la connaissance économique inventoriées jusqu'ici que divers biens collectifs essentiels à la vie, et même seulement essentiels à la civilisation, n'ont pas d'existence aux yeux de l'économie.

L'air, l'eau, les forêts, les océans et la matière vivante qu'elles contiennent ne sont pas quantifiés au titre de l'économie, pas plus d'ailleurs que le savoir, la culture ou la santé. Or il est clair, pour les premiers, que leur endommagement est dangereux et qu'il y a un coût, peut-être énorme, à y mettre un terme. Il est clair aussi, pour les seconds, qu'il s'agit là de ce que nous nommons civilisation et qu'il y a pour l'humanité un besoin vital de prévoir et assumer le coût immense de leur préservation, de leur développement et de leur diffusion.

Voilà comment la science économique d'aujourd'hui a écarté de son chemin l'essentiel des facteurs qui pouvaient y introduire déséquilibres et crises.

Le résultat de tous ces choix et évolutions de la pensée économique récente se résume à trois constats, tous aussi profondément graves les uns que les autres :

1) Les grands drames contemporains, arrêt de la croissance, chômage et précarité d'une part, crises financières à répétition de l'autre, détérioration de la niche écologique enfin, relèvent tous de facteurs exclus de l'investigation comptable de l'économie monétariste soit par nature (la nature justement) soit parce qu'il ne s'agit plus seulement de flux mais de mouvements affectant profondément des stocks comme celui de la liquidité internationale.

2) Les indifférences ou faiblesses soulignées ici dans les entrées relevées et les méthodes suivies par le calcul économique monétariste laissent craindre une incertitude de ses conclusions.

Or les principaux aphorismes découlant de tout cela étaient lourds de conclusions prescriptives :

– le marché est autoéquilibrant. Conséquence : moins les États s'en occupent et mieux l'équilibre du marché se fera ;

– tout équilibre de marché (sectoriel, spécifique ou global) est optimal. Cela ne veut pas dire parfait, mais cela décrit le meilleur partage possible entre tous les créanciers sur une richesse produite : salariés qui l'ont fabriquée, dirigeants, fournisseurs, clients et actionnaires. Il en résulte que toute intervention de l'État ou d'un groupe social pour modifier cet équilibre (sous prétexte social, environnemental ou autre) ne peut que détériorer la situation en faisant plus de perdants que de gagnants.

La longue crise que nous vivons – arrêt de la croissance, chômage, précarité depuis vingt-cinq ans, puis crise bancaire de 2006-2008 – est un démenti brutal et douloureux de ces paradigmes à l'évidence faux.

3) Le principal instrument comptable produit par les économistes et mis à la disposition des autorités publiques afin qu'elles se comparent entre elles, décident et calculent les impôts qu'elles

prélèvent, et surtout mesurent le résultat de leurs actions, le produit brut, est disqualifié pour des raisons majeures :

– les activités criminelles le font croître aussi bien que celles qui ne le sont pas ;

– il ignore le caractère potentiellement bénéfique de certaines activités humaines parmi d'autres. Ainsi, un éventuel progrès décisif de la médecine préventive ferait baisser le produit brut par diminution du volume des activités médicales, chirurgicales et pharmaceutiques ;

– il traite à contresens les accidents. Ainsi, un accident automobile est à la fois un drame privé et une bénédiction pour le PIB : la disparition d'une voiture est la diminution d'un stock, cela ne compte pas. Ce qui est compté, c'est l'activité de réparation du véhicule ou du site, le remplacement du véhicule et les soins aux blessés ;

– enfin, les biens collectifs n'existent pas. Qu'il s'agisse de ceux que nous offre la nature (l'air, l'eau, les forêts, le poisson) ou de ceux qu'ont créés les hommes (la sécurité, la santé, le savoir…) il n'est pas d'organes collectifs pour les définir et les défendre, et moins encore d'instruments relevant de la pensée économique pour ce faire.

En somme, « ayons des mathématiques en économie, nous dit Krugman, mais comme notre serviteur, pas comme notre maître [1]. »

Le grand Alfred Marshall est plus net encore. « Il est très improbable qu'un bon théorème mathématique qui traite d'hypothèses économiques soit de la bonne théorie économique ; je me suis de plus en plus contraint à suivre les règles suivantes :

1. Utiliser les mathématiques bien plus comme un code d'abréviation que comme un instrument de recherche ;
2. Les conserver jusqu'à obtention des résultats ;
3. Traduire tout cela en anglais ;
4. Les éclairer par plusieurs exemples de la vie réelle ;
5. Brûler les maths ;

---

1. http://krugman.blogs.nytimes.com

6. S'il n'est pas possible d'obtenir le 4., brûler aussi le 3. Cette dernière règle, je l'ai suivie plus d'une fois. »

La création, à la fin des années 1960, d'un « prix Nobel » d'économie (qui n'en est pas un) est, à cet égard, particulièrement révélatrice de cette volonté qu'a eue l'économie de se donner un caractère scientifique, gage de respectabilité et d'autorité. Frédéric Lebaron, chercheur en sociologie économique, va même jusqu'à écrire que le nom d'Alfred Nobel a été « en quelque sorte acheté » par la Banque royale de Suède à l'Académie royale des sciences de Suède afin que cette dernière accueille et parraine le « prix de science économique en mémoire d'Alfred Nobel », le dotant de tout le capital symbolique qui fait l'autorité scientifique des autres prix Nobel : formalisme des procédures, *décorum* et insertion de la désignation du lauréat ainsi que de la remise du prix dans le même moment calendaire que celui des autres prix Nobel, « élément essentiel d'une magie sociale qui fonde l'illusion tout en construisant l'identité du prix ».

Il ne s'agit, dans tout ce qui vient d'être dit de l'économie et de certains économistes, que d'une disqualification scientifique. Bien qu'elle se traduise par l'absence de propositions réelles et précises pour sortir des difficultés repérées, et qu'elle ôte toute valeur aux conseils de gestion des détenteurs de cette soi-disant science, elle ne met en cause ni leur honorabilité ni leur éthique personnelle.

Il n'en va pas de même pour une famille majeure d'opérateurs sur le champ économique : les banques.

C'est elles, maintenant, qu'il faut regarder travailler.

Les banques ont-elles oublié leur mission première ?

Les banques ont un rôle indéniable et nécessaire, je l'ai déjà dit, de financement de l'économie, c'est-à-dire d'allocation des ressources : elles opèrent une mutualisation entre ceux qui ont de l'argent et souhaitent l'investir pour obtenir des rendements, et ceux ayant besoin d'argent pour mettre en œuvre leurs projets… Seulement il est arrivé à certaines institutions financières de se fourvoyer, trahissant le rôle économique mais également social qui leur était assigné.

Croyant abusivement à leur propre savoir professionnel comme à leur propre sagesse elles ont, de tout temps, lutté en faveur de l'allégement et, dans bien des cas, de la suppression des règles pour le respect desquelles elles étaient sous le contrôle de la puissance publique. Elles n'ont pas su repérer, dès lors, qu'indépendamment des sens de leurs opérations économiques elles ouvraient ainsi la place à la pure et simple criminalité. Les investigations sont lentes, et longues, et cela d'autant plus que le milieu résiste fortement. Mais il est établi aujourd'hui, comme l'explique en détail Jean-François Gayraud dans *Le Nouveau Capitalisme criminel*[1], qu'il y a une part mafieuse tout à fait importante dans le déclenchement de la crise dite des subprimes aux États-Unis en 2006. On sait aussi, plus clairement encore s'il se peut, que l'éclatement de la crise financière au Japon en 1990 est principalement dû au volume et à la frénésie des opérations conduites par les Yakuzas, les trop célèbres confréries criminelles. Il est d'autres exemples, innombrables et terrifiants.

De plus, et en tout bien tout honneur cette fois-ci, du moins au début, les banques ont été le fer de lance et le support de la dérive massive de la finance mondiale vers la spéculation.

À cet égard, le camouflage croissant de la distinction entre risque et spéculation peut être particulièrement mis en cause. Que les choses soient claires : le risque fait partie de l'ADN même des institutions bancaires qui se sont donné pour métier de le financer. Dire, même, qu'elles cherchent (ou devraient chercher) à le minimiser est un contresens : elles fonctionnent selon un principe de base, qui est de contrebalancer le risque. Pour revenir à l'exemple que j'ai pris plus tôt, si un entrepreneur a un projet pour lequel il sollicite des fonds, rien ne dit que les rendements attendus seront au rendez-vous. Cela est normal, et les

1. Jean-François Gayraud, *Le Nouveau Capitalisme criminel*, préface de Paul Jorion, Odile Jacob, 2014.

réussites de certains projets sont aussi là pour parer aux défaillances d'autres.

Les volumes et les mouvements de cette dernière crise devinrent si torrentiels que les marchés financiers finirent par dominer les banques et, lors de leur dernière grande crise (2006-2009), en firent sombrer un bon millier. La prochaine est à venir, à l'évidence, puisque depuis cet épisode-là le grand succès de la profession bancaire est d'avoir su et pu empêcher les États de mettre en place les précautions et les garde-fous nécessaires.

Dans cette affaire, tout commence, je l'ai expliqué ci-dessus au chapitre 3, par la décision du président Richard Nixon en 1971 de rompre le lien fixe entre le dollar et l'or.

Cette décision produisit un immense chaos et créa chez les opérateurs une inquiétude frisant la panique devant l'extrême volatilité qui en résultait pour tous les prix : matières premières, taux d'intérêt et taux de change.

Je ne reviens pas sur ce mécanisme et ses suites, je veux seulement tenter ici de distinguer entre le correct et le fautif, d'éclairer plus nettement à partir de quand et en quoi les banques ont commencé à déraper, et comment s'engage leur responsabilité technique et morale.

S'assurer contre la volatilité des prix est la moindre des choses. Baptiser produits dérivés les contrats annexes aux contrats commerciaux qui formalisent cette assurance est une banalité sémantique neutre. Cette invention de la science financière est utile et ne comporte rien d'insalubre en soi.

Lorsque les marchés – non pas les mathématiciens de la finance et guère davantage les banquiers –, et leurs courtiers eurent l'idée de séparer les contrats annexes d'assurance d'avec leurs contrats commerciaux-supports et d'en faire distinctement commerce, on eût dû, normalement, marquer une surprise et se poser des questions. Historiquement, la finance fut créée pour aider l'économie à fonctionner, jamais pour jouer toute seule…

À l'origine, les quantités étaient petites. Ce qui était en cause c'était la finalité de la finance, donc un problème d'éthique, un luxe pour penseurs moralistes, en rien un obstacle pratique, et cela d'autant moins que les équilibres d'ensemble paraissaient hors de portée de toute mise en cause. Et la pensée dominante du moment, le monétarisme, déclarait optimal par nature tout équilibre de marché, qu'il s'agisse de ceux de produits, de services, ou de titres financiers.

C'est pourtant très tôt que le richissime opérateur financier Warren Buffet osa déclarer : « Dans le domaine de la finance, les produits financiers sont des armes de destruction massive. » On ne comprit pas, on osa même en rire et il resta bien seul.

Puis vint la découverte progressive que l'on gagnait beaucoup plus d'argent sur ces marchés financiers spécifiques que sur ceux des biens et services, vite suivie de la création par des banques privées, qui en avaient le pouvoir, d'un immense flot de liquidité, incontrôlé en volume et en rythme, destiné à alimenter précisément ces marchés spéculatifs de produits dérivés. C'est vers cette période, la décennie 1990, qu'un système bancaire resté fidèle à son éthique aurait dû se poser quelques questions lourdes.

À savoir : n'est-il pas dangereux que des marchés déconnectés de toute économie réelle, donc de toute limitation en volume, se voient ouvrir des perspectives de développement illimitées ?

Est-il sain de voir une part si grande de la liquidité mondiale, épargne et création monétaire comprises, s'orienter vers la spéculation aux dépens du financement des investissements et des entreprises ?

Comme les opérateurs, les gouvernants et les universitaires spécialisés ne comprirent ni ne virent rien, bien au contraire, la profession bancaire tout entière, dans les pays développés, comprenant où se faisait le profit maximal (les marchés de produits dérivés), et où il ne se faisait pas (les échanges de produits réels), entreprit une énorme campagne politique, au final victorieuse, pour faire abolir ce qui restait de l'absolue séparation imposée par Roosevelt en 1933 entre les établissements gérant les dépôts et les échanges de l'économie, et ceux faisant métier de financer le risque, investissement bien sûr d'abord mais placements spéculatifs compris. La loi Glass-Steagall fut abolie aux États-Unis en 1997, et ses équivalents européens dans la même décennie.

C'est là que l'honneur de toute une profession est en cause. N'avoir déjà pas compris que la suppression ou la minimisation des règles et contrôles impliquait une tolérance implicite du crime, accepter ensuite globalement un changement majeur du cœur de métier, en passant du financement de l'investissement à celui des placements spéculatifs, ignorer dédaigneusement le risque de la démesure et accepter enfin – toute une profession ! – l'usage de la fraude quand vient la difficulté, car la politique des subprimes était une inadmissible aggravation de la brutalité sociale, et celle de la titrisation incluant des créances douteuses, tout cela confinait au vol qualifié.

Voilà ce dont la profession bancaire doit compte. Et si sa puissance empêche trop longtemps les gouvernements d'y mettre bon ordre, il ne restera que la justice pour contribuer à rendre au monde, qui en a besoin, une finance respectée faisant son métier avec droiture et s'y limitant.

La France mérite ici une remarque particulière. Elle fut le pays développé le moins atteint par l'énorme choc financier des années 2006 à 2008. Ses banques avaient été plus raisonnables. On comprend mieux cet effet moindre lorsqu'on se souvient que plus de la moitié de ses guichets de dépôts sont mutualistes (Crédit Agricole, Caisse d'épargne et Banque populaire). Or le mutualisme exclut la spéculation de son éthique !

La marche vers la spéculation effrénée parce que garantie !

Car, finalement, c'est à une spéculation effrénée que se sont livrées les banques. Si prendre des risques après les avoir mesurés fait partie de l'identité même des institutions financières, cela ne les autorise pas à faire n'importe quoi, à prendre des risques… *démesurés*, au sens propre, c'est-à-dire, selon le Larousse, « qui se traduisent par l'exagération ou l'outrance dans l'attitude ». L'excès de risques doit être punissable car il est à l'origine de dégâts sociaux potentiellement nombreux et puissants. Rendons-nous compte : le bilan de la BNP est, peu ou prou, égal au PIB français – et dix fois supérieur aux recettes nettes de l'État, qui ne se confondent évidemment pas avec le PIB, somme des richesses produites sur le territoire.

Cette spéculation est nocive et dangereuse par bien des aspects. Elle entraîne la formation de « bulles » spéculatives – où les prix des biens atteignent des sommes démentes lorsqu'on les analyse en relation avec le reste des variables économiques. Le problème, c'est que, comme je l'expliquais plus haut, la vision néolibérale longtemps dominante encourageait à penser que ces prix, en ce qu'ils étaient la rencontre de l'offre et de la demande sur un marché fonctionnel par essence, étaient justes. La parabole du ketchup est venue montrer l'absurdité de cette thèse. Ces bulles renchérissent artificiellement des biens… jusqu'à ce qu'elles éclatent, au détriment de tous ceux qui ne s'étaient pas retirés à temps. Dans l'intervalle, l'augmentation des tarifs des produits en question empêche de nombreuses personnes d'y accéder. Quand il s'agit de produits alimentaires de première nécessité, dont le prix explose à cause de la spéculation bancaire, on peut affirmer non sans vergogne que cette dernière tue.

D'une façon plus générale, est-ce réellement grave si les institutions qui ont joué perdent, pourraient se demander certains ?

Oui, c'est grave, et à plusieurs titres.

D'abord, la séparation des activités bancaires décidée, de part et d'autre de l'Atlantique, au lendemain de la crise de 1929, ayant été remise en cause à l'heure de la libéralisation sous l'égide des Anglo-Saxons dans les années 1980, nous avons aujourd'hui des banques universelles. En d'autres termes, les institutions qui *spéculent* le font avec l'argent des *épargnants* – que ces derniers ne s'attendent pas à en récolter les fruits, évidemment !

Ensuite, quand *ce qui devait arriver arriva* (c'est-à-dire quand la spéculation qui n'est, rappelons-le, rien de moins qu'un pari boursier, finit par se retourner contre les institutions), c'est l'argent des épargnants qui est en jeu. Les puissances publiques ne pouvant laisser les citoyens perdre leur épargne, elles *renflouent* les banques – ce qui a été fait massivement suite à la crise de 2007-2008. Pour ces dernières, c'est donc *pile je gagne, face tu perds*.

Un deuxième déshonneur : la titrisation, instrument du vice

L'échelon supérieur en terme de déshonneur de la profession bancaire a été atteint avec la titrisation. Sans revenir en détail sur la technique financière, il s'agit : de découper les produits financiers (actions, obligations) en tranches ; de définir des niveaux de séniorité différents, c'est-à-dire que des tranches seront vendues plus cher en contrepartie de la garantie qu'elles seront les premières à être remboursées en cas de défaillance, et d'autres vendues moins cher mais plus risquées (on en revient toujours au couple risque-rendement) ; de regrouper des tranches de divers produits financiers dans des titres nouveaux, qui sont, eux, vendus sur le marché.

Moralité (ou plutôt devrait-on dire *amoralité*, justement) : les investisseurs achètent des produits financiers dont ils peinent à comprendre le contenu et les risques. Pourquoi cela concourt-il au déshonneur des banques ? Tout simplement car cette titrisation entraîne un renoncement de l'établissement bancaire à sa responsabilité personnelle. Je l'ai dit : les banques ont un rôle majeur d'allocation des ressources, ce qui implique de sélectionner les projets qu'il convient de financer. Non pas nécessairement de sélectionner les moins risqués car, on le rappelle, un risque moindre entraîne un rendement moindre, mais plutôt de choisir ceux dont le rapport rendement/risque semble le plus important tout en faisant attention à ne pas s'engager dans trop de projets aventureux, sous peine de ne plus posséder de quoi compenser les pertes éventuelles. Or, avec ce mouvement de titrisation, les banques se débarrassent des projets qu'elles ont financés en les découpant en tranches et en les revendant à d'autres investisseurs. Ce qui traduit un renoncement à leur responsabilité première, donc, ce qui est en soi condamnable, à l'éthique.

Mais au-delà de l'éthique, les banques sont allées, avec la titrisation, plus loin en termes de déshonneur. Elles se sont livrées à un vol qualifié – rien de moins ! – en incorporant, dans ces produits financiers complexes nés de la titrisation, des créances pourries. Qu'on se le dise, la technique financière sous-jacente est plutôt maligne : produire des titres financiers tellement complexes que les professionnels même s'y perdent... afin d'y cacher des créances douteuses dont les banques veulent se débarrasser. Les agences de notation même, censées incarner le parangon de la fiabilité et de l'objectivité financières, aidant, par leur analyse implacable, l'ensemble du marché à comprendre et à déceler les risques, n'y ont vu que du feu, continuant de noter AAA des produits infestés.

À ce titre, il faut observer une autre évolution et une autre pratique.

Depuis une vingtaine d'années a pris son essor une autre technique, celle du trading de haute fréquence. Il s'agit d'achats et de ventes de titres financiers effectués de manière automatique par des ordinateurs travaillant entre eux, programmés autour de seuils déclencheurs d'achat ou de vente pour chacun des titres cotés sur le marché en question. Ces ordinateurs et leurs logiciels sont agencés pour opérer de manière ultrarapide : le temps utile se compte en millisecondes.

Beaucoup plus de la moitié des opérations des marchés financiers se font aujourd'hui dans ces conditions. Et quelque 80 % des ordres émis dans ces situations sont annulés dans moins de la minute qui suit car il s'agit de tests ou d'investigations.

Une première évidence s'impose. Des titres échangés de cette manière, même si beaucoup d'entre eux sont juridiquement des actions, ne représentent en rien une appropriation. Un actionnaire de quelques minutes ou quelques secondes n'a aucunement le temps de faire le moindre acte de propriétaire, si seulement il sait de quoi il est copropriétaire... Il ne s'agit pas de propriété d'entreprise mais de pure spéculation. La totalité des capitaux présents et actifs sur ces marchés constitue en fait une épargne qui a explicitement cessé de s'intéresser au financement des entreprises, et se voue exclusivement à la spéculation. Pour cette partie de leur métier, les banques agissant ainsi désertent leur fonction et leur raison d'être, qui est de financer l'économie.

Il y a plus. Dans son admirable étude déjà citée – *Le Nouveau Capitalisme criminel* – Jean-François Gayraud se livre à une analyse très détaillée de ce système. Sa conclusion est simple : il existe en fait instantanéisation et généralisation du délit d'initié. L'activité est franchement criminelle.

Or tous les grands de la profession s'y livrent à l'exception notable des banques chinoises, des banques islamiques et, semble-t-il, aussi, des établissements mutualistes.

Il reste tout de même l'essentiel de l'establishment de la profession qui domine le monde de la libre entreprise.

Enfin, nul ne sait comment réagiraient les ordinateurs programmés en cas de déséquilibre brutal et profond d'origine extérieure au marché... Une crise, comme l'on dit plus simplement.

Le contexte culturel pèse ici d'un grand poids.

Cela commence avec les Lombards au XVIe siècle et continue comme condition de l'extension mondiale d'un système bancaire efficace, cela s'institutionnalise et se socialise autour de l'image de la perfection professionnelle en matière bancaire, les banques suisses, l'absolue protection du secret des opérations est le signe identificateur des banques dignes de confiance.

La raison officielle en est simple et compréhensible, elle découle logiquement d'un système économique fondé sur l'entreprise privée, système auquel personne nulle part n'a encore trouvé de substitut approchant même de très loin son niveau de performance : c'est la protection de la concurrence. Cette dernière, en effet, a besoin que toute opération de lancement d'un produit, de création d'une entreprise, de mise en place d'unités aux localisations nouvelles, reste ignorée de la concurrence possible aussi longtemps qu'elle n'a pas atteint son potentiel d'efficacité. Le succès final du capitalisme, et donc la confirmation de la part de liberté pratiquement qu'il assure, tient en partie aussi à cela. On ne peut que donner accord.

Mais tout de même, pendant des siècles et à travers le monde entier, l'opinion publique, les universitaires en observation, les autorités morales et notamment religieuses, et surtout l'ensemble des gouvernements n'ont-ils pas compris que, bien au-delà de la concurrence, le secret bancaire était une protection contre le fisc et le devoir de payer l'impôt ?

Il s'est même développé une culture dans laquelle la plus haute des vertus nécessaires à la pratique de l'économie était la protection du secret. Le fait d'assumer loyalement et complètement le devoir fiscal n'était alors qu'une exigence de second ordre, en aucun cas honoré du même niveau de respect éthique. L'incivisme se voyait couvert par l'honorabilité bancaire.

Toute la matière traitée par le présent livre se résume donc à la question de savoir s'il devient possible de définir et de défendre le bien public commun de l'humanité ! La question pourrait bien commencer là.

Ultime déshonneur : le refus d'admettre leur faillite pour construire un modèle pérenne

Déshonneur des banques, enfin, en matière de dégagement des responsabilités *a posteriori*. Les banques ont joué, ce qui est déjà, en soi, une faute ; elles ont perdu – deuxième faute ; mais, pis, elles n'acceptent même pas, après coup, une modification des règles afin de les contraindre à ne plus jouer ! Troisième faute, troisième motif de déshonneur ! Comme si, au plus fort de l'orage, elles étaient bien contentes que l'État leur prête un parapluie mais, sitôt les nuages passés, et l'État encore mouillé par leur sauvetage, elles refusaient qu'on leur construise un abri pérenne.

La récente loi bancaire française, quoique bien intentionnée, est trop timide : il faut aller plus loin dans la régulation, dans la maîtrise des risques systémiques, et ce pas uniquement avec un cadre franco-français mais européen… si ce n'est international.

Après l'orage, les banques ont refusé qu'on leur installe des paratonnerres réglementaires… alors même qu'on saurait aisément les construire et les rendre efficaces. Comme si les responsables des institutions bancaires confiaient au pouvoir politique le soin de se faire (ré)élire tous les cinq ans pour confirmer les règles du jeu, participant à l'affaiblissement généralisé du politique dont nous avons déjà discuté.

En même temps, quoi de plus étonnant dans un système où ce sont les responsables politiques d'hier qui sont les responsables bancaires d'aujourd'hui… avant de retourner dans la sphère publique ? L'exemple de François Pérol est, à cet égard, plutôt éloquent : l'ex-secrétaire général adjoint de l'Élysée sous la présidence de Nicolas Sarkozy, devenu président de la Banque populaire-Caisse d'épargne, est soupçonné aujourd'hui d'avoir directement participé, depuis l'Élysée, à la fusion des deux entités bancaires dont il allait prendre la tête par la suite. Ces allers-retours ne sont pas condamnables en soi ; ce qui l'est, c'est que les ex-responsables publics devenus banquiers, pourtant forcément imprégnés d'un certain sens de l'intérêt général pour l'avoir servi des années durant, refusent d'installer les paratonnerres évitant des crises futures.

La question de la décence des rémunérations est tout aussi problématique, *a fortiori* dans des institutions qui ne doivent leur survie qu'à l'aide financière apportée par les États (l'élément majeur de cette aide étant, bien sûr, la garantie publique des dépôts), soit l'ensemble des citoyens. Le retour triomphant des bonus et des rémunérations faramineuses, qui ne sont justifiés ni par les responsabilités, qu'ils refusent en bloc, ni par les compétences, sont une honte. Qui, aujourd'hui, dans ces banques, mérite de se voir attribuer un salaire annuel chiffré en millions de dollars quand tant de gens meurent de faim dans le monde ? L'innovation et la prise de risques, peut-être ; l'ingénierie financière, certainement pas !

Le discrédit

Je ne sais comment conclure ce chapitre. Du discrédit profond où est tombée la science économique résulte d'abord un doute légitime devant ces préconisations intermittentes pour sortir de la crise… Les gouvernements n'ont plus de conseillers fiables. Il ne reste que le bon sens et quelques fondamentaux qu'il faudra bien aller retourner chercher chez Keynes notamment.

La profession bancaire pose un autre problème. Elle reste absolument nécessaire : pas d'économie sans un système financier efficace.

Elle reste aussi extraordinairement puissante. Tout au long du XXIe siècle, et malgré l'explosion financière des années 2006-2008, elle a réussi à empêcher les gouvernements politiques de rétablir la stricte séparation des métiers de la finance entre ceux qui gèrent les dépôts et ceux qui s'occupent du risque et elle est même parvenue à empêcher l'interdiction de certains produits et activités, tels les produits dérivés déconnectés de toute opération économique réelle, ou encore le trading à haute fréquence dont l'utilité économique est nulle et la nocivité largement reconnue…

Mais l'immense bulle de la liquidité financière mondiale, trois ou quatre fois la valeur du produit brut mondial, menace toujours d'éclater.

Cette profession toute-puissante défendra jusqu'au bout l'immense privilège qu'elle a su construire : n'est-elle pas, dans tous les pays du monde, employés modestes compris, la profession la mieux payée ? Ses dirigeants s'attribuent des surrémunérations hallucinantes, et elle représente cette partie de la haute et moyenne bourgeoisie qui considère le droit de faire fortune – même par la spéculation – partie intégrante de son statut social.

Pour des raisons évidentes, les solutions réglementaires et de contrôle doivent être mondiales, ou à tout le moins largement internationales. Les deux morceaux essentiels à cet égard étant les États-Unis et l'Union européenne.

Un énorme appui de l'opinion est ici nécessaire, avec comme levier la pénalisation des délits financiers. Un long travail d'élaboration législatif est en vue, qui ne se fera que sous la pression informée des électeurs.

Le dernier moyen possible et potentiellement efficace relève naturellement des autorités gouvernementales nationales. Leur intérêt est évidemment immense à cet égard. Mais leur faiblesse aussi.

Chapitre 7

Le virus toxique : l'intérêt national, la souveraineté

Souvenons-nous : il y a quelques mois, en juin 2014, lors du match d'entrée de l'équipe de France dans la Coupe du monde au Brésil, un couac a donné lieu à une situation cocasse : les joueurs des deux équipes s'étaient alignés comme à leur habitude, attendant que les hymnes nationaux viennent constituer un exutoire à leur patriotisme. Et puis rien. Pas un son. Un problème technique, apparemment, qui les a contraints à aller jouer sans même avoir hurlé au préalable leur désir ardent de voir le sang impur de leurs ennemis abreuver leurs sillons. Indignation des uns, permettant au passage de clouer le bec d'autres, « responsables » politiques toujours trop contents de pouvoir remettre en question le patriotisme de sportifs dits « issus de l'immigration ».

Au-delà de cet événement même, la Coupe du monde, comme les jeux Olympiques d'ailleurs, permettent aux nations de se regrouper derrière leurs héros sportifs, exaltant un patriotisme de façade vite ravalé une fois l'élimination consommée. « Le foot est une sorte de transfert des guerres », analysait l'ancien sélectionneur de l'équipe de France Raymond Domenech, comparant les compétitions internationales à des jeux de cirque. « Pendant une Coupe du monde, je l'ai vu en Allemagne et en Afrique du Sud, il y a une forme de communauté internationale. » Le terme de « communauté » est-il approprié alors même que ces compétitions constituent le théâtre d'un affrontement sans pareil entre les nations ?

En outre, à quoi correspondent vraiment ces nations ? On le sait, État et nation sont souvent assimilés dans le langage commun, alors même que les deux termes recoupent deux réalités bien différentes : un État, c'est une organisation politique et juridique ; une nation, c'est une communauté de destins, le « *plébiscite de tous les jours* » défini par Ernest Renan dans sa célèbre conférence « Qu'est-ce qu'une nation ? » de 1882.

L'État peut parfois préexister à la nation, et chercher donc à la construire « par le haut », développant un sentiment national à travers une langue commune (un État sans langue, c'est un État sans voix !), des symboles (hymne, drapeau, emblème) – une liturgie. C'est le cas de la France, bien évidemment – ce phénomène est à l'origine de l'hypercentralisation qui a caractérisé notre pays pendant des siècles… si tant est que nous en soyons sortis aujourd'hui. Si Ernest Renan affirmait que « la langue invite à se réunir ; elle n'y force pas », les choses sont allées dans le sens inverse : ce n'est pas la langue qui a invité Bretons, Franciliens et Provençaux à se réunir ; c'est pour les réunir qu'une langue unique a été diffusée. D'où la curiosité dont relève, à mes yeux, le fait de parler d'État-nation pour caractériser la France. Si elle en est peut-être devenu un – ce qui est discutable –, c'est à travers un projet politique de création puis de diffusion d'un sentiment national, parfois autoritairement – que l'on pense à la « terreur linguistique » sous le Comité de salut public à la fin du XVIIIe siècle, voire à l'affirmation péremptoire de Georges Pompidou, qui déclarait en 1972 qu'il n'y a « pas de place pour les langues et cultures régionales [en] France ». Pour Jean Picq, « l'invention française de l'État-nation » réside dans la conception des révolutionnaires selon laquelle – Pierre Rosanvallon le formule ainsi – « la France est et doit être un seul tout. » Mais suffit-il de le dire – et de mettre en œuvre les moyens politiques, fussent-ils autoritaires, afin de le réaliser – pour en faire une réalité historique et culturelle ?

Bretons, Occitans, Corses et Alsaciens formaient-ils une seule et même nation lorsqu'ils ont été réunis dans l'État français ?

Dans d'autres cas, la nation peut préexister à l'État. D'aucuns soutiennent que c'est le cas de l'Italie – pourtant, Massimo d'Azeglio, acteur majeur du Risorgimento, n'affirmait-il pas après « avoir fait l'Italie » qu'il « restait à faire les Italiens » ? Certes, les aspirations nationales italiennes étaient ancrées dans la profondeur des siècles, déjà présentes dans les écrits de Machiavel. Pour autant, c'est sous l'égide de la maison de Savoie et de Victor-Emmanuel II, futur roi, qu'elle a été faite, non sans violences. Alors, État-nation ? Nation-État ?

Quoi qu'il en soit, cette organisation politique en État souffre d'un curieux paradoxe : malgré tous ses échecs, elle est bien peu remise en cause, comme si elle semblait être un horizon indépassable, une construction politique sur laquelle il n'était plus possible de revenir, fût-ce pour la sublimer. Si la religion est l'opium du peuple, l'État est-il l'opium des citoyens ? Il semble en effet signer la mort de l'inventivité philosophique en matière d'organisation politique des communautés humaines : inefficace, il n'en est pas remis en question pour autant ! « La confusion est entretenue sur la nature même de la démocratie, laquelle est rabaissée dans les sociétés qui s'en prévalent à quelques procédés institutionnels censés exprimer l'unité et l'homogénéité d'un groupe alors que ces procédés ne sont pas de nature à faire obstacle aux plus grandes violences d'État », nous explique Monique Chemillier-Gendreau, auteure d'un livre fondamental sur la question, *De la guerre à la communauté universelle* [1].

Elle soutient, en outre, que les États souverains de l'Europe de la fin du Moyen Âge ne sont nés que de la « contingence historique », forgeant leur unité « à partir de la domination d'une minorité et à travers l'idéologie de la Nation ». On rejoint là ce que nous évoquions plus tôt : c'est la volonté de construire un État, fût-ce autoritairement, qui a entraîné le projet politique

1. Monique Chemillier-Gendreau, *De la guerre à la communauté universelle*, Fayard, 2013.

de diffusion d'un sentiment national. « Plus tard, le principe démocratique a tenu lieu de légitimité », poursuit-elle avant d'affirmer que « la division des peuples en États servait le projet économique de développement du capitalisme ».

L'État apparaît aujourd'hui bien faible en effet, dépassé par la mondialisation, parfois miné par des contestations internes, incapable de répondre seul aux problèmes les plus urgents de notre époque mais incapable également d'être à la base d'une communauté internationale assez solide pour le faire. Bien sûr, l'Organisation des Nations unies, contrairement à la Société des nations en son temps, a montré son utilité sur certains sujets, à certains moments, à certains endroits. Dire qu'elle a échoué sur toute la ligne serait abusif, ne serait-ce que parce qu'elle a permis à la quasi-totalité des États du monde d'avoir un espace commun de rencontre, voire de dialogue et d'échanges. C'est déjà précieux. Pour autant, la communauté internationale est-elle parvenue à répondre au défi écologique ? Les guerres ont-elles cessé ? Les entreprises multinationales ont-elles pu être régulées dans un double souci d'efficacité économique et de justice sociale, et avec elles le capitalisme financier ?

Jusqu'à preuve du contraire, les États ont échoué *per se* autant dans leur tentative de constituer une communauté internationale fonctionnelle que pour répondre aux défis majeurs de notre temps, lesquels ne sauraient trouver une réponse adaptée à l'échelle nationale.

La souveraineté, concentration des autorités, mère de tous les vices ?

« Dès le XVIe siècle, l'État est devenu en Europe une figure politique d'autorité généralisée. Expression d'une société ralliée à un pouvoir unique, supposé l'exprimer tout entière, l'État est devenu la forme universelle du politique », écrit Monique Chemillier-Gendreau avec un sens de la formule remarquable – juste, simple, précise. Comme je l'esquissais en introduction, l'État n'est que « l'expression d'une société », et non la société elle-même : il est une forme politique qui tente, tant bien que mal, d'incarner et de représenter la société qu'il prétend gouverner. Cela pose plusieurs problèmes fondamentaux : peut-il vraiment parvenir à incarner la société tout entière, dans sa diversité et son hétérogénéité… si tant est qu'il n'y ait qu'une seule et unique société dans les frontières de l'État en question ? Il est « supposé » l'exprimer tout entière, comme le souligne la juriste, exprimant en creux son incapacité à le faire véritablement.

Ensuite, d'une façon plus générale, l'État peut-il être une structure pérenne de paix, de stabilité et de prospérité s'il naît du ralliement tout entier d'une société plurielle à un « pouvoir unique » ? On sait depuis Montesquieu que toute idée de pouvoir unique est suspecte aux yeux de quiconque est attaché au respect des libertés individuelles comme de la justice sociale. « Il faut que, par la disposition des choses, le pouvoir arrête le pouvoir », car « si le pouvoir corrompt, le pouvoir absolu corrompt absolument », pour reprendre les mots de lord Acton. Or, n'est-ce pas là une définition antithétique de la souveraineté, pouvoir du pouvoir – pouvoir donc, aussi, d'en abuser, traduit dans les démocraties contemporaines par l'état d'urgence ? Le pouvoir souverain, c'est autant celui de dire le droit que de le suspendre en cas de nécessité. Le souverain n'est-il pas celui qui peut tuer sans commettre d'homicide, pourrait-on dire avec Monique Chemillier-Gendreau ? Serge Sur, professeur à l'université Panthéon-Assas, y répond en expliquant que « la souveraineté est une sorte d'enveloppe à partir de laquelle l'État souverain organise les pouvoirs publics en son sein » et que « le principe de séparation des pouvoirs à l'intérieur de l'État ne s'oppose donc nullement à la souveraineté de celui-ci ». C'est probablement juste, mais il n'empêche que la tentation peut être grande, pour le souverain, de réunir tous les pouvoirs dont il dispose dans « l'enveloppe » entre ses mains.

Ce sont les traités de Westphalie, en 1648, qui ont consacré universellement cette nouvelle réalité politique : en mettant fin aux guerres de religion, ils ont permis la reconnaissance de la souveraineté des États comme principe suprême de l'organisation internationale. La rupture qu'ils ont entraînée dans l'histoire politique est fondamentale, entraînant « le passage de la rivalité dynastique à la concurrence étatique », écrit Jean Picq.

Cette réalité n'a pas été remise en cause par les bouleversements majeurs – qu'ils soient politiques ou économiques et sociaux – dont les siècles suivants ont été le théâtre. Ni les révolutions – politiques comme industrielles –, ni les guerres – napoléoniennes, franco-prussienne, mondiales –, n'ont ébranlé la souveraineté du principe même de souveraineté. Les armes comme les idées s'y sont heurtées.

En fait, c'est même le contraire qui s'est produit : toutes les évolutions, celles qui se sont inscrites dans la durée autant que celles ayant brusqué le cours du temps, ont semblé conforter l'organisation politique internationale – au sens premier du terme, *entre les nations*, sous-entendu souveraines, et que l'on peut donc opposer ici à une *communauté internationale*, qui adjoint déjà à l'adjectif prédéfini l'idée d'une communauté… voire, soyons fous, à une *communauté universelle* qui ferait fi des nations, ou qui du moins saurait les respecter sans passer par les cases « État » et « souveraineté ».

En 1815, la chute de Napoléon face aux puissances européennes de la réaction a entraîné un retour au premier plan des États souverains, fussent-ils monarchiques. En 1848, le mouvement romantique et ses aspirations nationales n'ont évidemment pas remis en question la tendance générale à la consolidation du principe de l'État souverain : au contraire, ils ont posé les pierres des deux grands mouvements nationaux de la seconde moitié du XIXe siècle, les unifications allemande et italienne. « Ce sont les crispations européennes du XIXe siècle sur la souveraineté, explique Monique Chemillier-Gendreau, qui ont induit cette évolution étouffante par laquelle le lien politique de l'individu à l'État doit effacer toute autre relation ou, à tout le moins, la contrôler s'il y en a. »

Inutile de dire que la Première Guerre mondiale, malgré le dégoût qu'elle aurait pu (qu'elle aurait dû) engendrer envers l'exaltation malsaine des nationalismes qui l'avaient précédée et provoquée, n'a rien fait non plus pour atténuer le mouvement : elle s'est ainsi conclue par l'affirmation d'un droit des peuples à disposer d'eux-mêmes, sous-entendu à se constituer en État souverain. « *Ils ont tué Jaurès* », et enterré avec lui sa vision internationaliste.

Peut-être la Seconde Guerre mondiale aurait-elle pu freiner cette consolidation… si encore elle ne s'était pas conclue par la division du monde en deux blocs radicalement opposés. Pour autant, la constitution de l'Organisation des Nations unies était indéniablement un pas important et dans la bonne direction, de même, évidemment, que les pierres successives posées pour bâtir une Union européenne. J'y reviendrai.

Comment donc le paradigme de la souveraineté (absolue, par essence) des États a-t-il pu devenir monnaie courante ? Chaque État est le produit d'une histoire, plus ou moins longue, qui lui est propre : la France et l'Allemagne, les États-Unis et l'Italie se sont évidemment chacun construits en suivant des logiques historiques, culturelles et politiques différentes. Il nous faudrait malheureusement bien plus de place pour y revenir sérieusement. Cependant, ce que l'on peut constater, c'est que tous, aujourd'hui, s'inscrivent dans ce paradigme et disposent, à ce titre, d'une souveraineté étatique. D'ailleurs, même les États issus de la décolonisation, et qui auraient pu s'opposer frontalement à cette vision imposée par leurs anciennes puissances colonisatrices, n'ont pas voulu ou pas su en sortir, se fondant dans le moule de la souveraineté après en avoir subi les affres des décennies durant.

Or, la souveraineté, pour reprendre les termes d'Hannah Arendt, « idéal de domination et d'intransigeante autonomie, contredit la notion même de pluralité ». Comment donc pourrait-elle être compatible avec les libertés individuelles et collectives promises par les démocraties à travers le monde ? « Alors que la démocratie exige que l'universel reste ouvert à toutes les singularités dans un rapport d'égalité, la souveraineté cristallise l'universel et finalement le confisque au profit d'un groupe particulier, celui des dominants », complète Monique Chemillier-Gendreau.

L'idée même de souveraineté porte en elle les germes du rejet de l'autre, du rejet de celui qui n'appartient pas intrinsèquement à l'État. L'ambiguïté fondatrice ne réside-t-elle pas dans le nom même donné à la Déclaration des droits de l'Homme… et du Citoyen, qui a fait dépendre la validité de ces droits de la citoyenneté ? Être Homme n'est-il pas suffisant pour bénéficier de ces droits que l'on a pourtant dits universels et inaliénables ? Cette précision en apparence anodine permet en fait d'exclure l'étranger de la Cité, ou du moins de ne pas lui garantir intrinsèquement des droits pourtant érigés au rang de principes fondateurs de la démocratie pour ceux ayant le privilège d'être acceptés comme « citoyens ».

En outre, quels éléments naturels ont présidé au découpage des territoires et à la définition des peuples ? La notion même de droit des peuples à disposer d'eux-mêmes est suspecte, car il reste à définir consensuellement ce qui fait un peuple… ce n'est pas gagné ! Picards, Occitans, Franciliens, Alsaciens et Corses forment-ils un peuple commun ? Pour ne pas parler des premiers oubliés, les Flamands. Au-delà, même : Marseillais et Niçois forment-ils un peuple commun ?

« Contraints de reconnaître que ni l'État ni la nation n'étaient des concepts donnés, les tenants de ces notions politiques nécessaires pour justifier le pouvoir ont utilisé un joker : le peuple. Si l'État est une construction abstraite, si la nation est une projection idéologique, le peuple, lui, serait le substrat réel, concret, qui légitimerait l'État », nous explique Monique Chemillier-Gendreau.

Aujourd'hui, on pense nécessairement qu'État et souveraineté sont indissociables – c'est notamment ce qu'explique Serge Sur : « Il n'est pas possible dans le contexte historique, juridique et politique qui est le nôtre de penser l'État sans la souveraineté ni la souveraineté sans l'État. » Il va pourtant falloir s'y résoudre tant cet ensemble semble dépassé à l'heure de la mondialisation économique et culturelle.

La disqualification des États devant la mondialisation des menaces

J'ai montré, tout au long de la première partie de cet ouvrage, comment le capitalisme s'est transformé à travers le temps : d'abord marchand, il est devenu industriel puis financier – donc, en grande partie, immatériel. Or, si ce système économique polymorphe s'est servi de la division du monde en États souverains dans un premier temps, il est parvenu à la dépasser aujourd'hui, s'inscrivant dans le cadre global et universel d'une « mondialisation qui affecte les conditions d'exercice de la souveraineté », comme l'exprime Jacques de Larosière, ancien directeur général du FMI.

« L'ébranlement atteint l'État, sujet fondamental du droit international, affaibli dans sa souveraineté par la multiplication des interdépendances, régionales et mondiales, pouvait ainsi affirmer Mireille Delmas-Marty, professeure honoraire au Collège de France, menacé dans sa territorialité par les flux immatériels d'information (Internet) ou de capitaux et concurrencé dans son monopole par les nouveaux acteurs du droit international (opérateurs économiques, acteurs civiques et scientifiques). »

Face à cette érosion évidente des pouvoirs de l'État dans un monde qui se rapetisse au fur et à mesure que se développent les moyens de communication et d'échange, le repli sur la souveraineté semble être la réponse la plus facile mais également la moins efficace que puissent apporter les responsables politiques. Si le XIXe siècle fut celui de la consécration de l'État comme forme universelle du politique, le XXIe semble devoir être celui de sa remise en cause au profit de la recherche d'une nouvelle organisation mondiale.

Que peuvent en effet les États, seuls, face au changement climatique ? Que peuvent les États, seuls, face aux entreprises multinationales ? Sans tomber dans la facilité et la caricature qui consisteraient en leur dénigrement perpétuel, il faut bien se rendre à l'évidence que les entreprises mondialisées, comme tout le système économique, ont besoin d'être régulées dans un double souci d'efficacité économique et de justice sociale. Or, les États, seuls, sont impuissants pour ce faire. Qu'un État mette en place une régulation trop défavorable et l'entreprise fuira vers son voisin moins-disant socialement ou écologiquement – là où la norme est la plus souple. Peut-on les plaindre ? C'est ce qu'il se passe lorsqu'il n'y a pas de règle du jeu dans une logique de maximisation des profits sans contrainte. Le raisonnement est analogue avec le système financier.

« Aujourd'hui, nous dit Monique Chemillier-Gendreau dont vous aurez compris l'importance de son travail sur le sujet par l'assiduité avec laquelle je m'y réfère, aucun pacte politique ne préside à la société mondialisée. Celle-ci ne connaît que le pacte économique, celui du libéralisme qui creuse toujours plus les inégalités et détruit les bases de la fraternité. »

Alors que l'État se caractérise originellement par le triptyque territoire-population-gouvernement, les mouvements macro en cours marquent, en quelque sorte, la « fin de la territorialisation de l'État » (je reprends là les termes de Jean Picq synthétisant les pensées de Ferry et Habermas).

« Ce faisant, l'incapacité des États à se structurer en communauté universelle apparaît presque évidente : l'étanchéité d'une société favorisée par la souveraineté isole chacun de ces "universels singuliers" de l'universel véritable, celui de la société mondiale », écrit Monique Chemillier-Gendreau avant de citer Hegel : « Dans la mesure où les relations entre États ont pour principe leur souveraineté, ils sont les uns par rapport aux autres dans l'état de nature, et leurs droits n'ont pas de réalité effective en une volonté universelle dont la puissance les dominerait, mais dans la volonté particulière de chacun d'eux. » Or, Einstein lui-même n'écrivait-il pas que « la voie qui mène à la sécurité internationale impose aux États l'abandon sans condition d'une partie de leur liberté d'action, en d'autres termes de leur souveraineté, et il est hors de doute qu'on ne saurait trouver d'autre chemin vers cette sécurité » ? Nous en sommes loin.

L'échec de l'effort pour structurer une communauté – qu'elle soit internationale ou universelle

Ainsi peut s'expliquer l'échec patent des États à constituer une communauté internationale – voire universelle – efficace.

Si les États ont failli, je le disais, c'est autant *per se*, dans leur incapacité à saisir la mutation d'enjeux qui les dépassent désormais, que dans leur immobilisme en matière de structuration d'une communauté supra-Étatique seule à même de traiter (et résoudre !) les multiples menaces qui pèsent sur l'humanité : réchauffement climatique, diminution plus qu'inquiétante de la biodiversité, appauvrissement des ressources naturelles et augmentation conséquente de la fréquence et de l'ampleur des catastrophes naturelles ; mouvements économiques et financiers dépourvus de toute régulation car jouant de la multiplicité des systèmes juridiques et réglementaires nationaux, favorisant le rendement à court terme au détriment des investissements productifs et jouant du dumping normatif dans une dangereuse course au moins-disant écologique et social ; épidémies qui se propagent au rythme des flux croissants de voyageurs internationaux. Le tout sur un fond de retour du fondamentalisme religieux dans une logique, elle, supranationale – « c'est-à-dire des reculs inquiétants de la raison, nous explique Monique Chemillier-Gendreau. Aucun État ne peut seul prémunir sa population de ces dangers et de leurs conséquences. Et si l'intuition ancienne de la nécessité de penser le monde dans son unité politique a conduit à le doter depuis la fin du XIXe siècle d'institutions internationales, l'analyse de celles-ci fait apparaître leur caractère apolitique, ce qui explique qu'elles n'aient en rien permis un renouveau positif des situations et n'aient pas contribué à endiguer la montée des violences. »

Il me semble en effet utile de revenir brièvement sur les premières organisations internationales. Avant même la (bien intentionnée mais trop faiblement munie) Société des nations, les premières associations étaient certes administratives mais absolument pas politiques. C'est l'Union postale universelle (1878) ; c'est l'Union pour la protection des œuvres littéraires ou artistiques (1883) ; c'est également la Commission centrale du Rhin (1831) ou la Commission européenne du Danube (1856). Point de menace sur la toute-puissante souveraineté à l'heure des unifications allemande et italienne et de la colonisation par les puissances européennes du reste du monde : les enjeux sont purement techniques.

La Société des nations, construite sur les ruines de la Première Guerre mondiale, contenait, elle, pour la première fois, des objectifs politiques : préférer l'arbitrage international à la guerre, et introduire une Cour de Justice internationale susceptible de faire respecter le droit international, socle nouveau de relations internationales jusqu'alors fondées sur la force et la puissance. Malgré sa portée universelle, la SDN restait fidèle à la souveraineté des États : d'une part, en garantissant le droit des peuples à disposer d'eux-mêmes, c'est-à-dire à se constituer eux-mêmes en nouveaux États souverains ; d'autre part, en engageant les États membres à respecter et à faire respecter l'intégrité territoriale et l'indépendance politique des autres États membres – c'est-à-dire à protéger leur souveraineté contre une menace extérieure ; enfin, en consacrant le principe de l'unanimité, qui empêche qu'une règle de droit soit imposée à un État contre sa volonté, ne créant ainsi aucune brèche dans le principe de souveraineté.

L'échec de la SDN, patent dès les années 1930 (fiasco de la conférence mondiale sur le désarmement à Genève, départ du Japon, de l'Allemagne et de l'Italie après que leurs conquêtes militaires sont restées impunies puis paralysie générale face aux tensions croissantes) et manifeste au déclenchement de la Seconde Guerre mondiale, débouche à l'issue du conflit sur l'espoir d'une organisation internationale plus forte permettant l'édification progressive d'une véritable communauté à portée universelle.

C'est effectivement le cas de l'Organisation des Nations unies… et pourtant Raymond Aron pouvait écrire, dès les années 1960, l'affirmation « à [ses] yeux évidente [selon laquelle] les Nations unies n'avaient pas exercé d'influence majeure sur le cours des relations internationales ». Permettons-nous de nuancer ce point de vue, sans pouvoir toutefois lui contester une part de vérité.

D'abord, la Société des nations n'était pas allée assez loin dans la limitation (fût-elle théorique, un premier pas déjà nécessaire à sa réalisation pratique) de la guerre : à défaut de l'interdire, elle avait prescrit une recherche préalable de moyens non militaires. La Charte des Nations unies, elle, engage les États à s'abstenir de « recourir à la menace ou à l'emploi de la force » dans leurs relations internationales, aspect pourtant structurant de la souveraineté. Dans une logique que l'on pourrait décrire de subsidiarité ascendante, c'est-à-dire de recherche de l'échelon d'intervention le plus efficace – en l'occurrence, l'échelon universel plutôt que national –, la sécurité collective est mutualisée, à travers la création d'une armée dédiée (les Casques bleus) et d'un système de décision collective, le Conseil de sécurité, qui détient le pouvoir de déclencher une intervention militaire.

Ce système est cependant vicié originellement puisque, contrairement à l'Assemblée générale des Nations unies qui consacre le principe « Un État, une voix », il ne fait qu'institutionnaliser les rapports de puissance figés dans le monde de l'après-Seconde Guerre mondiale, donnant aux cinq États vainqueurs (la Chine communiste héritant ici du siège de la République de Sun Yat-sen) un droit de veto inconditionnel et illimité.

Le système onusien a permis de construire un espace d'échanges et de dialogues entre la quasi-totalité des États souverains de la planète – et d'ailleurs la multiplication de leur nombre au cours du dernier demi-siècle a conforté la place de l'organisation, puisqu'y entrer a toujours fait figure de légitimation de la démarche nationale. Au contraire, l'ONU aurait pu se rigidifier sur la petite cinquantaine d'États fondateurs, laissant à sa marge les nouveaux États issus de la décolonisation puis de la chute de l'URSS et des mouvements nationalistes ici et là. Elle ne l'a pas fait, et c'est déjà, en soi, une victoire. La balkanisation en cours, à savoir l'éclatement des États, a d'ailleurs été probablement encouragée par cette garantie qu'une communauté internationale, à défaut d'être véritablement supranationale et universelle, pouvait accueillir en son sein tous les États, fussent-ils « faibles » en matière économique, diplomatique ou militaire. Le saut dans l'inconnu de l'indépendance est moins effrayant quand subsiste ce filet de sécurité des Nations unies… D'ailleurs, analogiquement, les États européens en proie à des tensions indépendantistes de la part de certaines de leurs régions brandissent sans complexe la menace d'un veto à leur entrée future dans l'Union européenne, rendant plus tragique et définitive une déclaration unilatérale d'indépendance.

Pour autant, je commençais à l'expliquer plus tôt, le système des Nations unies ne propose pas un nouveau paradigme en matière d'organisation politique internationale : « La juxtaposition de sociétés souveraines prévaut sur l'idée de communauté mondiale et en entrave la réalisation », explique Monique Chemillier-Gendreau : « Aucune disposition n'autorise les Nations unies à intervenir dans les affaires qui relèvent essentiellement de la compétence nationale d'un État », précise ainsi la Charte fondatrice dès son chapitre premier. « La sécurité collective se trouve strictement limitée par le principe de non-intervention dans les affaires intérieures », complète la juriste.

L'ONU est, en fait, victime d'une contradiction originelle entre la volonté d'imposer des normes aux États (en premier lieu l'interdiction de la guerre) et le respect de la souveraineté de ceux-ci, souveraineté qui leur permet précisément de refuser les normes imposées ! Malgré tout, nous ne sommes pas sortis du système traditionnel des relations internationales où un État n'est contraint que par les normes qu'il a préalablement acceptées.

Seule l'Union européenne a commencé à franchir l'étape (peut-être donc pas si indépassable que ça ?) de la souveraineté des États. Pas complètement, bien sûr ! Et la stagnation observée ces dernières années en matière d'intégration, que l'on peut presque assimiler à un recul tant l'Europe s'est construite en avançant, risque de remettre ces progrès en question. Pour autant, « objet politique non identifié » pour reprendre les termes bien connus de Jacques Delors, l'Union européenne est la « plus ferme concrétisation institutionnelle d'une nouvelle constellation politique succédant aux États souverains », écrit le philosophe Jürgen Habermas. En effet, en en faisant des justiciables potentiels, l'Union européenne a produit une véritable rupture de l'ordre juridique issu des traités de Westphalie.

Pierre-Henri Teitgen, rapporteur du projet de convention à l'assemblée consultative du Conseil de l'Europe, fit l'observation suivante, extrêmement intéressante (citée par Jean Picq dans sa magistrale *Histoire de l'État en Europe* [1]) :

« On nous fait remarquer qu'il faut tenir compte de la souveraineté de l'État et ne pas donner compétence à une juridiction européenne pour contrôler les législations internes, les actes exécutifs ou judiciaires des gouvernements de l'Europe. Me sera-t-il permis de dire, mes chers collègues, que la souveraineté se lit de deux côtés. L'envers de la médaille, c'est très beau et très grand peut-être. L'endroit, cela signifie aussi quelquefois, et aujourd'hui surtout, la solitude et la misère. La solitude et la misère, c'est aussi la guerre. Enfin, il ne s'agit pas, lorsque nous voulons garantir et protéger les libertés en Europe, de diminuer la souveraineté d'un État par rapport à un autre État, de donner prééminence à un État sur un autre État. Il s'agit de limiter la souveraineté des États du côté du droit et, de ce côté-là, toutes les limites sont permises. »

Si les États sont maîtres de la construction européenne, ils ne sont que les sujets de son fonctionnement : le Parlement, élu au suffrage universel, la Commission, qui en est partiellement issue

1. Jean Picq, *Histoire de l'État en Europe,* Les Presses de Science Po, 2009.

et dont on connaît le rôle potentiellement énorme, selon la volonté politique affichée par ses membres (que l'on songe à l'inertie de la décennie Barroso par rapport à celle de Jacques Delors...), les règles de majorité, qui détonnent dans un univers international habituellement régi par l'unanimité et l'autorité juridique replacent les États dans un vaste tissu de pouvoirs que leur souveraineté ne suffit pas à éviter.

« La finalité de cette union d'États n'est pas d'exercer une souveraineté distincte de la leur, mais d'exercer efficacement avec leur concours des compétences qui leur sont déléguées, écrit Jean Picq. Ces compétences sont toujours exprimées en termes d'objectifs et sont donc toujours partagées avec les États membres. »

Jürgen Habermas livre par ailleurs une réflexion particulièrement éclairante, expliquée encore par Jean Picq : « Observant que la nation a un double visage (la naturalité imaginaire d'un peuple ethnique, la construction juridique d'une communauté des citoyens) et que les voies qui ont conduit des États aux nations (France) ou des nations aux États (Allemagne) témoignent du caractère "construit" de cette identité, Habermas en conclut que la genèse de la conscience nationale ne milite guère en faveur de l'hypothèse explicite selon laquelle la solidarité civique ne peut être instantanée qu'à l'intérieur des frontières d'une nation. Pourquoi cette genèse – du local et dynastique au national et démocratique – ne se poursuivrait-elle pas à l'échelle européenne ? »

En somme, l'Union européenne a ouvert une brèche dans le paradigme de la toute-puissante souveraineté des États. Imparfaitement, sûrement. De toute façon, il n'est pas question de le remettre en cause de manière trop brutale : on ne détruit pas en un coup de pioche une réalité politico-juridique aussi solidement ancrée. Il n'empêche, le temps est venu, j'en suis convaincu, d'évoluer vers une communauté proprement universelle respectueuse des peuples et des nations qui composent notre planète, et de leur formidable et si riche hétérogénéité. Il ne s'agit pas de supprimer les États ! Il s'agit simplement de remettre en cause le caractère absolu de leur souveraineté, en organisant un système de subsidiarité universel comme il en existe tant au sein des États qu'au sein de l'Union européenne, afin que les premiers s'articulent avec les autres échelons de pouvoirs (inférieurs, évidemment, mais aussi ceux qu'il reste à construire au niveau supérieur) dans un souci permanent d'efficacité démocratique, de justice sociale et d'égalité mondiale.

Chapitre 8

Comment meurent les sociétés

Voilà donc où en est la société contemporaine, celle que nos ancêtres ont bâtie et dont nous avons poursuivi l'édification sans (trop) nous poser de questions fondamentales, ou du moins sans apporter de réponses suffisamment convaincantes pour en changer l'orientation. Le tableau, ainsi dressé, est sombre, bien sûr ; tout n'est pas à jeter pour autant, et nous verrons dans la suite de ce livre que notre société recèle de nombreuses opportunités pour corriger le tir afin que le développement ne soit plus un but en soi mais un moyen de faire progresser les conditions de vie sur l'ensemble de la planète. Justice sociale et efficacité écologique doivent être les maîtres mots à l'heure où les périls s'accumulent et menacent l'ensemble de notre système de civilisation.

Ayons bien à l'esprit les risques que font peser les dérèglements successifs énoncés jusqu'à présent. À défaut, sans menaces palpables et significatives, aucune autre opportunité ne sera explorée – ou pas suffisamment : cette incapacité manifeste à rechercher et à mettre en œuvre des alternatives salvatrices sans périls abyssaux et imminents semble hélas inscrite dans la nature même de l'être humain. Nous avons beau les voir surgir au loin, forts d'un arsenal scientifique et technologique aux capacités prédictives plus fortes que jamais ; nous avons beau savoir que chaque jour passé sans commencer à mettre en œuvre des solutions nouvelles pour les éviter est un jour perdu, car ils seront plus difficiles à surmonter demain qu'ils ne l'étaient hier ; nous faisons preuve malgré tout d'une paralysie et d'une incapacité collectives stupéfiantes à l'heure d'agir pour les résoudre.

En 1972, le rapport Meadows sur les limites de la croissance, que j'ai déjà évoqué plus tôt, fut extrêmement novateur en appréhendant le monde pour la première fois comme un « système global capable de créer les causes de son propre effondrement » (l'expression est de Marc Weitzmann). Or, ce même rapport pointait la tendance de l'homo sapiens à fuir le danger plutôt qu'à anticiper ceux à venir. Aussi, le philosophe Jean-Pierre Dupuy remarquait avec clairvoyance que les débats récents autour du principe de précaution, c'est-à-dire l'idée selon laquelle l'absence de certitudes scientifiques et techniques présentes ne doit pas retarder l'adoption de mesures préventives destinées à éviter des risques futurs éventuels, étaient assez vains et dérisoires : même en présence de certitudes scientifiques et techniques, nous n'agissons pas pour nous protéger ! Pourquoi alors agirions-nous dans une situation d'incertitude ? Ce n'est pas le fait de ne pas en savoir assez sur la nature des menaces qui nous empêche d'agir collectivement ; c'est notre tendance à penser la catastrophe impossible même quand elle est jugée quasiment certaine. La faute à une foi démesurée dans le progrès, considéré salvateur par essence ? « Même quand nous savons, nous ne croyons pas ce que nous savons », concluait Jean-Pierre Dupuy.

Ce faisant, clarifions les choses rapidement : oui, les menaces (écologiques et sociales, économiques et financières) sont réelles. Spectaculaire par son ampleur et sa rapidité, le développement des sociétés occidentales ne s'est pas fait sans fausses notes. Sur sa route, le train du progrès a embarqué avec lui de nombreuses branches mortes qui jonchaient son parcours et continuent aujourd'hui plus encore qu'hier d'en entraver la course, comme si ces branches amassaient au passage tous les débris rencontrés. Mais, pis ! Le problème fondamental qui pèse sur nous, c'est la synergie de ces menaces que l'on pourrait intuitivement juger éparses mais qui, conjuguées, font peser sur nous rien de moins que la menace d'un effondrement pur et simple de notre société.

Le thème de l'effondrement et, plus généralement, l'idée de décadence agitent les consciences depuis toujours : pour le journaliste Alain Frachon, elle est même « consubstantielle à la culture occidentale ». Thérèse Delpech, politologue, écrit ainsi que « le fil du déclin court dans notre histoire comme un refrain lancinant [lié] à une véritable obsession, celle de la chute » : « Nous sommes des êtres du déclin et du gouffre qui ont soif de reconnaissance et de salut. » Il suffit d'ailleurs de voir l'abondante production historiographique relative au déclin des empires (romain, maya, etc.) pour constater que le sujet fascine autant qu'il effraie.

Je vais m'efforcer d'expliquer comment la conjugaison des menaces précédemment énoncées pourrait conduire à un tel effondrement, ce qu'il impliquerait en termes de désorganisation de nos sociétés… et pourquoi il devient urgent de réintroduire du rêve et de l'enchantement dans un monde qui se meurt d'être trop rationalisé.

La dégénérescence hier et aujourd'hui

L'historien britannique Arnold Toynbee a analysé, dans sa brillante synthèse sur l'évolution des civilisations à travers les mers et les âges, les signes de leur dégénérescence – le mot est choisi à dessein car le processus est extrêmement long : « La croissance se termine comparativement tôt dans la vie d'un organisme », ne manque-t-il pas de faire remarquer, contrairement au déclin qui dure, lui… Or, les parallèles – fussent-ils des grands écarts plus que des barres rapprochées, tant le temps a fait son œuvre de dissociations des choses, évidemment – ne manquent pas entre les situations présentes et passées, à tel point qu'il me paraît légitime de s'interroger sur la question de notre propre déclin. Si le passé porte avec lui son cortège d'enseignements sur lesquels fermer les yeux serait aussi absurde que dangereux, je ne suis pas partisan du mythe de l'éternel retour, cette idée que Milan Kundera qualifiait de « mystérieuse » et qui « nous dit, par la négation, que la vie qui va disparaître une fois pour toutes et ne reviendra pas est semblable à une ombre, qu'elle est sans poids, qu'elle est morte dès aujourd'hui, et qu'aussi atroce, aussi belle, aussi splendide fût-elle, cette beauté, cette horreur, cette splendeur n'ont aucun sens. » « *Einmal ist keinmal*, poursuit-il. Une fois ne compte pas. Une fois, c'est jamais. L'histoire de la Bohême ne va pas se répéter, l'histoire de l'Europe non plus. L'histoire de la Bohême et l'histoire de l'Europe sont deux esquisses qu'a tracées l'inexpérience de l'humanité. L'histoire est tout aussi légère que la vie de l'individu, insoutenablement légère, légère comme un duvet, comme une poussière qui s'envole, comme une chose qui va disparaître demain. » À nous, donc, de savoir utiliser les expériences historiques à bon escient, c'est-à-dire avec la double conscience qu'un phénomène passé s'est évaporé dans les limbes du temps mais que, à défaut de se répéter, l'Histoire bégaye, pour reprendre le bon mot imputé à Winston Churchill.

Revenons à Toynbee. Pour lui une civilisation naît lorsque, dans un peuple se sentant plus ou moins uni soit par la langue soit par la religion soit par les deux, une minorité active réussit à l'entraîner tout entier vers des comportements lui permettant de surmonter un défi vital pour sa survie : quelques Inuits inventant l'igloo, quelques grands singes découvrant dans la savane des ressources alimentaires nouvelles après que toute leur population fut chassée des arbres par un changement de climat, quelques Égyptiens réussissant à capter l'eau du Nil pour fertiliser le sol de la vallée, etc. Le défi peut être guerrier – « l'autre » – et une arme nouvelle, la massue puis la lance puis l'arc suffisent à y répondre. Il peut aussi être climatique. Il peut encore être interne avec une réponse de l'ordre de la police puis de la règle (Hammourabi, Ramsès, les premiers empereurs chinois…) etc.

L'observation de Toynbee est que tout au long de l'histoire c'est toujours, à travers sa minorité agissante ou son élite, la capacité d'un peuple à surmonter les défis successifs que lui fait rencontrer son destin, qui lui fait assurer sa pérennité, son développement et sa croissance.

Comme il le dit superbement : « L'étincelle divine du pouvoir créateur persiste toujours en nous et si nous recevons la grâce de l'aviver en flammes, les étoiles dans leurs courses ne pourront vaincre notre effort à atteindre le but. »

Il est possible, et fréquent, qu'un peuple victorieux fasse accepter sa technique de survie et la culture qui va avec à des peuples différents acceptant la suzeraineté du vainqueur pour prix de sa sécurité. La communauté devient un empire en même temps qu'elle devient multilingue voire multireligieuse. Rome est le plus bel exemple d'une telle aventure, mais de loin pas le seul. C'est lorsqu'un nouveau défi ne peut être surmonté que le mouvement ascendant, dans l'espace, dans le temps et dans l'intensité, de la civilisation en cause s'essouffle, ralentit, puis s'arrête. Ce défi fatal peut être externe – guerrier –, interne – social – ou climatique, l'histoire a tout connu.

Au vrai, rares sont semble-t-il les cas où c'est la guerre extérieure qui a tout tranché et fait disparaître une civilisation presque par surprise parce que sans réel préavis. Inventer du radicalement nouveau pour répondre à un défi lui-même nouveau est une capacité interne à une civilisation ou à un système de civilisation. L'affaissement commence à l'intérieur. L'extérieur ne fera qu'en profiter. Ce n'est que lorsque la créativité se tarit que la mécanique se grippe, entraînant la civilisation flamboyante dans un lent processus de dégénérescence. Or, comme nous l'avons vu précédemment, si nous sommes sans aucun doute armés intellectuellement, aujourd'hui, pour répondre aux défis multiples et immenses qui se présentent à nous, nous ne sommes pas, pour autant, prêts collectivement à mettre en œuvre les solutions que nous avons esquissées pour ce faire. Nous savons, souvent ; nous craignons, parfois ; nous n'agissons jamais.

Une civilisation est guidée, d'après l'analyse de Toynbee, par une minorité créatrice aimantant le reste de la société (la majorité *silencieuse*, dirions-nous aujourd'hui) qui la suit mimétiquement, formant avec elle un tout cohérent et uni. Cependant, naturellement, l'élan créateur de la minorité guidante finit par se tarir, avec comme première conséquence le phénomène précédemment décrit d'incapacité à répondre aux nouveaux défis. Le vrai blocage dans cette mécanique intervient lorsque cette minorité créatrice, auréolée de ses succès passés – c'est-à-dire de la réussite avec laquelle elle a surmonté les précédents défis qui se présentaient à la civilisation tout entière –, se maintient au pouvoir, entendu évidemment dans une conception plus large et abstraite que le simple pouvoir politique électif. Enorgueillie de ses succès d'antan quoique incapable de se réinventer pour s'adapter aux conditions nouvelles, la minorité créative devient minorité bloquante, empêchant par la même occasion d'autres individus, dont le regard frais et la créativité encore intacte permettraient peut-être de répondre aux défis nouveaux, de s'y hisser : l'historien pointe « la tendance d'une minorité créatrice à dégénérer en minorité dominante, symptôme de déclin et de désagrégation » arguant que « ceux qui ripostent triomphalement à un défi sont défavorablement placés pour réagir avec succès au suivant ». Aussi défavorablement placés soient-ils, ils sont évidemment dans une position extrêmement confortable pour *tenter d'y répondre*, eux qui sont non seulement aux manettes du pouvoir, puisque c'est de là qu'ils ont pu répondre aux défis d'autrefois, mais qui jouissent en outre du prestige de leur succès antérieur. Mortifères « effets paralysants de l'idolâtrie d'un passé glorieux »…

« "Celui qui se dresse sur la pointe des pieds n'a pas de base solide […], Celui qui est fier de son œuvre n'accomplit rien de durable." Telle est la Némésis de la créativité », écrit encore Toynbee, citant Tao Te King, « poète du déclin et de la chute de la civilisation préchinoise ». La *Némésis de la créativité*, c'est précisément cette vengeance, ce renversement des rôles, qui finit invariablement par s'opérer dans une civilisation, s'impose et la condamne. Survit alors celle dont l'intelligence collective surpasse les égoïsmes individuels et qui parvient, ce faisant, à opérer une mutation durable de son élite afin que les minorités créatrices successives ne deviennent jamais des minorités dominantes.

Victime de la *Némésis de la créativité*, la minorité qui se maintient presque invariablement au pouvoir voit le corps social se déchirer – la majorité finissant par ne plus être silencieuse lorsqu'elle saisit finalement l'incapacité de ses dirigeants à répondre aux nouveaux défis. Alors, dans ce schisme qui préfigure le déclin, à la minorité dominante s'oppose, d'après l'analyse de Toynbee, tant le prolétariat *intérieur*, à travers la lutte des classes, qu'*extérieur*, via une guerre aux frontières.

Il arrive que le hasard tape fort : c'est au moment précis où je rédigeais ces pages, que sort en librairie la très remarquable, l'inoubliable fresque de Michel de Jaeghere sur la fin de l'empire Romain, sobrement intitulée *Les Derniers Jours* [1].

L'enseignement est limpide : ce ne sont pas les barbares qui ont tué l'empire. Ils l'ont seulement achevé. Il est mort tout seul, de l'intérieur, et c'est alors que les barbares ont pénétré.

Cinq siècles durant, ils ont végété et se sont reproduits au-delà des frontières de la République puis de l'empire en les harcelant, quelque peu, sans jamais sauf une fois pouvoir y pénétrer en force ni sérieusement le mettre en danger. Hadrien, en Écosse, a même construit un mur. Partout ailleurs de très grands fleuves difficiles à franchir, faciles à surveiller, suffirent longtemps à garantir la frontière : le Rhin, le Danube, un plus court moment l'Euphrate.

Puis vint la fatigue impériale. L'armée devient lourde et difficile à commander. Les conquêtes se ralentissent et avec elles l'arrivée de richesses nouvelles. La fonction militaire cesse d'être d'abord offensive pour devenir défensive. C'est infiniment plus coûteux. L'impôt croît sans mesure. Dans un univers à croissance ralentie, les élites, l'aristocratie d'abord, s'approprient une part vite croissante de la richesse. La cohésion sociale, la répartition efficace des subsistances, le recrutement de l'armée, l'entretien des routes, des ponts et des aqueducs se font plus difficiles, plus incertains.

---

1. Michel de Jaeghere, *Les Derniers Jours : la fin de l'Empire romain d'Occident*, Les Belles Lettres, 2014.

Le IIIe siècle voit le nombre de fonctionnaires de l'empire Romain se multiplier par plus de cent. Il apparaît une classe de gens outrageusement riches, devenus totalement indifférents à l'intérêt collectif. De plus en plus, l'administration de l'empire se militarise, en même temps qu'elle perd sa capacité à dominer les séditions. L'on accepte certains barbares pour en faire des citoyens de l'empire pendant que d'autres, vengeance ou simplement pillage, pénètrent violemment et détruisent tout sur leur passage.

On retrouve largement les critères de Jared Diamond évoqués ci-dessus, à cela près peut-être que, dans une aventure aussi immense, la confrontation avec la nature, l'écologie et par exemple le drame de l'eau, semble jouer un rôle bien moins important que dans la plupart des autres effondrements. Mais la grande leçon de Toynbee demeure : c'est le dynamisme interne qui meurt le premier, par décrochage de l'élite. Calmer le peuple supposait de lui assurer du pain et des jeux, « *panem et circenses* ». Voilà qui recoupe l'analyse terrible de Neil Postman évoquée au chapitre 2.

Pour autant, « dans tous les cas, ce qu'un ennemi du dehors a perpétré de plus grave fut d'apporter le coup de grâce à un suicidé expirant. Là où l'empiétement prend la forme d'une attaque violente, à n'importe quelle phase de l'Histoire d'une civilisation, hormis à l'ultime, quand elle se trouve *in articulo mortis*, l'effet normal sur l'existence de la patrie assaillie apparaîtra non pas destructive mais positivement stimulante », explique-t-il, citant en exemple la Grèce antique qui fut « poussée à donner au monde les plus hautes manifestations de son génie par l'attaque des Perses au début du Ve siècle avant Jésus-Christ » ou encore notre propre civilisation qui, « par suite de l'assaut des Nordiques et des Magyars au XIe siècle de notre ère, fut amenée à accomplir ces valeureux exploits et à acquérir cette science du gouvernement qui eurent pour résultat la fondation des royaumes d'Angleterre et de France et la reconstitution du Saint Empire romain par les Saxons ».

Qu'on n'impute donc pas la mort des civilisations à des éléments extérieurs. Il est bien trop aisé de faire peser nos erreurs et nos fautes sur l'*autre*, coupable idéal qui permet à tous de regarder ailleurs sans voir la brèche que l'on creuse sous nos propres pieds !

Incapable de répondre aux défis qui nous assaillent, voilà que nous nous réfugions, aujourd'hui, dans la militarisation croissante et outrancière. Abîme de l'âme des nations ! Exutoire de notre paralysie collective ! N'oublions pas que la dogmatisation est le corollaire de cette militarisation puisque l'armée a réussi à faire accepter l'idée qu'un empêchement de penser en son sein y est nécessaire afin qu'elle se présente unie tel un bloc de ciment face à l'adversité. Dans la même veine, pourquoi ne pas faire taire les syndicats afin de permettre aux entreprises de se présenter unies tel des blocs de ciment face à la concurrence et à la mondialisation ? Penser collectivement – avec son inévitable cortège de désaccords et de dissensions, prélude indispensable à l'élévation intellectuelle et spirituelle par l'échange et l'apprentissage d'autrui – et agir solidairement sont-ils antinomiques ?

La minorité créatrice s'est indéniablement transformée aujourd'hui en minorité dominante, fût-ce sous le prisme encore luisant, mais que l'usure risque de rendre transparent – révélant donc sa supercherie – de la démocratie libérale. Si la majorité est de moins en moins *silencieuse*, la lutte des classes reste un horizon lointain – d'aucuns diraient même un vestige du passé. Peut-être n'est-ce pas plus mal ainsi : les idéologies vivent, elles aussi, et les modalités d'action qu'elles charrient doivent s'adapter aux nécessités de notre temps. Les révolutions arabes et les occupations de rues occidentales, de New York à Madrid, ont mis à jour de nouvelles formes de protestation contre le système. Elles préfigurent peut-être la révolution de demain.

Toynbee encore écrivait que « plus longue est l'obstruction, plus intense se fait la pression ; plus puissante la pression, plus brutale l'explosion par laquelle les forces emprisonnées se libèrent enfin ». En termes physiques, c'est indéniable : n'est-ce pas le principe constitutif de la Cocotte-Minute, qui a révolutionné les modes de vie dans les années 1950 ? En termes sociaux, c'est probablement vrai aussi. À terme, l'explosion la plus brutale serait probablement fatale pour notre civilisation.

L'état de délabrement écologique et social fait peser des risques sur la survie de notre modèle

« Notre maison brûle et nous regardons ailleurs. » Puissante et vraie, cette phrase prononcée par Jacques Chirac au Sommet de la Terre en 2002 résumait tant la destruction effrénée de la nature à laquelle nous nous livrons que l'indifférence manifeste dont nous faisons preuve devant cette mutilation de notre environnement naturel. Pourtant, cette inconscience dont nous sommes coupables collectivement fait peser un risque immense de dérèglement sans égal – et sans retour possible.

« Qui, du sommet du mont Palatin, aurait pu s'imaginer que l'empire Romain n'était pas éternel ? Qui, du haut d'un château fort ou d'une cathédrale, aurait pu envisager l'anéantissement de la chrétienté médiévale ? », écrivait l'historien roumain Ioan Culianu. Et en effet, qui, aujourd'hui, peut envisager la chute d'un modèle qui nous semble plus que pérenne – éternel ?

Pourtant, sans même aller jusqu'à considérer l'heure où sonnera le glas de l'espèce humaine en tant que telle, incapable de survivre dans un environnement devenu hostile, les dérèglements progressifs, qui s'autoalimenteront rapidement à partir d'un certain stade, vont bouleverser l'organisation des sociétés humaines. Jared Diamond, dans un ouvrage majeur sur la question (*Effondrement*) et déjà cité, a mis en exergue cinq facteurs à l'œuvre dans l'effondrement d'une société – il entend par là, précise-t-il, « une réduction drastique de la population humaine et/ou de la complexité politique, économique, sociale, sur une zone étendue et une durée importante » : les dommages environnementaux, le changement climatique, les voisins hostiles, les partenaires commerciaux « amicaux » et, seul facteur toujours significatif quand les quatre premiers peuvent l'être ou ne pas l'être, « les réponses apportées par une société à ses problèmes environnementaux ».

Ainsi l'effondrement d'une société n'est pas toujours le fait d'un élément extérieur venu perturber la quiétude du développement interne, comme des envahisseurs, par exemple. Dans *De la démocratie en Amérique*, Tocqueville écrivait ainsi qu'il « ne faut point se rassurer en pensant que les barbares sont encore loin de nous ; car s'il y a des peuples qui se laissent arracher des mains la lumière, il y en a d'autres qui l'étouffent eux-mêmes sous leurs pieds ». Aujourd'hui, le risque semble évidemment plus naître d'un « suicide » que d'un « meurtre » de notre modèle de société.

L'analyse de Jared Diamond, quoique remarquable, mériterait selon moi d'être complétée par la question lancinante des inégalités au sein même des sociétés, d'une part, et entre les différentes sociétés, d'autre part.

Les activités économiques créatrices d'inégalités croissantes et coupables de dérégler gravement notre environnement naturel font pression sur la viabilité de notre modèle de société et risquent, bel et bien, de le mener à sa perte. D'autres civilisations qui se croyaient éternelles ont péri. Nier ce risque apocalyptique, c'est refuser d'ouvrir les yeux et de voir le précipice qui se profile à l'horizon. C'est donc courir allègrement vers la chute.

Bien sûr, le degré d'interdépendance de tous les peuples à travers la planète aujourd'hui est un phénomène nouveau qui invite à questionner la potentialité réelle d'un effondrement global. Jared Diamond voit même dans cette « interconnexion du monde contemporain globalisé » une « raison d'espérer ». « Cette intelligence du temps et de l'espace d'hier à aujourd'hui, c'est notre chance, dont aucune société passée n'a bénéficié à un tel degré », poursuit-il. Jamais les civilisations mayas ou huns, par exemple, ne prétendaient exercer leur emprise sur l'ensemble du globe terrestre. Quand les habitants de l'île de Pâques mouraient d'un déboisement massif visant à assurer des ressources alimentaires suffisantes pour une population croissante, ils ne savaient ni que des civilisations passées s'étaient également éteintes, ni que d'autres, simultanément, couraient aussi à leur perte, comme les Norvégiens du Groenland ou l'empire Khmer. Comment donc des sociétés aussi connectées que celles d'aujourd'hui pourraient-elles s'effondrer ? Si l'idée d'un déclin de l'Europe au profit des États-Unis, puis de ces derniers au profit de la Chine, semble palpable et intelligible, celle d'un effondrement plus global interpelle.

Pourtant, les structures sociales et politiques sont précaires. Elles ne tiennent que grâce à un consensus global et tacite. La société démocratique n'est-elle pas aussi, en fin de compte, un « plébiscite de tous les jours » ? Quand les inégalités sociales auront dépassé le seuil d'acceptabilité, quand le bataillon des perdants du partage capitaliste se lèvera contre un système qui les spolie et une élite qui le perpétue, les fondations mêmes de notre société trembleront !

Ajoutons à cela les bouleversements écologiques, qui vont accentuer la pression sur ces structures sociales et politiques. Que ferons-nous lorsque des réfugiés écologiques taperont aux portes des endroits restés décemment habitables ? Lorsque les eaux auront monté, lorsque les déserts auront progressé, que ferons-nous des femmes et des hommes qui par millions se regrouperont, ou chercheront à se regrouper, là où d'autres auront été épargnés ? Les pays échappant aux dommages nés des dérèglements environnementaux le devront en grande partie à la chance, c'est-à-dire à des critères géologiques, géographiques et physiques, car il n'y aura assurément pas de lien de corrélation entre la quantité de pollution émise et les dégâts causés tant le problème est global. Pis ! Les pays les plus riches, pourtant responsables de la majorité des émissions de gaz à effets de serre, pourront, lorsque l'urgence sera devenue impérieuse, construire rapidement des installations permettant de s'adapter aux conséquences du changement climatique ; ce faisant, ils seront probablement plus épargnés que les autres, alors même qu'ils seront les plus responsables de la situation.

Alors se posera une question politique primordiale : que ferons-nous lorsque nous aurons contraint les habitants des pays les plus défavorisés à fuir leur terre natale à cause d'un développement que nous avons mené tête baissée, sans nous poser de question – pis encore : sans apporter de réponse aux questions qui nous auront été posées par une communauté scientifique de plus en plus alerte vis-à-vis de la trajectoire périlleuse que nous empruntions ? Il ne sera alors plus simplement question d'en prendre fidèlement notre part, mais bien de trouver une solution collective pour accueillir toute la misère du monde, misère que nous aurons créée par notre égoïsme, notre négligence et notre court-termisme permanents.

Ce qui distingue les hommes des animaux c'est qu'ils vivent plus encore de l'immatériel que du matériel

Dans *La Grande Implosion*, Pierre Thuillier fait le constat suivant, désabusé et sans appel : « Les Occidentaux avaient perdu tout sens de la poésie. Alors que les poètes veulent installer le rêve au cœur du quotidien, au cœur même de la vraie vie, les promoteurs du "spectacle" se contentaient de superposer au monde des banques, des usines et des supermarchés une sorte de bric-à-brac pseudo-culturel. »

Ernest Renan, un siècle plus tôt, prévoyait, déjà, l'avènement de la Raison (au détriment du rêve ?) : « Oui, il viendra un jour où l'humanité ne croira plus, mais où elle saura ; un jour où elle saura le monde métaphysique et moral comme elle sait le monde physique » avant, vite, d'en percevoir les limites : « Appliquée à la nature, elle en a détruit le charme et le mystère, en montrant des forces mathématiques là ou l'imagination populaire voyait vie, expression morale et liberté. Appliquée à l'histoire de l'esprit humain, elle a détruit ces poétiques superstitions des individus privilégiés où se complaisait si fort l'admiration de la demi-science. Appliquée aux choses morales, elle a détruit ces consolantes croyances que rien ne remplace dans le cœur qui s'y est reposé. »

Loin de moi l'idée de clouer au pilori progrès, science et raison. En revanche, il me semble tout à fait justifié de condamner Progrès, Science et Raison, avec des majuscules, c'est-à-dire leur culte aveugle précisément… déraisonné ! Au tournant du XXe siècle, Marcelin Berthelot écrivait que la science « réclame aujourd'hui, à la fois, la direction matérielle, la direction intellectuelle et la direction morale des sociétés ». Or – les citations successives, pour la plupart reprises du brillant ouvrage précédemment mentionné de Pierre Thuillier, illustrent bien, selon moi, le dérèglement progressif de la conscience collective, malgré quelques lanceurs d'alerte, en faveur d'une rationalité qui nie la sensibilité proprement humaine –, Albert Einstein l'assumait : « Le mode de pensée scientifique est tel qu'il n'existe aucun rapport entre la vie affective et les concepts qui déterminent un système dans son ensemble. […] L'attitude quasi puritaine qu'adopte celui qui recherche la vérité envers tout ce qui relève des émotions et de la volonté est d'ailleurs le résultat d'une lente évolution et constitue un trait caractéristique de la pensée occidentale moderne. » « Toute la question, pour Paul Valéry, est de décider si les émotions doivent être finalement conservées dans le système de connaissance ou bien éliminées comme n'ayant avec lui qu'une relation fortuite ou historique », « La Science, écrit-il avec une majuscule, étant la constitution de la connaissance à l'abri des émotions », « Elle s'obtient en niant régulièrement tout ce qui tient à l'état de rêve. » Claude Bernard, pourtant homme de science lui-même, prédisait que le « règne du rationalisme » serait « le règne de la tête et la mort du cœur ». Les hommes « ainsi faits par la science sont des monstres moraux » puisque « l'homme a nécessairement besoin de quelque chose qui parle à son sentiment […] qui dominera toujours la raison. »

« Si Voltaire devait se réincarner parmi nous au XXe siècle, écrivait l'historien Toynbee, son cri de guerre serait peut-être cette fois : "La technique, voilà l'ennemi ! Écrasez l'infâme !" » L'idée n'est pas, répétons-le, de condamner les progrès, ni scientifiques, ni techniques, mais plutôt de remettre en question la fuite en avant vers le Progrès perçu comme une fin en soi, d'une part, et la tendance croissante de la science à se mettre, plus ou moins volontairement, au service de la technique. Triste constat que celui de Marcel Mauss : « La magnifique science est devenue un élément de la technique, un moyen. »

Le risque, c'est également que les sources d'une science rabaissée au rang de moyen finissent par se tarir, faute d'une volonté suffisante de la perpétuer et de la développer. C'est sous cet angle que Tocqueville analysait la chute de l'empire Chinois au XIXe siècle : « Les Chinois, en suivant la trace de leurs pères, avaient oublié les raisons qui avaient dirigé ceux-ci. Ils se servaient encore de la formule sans en rechercher le sens ; ils gardaient l'instrument et ne possédaient plus l'art de le modifier et de le reproduire. » On en perçoit aisément le risque – celui de piloter à l'aveugle des machines lancées à pleine vitesse qu'on ne sait plus maîtriser véritablement faute d'en connaître et d'en comprendre la source et le contenu.

Serons-nous un jour – et, surtout, le souhaiterions-nous véritablement – « maîtres et possesseurs de la nature » ? La Science remplacera-t-elle la Religion dans sa prétention à appréhender le monde globalement ? « La superstition scientifique, écrivait Antonio Gramsci, apporte avec elle des illusions si ridicules et des conceptions si infantiles que, par comparaison, la superstition religieuse elle-même en sort ennoblie. »

En outre, la révolution industrielle et le développement rapide qui s'en est suivi sont allés de pair avec l'utilisation croissante de drogues, tentative d'échapper à la rationalité toute-puissante et de fuir une réalité si peu onirique. Olivier Juilliard a montré l'hypocrisie de la société à leur égard en parlant de « toxicomanie froide » pour définir la pharmacomanie, « forme instituée de toxicomanie, tout à la fois surveillée et entretenue par le regard médical » que le Larousse définit comme un « besoin impérieux d'absorber des médicaments ». L'utilisation croissante de substances médicamenteuses psychotropes n'est-elle pas une façon, aussi désespérée soit-elle, d'échapper au quotidien cynique et froid ?

Au nom de quelle rationalité la société décide-t-elle d'autoriser la vente et la consommation de ces médicaments artificiels et synthétiques quand des plantes naturelles sont, elles, considérées trop dangereuses pour être légales – ce qui ne fait, soit dit en passant, qu'amplifier leur dangerosité pour ceux qui bravent l'interdiction et en consomment tout de même, le produit ne pouvant être contrôlé et régulé par la puissance publique ? La seule explication possible me semble être celle des intérêts économiques, ce que tend d'ailleurs à confirmer la schizophrénie courante entre vin et cannabis, par exemple – les deux semblant, à première vue, plutôt assimilables… si l'on met de côté les intérêts économiques et culturels qui reposent sur la filière vinicole.

Je vois plutôt ces trois éléments (vin, médicaments psychotropes et cannabis), qui tous tendent à créer une situation d'ivresse propre à s'évader de la réalité quotidienne, comme un triangle au sein duquel seuls règnent les intérêts économiques : dans ce triangle, deux des trois éléments sont autorisés par la norme. Non pas les deux substances naturelles du triangle, comme on pourrait s'y attendre, mais les deux substances qui répondent le plus aux intérêts économiques de la société. Pourtant, une légalisation et un contrôle de la troisième de ces substances, le cannabis, pourraient, comme c'est le cas pour le tabac, être à la fois source de revenus pour l'État, qui ne se priverait pas (à raison) de le taxer ; vecteur de santé publique, permettant de contrôler le produit ; et de sécurité publique, en faisant sortir son commerce de la zone de non-droit et de violence qui le caractérise aujourd'hui, ôtant aux *dealers* le fruit de leur *business* pour le réintroduire dans un circuit transparent et contrôlé.

« Hélas !, écrivait Baudelaire, les vices de l'homme, si pleins d'horreur qu'on les suppose, contiennent la preuve de son goût de l'infini ; seulement, c'est un goût qui se trompe souvent de route. » Beaucoup de citoyens tentent de s'extirper du rationalisme triomphant en utilisant des psychotropes ; la société, elle, réplique arbitrairement en autorisant la consommation lorsque prime l'intérêt économique, au détriment du bon sens, qui pourrait consister en une légalisation et un contrôle des substances naturelles et une plus stricte limitation des substances artificielles. Il y a peu de temps, Barack Obama a commencé à engager une réflexion sur la modernisation de cette paralysie normative étonnante, reconnaissant avoir « fumé de l'herbe » dans sa jeunesse, ce qu'il considère comme « une mauvaise habitude et un vice pas très différent de celui des cigarettes » et « pas plus dangereux que l'alcool ».

Entendons-nous : faire ainsi usage de psychotropes, de quelque nature soient-ils, pour fuir le quotidien n'est certainement pas une bonne idée ; c'est néanmoins un phénomène si massif qu'il mérite d'être pris en compte tant il témoigne d'un malaise vis-à-vis de la société telle qu'elle a été construite de la part de ceux qui cherchent à s'en évader. Le signe, peut-être, qu'il devient urgent d'y réintroduire du rêve et de la poésie, pour ne pas avoir à aller les chercher ailleurs, dans ces *paradis artificiels* où ils feignent se trouver mais ne résident jamais véritablement.

« La modernité avait promis l'autonomie à l'individu, mais la forme concrète de cette société, industrielle et capitaliste, aliène et exproprie l'individu de lui-même », écrivait Enzo Lesourt dans un article sur André Gorz et Ivan Illich. Les deux chercheurs ont travaillé sur ces questions et réfléchi à des solutions afin de remettre le développement économique et social au service de l'humain. L'un comme l'autre jugeaient nécessaire de réintroduire ce que le second appelait du *vernaculaire* dans la société, à savoir « toute valeur domestique, tirée des communs et qu'une personne peut protéger et défendre alors qu'il ne l'a ni achetée, ni vendue sur le marché ».

Ivan Illich recherchait dans ce concept de société vernaculaire l'idée d'un « mode de socialité [dit *socialité chaude*] non détourné par la rationalité économique ou administrative » (l'expression est de Enzo Lesourt). Il a ainsi livré une brillante analyse des institutions (écoles, hôpitaux, transports) qui façonnent la société capitaliste contemporaine, les assimilant à des « outils de conditionnement puissants et efficaces qui produiront en série une main-d'œuvre spécialisée, des consommateurs dociles, des usagers résignés ». En somme, pour éviter que l'être humain soit coulé dans le moule du citoyen-consommateur qui achète sans penser et perpétue sans agir un système qui va dans le mur, le philosophe jugeait nécessaire de retrouver une forme de proximité et de casser codes et carcans imposés par les institutions nationales, utiles mais castratrices – au premier rang desquelles l'école.

Que pèsent toutes ces menaces, fussent-elles conjuguées et « autoamplificatrices », à l'heure où la pensée dominante est celle de l'invincibilité de notre modèle de civilisation, quand bien même les périls qui pèsent sur lui sont nombreux et sérieux ? Tout a beau se dérégler autour de nous, tant que nous penserons, drapés dans nos certitudes mortifères, que rien de bien grave ne peut nous arriver, pourquoi agirions-nous ? Nous l'avons vu, les problèmes sont multiples ; ils sont d'autant plus graves qu'ils se doublent d'une forme d'aveuglement collectif. Pis ! Certains problèmes sont connus et identifiés, notamment les risques environnementaux majeurs que nous fait encourir notre modèle de développement ; pour autant, leur immensité et leur urgence semblent telles qu'elles inhibent tout changement collectif d'envergure, comme un enfant que l'imminence d'un danger – sur la route, par exemple – paralyserait complètement, l'empêchant de bouger pour se sauver. D'aucuns diraient que ce caractère physiologique permet, précisément, que ne survivent et ne se perpétuent que « les plus forts ». Peut-être alors l'espèce humaine, dans l'ensemble, n'est-elle pas assez « forte », assez résolue, assez intelligente collectivement pour se sauver des dangers que son propre développement lui a fait courir ?

Je ne le crois pas. Avec Thérèse Delpech, encore, nous pouvons affirmer que la force du thème du déclin est « celle du retour sur soi et de la réflexivité, qui permet de mesurer les erreurs, les fautes, et de porter un jugement sur l'engourdissement éthique où le monde est plongé ».

Alors, face à la menace réelle d'un effondrement de notre société, il faut agir. Des myriades d'opportunités existent, là, tout près – à portée de main. En conjuguant audace et créativité, courage et imagination, nous pourrons réussir à inventer une société nouvelle, libérée des périls qui nous guettent. Mais cette libération ne sera quoi qu'il en soit que provisoire : l'évolution crée sans cesse des problèmes nouveaux. À nous de savoir, toujours, les éviter à temps pour continuer notre belle marche collective vers le futur et vers le progrès. En gardant toujours en tête que les deux ne sont pas synonymes par essence, et qu'il revient à chacun d'entre nous de les faire aller de pair.

Chapitre 9

La longue saga des émergences subversives

Le mot « subversives » doit se lire dans ce titre comme subversives par rapport au discours et aux pratiques politiquement corrects de la société capitaliste dans laquelle nous vivons.

Les souffrances, les dysfonctionnements, les malaises, les inégalités et les dangers multiples que nous affrontons depuis que le capitalisme s'est imposé, soit plus de deux siècles maintenant et même depuis que ses prémices se font sentir – le commerce maritime, les grandes découvertes – soit deux autres siècles, ont naturellement provoqué, dans la pratique, des réactions de défense. Que ces attitudes, comportements ou pratiques « non conformes » touchent la propriété, les formes de l'échange, l'organisation du commandement économique, le statut de la monnaie, l'univers du non-marchand ou celui de l'intérêt général, elles sont toutes, d'une certaine manière, annonciatrices de recherches de solutions à la multricrise dans laquelle nous nous débattons. On le verra dans les pages à venir, qui se veulent pour l'essentiel le rappel des anticipations que la société des hommes a déjà mises en œuvre pour se prémunir contre de telles menaces.

Mais je ne saurais entamer ce chapitre sans rappeler d'abord que l'histoire humaine ne se limite pas à la courte période de sa phase capitaliste, et que, de tout temps, les hommes de pensée se sont préoccupés de l'argent et du pouvoir qu'il donnait à leurs concitoyens, du sens et des conséquences que l'avidité et la cruauté de l'espèce humaine pouvaient donner à sa détention massive.

La constante inquiétude philosophique

Déjà Platon exprime l'espoir d'une République dont les règles découlent de la volonté de préserver le « vivre ensemble » de la communauté en question, et ne supportent pas de déviances dommageables. L'argent n'est pas explicitement cité comme l'une des sources de ces déviances possibles, mais implicitement il en fait partie.

Un demi-siècle plus tard à peu près, Aristote insiste beaucoup plus fortement sur la morale, dans l'*Éthique à Nicomaque*. Lui non plus n'isole pas spécifiquement la richesse comme une des sources possibles des violations de l'éthique, mais la dénonciation qu'il en fait incrimine clairement toute atteinte aux règles communes quelle qu'en soit la source, avidité, cruauté ou puissance.

Les grandes religions du Livre sont, dès l'origine, beaucoup plus explicites. Toutes, judaïsme, chrétienté et islam, condamnent – on l'a vu – le prêt à intérêt, comme un enrichissement sans cause et une insulte à Dieu. Quelques grands clercs, Thomas d'Aquin notamment, semblent avoir perçu la difficulté économique créée par cette interdiction absolue, et y avoir cherché quelques aménagements. Mais j'ai expliqué aux chapitres 1 et 3 que c'est le théologien réformé Jean Calvin qui, le premier, formula clairement la distinction entre le prêt de consommation, apparenté à la charité et ne supportant en aucun cas l'enrichissement, et celui de production, nécessaire à la vie des individus puisque pour produire quoi que ce soit il faut préalablement se procurer des outils et des matières, et rassembler une force de travail. Cela suffit à réhabiliter la richesse puisqu'elle contribue à l'amélioration de la vie des hommes, créatures du Seigneur. Cela dit, Calvin est limpide et brutal : cette richesse est agréable à Dieu, mais si et seulement si elle est utilisée selon Ses vœux :

permettre d'augmenter la production de richesses – beaucoup plus tard on dira réinvestir – ou distribuée à ceux dans le dénuement. L'accumulation privée ou l'usage somptuaire sont péché.

Cette distinction permettra le décollage économique, et par là l'émergence de ce que l'on appellera ensuite le capitalisme. Fort logiquement ce dernier se développe d'abord en terres calvinistes : Allemagne de l'Ouest, Provinces Unies des Pays-Bas, sud de la Suède, Grande-Bretagne et rapidement après États-Unis d'Amérique.

Mais, bien sûr, là est la faille qui permettra de se débarrasser de l'exigence religieuse fermement rappelée par Calvin : l'accumulation de fortune devient possible.

Le capitalisme débutant montre alors sa cruauté. Les usines deviennent quasi des camps de concentration, les salaires sont de misère ; on travaille dix-sept heures par jour sans congés payés ni retraite, femmes et enfants en dessous de dix ans compris, soit plus de 4 000 heures par an. On n'est plus paysans. Finie la glane. La condition ouvrière devient sanitairement maudite, pour une part vite croissante de la population.

Des médecins, des bourgeois éclairés – Villermé en France, Owen en Angleterre, bien d'autres – écrivent des cris d'alarme retentissants. Il faudra des décennies pour qu'ils reçoivent des suites…

Mais très tôt aussi, des hommes à champ de vision plus large comprennent que c'est la vie d'êtres humains qui est dégradée, dénaturée. Sous des formes très diverses, ils aspirent à d'autres formes d'organisation et pensent en termes de communauté.

Mon propos ici concerne les pratiques et non les idées. Je n'entreprends donc pas de résumer toutes ces thèses ou ces pensées. Il suffit pour identifier, apprécier et évaluer ces pratiques de se souvenir que, tout au long du XIXe siècle, quiconque, professionnel qualifié, artisan ou autre, lisait un peu, trouvait des intellectuels de haute qualification pour fonder et authentifier à la fois le rejet du capitalisme et la recherche, même marginale, d'autres formes d'organisation de la vie sociale. À des titres divers, et de manière plus ou moins intense, trouvent place dans cette lignée Saint-Simon, Auguste Comte, Enfantin, Fourier, Proudhon – qui s'exclama un jour « La propriété c'est le vol » pour en revenir ensuite à un peu plus de modération –, Godin et bien d'autres. Il faudrait, hors de France, citer d'innombrables noms dans bien des pays, je me limiterai à celui de Robert Owen, industriel anglais qui alla jusqu'à émigrer aux États-Unis pour y fonder « La Nouvelle Harmonie », communauté de travail aux règles de vie quasi communistes mais qui finit par péricliter.

Les forces conservatrices, la bourgeoisie et le capitalisme furent, au final, plus forts que tout cela. Ils gagnèrent et le capitalisme entama, en Europe et en Amérique d'abord, la gigantesque transformation du monde, qui fit notre immense bien-être technique mais dont il faut maintenant gérer les conséquences.

C'est dans ce fourmillement d'événements et d'idées que Karl Marx entreprit son vaste combat contre les utopies déjà regroupées à l'époque sous le nom de socialisme. Il gagna cette lutte, même si c'est largement à titre posthume et sous la forme déviante vers l'étatisme centralisé, imposée à sa pensée par Kautsky. La pensée coopérative ou mutualiste est marginalisée. La pensée communautariste est morte ou à peu près, il n'en reste que les kibboutzim d'Israël, moins de 2 % de la population de ce petit pays, eux-mêmes gravement affaiblis.

Sans plus croire à des transformations marginales, ni même espérer qu'elles grandissent jusqu'à devenir significatives, le mouvement ouvrier socialiste s'engage dans le combat politique central. Il va perdre partout sauf en Russie.

Il est essentiel à mon sujet de rappeler le souvenir des dernières grandes controverses autour du point de savoir si le marché pouvait être compatible avec l'intérêt général ou si c'est le marché lui-même qu'il fallait supprimer. C'est Staline qui trancha ; et dans le mauvais sens. Mais ce que Boukharine essaya de défendre à ces occasions est la clé du propos général de ce livre : nous sommes en économie de marché pour longtemps et entendons y rester. Et il s'agit de savoir si, et dans quelles conditions, le marché peut intégrer et supporter la défense de l'intérêt collectif.

Nous sommes en 1924. Lénine vient de mourir. La jeune Union soviétique est dans un état dramatique. La famine règne, la population se plaint partout de l'arbitraire et des exactions du nouveau pouvoir. Le bureau politique découvre, sans doute avec malaise, la brutalité du testament de Lénine dénonçant l'arrogance des nouveaux apparatchiks qui sont à la fois ceux de l'État et du Parti, leur cruauté et leurs excès de pouvoir, conséquences à ses yeux de la disparition de tout lien entre ces bureaucrates et la classe ouvrière authentique.

Staline déclara approuver ce diagnostic et annonça son intention de renforcer puissamment l'« Inspection générale ouvrière et paysanne ». Nikolaï Boukharine, un des plus jeunes membres de ce terrible bureau politique du Parti communiste de l'Union soviétique, mais l'un des plus respectés parce que incontestablement l'intellectuel le plus cultivé, le plus approfondi, et à coup sûr et de loin le meilleur connaisseur de Marx et de tous ses travaux, prend la parole et se bat. Ni Lénine ni Staline ne l'aimaient beaucoup : perdu dans ses lectures et ses pensées, Boukharine ne valait rien sur les champs de bataille où la jeune Union soviétique défendait son existence. Trotski, sans doute le plus courageux d'entre tous, avait été le plus sarcastique et le plus méchant à son endroit. Le courage physique n'était pas son affaire. Mais c'était Boukharine… L'histoire n'est pas écrite. L'histoire joue son destin dans des controverses que des souvenirs rédigés permettront de reconstituer par la suite. De ce que j'ai pu en collecter découle une tirade qui devait ressembler à : « Camarades ne faites pas cela. Cela voudrait dire seulement renforcer notre forme à nous de la police. La classe ouvrière authentique, celle qui vainquit en 1917, a disparu, tuée sur les champs de bataille de la guerre internationale comme de la guerre interne. Elle était créatrice d'autres rapports humains. Aucune police ne la remplacera. Ce qu'il faut faire c'est réactiver tout ce qui en Russie a une valeur ou une signification associative : le village collectif, le mir, les coopératives, les associations, les cercles de pensée… » La formule qui résume tout cela en parlant de société civile ne fut forgée par l'Italien Gramsci que bien longtemps après. Mais déjà, c'est de cela que parle Boukharine.

Staline, ayant le pouvoir en main, trancha en faveur du renforcement de l'Inspection générale ouvrière et paysanne. Je ne sais pas, écrivant cela, si la terrible filière GPU puis NKVD est directement l'héritière de cette décision, ou si ce sont les héritiers de la police des tsars qui engendrèrent la police de Staline absorbant l'Inspection générale ouvrière et paysanne... Mais peu importe...

La deuxième controverse survient quatre ans après, en 1928-1929. La famine a disparu, mais l'insuffisance alimentaire demeure. L'agriculture russe ne produit pas assez. Staline, qui avait longtemps protégé les paysans, même aisés, décide la dékoulakisation. Nouveau débat du bureau politique. Devant la proposition, de nouveau, Boukharine ose. « C'est une décision dangereuse, guerrière en fait, et qui ne fera pas croître la production. Ce qu'il faut au contraire, et par des aides et incitations massives, c'est encourager toutes les formes coopératives – beaucoup de villages russes, les mir, le sont – de production, à être plus productives et plus compétitives sur le marché. » « Sur le marché... », ce serait dans le texte. Pour le malheur de l'URSS, la dékoulakisation fut décidée, et l'insuffisance agricole et alimentaire devint permanente.

Quelques années après, 1932-1934 peut-être, Boukharine déclare au bureau politique : « Nous nous y prenons mal. Les classes sociales, moteurs de l'histoire, nous ne les respectons pas et ne savons pas les mobiliser. Je demande un an de congé au bureau pour aller à Londres, Amsterdam, Berlin, partout où restent encore des archives de Marx, à la recherche de ce qu'il a écrit de plus précis, de plus détaillé sur les classes sociales... » Accordé. Boukharine voyage, cherche, et trouve... Des classeurs où figurent, par dossiers, des chapitres du *Capital*. Mais le dossier intitulé « Les classes sociales » ne comporte qu'une page blanche avec ce titre. Et rien d'autre. Marx ne l'a jamais écrit. Boukharine rentre à Moscou désespéré, car il doute. Il sera fusillé en 1938. Mais réhabilité en 1988, par Gorbatchev...

Eût-il gagné ces combats qu'il aurait peut-être sauvé l'Union soviétique, en tout cas démontré que, sous la condition de disposer des formes et des procédures nécessaires, l'intérêt général pouvait parfaitement être efficacement défendu sur le marché. Le destin du monde en eût peut-être été changé.

Pendant la période – 1968-1971 – où mon parti le PSU se voulut marxiste, je me suis fermement défini comme boukharinien, avant d'oser, en 1970 je crois, le faire comme social-démocrate suédois.

Toujours est-il que les formes d'expérimentation sociale novatrice tentées sur le marché et compatibles avec lui demeurèrent limitées sinon marginales, faute d'avoir jamais vu leur légitimité reconnue par les augures de la pensée socialiste internationale, sauf pour partie et bien tard en Scandinavie et en Grande-Bretagne. Cela n'enlève rien à leur importance ni à la puissance de leur signal.

Mais avant de les présenter, il convient d'évoquer un autre volet de l'histoire de la pensée sur l'organisation économique.

Les rêves utopiques ayant été abandonnés, principalement pour cause d'impraticabilité, l'interrogation initiale demeurait.

Marx lui-même, au demeurant, avant de s'occuper du capital, avait beaucoup travaillé sur « l'aliénation », le fait de ne plus s'appartenir soi-même, ce qui est le cas des êtres humains dont on loue et rémunère la force de travail en en exigeant la mobilisation exclusive et en négligeant totalement la personne elle-même, son équilibre physique et social, comme les besoins individuels et collectifs de son épanouissement. On discuta longtemps, Althusser notamment, sur le point de savoir si entre le Marx analyste de l'aliénation et le Marx analyste du capital il y avait cohérence et continuité ou au contraire rupture épistémologique. Pour l'orthodoxie marxiste au pouvoir, la reconnaissance d'une discontinuité était inadmissible… Ce n'est pas, à mes yeux, le point central. Le drame contemporain de l'œuvre de Marx est qu'elle fut écrite longtemps avant qu'émerge et ne soit reconnue cette discipline du savoir humain qu'est la sociologie. Il en résulte que le pouvoir en tant que tel ne fait chez Marx l'objet d'aucune interrogation, analyse ou proposition, que ses rares intuitions à ce sujet furent partielles et incohérentes, et que les mouvements qui se recommandèrent de lui et prirent le pouvoir (Russie, Chine, Cuba, Vietnam) ne surent l'exercer que par la dictature et le transmettre que par coups d'État ou quasi. Cela n'enlève rien à la formidable puissance de ses analyses économiques et pas davantage à son décryptage de l'aliénation.

Bien plus tard, le philosophe américain Herbert Marcuse, d'abord marxiste, finit par dénoncer toute société marchande, capitaliste ou communiste comme répressive de la jouissance et de la satisfaction des instincts fondamentaux de l'individu humain. Marcuse fut beaucoup évoqué en Mai 1968...

Dans la même veine, Ivan Illich se fit dénonciateur de la dépersonnalisation produite par notre civilisation.

Plus proches encore de cette partie de notre sujet, qui cerne la responsabilité de la domination de l'argent dans la destruction contemporaine des équilibres sociaux, figurent André Gorz, déjà cité, qui arguë que « la marchandise étouffe l'humanité » et surtout peut-être Pierre Thuillier, le plus oublié, le plus ostracisé, mais le plus grand sans doute, qui, désespéré, après le rejet général par toutes les élites de son œuvre majeure *La Grande Implosion* (1995) et surtout par sa profonde certitude que l'effondrement qu'il annonce finirait bien, d'une manière ou d'une autre, par se produire, finit par se laisser mourir. Il était sans doute l'annonciateur le plus complet de la multicrise actuelle.

En plus pratique et moins philosophant, il ne faudrait pas oublier Benjamin Barber et son *Comment le capitalisme nous infantilise* [1].

Plus fondamentalement, toute la vie et l'œuvre d'Edgar Morin sont consacrées à la mise en évidence de la déshumanisation à laquelle procède notre forme d'organisation sociale.

Hors la pensée philosophique, et dans un regard exclusivement centré sur l'économie, son dénonciateur le plus vigoureux

1. Benjamin Barber, *Comment le capitalisme nous infantilise*, Fayard, 2007.

pourrait bien être René Passet dans *L'Économique et le Vivant*, datant de 1979.

Autrement dit, dans ce chapitre évocateur des pratiques subversives ou non conformes, tout ce qui va suivre, qui n'a assurément pas encore suffi à transformer le monde, loin d'être marginal, incohérent ou dispersé, prend place dans une quête inquiète et permanente de l'humanité, quête exprimée et guidée, au-delà des expérimentateurs, par de très grands esprits de la pensée philosophique.

Coopératives et mutuelles, l'économie sociale

Les noms de baptême et la théorisation viendront plus tard. Ce qui va être ainsi dénommé semble bien né, en France notamment, sous la forme d'associations d'ouvriers courant XIXe siècle, créées pour se protéger.

Il y a cependant de très anciens antécédents, aux formes moins élaborées : les hétairies de la Grèce antique, les caisses de secours des tailleurs de pierre, les guildes, corporations et compagnonnages du Moyen Âge…

La toute première violence que le capitalisme naissant permet d'imposer aux hommes, et tout d'abord aux paysans ruinés chassés de leurs terres et cherchant du travail à l'usine ou à la mine, fut assurément celle des « loueurs d'hommes » recruteurs pour le compte des grands patrons, qui vendaient très cher leurs services de découvreurs d'embauches par des prélèvements énormes sur les premières payes. Des associations d'ouvriers naquirent, qui inventèrent une version des quêteurs d'embauche, cette fois pour le compte des salariés et sans but lucratif autre que la rémunération de leurs propres employés. Elles se baptisèrent d'abord bourses du travail. Associations à libre adhésion, élisant leurs dirigeants (un homme une voix), rendant un service permanent (l'activité était constante, et à but non lucratif), ce que l'on appellera quelques décennies plus tard la coopérative était donc né. Elles proliféreront au point que, juste après le second Empire, naquit une fédération des bourses du travail. Et c'est, magnifique sanction de leur triomphale prolifération, cette fédération des bourses du travail, réunie en congrès national en 1898, qui eut la force et l'audace de se transformer en syndicat – ils étaient autorisés depuis 1884 seulement – et donna naissance à la CGT, Confédération générale du travail, maison mère et matrice initiale de tout le syndicalisme français.

Le concept de coopérative avait une telle force intrinsèque que nombreux furent ceux qui s'y rallièrent. L'acte fondateur fut britannique. C'est en 1844 que les « pionniers de Rochdale » formulèrent les principes de base de la coopération.

Au-delà des salariés, très tôt des travailleurs indépendants, artisans et paysans, trouvèrent l'outil commode pour assurer les services collectifs nécessaires à leur activité. Pour les achats – on parlera plus tard des intrants –, pour le conditionnement et le service des ventes, plus tard pour le machinisme agricole, le monde agricole multiplia très vite les coopératives de services. C'est au point qu'encore aujourd'hui, soit pour les achats soit pour les ventes, soit pour l'équipement mécanique ou encore pour l'exercice commun des responsabilités de propriétaires, un gros tiers de l'activité agricole française passe par le recours à des formes coopératives.

Restons en France et parmi les salariés, encore quelques instants, avant d'élargir notre regard. Le concept de coopérative s'élargit très vite, notamment dans les zones mono-industrielles à employeur unique.

Michelin, Peugeot ou Wendel s'occupaient de l'individu de la naissance à la tombe, mais il fallait bien sûr acheter Michelin, Peugeot ou Wendel, ainsi que l'alimentation, le vêtement, le combustible de chauffage ou les premières bicyclettes au prix fixé par ces grandes compagnies. Ainsi naquirent les coopératives de consommation, les COOP.

En ces débuts du capitalisme, la misère ouvrière était telle que, souvent, les ouvriers mouraient chez eux tout nus, sans tenue décente, ni même une couverture, moins encore un cercueil. Dans des conditions analogues naquirent des associations ouvrières destinées à mettre en place, sur contributions volontaires des vivants, quelque chose comme une assurance obsèques, une assurance vie avant la lettre. On appellera plus tard mutuelles ces systèmes assurantiels à but non lucratif. Elles passèrent très vite des obsèques à l'assurance vie, puis telles les coopératives, se multiplièrent rapidement. La mutualité était née.

Dans l'un et l'autre cas, la prolifération fut si rapide et puissante que des statuts législatifs et fiscaux furent nécessaires. Le premier statut de la coopération est inclus dans une loi de 1867. Mais l'idée de reconnaître l'existence d'une catégorie d'entreprises marchandes à adhésion volontaire et sans apport de capital fut insupportable aux élus de la bourgeoisie de l'époque. C'était sans doute trop visiblement subversif. Aussi la coopérative fut-elle transformée en société de capital. On ne pouvait adhérer qu'en prenant une part… Mais le caractère impartageable du capital ainsi formé, qui fut maintenu, l'absence d'objectif lucratif confirmé lui aussi, le caractère démocratique de l'institution – les décisions majeures, y compris l'élection de la direction, sont prises en assemblée sur la base du principe « un homme une voix » – suffirent à préserver l'essentiel. Le mouvement coopératif et mutualiste crût et se développa, au point d'atteindre actuellement près de 10 % de l'emploi total, en France comme en général en Europe. Car le développement fut rapide et puissant sur tout le continent. En Suède, la forme coopérative de consommation devint dominante. En Italie et en Angleterre, coopératives et mutuelles restèrent de force comparable. En Hongrie c'est la coopération agricole qui se fit prépondérante et concerna tout le pays, au point qu'en 1947 le nouveau gouvernement communiste ne jugea pas nécessaire de « collectiviser » l'agriculture puisqu'elle l'était déjà… et préserva ainsi un système coopératif marchand permettant à la Hongrie de rester pendant cinquante ans le seul pays communiste où l'alimentation resta mieux que satisfaisante et dont l'agriculture ne cessa jamais d'exporter.

Pourtant, ces mouvements et ces systèmes ne purent grandir au point de modifier profondément ou de remplacer le capitalisme. Ils restèrent faibles sinon marginaux, et, perdant en partie leur souffle initial, se concentrèrent sur leurs finalités propres. Partout le mouvement syndical s'en éloigna, oubliant ainsi sa matrice fondatrice. Les mouvements eux-mêmes s'isolèrent. Coopératives et mutuelles s'ignorèrent et pour longtemps. On mit en outre bien des décennies à s'apercevoir qu'une troisième forme du mouvement, celle des associations – la grande loi fondatrice en France est celle de 1901, toujours valide – avait, du moins pour celles des associations qui rendent des services à tous publics et pas seulement à leurs membres (ce qui est le cas dans les loisirs, le sport, l'aide sociale, la santé, Croix-Rouge par exemple, ONG aujourd'hui), bien des traits communs avec les coopératives ou les mutuelles : le but non lucratif, la démocratie interne, le caractère non partageable ni distribuable du capital commun. En y ajoutant des associations particulières reconnues d'utilité publique, les fondations, on découvre quatre groupes de structures bénévoles agissant en économie marchande avec un fonctionnement démocratique, mais s'ignorant les unes les autres.

Il me fut possible, c'est une chance, comme ministre du Plan en France en 1982, de pouvoir donner un cadre législatif commun à tout cet ensemble, en obtenant de tous les mouvements leur accord pour réhabiliter, afin de nommer ce regroupement, le terme choisi par leur premier grand théoricien, l'économiste Charles Gide, au tout début du XXe siècle, celui « d'économie sociale ». Ainsi furent créés une représentation commune, le Conseil supérieur, une délégation interministérielle pour préparer lois, règles et accords internationaux, un établissement de crédit, l'Institut de l'économie sociale, et une procédure juridique, le « Groupement d'économie sociale », visant à faciliter opérations communes ou regroupements dans ce secteur. La Commission européenne a repris ce terme, et une sous-direction de l'Économie sociale travaille à Bruxelles.

Des structures de ce type existent et sont actives en Amérique du Nord et du Sud, en Inde, au Japon, ici ou là en Afrique. En Europe c'est une grande force, inégale selon les secteurs, mais approchant 5 à 6 % du PIB total et 8 à 10 % de l'emploi. Dans les tracas qu'a connus le monde ces vingt dernières années – quasi-arrêt de la croissance, chômage et précarité massifs, crises financières répétées – on a pu relever une plus grande résistance de ce secteur que de tout le reste de l'économie, aussi bien en termes de croissance que de préservation et de création d'emplois. On a même découvert, je l'ai raconté chapitre 6, que les banques mutualistes ont résisté au mouvement général vers toujours plus de spéculation.

Il s'agit ici d'une manière non lucrative, donc non capitaliste de pratiquer l'économie de marché avec moins de brutalité mais plus d'harmonie et autant d'efficacité. On pourrait en avoir de plus en plus besoin, notamment dans la finance et l'assurance.

Imposer des normes plus humaines au capital

Je viens de le décrire : l'économie sociale est un effort tenace pour imposer et faire respecter, en économie marchande, des formes d'entreprises non capitalistes.

Mais le capitalisme reste dominant, et, avec lui sa tendance permanente à la cruauté sociale.

C'est donc dans le fonctionnement même du capitalisme qu'il faut tenter d'introduire des pratiques différentes, plus soucieuses ici de justice, là de pauvreté, ailleurs encore de meilleure efficacité par moindre soumission aux marges prédatrices, enfin de changement radical de la condition des producteurs. J'évoquerai d'abord une innovation récente encore marginale mais très prometteuse : le commerce équitable, puis un succès considérable : le microcrédit, un deuxième succès : le système laitier indien, puis un échec peut-être encore correctible : le crédit-bail, enfin un espoir : l'entreprise d'adhérents.

Le commerce équitable. L'initiative est récente, 1986. Elle est née au Mexique, de la longue insertion d'un prêtre ouvrier néerlandais devenu paysan chez les Zapotèques, cultivateurs de café dans le canton d'Oaxaca. Tout commence dans le secteur du café, par la création par les paysans producteurs eux-mêmes non d'une coopérative – juridiquement et conceptuellement une telle structure ne peut rassembler que des producteurs individuels – mais une union de villages, l'UCIRI. Cette organisation commence par débarrasser les paysans producteurs des usuriers intermédiaires (appelés là-bas les coyotes) en vendant directement la récolte aux torréfacteurs et aux exportateurs mexicains.

Le léger gain résultant de cette première démarche conforta l'autorité de l'UCIRI, et lui permit d'améliorer les chemins et les lieux de stockage. Les paysans entreprirent ensuite, via l'UCIRI dirigée par l'un des leurs, de changer leurs méthodes de culture pour passer à une production « biologique », économisant les intrants et produisant un café de meilleure qualité.

C'est alors que notre prêtre-paysan, Frans van der Hoff, rencontra, un peu par hasard, un compatriote à lui, l'économiste néerlandais Nico Roozen. De là naquit une association que les deux compères baptisèrent du nom de Max Havelaar, personnage fictif, héros de la littérature néerlandaise qu'un roman à gros succès décrivait comme un défenseur farouche des paysans et de la culture indonésienne au temps de la colonisation néerlandaise dans cet immense archipel.

Roozen et l'association Max Havelaar commencèrent alors de longues, difficiles et scabreuses négociations avec la grande distribution néerlandaise. L'histoire vaut d'être connue, car elle illustre superbement, en modèle réduit, le parcours du combattant qu'exigera la sortie de la crise générale possible qui nous attend.

Toujours est-il que l'affaire réussit et que, commençant par des francs tireurs et jouant sur la concurrence acharnée entre opérateurs, la grande distribution néerlandaise offrit partout à des consommateurs informés, et l'acceptant, un café un peu plus coûteux mais labellisé comme de qualité et biologique sous le nom de Max Havelaar. Le revenu des producteurs a plus que triplé par rapport au niveau de misère de la période précédente. Quant à la part du marché, elle augmenta lentement, passant progressivement aux Pays-Bas des 2 % du début à près de 4 %.

Le premier pays où la grande distribution reprit la démarche fut la Suisse. Puis la zone de production ainsi labellisée s'étendit au Mexique. L'on passa du café au thé, puis aux confitures et l'on se risqua au vêtement, en commençant par le jean.

La progression ne peut être que lente, mais la technique est salvatrice. En 2013 le commerce équitable frisait les 2 % du volume du commerce mondial.

En tout cas, le très gros et initial succès des paysans zapotèques, c'est qu'ils se refusaient à demander la charité. Ils ne voulaient pas d'aide, dommageable à leur dignité, mais de justes prix. Ils commencent à gagner.

Le microcrédit. L'aventure est plus ancienne, plus grosse en volume, et plus visiblement réussie. Mais elle est un peu de même nature.

Muhammad Yunus, né en 1940, est un enfant de la bourgeoisie rurale bangladaise. Troisième d'une fratrie de quatorze dont cinq morts en bas âge, il fait de bonnes études et devient professeur d'économie. Le mouvement scout international lui permet ses premiers voyages internationaux : Pakistan, Japon, Inde, Philippines, Europe, Moyen-Orient… Un regard mondial déjà, sinon une culture. Puis il crée son entreprise, la première high tech bangladaise de l'impression et de l'emballage. C'est un succès mais il refuse d'en assurer lui-même la continuité du développement et part aux États-Unis parfaire sa maîtrise de l'économie. Il en sort docteur et professeur. Hélas, la guerre a éclaté entre les provinces occidentales et orientales du Pakistan – le Bangladesh est encore à l'époque la « province orientale » du Pakistan. Il rallie les indépendantistes et rentre « au pays », professeur à l'université de Chittagong, pas loin de son village familial.

Il enseigne une économie dont il s'attriste de voir que les paysans miséreux de sa région ne profitent guère et n'ont même, en fait, rien à faire. Il fait « la tournée des anciens » et retrouve notamment une des nounous de son enfance. Elle pleure. La misère est telle qu'elle n'a même plus de savon pour laver le linge familial. De sa poche il lui prête un ou deux dollars, de quoi acheter non pas un mais deux savons. Peu de semaines après elle le rembourse, et lui dit même avoir gagné un peu d'argent (ça doit se jouer en cents) en lavant le linge des familles alentour.

Quelques autres semaines après, une coopérative ménagère sera née.

Yunus a tout compris. Il crée la « banque des villages », la Grameen Bank. Il théorise également que :

– le crédit doit aussi pouvoir se faire en toutes petites sommes ;

– le droit au crédit est l'un des droits fondamentaux de la personne humaine.

Il faudrait l'ajouter à la Déclaration universelle des droits de l'homme.

L'expérience fait vite découvrir, à la Grameen Bank et à Yunus, des lois sociologiques d'importance majeure et de valeur universelle :

– les pauvres ont beaucoup plus de respect pour l'argent, pour leur dignité et pour leurs échéances, que les riches.

– le microcrédit intéresse infiniment plus les femmes que les hommes. 95 % de ses emprunteurs sont des femmes…

– la garantie nécessaire aux prêts n'est pas prise sur des biens : il n'y en a pas. Elle est donnée par les voisins, virtuellement candidats aux prêts suivants… Elle se révélera très forte.

– naturellement, tout cela ne fonctionne que si les démarcheurs de la banque sont de même langue maternelle, de même vêture, et de même pauvreté (à leur petit salaire près) que les paysans visités. La confiance demeure la clé, là plus encore qu'ailleurs.

L'idée et la technique se répandent vite. Il y a aujourd'hui des structures de microcrédit dans plusieurs dizaines de pays, bénéficiant à plus de 300 millions de personnes. Nous ne sommes que 7 milliards, dont 4 ont faim. On commence à être à l'échelle…

Naturellement, le succès – et la puissance qui l'accompagne – crée des suspicions et des jalousies. Sous la pression des autorités locales, puis du gouvernement bangladais, Yunus s'est vu temporairement emprisonné, puis exclu de la Grameen Bank. Cela ne l'empêcha ni de recevoir conjointement les deux prix Nobel d'économie et de la paix, ni de continuer à créer : il s'occupe maintenant de la fourniture de services publics selon des techniques et dans des conditions économiques de même nature (téléphone, transport, eau potable), et de développer la dernière-née, une « joint-venture » Grameen Danone Foods ayant vocation à produire de l'eau, du lait et des yaourts.

<u>Le système laitier indien</u>. L'expérience à laquelle j'arrive maintenant est beaucoup plus ancienne. Je l'ai découverte en 1984, au faîte de sa réussite et de sa puissance. Je n'ai pas les moyens de vérifier si elle existe toujours ou si elle s'est délitée, détériorée. Mais la réussite était telle que l'État indien, déjà une forte bureaucratie, voulait la dévorer, tout était à craindre.

L'évocation de cette réalisation m'amène à dire ma conviction qu'il existe au monde dix ou cent fois autant d'expérimentations anticipatrices que je n'en connais. Ce n'est qu'une raison de plus de décrire celle-là.

Nous sommes en Inde, dans les décennies soixante et soixante-dix. L'indépendance est récente. Le Mahatma Gandhi, dont la doctrine de non-violence avait fait un triomphateur, inspirait toujours beaucoup les élites indiennes. Dans cet esprit, un très riche brahmane, frère aîné du redoutable ministre de l'Intérieur, le Sardar Patel, fit don de la moitié de ses terres à ses paysans. Il y en avait pour l'équivalent en surface d'un ou deux départements français avec 1 ou 2 millions d'habitants sinon plus, dans le nord-ouest de l'Inde. Mais sachant ses paysans, ouvriers agricoles sur des domaines immenses, sans réelle compétence de chefs d'exploitation, Patel l'aîné les regroupa dans une grande coopérative unique. Il chercha, pour la diriger, « le meilleur étudiant de l'enseignement supérieur en Inde à l'époque », et tomba sur un physicien nucléaire formé aux États-Unis, le docteur Kurien. Voilà comment, par la magie de l'esprit gandhien, notre ingénieur atomiste devint chef d'une immense coopérative industrielle agroalimentaire. Il mit peu d'années à créer son système.

On manque cruellement de lait en Inde à l'époque, les enfants meurent beaucoup. L'Europe, qui se trouve être en surproduction laitière, s'émeut, et décide un énorme programme d'aide humanitaire sous forme de poudre. Mais à peu près nulle part l'eau qui coule en Inde n'est potable. Il faut, pour reconstituer le lait, des usines spécialisées, hors de portée de communautés villageoises très pauvres. Kurien obtient du gouvernement central, outre le financement des premières usines à reconstituer le lait, plusieurs décisions majeures.

La première est que le lait produit par le système, initialement grâce à la poudre européenne, ensuite grâce aux bovins locaux, sera vendu très cher : deux fois le prix européen au litre. La compensation sera la diffusion de 2 ou 300 millions de cartes « d'économiquement faibles » permettant aux pauvres des villes d'y avoir accès grâce à un tarif de faveur. L'idée est de dissuader l'exode rural et de donner priorité à la campagne.

La deuxième est que la contrepartie monétaire de cette poudre donnée par l'Europe restera acquise à la coopérative afin de lui permettre d'acheter des bovins ou des bufflesses, et de développer le système.

On adhère au système par villages entiers. Il y en avait déjà plus d'une centaine lorsque je l'ai visité. Cela a triplé par la suite.

Les villages sont constitués de huttes. La seule maison en dur abrite la coopérative laitière et offre quatre guichets. La collecte du lait se fait tous les jours, à 6 heures et à 18 heures. Au premier guichet, de vieilles femmes ou des enfants apportent dans n'importe quoi – des carcasses de bouteilles en plastique découpées, des quarts militaires cabossés, de vieilles casseroles – les quelques décilitres de lait produits par l'unique bufflesse ou vache familiale. Rarissimes sont les familles qui en possèdent deux. L'employé procède immédiatement au prélèvement de quelques gouttes mises dans une éprouvette qu'il envoie « derrière » dans une pièce attenante. Au deuxième guichet, la vieille femme ou l'enfant apporteur exhibe un carton plié en deux, sorte de passeport laitier où l'on inscrit la quantité livrée, mesurable parce que la bassine de réception est étalonnée. Au troisième guichet, on inscrit sur le passeport laitier la teneur en matière grasse du lait contenu dans l'éprouvette, analysé dans la pièce attenante grâce à un instrument simplifié d'une invention française. Payer au volume de matière grasse fourni est le moyen pour la coopérative de dissuader des paysans de rajouter de l'eau – toujours polluée – afin d'augmenter la quantité. Enfin, au quatrième guichet, on paie le lait remis la demi-journée précédente, le paiement biquotidien étant un moyen efficace de se débarrasser des usuriers, plaie mortelle des paysans très pauvres.

Enfin l'auvent qui jouxte le bâtiment est l'abri du bétail pour le temps des inséminations artificielles.

Au bourg centre, qui peut être à deux ou trois heures de piste (camion ou 4 × 4) des multiples villages, on trouve les usines ultramodernes capables de conditionner le lait pour la vente, de fabriquer diverses qualités de beurre et de chocolat... On y trouve aussi une salle de conférences, une de cinéma.

Car il faut bien faire progresser le système, ce qui ne peut se faire que village par village. Les villageois viennent par autocars entiers. Comme la plupart sont illettrés, seul le cinéma permet de leur expliquer comment cela marche. Lorsqu'ils ont compris, l'adhésion devient possible mais seulement après une victoire physique (c'est homérique et souvent à coups de poing) des paysans volontaires contre les usuriers locaux.

Le système est prospère. Il a acheté d'innombrables bufflesses et vaches. Le programme européen étant terminé, la coopérative tourne par ses propres moyens. À travers ses centaines de villages et les innombrables enfants qui y vivent, la coopérative assure sinon l'aisance du moins la sortie de la pauvreté et un certain bien-être à plus d'une dizaine de millions de paysans.

Bombay, à 1 000 kilomètres, Delhi à peu près autant, Calcutta à quelque 3 500 kilomètres, sont alimentés en lait par trains entiers. Dans les années 1980, l'Inde exportait du lait. Peut-être le fait-elle toujours. Et la coopérative assure les soins de santé, la protection maternelle et infantile, les vaccinations et la fourniture de bien des objets courants.

Avec cette expérience, nous sommes toujours dans le capitalisme, mais le caractère non lucratif de la coopérative et l'extrême souci jusque dans le détail, de la vie et du bien-être des hommes et des bêtes, ont changé le destin de toute cette partie de l'Inde.

Le système n'est pas exportable en tant que tel : trop vaste, trop complexe, trop intégré, trop dépendant aussi de réglementations diverses qui ont un caractère politique. Mais son corps de principes s'avère selon moi d'une grande force.

Le crédit-bail ou leasing. La dernière expérience que je souhaite évoquer dans ce paragraphe consacré aux tentatives visant à humaniser le capitalisme sans en changer les règles est une bataille perdue. Mais le recours de plus en plus fréquent à la location plutôt qu'à la propriété pour l'usage d'un nombre croissant de biens, de la résidence secondaire à la voiture en passant par l'électroménager domestique sans oublier livres, tableaux et DVD, le remplacement rapide prévisible du parc automobile passant de l'essence à l'hybride ou à l'électrique, plus généralement l'insistance nouvelle sur le droit d'accès plutôt que sur la possession, donne à penser que les occasions ne vont pas manquer de la rouvrir et de la gagner.

Il s'agit du prêt ouvrant voie au transfert de propriété au moment de son dénouement, le prêt à bail. Le nom anglais de cette procédure ayant fini par s'imposer, c'est du leasing que je parle ici.

Sur notre continent (j'ignore pour les États-Unis), le concepteur initial en est un coopérateur français, Lucien Pfeiffer, décédé voici une décennie, et qui fut notamment membre de la communauté de travail Boîtiers de montres du Dauphiné, Boimondau. L'invention est de nature industrielle et concerne d'abord l'industrie, beaucoup plus que la banque.

Il s'agit de la maintenance : l'idée de base est que l'entretien des machines en place, leurs grosses réparations, la formation des personnels pour leur maniement et leurs réparations courantes, les remplacements, la veille attentive nécessaire pour repérer les inventions et perfectionnements intéressant la technique à l'œuvre dans l'entreprise en cause, leur acquisition par achat ou location, leur installation, constituent tous ensemble un service nécessaire à l'entreprise mais d'usage relativement épisodique et de pratique extérieure à l'activité principale de production et de vente. Une unité spécialisée se découvre nécessaire.

C'est ainsi qu'après quelques expériences faites avec le soutien ou dans le cadre de banques classiques, Lucien Pfeiffer créa dans ce dessein une société nommée Prétabail. L'intuition était bonne. Prétabail réussit sa création et fut longtemps prospère.

Mais la location se trouvant souvent préférable à l'achat pour les remplacements, le leasing pur devint assez vite l'activité dominante de Prétabail. Les banques commencèrent à trouver que Pfeiffer leur volait une activité de leur ressort.

Sans aucun souci de la polyvalence, évoquée à l'instant, des activités de maintenance nécessaires aux chefs d'entreprises industrielles, les banques de la place entreprirent d'étrangler Prétabail. Elles en avaient les moyens et le savoir-faire, cruel et subtilement meurtrier, et y parvinrent. L'opération fut brutale et finit devant la justice.

C'est ainsi que les industriels ne furent pas débarrassés de leurs soucis constants de maintenance par des entreprises de services à cela consacrées, et que le leasing devint un service bancaire parmi d'autres, ce qu'il n'aurait pas dû être pour préserver la relation entre les remplacements et la maintenance générale. C'est même un service bancaire souvent payé plus cher que d'autres car il est difficile à mettre en œuvre. Ainsi, une fois de plus l'intérêt financier particulier des banques a primé sur celui, général, de leurs clients industriels.

La mode actuelle a changé. Il n'est plus un industriel, moins encore un fournisseur de services collectifs de transport, qui considère que la gestion de son parc de machines relève de son cœur de métier. La fonction de maintenance a besoin aujourd'hui d'être réhabilitée et refondée dans sa globalité : installation, entretien, réparation, formation des personnels, renouvellement, recherche de l'innovation, contractualisation de l'accès par la location, la location-vente ou l'achat, prêt à bail compris. Pourquoi le fonctionnement d'une économie marchande exclurait-il le confort et la sécurité de ses opérateurs des services qu'il faut leur assurer ? Lutter contre la brutalité du capitalisme est un combat tous azimuts.

Au moment d'en finir avec la question : « Comment imposer des normes plus humaines au capital ? », il est utile d'ajouter non pas une expérience de plus, mais bien une idée conclusive résultant largement de ce qui précède.

Nous avons déjà rencontré, à la fin du chapitre 3 : « L'entreprise est menacée » ou dans le chapitre 4 à propos des inégalités, le blocage supplémentaire que la rigidité du statut de l'entreprise sous sa forme de société anonyme ajoute à sa possible résilience devant tant d'évolutions dommageables.

La pensée coopérative avait conduit, on l'a vu, à la conception de l'entreprise comme un groupement d'individus ayant l'intention de produire des biens ou des services et dont on devient membre par simple adhésion. Le capital n'est pas là porteur du lien social. Il peut s'acquérir à l'extérieur, par le crédit-bail par exemple. C'est par dérivation, on l'a vu aussi, que le capitalisme est parvenu à transformer les coopératives en sociétés de capital, même si elles demeurent plus égalitaires et plus démocratiques.

Or les grandes crises d'aujourd'hui appellent la recherche de modifications des processus de décision dans l'entreprise pour y favoriser une moindre inégalité dans la fixation des rémunérations, y donner plus d'influence, dans le cas des décisions de licenciement, de fermeture ou de délocalisation, à ceux qu'elles concernent directement. Le cas des célèbres « licenciements boursiers » est net à cet égard.

Augmenter largement la présence des salariés dans les conseils est une voie possible.

Créer, comme optionnel, le statut de l'entreprise par adhésion, en est évidemment une autre.

Le temps de vivre

Après l'inventaire tragique des désastres ou menaces qui nous assaillent aujourd'hui, le lecteur aura compris que le sens de ce chapitre est le repérage des multiples réactions de défense que, de manière disparate et dans bien des domaines, l'humanité d'aujourd'hui approche déjà comme autant de pistes vers l'amélioration de l'existant. Éclairées par l'inquiétude philosophante, déjà largement significatives comme l'économie sociale ou le microcrédit, encore dans l'enfance mais prometteuses, comme le commerce équitable, ou batailles commencées mais interrompues par une défaite temporaire sans perdre pour autant leur sens ou leurs perspectives, comme le crédit-bail ou leasing, ces pistes vont dans tous les sens, et leur identification compose une sorte d'inventaire à la Prévert, dépourvu de logique ou de cohérence d'ensemble.

C'est dans cet esprit que je ressens la nécessité d'évoquer ici l'une des clés de toute l'affaire, le problème du temps de vivre, et plus clairement de son négatif, le temps de travail.

Il fait l'objet d'une bataille confuse et largement incertaine. C'est l'une des plus anciennes de notre inventaire : elle commence avec le capitalisme lui-même, dès avant le milieu du XIXe siècle. D'un point de vue purement quantitatif, elle est déjà largement gagnée : ouvrier, on travaillait 4 000 heures par an vers 1850, autour de 1 600 aujourd'hui. Mais elle est loin d'être terminée : hors les précaires, il reste en moyenne entre 6 et 10 % de chômeurs complets dans l'ensemble des pays développés. Mais surtout son sens profond s'est largement perdu en route : le temps de non-travail n'est toujours pas ressenti comme un temps de vivre, qui supposerait vivre autrement. De ce fait il n'est guère demandé.

Ce sujet fait l'objet dans la plupart des pays d'une littérature extrêmement abondante à laquelle il me faut bien renvoyer.

Je veux seulement ici en rappeler le sens et la gravité, et souligner l'urgence qu'il y aurait, en France notamment, à rouvrir le débat. Je me contenterai pour ce faire de quelques notations essentielles.

Lorsque la mise au point de la machine à vapeur en permet la multiplication (à partir de 1820 environ), il devient possible de faire travailler ensemble beaucoup d'hommes, de femmes et même d'enfants autour d'une source commune et unique d'énergie. Ainsi se créent les premières usines textiles dans le nord de l'Angleterre pour commencer. Chassés de leurs terres lentement par l'évolution économique générale, plus tôt et plus rapidement en Angleterre par les « enclosures », les paysans arrivent en masse, à l'usine comme à la mine, condition de son alimentation en charbon.

Dès l'origine leur enfermement prend une allure concentrationnaire. L'on travaille 17 heures par jour, samedi compris sans congés payés ni surtout retraite. Il n'y a de repos que lors des fêtes carillonnées de l'Église, dimanche inclus. Les salaires étant en plus misérables, on a faim, on est à peine vêtu, les maladies se multiplient, la souffrance se généralise. En même temps, sinon avant même la hausse des salaires, la toute première revendication commune qui naît dans la population ouvrière est celle de la diminution de la durée du travail. Pour cela autant que pour le salaire, on fait grève, on crée des syndicats.

D'abord par la loi, longtemps après seulement par des négociations collectives, le problème commence à trouver des solutions spécifiques : limitation d'abord de la durée du travail des enfants, puis de celle des femmes, interdiction parfois pour elles et eux du travail de nuit…

La limitation de la durée du travail devient petit à petit la revendication unifiante et dominante du mouvement ouvrier naissant. La « journée de dix heures » se transforme pour des décennies en revendication phare. C'est même la commémoration d'une très violente répression par la jeune armée des États-Unis d'une manifestation demandant la journée de dix heures un 1er mai d'une année 1890 qui fournit l'occasion de célébrer chaque année la fête du Travail.

La négociation prenant progressivement, à peu près partout sauf en France, le relais de la loi, la durée baisse progressivement mais fortement. D'une moyenne de 4 000 heures par an vers 1850, on passe vers 3 000 heures au tournant du siècle, et l'on atteint quelque 2 000 heures après la reprise consécutive à la longue récession provoquée par la crise boursière de 1929, soit dès 1935-1936. Le réarmement puis la guerre obligent à préserver longtemps cette durée. Le mouvement vers la baisse ne recommencera qu'après les années 1948-1950 et se poursuit jusqu'au début des années 1970.

Première surprise. Bien que le cadre national soit encore dominant en économie – il ne cessera de l'être que dans les années 1980 – tous les pays marchent à peu près au même rythme. Tout se passe comme si l'affaire était mondiale, sociétale comme l'on dit aujourd'hui et comme l'on ne disait pas à l'époque, correspondant à un certain niveau de développement économique impliquant lui-même un certain niveau de développement de la culture et de l'alphabétisation de la classe salariale. Cela concerne l'Europe et l'Amérique du Nord, le Japon ne rejoignant le train collectif que plus tard, mais y restant accroché plus longtemps que nous tous. Il est encore aux environs de 1 800 heures par an.

Il est sage et prudent d'en rester à une mesure annuelle pour effacer l'effet des plus fortes différences nationales qui se soient faites jour en la matière, celles de la durée des congés payés.

Deuxième surprise : lorsqu'un pays, la France, s'isole méthodologiquement des autres – chez qui tout se passait par la négociation et « sur le marché » – en ayant recours à la loi (1936 première occasion), cela ne l'isole en rien du rythme général, que pratiquement elle continue à suivre…

Troisième surprise : pendant pratiquement toute la période et partout, les uniques arguments avancés par le mouvement syndical sont l'hygiène, la santé et le bien-être des travailleurs. Il n'est nulle part ni jamais fait mention de l'usage possible du temps ainsi libéré.

Ce n'est qu'en 1880 qu'un socialiste français, Paul Lafargue, marxiste et gendre de Marx, publie une brochure à l'écho immédiat et énorme – *Le Droit à la paresse* – où il affirme clairement que le travail salarié n'est pas la finalité de la vie humaine. Cette finalité est l'épanouissement personnel. Lafargue ne précise même pas s'il le voit dans l'ordre sportif, culturel, relationnel ou festif. Peu importe. Le temps libre est à la fois un besoin de la personne humaine et un droit. L'affirmation reste longtemps lettre morte. Mais elle pèse toujours, et me paraît être l'une des clés du passage à une société plus harmonieuse et postindustrielle qui s'esquisse et s'amorce dans les tracas et les drames d'aujourd'hui.

Quoi qu'il en soit, le capitalisme, entre 1850 et 1970, aura été hors les crises un système de plein-emploi permanent. Il aura été capable, exode rural et masse énorme d'immigrants aux États-Unis et à un moindre degré en France compris, de créer des emplois par dizaines de millions.

La cause majeure, dominante sinon exclusive, de cette évolution est à l'évidence la baisse de la durée du travail, de l'ordre de 80 % en cent vingt ans. On en a perdu le secret, et on a retrouvé ou même trouvé le chômage de masse. Car le mouvement de baisse s'arrête au début des années 1970. C'est en France que le décrochage est le plus net et le caractère anguleux de la courbe le plus visible sur les graphiques, en 1972.

Se souvenir de cette année 1972 est essentiel pour la lecture générale de la période, on l'a déjà vu. Elle suit d'un an la décision de Nixon en 1971 de décrocher le dollar de l'or et d'ouvrir par là la période de désordre financier majeur où le monde est toujours. Un an est une durée bien trop courte pour qu'il y ait une relation de cause à effet claire entre les deux. Il s'agit d'autre chose.

Et surtout le premier choc pétrolier vient après, en 1973. Il n'y est donc pour rien, même si, complété par le second choc pétrolier de 1979, il aggrave tout en renchérissant puissamment la part de l'énergie dans l'équilibre économique et financier général du monde. Les investissements, notamment, reviennent beaucoup plus cher qu'auparavant.

J'ai déjà évoqué les raisons possibles de cet étonnant arrêt du mouvement général de baisse de la durée du travail, lente et progressive mais presque régulière, enregistré jusqu'alors partout en pays développés. Un simple rappel suffira donc ici. 1972 est, en France, l'année où la proportion des ménages possédant une automobile atteint 95 %. Le marché est saturé. L'accès à la deuxième voiture étant une ambition beaucoup plus rare et de portée bien plus lointaine, ce marché n'est plus que de remplacement, la croissance en est donc bien plus faible. Toute l'Europe occidentale connaît la même évolution, les États-Unis l'avaient vue peu avant. Et la même chose se produit en même temps pour les grosses pièces de l'électroménager domestique brun – la télévision en noir et blanc – ou blanc – machine à laver le linge et réfrigérateur. La croissance de tous ces marchés ralentit beaucoup, celle des gains de productivité aussi. Tous les mécanismes se grippent. Jamais la machine à laver la vaisselle ni les innombrables produits des nouvelles techniques de communication et télécommunication n'appelleront un volume équivalent de travail industriel.

Une autre hypothèse est possible, complémentaire. Hors congés payés, mais tous pays développés confondus, on se rapproche à l'époque de 40 heures de travail en moyenne par semaine.

Partout la défense du salaire a remplacé la baisse de la durée du travail comme priorité absolue de l'action syndicale. À ces niveaux de durée, il n'y a plus de menace pour la santé des travailleurs. Et le redoutable problème du stress menaçant les professionnels de qualification supérieure n'apparaîtra que plus tard.

Le seuil de 40 heures apparaît alors, semble-t-il, comme celui en dessous duquel l'argument central de la défense du salaire perdait de sa validité. Bien au-delà de la rémunération d'un service rendu à l'appareil de production, le salaire devait être considéré d'abord comme le revenu dominant d'un chef de famille marié et chargé d'enfants jeunes. Son fractionnement excessif changerait sa nature… La pression syndicale mondiale dans ce sens perdit beaucoup de son intensité.

Et la baisse s'arrêta. 1972 est ainsi l'année d'ouverture de la longue marche de l'économie mondiale vers le chômage de masse rapidement aggravé de son terrible complément, la précarité, qui aujourd'hui frappe largement, deux fois plus que le chômage, les salariés des pays développés. Naturellement des variations conjoncturelles nationales obscurcissent quelque peu la lecture de ce message central. Il faut pour le percevoir travailler sur des courbes multidécennales.

Reste que le salaire, même sans justification collective, demeurait la rémunération d'un travail individuel principalement calculé en heures, et que le nombre de ces heures avait un rapport direct et dominant, l'histoire l'avait montré, avec le volume du chômage.

La prise de conscience la plus claire s'en affirma à l'occasion de la grande récession de 1929-1932. Le drame fut tel que les négociations de l'horaire sur le marché furent impuissantes à l'endiguer, et de loin. Des élus politiques s'en saisirent. C'est ainsi qu'en 1931 aux États-Unis, avant l'élection de Franklin D. Roosevelt qui arrêta le processus, la Chambre des représentants vota la limitation de la durée du travail à 30 heures par semaine… La mise en place du New Deal permit à l'histoire de suivre un autre cours.

Une pression de même nature pesait naturellement sur les élus politiques en France.

Tard dans la crise, mais devant sa persistance, le gouvernement du Front populaire décida en 1936 et par la loi, la limitation de la durée du travail à 40 heures par semaine. Mais il le fit si brutalement, sans exceptions ni aménagements, qu'il fut impossible de traiter les cas ponctuels d'insuffisance sectorielle de production, les « goulets d'étranglement ». Il y en eut pourtant beaucoup et cela d'autant plus qu'à l'initiative du même gouvernement, commençait à l'époque la politique de réarmement, devenue à l'évidence nécessaire à la suite de l'élection d'Adolf Hitler comme chancelier d'Allemagne. Le désordre industriel fut tel que la production baissa, que le chômage continua sa progression, et que la loi dut être profondément modifiée.

Cet exemple tragique laissa dans l'esprit public en France deux traditions contradictoires. La première, à gauche pour les politiques et même à un moindre degré pour les syndicats, est que la durée hebdomadaire du travail relève de la loi. La seconde, à droite et pour le monde patronal, est qu'en aucun cas la loi ne doit se mêler d'un tel problème, l'instrument étant trop lourd et trop général pour pouvoir prendre en compte l'extrême diversité et la grande complexité des situations en cause.

La France va rester ainsi la seule des démocraties au monde (Europe, Amériques, Japon, Océanie...) à considérer la durée du travail comme une matière législative, et cela pour son malheur.

Car deux autres expériences dommageables vinrent aggraver la situation en la rendant politiquement inflammable.

La première est la décision de décembre 1981 prise par François Mitterrand contre l'avis de quelques-uns de ses ministres, dont Jacques Delors et l'auteur de ces lignes. On approchait à l'époque des 3 millions de chômeurs. L'évidence était que la durée du travail était la dernière grande variable régissant le sujet que l'on n'avait pas encore fait jouer. Mais le souvenir de la loi des 40 heures en 1936 était si mauvais que déjà le sujet était tabou, donc inabordable... La décision fut d'en venir à un plafond hebdomadaire de 39 heures payées 40, sans négociation ni compensation partielle d'aucune sorte, alors que quelques responsables syndicaux, CFDT surtout, se préparaient à négocier, comprenant que l'absence de toute compensation était déraisonnable. La colère patronale fut considérable, et le résultat pratiquement non perceptible...

Après cet épisode, une loi écrite par Gilles de Robien et votée le 11 juin 1996, sans fixer aucun plafond horaire, permettait aux entreprises volontaires de diminuer leur durée du travail en contrepartie de baisses de cotisations sociales patronales et sous condition d'embaucher ou d'éviter des licenciements. L'on sortait du blocage, malheureusement l'effet ne pouvait être que mince. Malgré la fureur de quelques-uns dont je fus, les socialistes votèrent contre...

Or on approchait des 4 millions de chômeurs. Lorsque les socialistes regagnèrent les élections et reprirent le pouvoir, en 1997, l'évidence était criante qu'il fallait, et massivement, jouer de la variation de la durée du travail. Mme Martine Aubry, ministre des Affaires sociales en charge du problème, fut saisie de deux projets. L'un ne fixait aucune durée limitée, et prévoyait seulement une incitation massive à la baisse en décidant une indexation dans le tarif des cotisations sociales employeurs comme salariés pour l'assurance maladie, sur la diminution de la durée hebdomadaire. La seconde proposition prévoyait deux lois, la première purement incitative mais la seconde autoritaire, datée, et sous menace de sanction financière pour non-exécution, limitait la durée hebdomadaire à 35 heures.

La colère patronale fut homérique, et générale. Mais, plus grave encore, les difficultés administratives d'application de la loi furent énormes. Tout le patronat des Petites et Moyennes Entreprises en arriva au refus d'exécuter délibéré et collectif. Il fut totalement soutenu par le parti conservateur dominant. Il en résulta un psychodrame politique majeur, loin d'être calmé ni oublié aujourd'hui. Nous sommes revenus au temps où la durée du travail est un sujet non abordable dans aucune conversation, débat public ou travail administratif en France… comme le fut un temps l'affaire Dreyfus !

La loi fut appliquée dans les très grandes entreprises, et pratiquement pas dans les petites et moyennes. On lui doit la création de quelque 350 000 emplois alors qu'on en attendait 1 million…

La France compte aujourd'hui près de 5 millions de chômeurs, deuxième record en Europe après l'Espagne.

Les résultats statistiques donnent à penser : calculée hors les chômeurs complets, c'est-à-dire incluant même les travailleurs qui n'ont effectué que quelques heures de travail dans le mois, la durée hebdomadaire moyenne de travail se situe en France entre 37,5 heures et 38 heures. Elle est aux États-Unis comme en Allemagne de l'ordre de 31 heures. Les taux de chômage correspondants sont de 11 % en France et 5 à 6 % aux États-Unis comme en Allemagne… Certes le mystère derrière tout cela est la place énorme du temps partiel non choisi… Reste que !

Comment conclure ce paragraphe autrement qu'en rappelant que, vers 1923, Henry Ford proposait à ses salariés cinq journées de travail par semaine payées six, afin d'augmenter leur pouvoir d'achat pour qu'ils lui achètent des voitures…

Et pourtant l'essentiel du problème n'est pas encore là.

J'ai le souvenir très fort d'un reportage du journal *Libération* paru en 1977. Malheureusement la mémorisation informatique de tous les exemplaires de ce journal n'est intervenue que quelques années après. L'article n'est pas retrouvable, je demande qu'on me croie sur parole.

Un drame social épouvantable éclata dans la sidérurgie française en Lorraine en 1967. Devant le tarissement des débouchés, quelques grosses unités fermèrent. Quelques autres, après négociation avec les syndicats de leurs travailleurs, choisirent pour longtemps une cadence de 30 heures par semaine…

Dix ans après, *Libération* interroge une dizaine de ces ouvriers sidérurgistes. Tous sauf un avaient voté contre l'accord des 30 heures. Mais tous avaient sauvé leur emploi. L'un d'entre eux était devenu photographe à temps partiel, un autre s'était spécialisé dans l'entretien et la défense du patrimoine historique local, églises et monuments aux morts, un autre s'était lancé dans les sentiers de grande randonnée, qu'il traçait, cartographiait et entretenait, un autre encore avait amélioré sa pratique musicale au point de se produire épisodiquement dans les bals, banquets et manifestations locaux… D'autres donnaient plus de temps à leurs enfants. Et tous avaient augmenté leur pratique sportive.

La conclusion est unanime : « Pour rien au monde ne revenir au rythme ancien. » Leur vie avait pris du sens. Car là est bien le cœur de l'affaire.

La société à croissance lente, faible production industrielle et moindres dommages écologiques dont nous avons besoin pour la survie de l'espèce, ne pourra être mise en place que si le temps libre qu'elle suppose est demandé, souhaité.

À quand la sérénité nécessaire entre partenaires sociaux pour reprendre le débat ?

À quand la mise en place de cette fiscalité écologique taxant l'énergie et détaxant le travail, par indexation par exemple sur la baisse de sa durée ?

À quand les politiques publiques de multiplication des micro-espaces sociaux à usage sportif, festif, musical ou théâtral ?

Du bon usage du temps de vivre

Que le temps libre serve effectivement à l'épanouissement personnel par la pratique artistique, la culture ou le sport, au-delà de l'intensification des relations interpersonnelles familiales ou amicales, est un souci ancien. Il faut des conditions, d'accueil, de préparation et de formation, entre autres. Les anciens grecs y pensaient déjà, qui voyaient dans l'esclavage le moyen essentiel de protéger les hommes contre le travail. La dignité et la qualité de l'homme libre résidaient dans le sport, les arts, les relations interpersonnelles et l'activité civique. Le christianisme aboutit à la disparition progressive de l'esclavage, et la Révolution française proclama enfin formellement ce qui était déjà largement ressenti : les hommes naissent et demeurent libres et égaux en droits.

Ils le devinrent aussi devant le travail. La force torrentielle du capitalisme débutant étouffa le problème, pour presque un siècle. Seul Paul Lafargue, en 1880, on l'a vu, en eut l'intuition. Mais il n'évoqua aucune piste pour le traiter. J'ignore, ma culture n'a rien d'encyclopédique, si d'autres l'ont eue aussi dans d'autres langues.

Or l'émergence d'une vigoureuse demande de temps vraiment libre est l'une des forces nécessaires pour pousser nos sociétés vers cette mutation écologique indispensable à la survie de l'espèce. Si la nature multiforme de telles activités d'épanouissement n'entre pas dans mon propos présent, la capacité d'en susciter le besoin en relève au contraire explicitement.

Je voudrais donc ici, plus brièvement encore que je ne l'ai fait plus haut pour la pensée philosophique, rappeler quelques pistes ouvertes au cours du XXe siècle et toutes vaincues, avortées ou abandonnées, tellement fut globalisante la victoire de l'argent, monétisant même le temps.

Je voudrais en évoquant ces pistes en rappeler le sens, en rouvrir certains chantiers, et sensibiliser élites pensantes, militants et gouvernants locaux et nationaux au caractère essentiel de ce problème.

En 1936, un gouvernement de France, celui du Front populaire, nomma un ministre des Loisirs. On en rit beaucoup. On a eu tort. C'était immense. Il en reste notamment ce principe considérable des congés payés.

Le grand Léo Lagrange pensait universel. Sports anciens, soutien au renouveau des jeux Olympiques, sports nouveaux – aviation de plaisance, vol à voile –, musées, pratique musicale, l'embryon des magnifiques « Jeunesses musicales de France » naît à ce moment – tourisme, réseau des auberges de jeunesse, etc.

La guerre vient ensuite arrêter et quelque peu effacer tout cela.

Mais la guerre justement fut aussi une terrible occasion de penser. Après tout c'est à son occasion qu'on inventa aussi bien la Sécurité sociale que la comptabilité nationale.

On pensa aussi beaucoup dans les maquis, où se rencontrèrent petit peuple, intellectuels et bourgeois. Il faut ajouter ici aux maquis dès le début l'École de cadres d'Uriage, création de Vichy, patriote française au plus haut point, dirigée par le capitaine Pierre Dunoyer de Segonzac et où se retrouvèrent notamment Hubert Beuve-Méry, Emmanuel Mounier et Jean-Marie Domenach.

Cette école de cadres en effet, à peu près unanime, se détacha petit à petit du rêve de voir la France de Vichy rester souveraine et moralement indemne. Beaucoup de ses membres rejoignirent la Résistance. L'un des thèmes de ses travaux avait été l'éducation du peuple. Le souvenir de Léo Lagrange en même temps que les réflexions et les notes venues d'Uriage marquent ainsi les réflexions de maquisards en appétit de culture. Il paraît clair que quelques phrases du programme du Conseil national de la résistance émanent de ces travaux.

C'est aussi de ces rencontres dans les maquis que découle, mieux qu'une découverte, une réelle volonté de rapprochement entre les employés et cadres syndiqués depuis l'avant-guerre à la Confédération française des travailleurs chrétiens, CFTC, et les ouvriers, plus clairement typés comme travailleurs et comme d'inspiration syndicale CGT.

Tout cela débouche sur l'éclosion, dès l'immédiat après-Libération, d'un énorme effort collectif d'éducation populaire.

Renouvellement, redéploiement des auberges de jeunesse, puissance à l'époque du scoutisme qui bien que d'essence différente participait à cet effort, multiplication des associations et mouvements de jeunesse de toutes formes, création surtout de la grande association Peuple et Culture animée notamment par Joffre Dumazedier et Joseph Rovan, création peu après du Théâtre national populaire à Chaillot par Jean Vilar avec billets à tarifs réduits pour les comités d'entreprise, rayonnement maximal des Jeunesses musicales de France, etc. Les universités du soir ou d'été se multiplient. Toute la France donnait l'impression de vouloir de l'éducation permanente. Arrêtons là. L'histoire n'est pas ici mon sujet, qui se limite au repérage des signes. Même la jeune télévision en noir et blanc, présente à l'époque chez 20 à 30 % des ménages, donne dans l'éducation permanente : « La caméra explore le temps », d'innombrables magazines scientifiques, la politique respectée « À armes égales », etc. Et, bien sûr, des émissions littéraires en quantité.

Il suffira de l'immense découverte du confort par l'accumulation d'objets et d'à peine plus de la moitié des fameuses Trente Glorieuses déjà célébrées dans ce livre pour nous ramener vers la civilisation mécanique, l'approche quantitative de la vie et l'enrichissement exclusivement par l'argent.

L'angoisse des philosophes demeure : on se souvient de la crainte de Keynes de voir survenir une « dépression nerveuse universelle », c'est l'époque où Hannah Arendt écrit dans *La Condition de l'homme moderne* : « Le travail est en train de quitter la société du travail, je ne crois pas qu'il puisse arriver rien de plus terrible à l'humanité. » C'est aussi l'époque où, bien loin l'un de l'autre pourtant, Marcuse et Illich centrent leur recherche sur l'immatériel. De son côté l'ex-citoyen soviétique devenu américain Wassily Léontief, inventeur de la comptabilité nationale, travaille sur l'extraordinaire croissance des gains de productivité qui se font jour à l'époque et dureront plusieurs décennies. Il en déduit une baisse profonde prévisible de la durée du travail et s'exclame inquiet : « Quand je pense que tout cela sera du temps gagné pour regarder la télévision ! »

La critique de la société de consommation commence à émerger comme un thème important pour la bourgeoisie intellectuelle et pour la jeunesse, aux États-Unis, en Italie, en Allemagne, en Suède, et en France où le petit PSU, né de la guerre d'Algérie et aspirant à un réformisme de gauche, en fait un sujet dominant de ses pratiques militantes territoriales (coopératives ménagères des cités, syndicalisme de l'habitat) et des éditoriaux de ses journaux.

C'est dans cette situation qu'explose Mai 1968. C'est à titre principal une colère étudiante et jeune. La mise en cause de la pédagogie magistrale, du poids excessif des hiérarchies, des contenus du « savoir bourgeois » se fait jour un peu partout, Suède, Italie, États-Unis, un peu plus tard Allemagne, Japon... La France est le seul pays où un mouvement de grève ouvrière massive, s'étendant aux employés, aboutit à paralyser la totalité du pays sauf l'électricité et la presse. Étrange grève : aucune consigne syndicale ni nationale ni régionale. Tout se passe par entreprise. Aucune revendication écrite, aucune mention ni des salaires ni des payes ni de chiffres.

La grève est surtout lancée par des personnels très jeunes, peu ou pas syndiqués, avec une large participation féminine. Elle s'élève contre les « petits chefs », contre les hiérarchies intermédiaires, elle exige le droit à la parole, le respect de la dignité, le caractère collectif des décisions. Beaucoup d'usines sont occupées, lorsque c'est le cas on y entretient scrupuleusement le matériel, et l'on y fait beaucoup la fête.

Tout cela est étonnamment peu violent. Au début, première quinzaine de mai, le gouvernement stupéfait tenta de réprimer les manifestations étudiantes. Il en résulta quelques barricades et quelques violences. On a su beaucoup plus tard que certains éléments de la police, furieux du soutien de l'opinion, s'essayèrent à provoquer des violences. « On a sûrement brûlé plus de voitures que les manifestants », a dit en 1971 l'un de ces policiers des « brigades spéciales ».

Ensuite, durant la grève ouvrière, rien. Il n'y avait plus d'essence, on ne circulait plus. Les morts violentes sur la voie publique tombent de 2 000 par mois à pratiquement zéro. Les accidents mortels clairement dus au mouvement de Mai 68 sont au nombre de 4, tous par accident.

La grève s'éteint le 30 mai, après la signature des accords de Grenelle, dans lesquels le gouvernement, la CGT et une partie de la direction de la CFDT s'entendent pour reconvertir en demande salariale ce mouvement non maîtrisable et incompréhensible... L'essence revient, la grève s'arrête. Quelques entreprises pourtant – l'assemblée générale ouvrière de Renault notamment – affichent leur colère devant cet accord qui dénature le sens de ce qui vient de se passer, relancent la grève pour encore une quinzaine de jours... Le gouvernement dissout l'Assemblée nationale, et l'on entre en campagne électorale puis en vacances.

Le surcoût d'inflation et de charges budgétaires dû à ces accords incroyables exigera largement trois ans pour que la France s'en remette.

La société de consommation reprend vite sa place et ses droits, mais pour peu de temps : on l'a vu plus haut, ce n'est que quatre ans après, en 1972, que le monde occidental décroche du plein-emploi et entre pour plus de quarante ans – on y est toujours – dans la croissance ralentie, le chômage massif, la précarité généralisée du travail et les désordres financiers multiples. Gouvernements et syndicats auront d'autres soucis, plus urgents. On ne reverra plus de mouvements de cet ordre.

Mai 68 restera donc l'unique épisode – débats, sit-in, manifestations et grèves – de la colère générale non pas contre l'insuffisance du pouvoir d'achat, ni même contre l'excès de la durée du travail, mais bien contre le mode de vie capitaliste.

Pourtant quelque chose d'autre doit être mentionné ici, que l'on a complètement oublié depuis et qui est aussi purement français alors que le problème et la crise sont mondiaux.

En France l'explosion ludique de Mai 1968 a laissé le pays sidéré et de Gaulle au pouvoir, très affaibli – il le quittera sur un échec référendaire moins d'un an et demi après – mais toujours aux commandes et il est toujours Charles de Gaulle. Lui a compris qu'après une affaire pareille, le retour au ronron électoral et affairiste précédent n'avait plus de vraie légitimité aux yeux du peuple de France.

Contents d'avoir sauvé leurs sièges ou leurs fonctions, « les autres » vaquent à leurs occupations. Lui cherche, et veut comprendre. Car puisqu'il s'agit de la France, il s'agit d'une certaine manière de lui, et certainement pas de ces corps intermédiaires qu'il a toujours méprisés. De ce qui suit je n'ai aucune preuve, pas même d'indice sérieux. Je n'ai que mon intuition… Mais j'attends, fort impavide, que l'on m'en prouve la fausseté.

Pour comprendre Mai 68, de Gaulle a tout lu, y compris et surtout, ce qu'il est sans doute le seul à avoir fait, les rapports des préfets. De Mai 68, comme d'habitude, on n'a remarqué et on ne se souvient que de ce qui a été dit et écrit à Paris. Il n'y a que les préfets pour avoir repéré que c'est toute la France qui a bougé, partout, le plus souvent dans le dialogue inattendu et le rire. Or partout en France, sauf à Paris, le sujet dominant des débats, le slogan des manifestations, ce fut la régionalisation… C'est assurément là que de Gaulle a trouvé le champ de sa recherche de nouvelle légitimité, la proximité du pouvoir – à mes yeux, dans l'axe de la sortie de crise – donc la régionalisation.

On ne connaît de lui aucune remarque sur l'organisation territoriale du pouvoir ou sur le fait régional auparavant. D'où a-t-il sorti le thème du référendum de 1969 ? Il a perdu ce référendum beaucoup moins à cause de l'idée de régionalisation – il en avait pressenti la popularité qui fut vérifiée plus tard –, qu'à cause de l'idée étrange et suicidaire d'y associer une profonde réforme du Sénat qui brisait les espoirs secrets de carrière de 500 000 conseillers municipaux… L'échec de ce référendum libérait le thème régional de l'emprise de la « droite ». Ce qui permit à la gauche jacobine de s'en saisir : le thème était populaire. On connaît la suite. La France est régionalisée, mais mal.

Là n'est pas la seule leçon que de Gaulle a tirée de Mai 68. Il en est une autre, beaucoup moins visible, beaucoup plus oubliée, mais symboliquement plus importante encore peut-être. Nous en devons le rappel à Raymond Vatier, qui, passé 90 ans, a ressenti le besoin irrépressible d'en réveiller le souvenir.

Le soutien de l'opinion publique, chaleureux, massif, presque unanime, à ce mouvement qui parlait surtout de dignité, de droit à la parole et de respect humain, avait été l'élément le plus surprenant des débuts de la période. Ce fut d'ailleurs le plus perturbant pour un gouvernement stupéfait et qui, hors l'immense discours d'Edgar Pisani à l'Assemblée le 19 ou le 20 mai, n'a rien compris.

De Gaulle a compris lui, rétrospectivement sans doute, mais profondément, qu'il y avait là quelque chose ayant à voir avec la culture. Il en déduisit un immense projet : l'éducation permanente. Mais son Premier ministre post-Mai 68, Maurice Couve de Murville, ne sent pas les choses de la même manière. Le projet dort mais l'idée demeure, de Gaulle la nourrit et en parle. Les deux vrais héritiers seront deux gaullistes de plus ancienne et plus stricte obédience : Jacques Chaban-Delmas et Olivier Guichard.

L'élection de Georges Pompidou à la présidence de la République après le départ de Charles de Gaulle fait de Jacques Chaban-Delmas le Premier ministre. Il nomme Olivier Guichard à l'Éducation nationale, et l'énorme projet prend corps. Guichard reçoit mission de rendre accessible l'éducation permanente au peuple de France tout entier.

L'Éducation nationale en a les moyens : un considérable corps d'enseignants, un gigantesque ensemble de bâtiments occupés à peine à mi-temps, et le plus gros budget des services de la République… Mais elle est réticente : s'occuper des enfants et des adolescents est déjà beaucoup, alors ajouter tous les adultes, quel problème !

Olivier Guichard restructure tout son ministère : trois directions générales seulement, chacune maîtresse de ses hommes, de ses moyens et de ses programmes, une pour l'enseignement scolaire, école, collège, lycée, une pour l'enseignement supérieur et la recherche, une pour l'éducation permanente, avec pour directeur général Raymond Vatier, un cadre de l'industrie qui faisait jusque-là de la formation permanente chez Renault.

Vatier comprend vite qu'il serait complexe, inefficace et dangereux de charger les établissements eux-mêmes de cette nouvelle tâche. Il fonde ses espoirs sur leur regroupement, les GRETA. Hommes et femmes, les volontaires viennent en masse. Sous toutes formes, cours du soir, cours du samedi, séminaires, « universités » parallèles, la France se rue vers l'éducation permanente. L'esprit de la Libération semble retrouvé, pour quelques années, quelques mois.

Mais très vite, freins et blocages apparaissent. Difficultés administratives, prétextes (les assurances), incertitudes des carrières, réticences profondes de la maison mère, limitations budgétaires.

En peu d'années, l'éducation permanente est abandonnée par l'Éducation nationale pour être, secteur par secteur et cible par cible, renvoyée au secteur privé. Ce qui reste des GRETA n'offre plus que 10 à 12 % des services disponibles sur ce qui est devenu un marché. Ainsi fut rongée puis annihilée une autre grande tentative pour donner plus de sens à la vie de tout un chacun.

Il n'en reste pas moins clair que l'éducation permanente – on en reparle aujourd'hui à propos de formation tout au long de la vie, mais le terme de formation est plus réducteur que celui d'éducation – a une place déterminante dans la vie plus écologique et moins frénétique qu'il faut savoir préparer pour les temps qui viennent.

Télévision et publicité

L'évocation de toutes ces tentatives pour améliorer la qualité de la vie sous le règne du capitalisme et de la marchandise (changement du statut de l'entreprise, place du non lucratif, diminution du temps de travail, amélioration du niveau culturel, etc.) ne serait pas complète si je n'ajoutais pas ici le rappel d'un autre effort, au champ un peu différent mais profondément de même nature. Il s'agit de limiter l'invasion de notre temps, de nos esprits et de nos perceptions de la vie courante par la publicité.

C'est une longue affaire, commencée en fait depuis plus d'un demi-siècle.

Un peu partout dans le monde, sauf aux États-Unis, lorsque la technique a fait émerger la radio puis la télévision, les États, qui venaient pas si longtemps avant de se faire arracher la liberté de la presse, ont cherché à se venger de cette défaite en organisant le nouveau service, les émissions de radio puis de télévision sous la forme du service public. Cela voulait dire qu'à l'origine la réclame, que l'on appellera plus tard la publicité, n'y avait pas sa place. Aux États-Unis seulement elle contribua dès l'origine au financement du système, qui de ce fait naquit privé.

Partout ailleurs, radio et télévision naquirent et grandirent gratuites, financées par l'impôt et dépourvues de publicité. Je parle ici des démocraties de libre entreprise. Les systèmes totalitaires sont d'une autre nature, la propagande y vaut bien la publicité, avec d'autres vices.

Seule au monde, la BBC anglaise – British Broadcasting Corporation – a su développer ce talent et créer autour d'elle un tel respect qu'elle a pu préserver ce système, qu'au demeurant elle continue d'honorer.

Naturellement le besoin pressant de publicité que produit le capitalisme a conduit le monde du commerce à contourner la forteresse BBC en multipliant, tant en radio qu'en télévision, les chaînes privées concurrentes de la chaîne publique et financées par la publicité. Mais il y a pire : c'est probablement en Grande-Bretagne que l'appétit du lucre, qui s'attache au fait de flatter les plus bas instincts de toute une population, s'est le plus investi dans la presse écrite, exclu qu'il était des ondes publiques. Presse de caniveau, tabloïds, tirent en millions d'exemplaires, beaucoup plus que n'importe où ailleurs en Europe. Sexe, violence, xénophobie, nationalisme outrancier, absence de tout respect pour les vies privées des personnes devenues notoires, tout y est, même l'espionnage, on l'a appris récemment. Les deux tycoons étrangers (un australien, l'autre canadien) qui dirigent ou ont dirigé les deux principaux groupes d'où émanent ces feuilles, sont les dignes héritiers de Randolph Hearst, alias Citizen Kane. En un demi-siècle de ce régime, l'Angleterre, qui ne l'était pas, est devenue xénophobe. C'est un malheur mondial, et tout particulièrement européen.

Aux États-Unis, où la presse écrite semble faire preuve de légèrement plus de retenue, l'aboutissement collectif est un peu moins lié à des postures confinant au criminel sur le sexe et la violence. Il prend davantage la forme de la saturation complète des médias parlés et télévisés par la publicité. Et c'est d'abord contre cela que des résistances se sont fait jour. On a assisté à la multiplication de réseaux privés (parce que non publics) financés non par la publicité mais par abonnements. Et les auditeurs paient cher pour se débarrasser de ce fléau importun.

Il n'y a malheureusement guère d'études sur leur nombre, leur champ, leur développement et leurs résultats. Il doit pourtant bien y en avoir. Mais à l'évidence « l'establishment » n'en favorise pas la diffusion. Reste que dans ce domaine aussi, l'humanité sait esquisser, même de manière embryonnaire, des réactions de défense contre sa destruction intellectuelle et morale.

Ce qui s'est passé en France sur ce sujet mérite d'être rappelé. Le monopole (on l'appelait l'ORTF, l'office de radiodiffusion et télévision français) a tenu longtemps, consolidé qu'il avait été à la Libération, après quelques expériences de chaînes de radio privées avant la guerre.

On se souvient encore de la forte phrase de Charles de Gaulle, président de la République, inaugurant dans les années 1960 la Maison de la Radio – la célèbre Maison ronde – et disant : « L'argent ne doit pas entrer ici ! » Malheureusement, lui-même est largement coupable de ce que, en compensation à l'argent manquant quelque peu, ce soit la politique qui y soit entrée trop largement, et notamment sous sa forme politicienne. L'autorité de l'ORTF en fut très affaiblie.

Toujours est-il que le monopole public tint bon sans publicité en France plus longtemps qu'ailleurs en démocratie. Pourtant la pression du monde commercial pour faire passer ses messages par ces nouveaux moyens de communication à la puissance inouïe fut comme ailleurs énorme.

C'est en radio (les infrastructures sont beaucoup moins lourdes) que les forces du capitalisme commencèrent l'offensive. Elles cherchèrent d'abord à émettre vers le territoire national mais pas à partir de lui, protégé qu'il était par l'exclusivité réservée au monopole.

Sur autorisation seulement verbale du chancelier d'Allemagne de l'époque, Europe n° 1 commença à émettre depuis la Sarre. D'autres groupes financiers puissants créèrent Radio-Télévision du Luxembourg RTL et émirent depuis le Grand-Duché. On eut aussi Radio-Andorre, qui ne grandit guère, puis Sud-Radio, originellement appuyé sur Monaco.

Mais naturellement, c'est au sujet de la télévision que la pression était la plus forte. Le sentant fort bien, les personnels de l'ORTF entreprirent la défense. L'organe majeur fut là le syndicat des réalisateurs. Il était confédéré dans la CGT mais il était unique et rassemblait tout le monde. La CGT payait le grand prestige que cela lui apportait d'une large tolérance devant ses frasques et ses orientations peu conformes aux canons communisants de la grande maison.

Au demeurant, pendant Mai 68, où tout l'ORTF faisait grève, le syndicat des réalisateurs passa en bloc et unanimement de la CGT à la CFDT, devant l'incompréhension totale dont la CGT faisait preuve à l'égard de ce surprenant mouvement.

Il fallut pourtant reprendre le combat après. Le syndicat se rallia massivement à une idée simple : la pression du monde économique est trop forte. On ne pourra pas résister éternellement et complètement. Mieux vaut alors accepter de créer des chaînes de télévision privées, porteuses de l'inévitable publicité commerciale. Mais n'introduisons surtout pas la télévision dans le secteur public. Il résistera à la concurrence par la qualité.

C'était au fond la défense du modèle BBC. Le débat fit rage. Mais c'est le président de la République nouvellement élu, Georges Pompidou, qui le trancha, et dans le mauvais sens. Les chaînes publiques commencèrent à compléter le produit de la redevance par celui de la publicité, qui lentement mais progressivement, prit une part croissante du temps d'antenne.

On essaya de limiter temporairement la casse sur des détails : limitation du temps de pub, interdiction de couper films ou spectacles, etc. Mais peu importe : l'essentiel était acquis. Les annonceurs allaient développer de plus en plus fortement leur pression pour qu'il n'y ait pas à l'antenne d'informations trop graves, de sujets appelant une attention et une réflexion profondes au voisinage de leurs messages…

C'est ainsi que même les « journaux » d'information furent de plus en plus et insupportablement envahis de faits divers, et c'est ce qui conduisit un jour le lucide Patrick Le Lay, patron de TF1, à prononcer l'abominable phrase déjà citée : « Mon métier consiste à rendre les cerveaux disponibles pour qu'ils puissent capter les messages de Coca-Cola. » L'abrutissement est une des formes du crime contre l'humanité, et ici le coupable est clairement le capitalisme comme système.

Il est impossible de ne pas évoquer le dernier épisode de cette affaire.

Sourdement le débat continuait. Bien au-delà des intellectuels, tous les milieux éduqués gardaient le souvenir du problème, et prenaient conscience de la croissance de sa gravité.

Si bien qu'un jour, de manière surprenante, et sans avoir prévenu grand monde dans sa majorité ni dans son gouvernement, moins encore dans le milieu concerné, un autre président de la République, Nicolas Sarkozy, décida l'interdiction de toute publicité sur le secteur public de la télévision française après 20 heures, tous les jours.

L'intention était bonne certes, la motivation meilleure encore ; mais l'impréparation totale. Restaurer la dimension informative et éducative de la télévision et surtout celle de la haute culture était sûrement possible. Ce ne sont pas les talents qui manquent. Mais repenser tous les programmes, remplacer dans les millions d'heures d'enregistrement prêtes le médiocre par du meilleur exigeait beaucoup de temps, des investissements lourds et sans doute quelques changements de responsables, au risque de conflits.

Naturellement les recettes budgétaires ne suivirent pas. On eut peur d'augmenter la redevance.

L'expérience ne s'avère guère concluante, évidemment. Plus gravement elle contribue même à disqualifier quiconque continue à penser le problème dans son ensemble. On ne se débarrasse pas simplement de la société de consommation…

Défendre et valoriser le « non-matériel »

Le recensement complet de ce que l'humanité d'aujourd'hui, même aisée, mais souffrant dans les tempêtes, invente et mène comme luttes aussi bien pour se défendre que pour améliorer l'existant, est impossible. Même non exhaustif, il exigerait des millions de pages et une armée d'enquêteurs.

Le lecteur aura déjà compris que mon ambition ici se limite à repérer parmi les myriades d'expériences, de réalisations, de luttes et de créations en cours, quelques-unes de celles qui sont le plus profondément porteuses de sens dans la perspective générale poursuivie par ce livre.

Une dernière rubrique doit être ouverte à ce titre. Si l'argent étalonne nos vies et mesure à peu près tout ce à quoi nous touchons et même notre temps, il reste quelques rares domaines qui échappent à son emprise, conceptuellement ou procéduralement. Dans le même esprit, celui d'un inventaire, dans le hasard géographique ou temporel des découvertes, des surgissements porteurs de sens, il me faut signaler ici une microcréation locale, mais prophétique, les réseaux d'échanges de savoir, une pratique commerciale nouvelle, beaucoup moins radicale dans son sens mais potentiellement immense, mondiale à tous coups par son champ de diffusion, la priorité donnée à l'accès plutôt qu'à la propriété pour l'usage de certains biens ou services, privés ou collectifs, et enfin un traitement possible de la pauvreté de masse par l'application judicieuse et ciblée de notre présente dévotion à l'innovation.

Les Réseaux d'échanges réciproques de savoirs

M. et Mme Claire et Marc Héber-Suffrin sont un couple modeste d'employés des services qui vivent dans une zone peu aisée, souvent pauvre, de la grande banlieue parisienne. Leur culture, peut-être chrétienne, à coup sûr non politique, les pousse à aider leurs voisins dans la gêne. Beaucoup de ces voisins sont des immigrés de date pas très ancienne.

Une évidence s'impose vite. Pour vivre un peu mieux dans la gêne quotidienne, ce qui manque le plus, ce sont les multiples savoir-faire domestiques de la vie urbaine moderne.

L'idée qui en découle a la robustesse de l'évidence : je t'apprendrai l'informatique et le maniement de l'ordinateur si tu m'apprends la plomberie et la peinture.

Il ne faut pas que l'argent s'en mêle, personne n'en a. Il faut donc comptabiliser le temps. Le couple Héber-Suffrin s'en charge et organise un premier club. Les cours deviennent collectifs.

Repassage et détachage contre cuisine… Voilà les mères de famille nord-africaines championnes de la diffusion du savoir-faire le couscous, ce triomphe récent de la gastronomie mondiale, contre le savoir-lire et écrire. Les fondateurs du système en formulent et en font adopter les principes :

– même élémentaire, un savoir est un élément de la dignité de son porteur ;

– tout individu homme ou femme, jeune ou moins jeune, vivant selon les règles ou en marge, a appris des choses dans sa vie, sait les faire et peut les transmettre ;

– le respect des savoirs de l'autre et son écoute n'impliquent et n'introduisent aucune hiérarchie ;

– aucun savoir n'est étalonnable selon une valeur marchande. Le temps passé à les diffuser est équivalent quels que soient les contenus.

Les clubs se multiplient, se fédèrent, et moi qui raconte je me suis mis à m'occuper d'autre chose… Je ne sais plus… ! Il y avait, il y a plus de dix ans, quelque six cents réseaux en activité.

Il y eut, nombreux, des moments forts. Notamment celui où l'une des meilleures vulgarisatrices dans l'art de faire le couscous, une mère de six enfants, est arrivée pour sa séance en pleurant. Son second fils tournait voyou. Cancre à l'école, provocateur et insubordonné permanent, il animait une bande de jeunes casseurs. Sa mère ne lui voyait comme avenir que l'alternance entre la délinquance et la prison.

Le club se saisit du problème. Quelqu'un découvrit qu'en dehors de l'animation des chahuts d'adolescents, la seule chose que le jeune homme en question savait bien faire, c'était patiner. Surfeur de premier ordre, il épatait toute la jeunesse alentour. La proposition l'amuse : il devint instructeur de surf au club d'échanges de savoirs. Première surprise : il fut ponctuel et assidu. Deuxième surprise : il fut ponctuel aussi aux cours compensateurs, où il rattrapa des retards scolaires évidents. Troisième surprise : lors du trimestre suivant ses résultats scolaires s'améliorèrent nettement. Il avait retrouvé sa dignité.

On peut s'arrêter là sur l'histoire de Mohammed. Combien de centaines de millions de jeunes auraient besoin de rencontrer une pareille occasion ?

L'accès plutôt que la propriété

On change ici d'échelle, pour passer des démunis à tout le monde, et de la banlieue parisienne à la planète entière.

Le bien-être matériel, caractéristique majeure du monde actuellement en crise, crée naturellement des envies d'imitation, et par là des besoins. Le capitalisme régnant nous a appris à y parvenir par la propriété. Il y a là une forte incitation à la multiplication, au gaspillage et donc à l'excès d'une production dévoreuse de richesses naturelles et d'énergie, polluante et émettrice de gaz à effet de serre.

Mais bien avant que tous ces inconvénients ne se fassent sentir au point d'appeler à des changements de comportements, ce sont les limites financières des classes moyennes qui ont provoqué l'émergence d'institutions, de services et de procédures nouvelles permettant d'accéder à l'usage des biens et même des services souhaités sans en passer par la servitude de devoir en acquérir la propriété.

Depuis longtemps déjà, la location d'automobiles et les boutiques de machines à laver le linge avaient montré la voie.

Elle s'est étendue ensuite aux échanges de résidences secondaires pour les vacances aux prêts de tableaux pour des durées limitées, à l'usage de la plupart des éléments de l'électroménager domestique brun ou blanc.

C'est assurément le covoiturage, beaucoup plus récent dans sa gestion informatisée via le web, qui fait le démarrage le plus foudroyant. Quelques années à peine après la mise au point du service, nous en serions en France, en 2014, à plus de 4 millions d'usagers.

À l'encontre de l'éducation permanente et des réseaux d'échanges de savoirs, tout ce qui relève de l'accès n'est guère producteur d'amélioration ou de changement de contenu culturel. Mais déjà, la diminution massive du besoin d'objets industriels à production coûteuse en ressources naturelles, en énergie, et en émission de gaz à effet de serre est une condition de notre survie. Elle est aussi annonciatrice d'une vie plus frugale, même à bien-être préservé, et probablement moins coûteuse.

Dans la même veine, il faut relever ici que l'énorme bataille politique et parlementaire qui sévit en ce moment aux États-Unis, en Europe, en Inde, au Japon et en bien d'autres lieux sur le droit des logiciels est de même nature. La controverse oppose ceux aux yeux de qui il ne devrait exister que des « logiciels propriétaires », protégés par des brevets et inaccessibles à tous tiers sauf paiement de « royalties » ou redevances, à tous ceux, dont je suis, qui considèrent que comme toutes les œuvres de l'esprit – à la différence des produits de la machine – les logiciels ne sont pas brevetables et doivent rester comme tout savoir humain, accessibles à l'humanité tout entière. Il est vraisemblable que l'extension de la « société de l'accès » exigera la création d'innombrables logiciels dédiés. Cela ne sera ni possible ni même concevable si la brevetabilité assure aux logiciels un effet de monopole par la préservation du secret. Les enjeux économiques de cette bataille sont gigantesques, et comptent en dizaines de milliards de dollars. Ladite bataille est loin d'être terminée.

Sur ce front de l'accès, la toute dernière notion est l'irruption massive des collectivités publiques offrant à des tarifs de location extrêmement bas des bicyclettes ou des voitures propriétés municipales. Cela commença en France à La Rochelle. Paris a pris le relais avec les Vélib et Autolib.

La pauvreté de masse

Il ne s'agit pas ici d'une création réelle, moins encore d'une pratique en cours. Il s'agit au contraire d'une pure suggestion de ma part, résultant d'une confrontation d'idées et de pratiques étrangères les unes aux autres, traitant de problèmes différents, et jamais conjuguées tellement semble immense la distance qui sépare leurs objets et le niveau culturel des populations qu'elles concernent.

Dans les pays développés en état de stagnation économique ou quasi, un mot devenu quelque peu mythique sert à la fois d'étendard à tous les promoteurs de changement et chercheurs de sorties de crise, d'argument voire de prétexte à de multiples initiatives publiques, d'aiguillon à toute structure effectuant des tâches de recherche, et de consigne formelle à tous les chefs d'unités de production ; c'est « l'innovation ». Considérée non sans raison comme la clé de la survie collective, elle fait l'objet d'innombrables procédures d'encouragement : multiplicité des systèmes de financements tant publics que privés et visant aussi bien les gros et très gros projets que les plus petits, transformations institutionnelles, immobilières et géographiques tendant à organiser la rencontre permanente des chercheurs et des opérateurs, extension et intensification des activités de formation et de vulgarisation. Le Japon est sans doute le pays du monde qui a poussé le plus loin l'activité collective et la dépense publique dans ces divers domaines. Regroupée sous l'appellation Recherche et Développement, la dépense publique et privée consacrée à ce secteur y atteint sur longue période le record mondial de 3 % du PIB. Les résultats sont incertains, parce qu'il y manque depuis bientôt vingt ans le facteur essentiel qui ne peut être que la pression de la demande, ce qui nous renvoie à d'autres problèmes. Reste que l'exemple est là. Les États-Unis, eux aussi, restent exemplaires sur ce sujet. La France est en plein réveil, notamment mais pas seulement grâce à « l'emprunt national pour l'avenir » souvent qualifié à tort de « grand emprunt ».

Pendant ce temps, d'immenses zones urbaines en Amérique latine comme en Afrique, une bonne partie de l'Asie du Sud et du Sud-Est continuent de connaître la pauvreté de masse. Plus de 2 milliards d'humains vivent avec pour tout revenu moins de 2 dollars par jour.

Voici quelques décennies, le grand économiste américain John Kenneth Galbraith fut nommé ambassadeur des États-Unis en Inde. Il y resta quatre ans, et en tira une réflexion qui fit l'objet d'un livre essentiel : *Théorie de la pauvreté de masse* [1].

Je ressens l'impression très forte que ni les organisations internationales ni les pouvoirs publics nationaux ni les opérateurs de l'aide au développement n'ont vraiment tiré les conclusions complètes de ces travaux ni ne sont allés jusqu'au bout de la logique qu'ils induisent.

L'affirmation centrale de Galbraith est que, dans la profonde misère et l'extrême dénuement, la survie dépend de multiples pratiques visant à bricoler, préserver, conserver tout ce qui peut servir, recycler et réutiliser les objets, les restes et les déchets, transformer en aliments toute structure vivante se trouvant à portée. Tout changement, même dans le sens de l'hygiène et de la propreté, est destructeur de certaines de ces pratiques. Aucun risque n'est tolérable ni permis. Tout habitat collectif se donne un chef dont la charge est de préserver la pérennité de ces conduites de survie.

Toute innovation est dangereuse car elle introduit toujours des changements comportant des risques sans jamais de certitude

1. John Kenneth Galbraith, *Théorie de la pauvreté de masse*, Gallimard, 1980.

que le résultat soit positif. Culturellement, les innovateurs sont rejetés par le milieu parce que dangereux.

Multipliée, souvent renouvelée, l'enquête montre que les innovateurs réels et repérés, garçons ou filles, sont tous assez sortis de l'enfance pour être capables de capter des informations et d'innover, assez jeunes pour n'être pas encore chargés de famille et donc de responsabilités de préservation, ni surtout définitivement conditionnés, assez courageux enfin pour pouvoir résister aux pressions familiales.

La population ainsi définie ne dépasse jamais 10 à 15 % de la population de la zone concernée. Il faut massivement cibler la diffusion des pratiques, des techniques, des savoir-faire, des inventions et même sans doute celle des outils et des objets.

Il y a derrière cette théorie de la pauvreté de masse une redéfinition, une réinvention possible de toutes les techniques mondiales.

L'on a laissé sombrer en déshérence ces techniques nées il y a quelques décennies par lesquelles EDF par exemple savait alphabétiser spécifiquement, pour les besoins de leur métier, des releveurs de compteurs en pays sous-développés, et où l'on avait créé, par accord avec les autorités locales, des factures d'électricité dont l'acquittement valait à la fois carte d'identité et carte électorale…

La liste est immense. Arrêtons là. Ce sont des questions d'angle de vision, d'agilité mentale et de décentralisation de la décision.

Conclusion. La trahison nécessaire

Ce chapitre un peu fourre-tout est à la fois beaucoup trop court et beaucoup trop long. Trop court parce que ce qui y est explicitement évoqué doit couvrir 1 ou 2 % de la matière concernée. Trop long parce qu'il est démesuré par rapport au reste des éléments constitutifs de ce livre.

Au moment de le conclure, il n'est donc aucunement question de le résumer. Je voudrais au contraire me borner à souligner les rares éléments communs à tous ces combats, à toutes ces créations et innovations, et notamment en ce qui concerne leurs rapports avec le système dominant, avec la société institutionnalisée, dont il n'a guère été question à l'occasion du rappel de chacun ou chacune d'eux.

Aucune de ces tentatives n'a prétendu renverser le capitalisme. Toutes ont visé à en diminuer la cruauté ou la souffrance induite. Toutes ont cherché à en infléchir le cours ou les règles de manière ponctuelle ou sectorielle. Pour aucune d'elles, on n'a pris les armes. Lorsque violence il y a eu, ce fut toujours du fait de la répression. Beaucoup de syndicalistes ont fait de la prison, et même, sous un prétexte à peine différent, Muhammad Yunus. Jamais nulle part un éventuel souci de vengeance n'a conduit à un recours aux armes offensif. Nous sommes clairement devant des attitudes réformistes.

Malheureusement, dans le camp du mouvement, celui de la « gauche », et particulièrement celui de tous ceux qui dans le monde entier gardent en tête le mot de « socialisme » comme rappelant l'identité collective des combattants contre les excès de l'individualisme privé, le réformisme a dû se plier au monde de l'État-nation, et dans ce monde à la longue domination de ceux qui voulaient le changement global et de ce fait la révolution. Même au réformisme il a fallu accepter le cadre global, la référence dominante à l'État-nation y compris dans sa dimension guerrière. Le réformisme aussi est devenu politique et a fini par s'y limiter. On ne trouve de parti politique important derrière aucune des tentatives que je viens d'évoquer. Cela appelle une mutation majeure dans l'action et les attitudes des forces qui se veulent politiques et se croient instruments de changement.

Il y a plus. Si le capitalisme s'accommode moins mal, et de loin, du respect légalisé de certaines libertés privées que ne le font les théocraties ou les dictatures civiles comme militaires, il n'en est pas moins sourcilleux sur sa légitimité et le respect des règles du jeu cruelles qu'il impose. Si les coopératives et les mutuelles ne sont pas nées dans l'illégalité, il leur a fallu longtemps éviter la visibilité. Innombrables sont les syndicalistes qui ont connu la condamnation et la prison. Tous les succès remportés en matière de baisse de la durée du travail l'ont été par la grève, forme certes pacifique mais néanmoins subversive de l'action collective. Les comités ou conseils de quartier de bien des bidonvilles ou des favelas d'Afrique et d'Amérique latine furent longtemps illégaux et clandestins avant d'être ici ou là reconnus.

Toute tentative, même pacifique et bénéfique, d'améliorer l'existant dans un sens extra ou anticapitaliste a une dimension subversive, même si ce n'est pas dans l'intention : commerce équitable et microcrédit. Il faut assumer cette dimension, la protéger et la défendre.

On se souvient du Comité Pugwash, collectif international et notamment russe et américain, de scientifiques désireux de diffuser les savoirs pour limiter les risques de conflits, notamment nucléaires. Combien de ces savants, qui ont beaucoup contribué à préserver la paix, étaient à la limite de l'accusation d'espionnage par leurs autorités nationales ?

La limitation de la violence dans nos sociétés ne saurait se limiter à l'économie et à la finance. La subversion surgit plus vite et se fait plus visible s'il s'agit des droits de l'homme. Ces deux militaires américains Manning et Snowden, qui voulaient l'un limiter des mauvaises conduites de l'armée américaine et l'autre empêcher son pays de violer la vie privée des habitants du monde entier sous prétexte d'espionnage, sont des militants de même nature que les fondateurs d'ONG mais en secteur plus exposé. Leur action réformatrice relève de la même veine et doit bénéficier de la même solidarité.

Dans tout conflit, social ou international, la légitimité va de chaque côté aux plus radicaux, aux exterminateurs de l'autre. L'action réformatrice est chercheuse de compromis. Elle commence donc par la trahison de son propre camp. C'est jugé plus grave et plus répréhensible si le camp en question est considéré comme une cause nationale. Mais c'est de même nature s'il s'agit de trahir la cause du capitalisme financier institutionnalisé tel qu'il est aujourd'hui légitime dans la loi et dans les esprits.

Chapitre 10

Des outils pour demain

Toutes les menaces évoquées jusqu'ici, qu'elles concernent la violence, le climat, le désordre financier, le chômage, la précarité ou le mal de vivre, ont des causes distinctes les unes des autres. Mais elles interfèrent et se cumulent. L'humanité n'échappe pas à la nécessité de les traiter toutes à la fois et même en fonction les unes des autres. Il faut arriver à ce que les résolutions spécifiques de chacune d'elles n'aient aucun effet collatéral négatif aggravant telle ou telle autre.

À l'évidence, tout cela relève du politique. Et la politique, dans les années qui viennent, aura pour objet principal d'en débattre et d'y pourvoir par de multiples décisions provoquant de multiples conflits.

Mais là où commence cette partie du livre consacrée à la réponse aux défis, il me faut dire très fermement que l'on ne saurait tout attendre du politique, et peut-être même pas l'essentiel.

Les exemples les plus frappants, parmi les constats multiples qui conduisent à cette conclusion modérément optimiste, sont ceux du climat et de la bulle financière spéculative.

Dans le cas du climat, l'alerte générale a été donnée par le monde réuni au Sommet de la Terre, Conférence des Nations unies à Rio de Janeiro en 1992. Et depuis, aucune des vingt conférences annuelles réunies selon la procédure de la CCNUCC, Convention Cadre des Nations unies contre le Changement climatique, signée justement à Rio à cette occasion, n'a pu produire de décision générale acceptée dans le monde entier, ni contraignante ni même incitative, ni dans l'ordre fiscal ni dans l'ordre environnemental. Certes quelques petits progrès se sont fait jour, l'accord sur le diagnostic, sans être encore unanime, tant s'en faut, s'étend, de multiples États ont pris à ces occasions des engagements nationaux qu'ils respectent plus ou moins. L'écho dans l'opinion se répète et se conforte. Mais tout cela est loin de suffire…

Il en va à peu près de même en matière financière. Il y avait eu, on l'a vu, des épisodes annonciateurs malheureusement négligés. La bulle explose en 2006 et 2007. La seule chose que le monde ait réussie, lors du G20 de 2009, est d'empêcher la transformation d'un krach boursier en profonde récession, grâce au soutien public accordé aux banques. Depuis rien… La masse des liquidités mondiales, qui était de l'ordre de 600 trillions de dollars en 2006, en a vu volatisés 100 ou 150 mais est aujourd'hui en train d'atteindre 800 trillions. Cette masse est principalement émise par des banques privées, à usage économique réel pour 2 % et de placements spéculatifs pour 98 %, négociés en quelques millisecondes pour beaucoup, et localisés pour près de moitié dans des paradis fiscaux… Ce château de cartes peut s'effondrer à tout moment.

En cinq ans le monde n'a guère réussi qu'à augmenter un peu les contrôles interbancaires, à limiter relativement l'espace ouvert aux paradis fiscaux… Un tout récent accord passé entre les dix-huit plus grandes banques privées du monde, en décembre 2014, prévoit simplement, en cas de crise, de ne pas faire jouer immédiatement les « précautions » qui arrêtent l'activité, mais de se donner le temps d'analyser et de penser. C'est déjà ça mais c'est tout et c'est bien peu. L'essentiel de la menace demeure.

L'insuffisance du politique

Cette impuissance du politique a de multiples causes, dont quelques-unes sont apparues dans les analyses précédentes. Il suffit, ici, de les regrouper et de les rappeler :

– Le champ géographique pertinent aussi bien pour décider d'une mesure que pour découvrir l'institution légalement compétente afin de la prendre varie, entre le local, le régional, le national, le continental et le mondial non seulement selon les problèmes mais aussi selon la nature de la mesure envisagée ;

– Le politique n'est légitime à prendre des mesures heurtant des intérêts économiques ou des convictions de l'opinion publique que si l'expertise est unanime et convaincante tant sur le diagnostic que sur la proposition de remèdes. Cette condition est à peu près remplie en ce qui concerne la pollution chimique, les déchets et la biodiversité. Elle s'en approche au sujet du climat bien que, dans ce dernier domaine, une controverse scientifique ait brisé la dynamique puissante qui s'était fait jour au Sommet de la Terre à Rio, et, bien que déjà quelque peu entravée, avait conduit aux recommandations de Kyoto en 1997. Rien ne s'est passé depuis, mais la contradiction perd de sa force.

On est en revanche loin du moindre consensus en ce qui concerne la croissance, les raisons de son ralentissement, les moyens de la relancer et la nature de sa relation avec le chômage et la précarité. Dissensus et antagonismes sont pires encore en matière de finances. Il n'y a aucun accord en vue sur ce qu'est la spéculation, son utilité ou non pour les opérateurs, son éventuelle nocivité… D'où la quasi-paralysie des institutions internationales.

L'absence de vision commune appelle une intensification profonde et donc longue, de la recherche, de la confrontation entre chercheurs et leurs résultats, et de vulgarisation de ce sur quoi, au moins, la communauté scientifique est d'accord.

– Lorsqu'il existe un organisme légalement reconnu comme capable de prendre des décisions contraignantes, il le peut en général à la majorité simple : ville, région ou surtout gouvernement national. Mais lorsqu'il n'y en a pas, il faut le consensus de toutes les entités capables de décision sur le territoire en cause. C'est le cas à l'échelle continentale comme au niveau mondial. On ne peut, à ces niveaux, décider d'une réglementation limitative ou d'une fiscalité répressive, voire seulement incitative, qu'à l'unanimité. Rarissimes sont les cas de décisions collectives efficaces : de cette catégorie relèvent uniquement les conventions internationales sur le droit de la guerre inspirées par la Croix-Rouge ; la convention baleinière internationale pourtant si souvent violée ; malgré leur extrême insuffisance, les conventions sur les normes bancaires et assurantielles internationales ; la convention internationale interdisant les mines terrestres, les quelques conventions régissant la pêche, et pas grand-chose d'autre.

– L'agent majeur en matière de décisions de lutte contre toutes ces menaces demeure donc la collectivité des gouvernements nationaux et leur capacité à se mettre d'accord. L'on pourrait espérer que le consensus s'approfondissant sur beaucoup de ces sujets, et la diffusion de l'information progressant elle aussi, le champ des décisions unanimes possibles s'agrandirait à son tour. Or il n'en est rien, bien au contraire. Ce début de XXIe siècle est, à l'inverse, visiblement une période de restriction. On a déjà relevé que la totalité des négociations internationales conduites sur tous sujets a échoué. Les gouvernements ont plus de mal qu'auparavant, ou sont plus timides, même lorsque l'accord entre eux n'est pas hors d'atteinte, à prendre des décisions heurtant dans leurs pays certains courants d'opinion ou certains intérêts. Cet affaiblissement de leur légitimité, cette impuissance à imposer une prise en compte d'évolutions à long terme oubliées aussi bien par les médias que dans le débat électoral quotidien, se paient beaucoup plus cher encore dans tout ce qui touche à la coopération internationale que sur le plan interne.

Il faut ajouter qu'en ce début du XXIe siècle, de manière croissante, une part significative de l'énergie politique disponible un peu partout s'investit dans des batailles identitaires beaucoup plus que dans la défense de la planète ou la régulation du capitalisme.

C'est vrai de parties du monde où l'on passe pour cela aux armes : centre et corne de l'Afrique. Est du Sahel, grand Moyen-Orient, et à moindre intensité région du Caucase. L'Ukraine risque la guerre.

Mais c'est vrai aussi de régions plus habituées au traitement pacifique des problèmes et mieux encore à la démocratie.

Le cas le plus typique – et le plus navrant – est sans doute celui de l'Europe. L'impossibilité de l'unanimité à 28, tant sont grandes les contradictions d'intérêts et d'orientations à court terme, lui interdit pratiquement toute politique énergétique réellement commune, et notamment toute position commune – donc toute influence en tant que telle – pour la prochaine 21e conférence des parties de la Convention Cadre sur le climat, COP 21, annoncée à Paris pour la fin 2015. Fatiguée des conflits de personnes inlassablement activés par la Grande-Bretagne qui ne supporte pas de vrais fédéralistes européens dans le personnel dirigeant de l'Union, elle peine à élaborer cette vision longue, pourtant seule capable de donner un sens à son émergence. Du coup le conflit de politique monétaire découlant de l'endettement excessif des pays du pourtour méditerranéen devient insoluble et paralysant. Incertaine d'elle-même, l'Europe ne pèse plus, non plus, dans le débat financier mondial.

Au-delà de l'Union à 28, ce sont maintenant des États membres dont la dominante politique s'écarte des affaires continentales ou mondiales pour privilégier « l'intérieur ». Voilà bien des années que la Fédération de Belgique est paralysée par l'affrontement entre la Flandre et la Wallonie. Le Royaume-Uni la suit dans la tension croissante entre l'Angleterre et l'Écosse.

L'Espagne, où l'on avait l'impression que le renouvellement de la monarchie après la mort de Franco avait renforcé l'unité, s'épuise à trouver un équilibre stable entre l'État central et les exigences croissantes des « autonomies » du Pays basque et de la Catalogne.

Au-delà de l'Europe, d'autres tensions émergent. Au Québec, celle avec la Fédération canadienne n'a jamais pris de dimension dominante. Elle semble en voie d'apaisement, mais continue de constituer un facteur paralysant pour le Canada. En revanche au Sri Lanka, où les armes ne se sont tues que récemment, et en Ukraine où elles font rage, les frustrations identitaires réelles ou ressenties de minorités menacées ou de majorités intransigeantes continuent de mobiliser les attentions et de faire diversion continentale ou mondiale par rapport aux sujets vitaux.

Il faut ajouter à cela l'inquiétude internationale sérieuse que constitue la dérive meurtrière de la secte Boko Haram au Nigeria et alentour et surtout celle de ces dérivés d'Al Qaïda qui tentent de recréer un califat islamique sur des parties de la Syrie et de l'Irak…

Bref les Nations unies lorsqu'elles se rencontrent ont autre chose de « plus urgent » à évoquer que le climat, le ralentissement de la croissance ou le désordre financier.

Une dernière remarque s'impose, d'une nature bien différente, mais parfaitement complémentaire, sur ce sujet des limites du politique. La part, parmi les Nations, des pouvoirs absolus à transmission dynastique devient infime. Les régimes démocratiques pluralistes ont conquis toute l'Amérique latine, plus de la moitié de l'Afrique maintenant, et progressent en Asie. Même les pouvoirs autoritaires renforcent le formalisme rythmé du choix des dirigeants. Au niveau national comme en ce qui concerne la représentation des nations entre elles, les mandats sont désormais courts. Jamais ils ne couvrent de période nécessaire à voir s'esquisser quelque chose qui ressemblerait à une « sortie de crise ». Voilà qui dissuade de prendre toute mesure contraignante ne pouvant avoir d'effet qu'à très long terme et avec un haut degré d'incertitude.

De tout cela il résulte, hélas, que bien loin d'attendre des seules décisions politiques la réduction des menaces par le pilotage des mutations sociales nécessaires, il nous faut, au contraire, comprendre que c'est le corps social tout entier, et pas seulement l'organisation de son commandement civique ou politique, qui peut assumer et conduire la mutation, le changement d'ère nécessaire à la survie de l'espèce humaine et même peut-être de la planète.

Il y faudra d'abord de nouveaux savoirs. Or s'il est acquis que la politique doit gérer en fonction des savoirs connus, il l'est aussi qu'en tant que tel le politique n'est pas créateur de savoir.

Cela se passe ailleurs, et pour l'essentiel hors de son commandement.

Il y faudra aussi, soit nouvelles soit transformées, des institutions propres à décider sur le champ pertinent.

Il y faudra encore des procédures. Le concept de démocratie n'a jusqu'ici trouvé de traductions, fussent-elles bien incomplètes, qu'au niveau national. Or les concepts de pluralisme, de respect du droit, de garanties données aux minorités et quelques autres doivent être préservés à l'échelon continental et mondial, faute de quoi il n'y aura pas de légitimité à des décisions communes, et précisément s'il s'agit de renforcer les décisions en cause.

Et naturellement, individuels ou collectifs, ce sont les acteurs qui, par modification ou pas de leurs comportements, permettront ou non la sortie de crise.

Les savoirs

Il me faut commencer par rappeler clairement que l'auteur de ces lignes est un agitateur, et pas un savant. Même pas un universitaire. Dans aucun des savoirs en cause, la conduite de ma vie ne m'a donné l'occasion d'aller jusqu'au bout des connaissances acquises.

J'aborde donc ce paragraphe avec humilité et hésitation, ne prétendant en rien proposer un élément de savoir nouveau que je supposerais indispensable…

Mon aventure est autre : plus d'un demi-siècle de travail sur le terrain social et politique, parfaitement empirique au demeurant, m'a conduit non pas à un inventaire – ce qui suit n'est ni systématique ni exhaustif – mais à une suite de découvertes de hasard sur les « trous du savoir », les zones ou secteurs de l'activité de l'humanité que n'éclaire aucun savoir constitué et respecté, et où, par conséquent, les activités des hommes sont incertaines, contradictoires, souvent porteuses d'effets pervers négatifs soit pour les hommes eux-mêmes soit pour la nature, parfois aussi créatrices de conflits.

Dans quelques cas, c'est l'incomplétude d'un savoir identifié et délimité qui est en cause : on n'a pas encore tout découvert, naturellement et heureusement. Dans bien d'autres cas, ce qui est en question c'est le manque de connexion entre savoirs distincts et non jointifs. Il y a des trous entre les disciplines. L'interdisciplinarité est à la mode dans le questionnement, pas dans la promotion disciplinaire des savoirs universitaires.

La première et la plus vaste de ces zones d'incertitude est assurément le marché.

Multimillénaire, totalement anonyme, originaire de multiples lieux, postérieur de beaucoup aux deux autres inventions collectives de l'espèce humaine que sont l'agriculture sédentaire et l'écriture, le marché a autant qu'elles deux contribué à l'émergence de l'humanité en dehors de l'animalité. Il l'a fait corollairement avec son invention jumelle, la monnaie. Sans monnaie pas de marché et réciproquement. Pourtant elles sont bien distinctes, et nées semble-t-il séparément. L'une – la monnaie – est un instrument, purement matériel, de son origine presque jusqu'à aujourd'hui ; l'autre est une procédure, une façon de procéder à l'échange. Mais c'est leur interaction qui a permis de généraliser la division du travail et d'assumer par là la subsistance de l'humanité, puis, progressivement, pour le meilleur et pour le pire (on le voit aujourd'hui), la maîtrise de la nature. Monnaie et marché s'appelaient l'un l'autre, sans que l'on sache clairement si le premier a conduit à créer le second. Une histoire de poule et d'œuf, en quelque sorte.

Que les économistes aient été fort nombreux par la suite à examiner le marché, à l'étudier, à l'analyser, relève à la fois de la nécessité et de l'évidence. Mon étonnement d'aujourd'hui est qu'ils y aient été si seuls. Comment la sociologie n'a-t-elle pas vu que le marché fut la première procédure à exiger, entre les hommes, des conduites capables de devenir des règles, de sécurité et de confiance, dont le premier résultat est de minimiser les conflits ?

Comment la psychologie, surtout, psychanalyse comprise, n'a-t-elle pas vu que la construction de l'identité de tout être humain se fait par rapport à l'autre et même des autres ? L'autre, à commencer par la mère et son sein, il est d'abord et pour longtemps la réserve de subsistance. Aussi longtemps que l'autre est limité à ce statut de réserve, l'individu prédateur n'a guère de raison de distinguer entre lui-même et l'univers proche dans lequel il puise les moyens de sa survie. La monnaie est le premier instrument substituable à la rapine, au vol et au meurtre pour s'approprier quelque chose dont on a besoin ou que l'on désire. Mais pour que la transaction puisse se faire, il faut que l'autre soit reconnu comme équivalent à soi-même, ayant une même densité d'identité. Je ne crois pas que le concept de « droits de l'homme » aurait pu émerger sans l'existence de la monnaie. Mais ce ne sont pas les économistes qui pouvaient le dire.

Le grand Freud lui-même a manqué cette découverte et cette intuition, lui qui assimilait la monnaie aux déjections de l'espèce humaine, aux matières fécales. Il a fallu quelque quatre-vingts ans et une autre génération de psychanalystes (Ilana Schimmel) pour rétablir les choses.

Il est encore un domaine où les disciplines de l'esprit qui s'occupent de l'homme lui-même, soit seul (psychologie) soit en groupe (sociologie), auraient dû parler davantage à celle (l'économie) qui s'occupe de sa subsistance et de la quantification. Je veux parler de la polyvalence de la monnaie et de ses conséquences. L'histoire ne semble pas très claire : la monnaie à son origine, en certains lieux, pas tous peut-être, n'aurait-elle servi que de moyen d'offrande aux dieux ? Toujours est-il que, petit à petit, elle est devenue « équivalent universel ». Son détenteur pouvait et peut toujours, sur le marché, c'est-à-dire parmi ce qu'offre une collection d'êtres aussi identifiés que lui-même, choisir les produits ou objets qu'il désire, plus tard les services, par une décision qui ne dépend que de lui. C'est l'embryon, la source de la liberté.

Biologie et psychologie conviennent, semble-t-il, qu'aucun être vivant ne peut se développer s'il ne dispose de l'espace d'autonomie nécessaire à la recherche de sa subsistance, et, s'il s'agit d'un animal, afin de se mouvoir dans ce dessein. Pour les hommes, plus la division du travail permettait la variété des subsistances, plus l'espace nécessaire à cette fin devait être grand, et plus le choix entre des objets désirables le devenait aussi. L'autonomie constitutive de tout être humain voyait la dimension de son affirmation nécessaire grandir corollairement. La monnaie et le marché devenaient les instruments de cette liberté, respiration nécessaire de l'être humain.

L'économie de marché ne découle pas des lois découvertes par l'économie à propos de la quantification des subsistances. Pour l'économie il est sans doute concevable que quelque système de rationnement et de distribution complexe et diversifié suffise à assurer la subsistance de l'espèce humaine. C'est son besoin constitutif d'autonomie, donc de liberté de choix, et par conséquent d'imprévisibilité, qui l'interdit et appelle le marché.

Marx, à mon sens, conviendrait volontiers de tout cela. Mais il n'est pas allé dans cette direction. Il s'est situé en aval. Son analyse impitoyable mais tragiquement réaliste des déséquilibres structurels du marché concluait à une explosion de violence probable, pas à la suppression du marché. Ce sont certains de ses successeurs, déviants par rapport à lui, dans la lignée de Kautsky, qui conçurent l'idée folle et génocidaire de supprimer le marché et de le remplacer par le rationnement. Seul le malheureux Boukharine, on l'a vu, tenta en vain de s'opposer à cette dérive.

Mais la cruauté sociale du capitalisme a été telle, au long de l'histoire récente, que la « solution alternative », au fond quelle qu'elle soit, en a reçu une grande popularité, et une assez large adhésion populaire. L'histoire du communisme se termine par l'implosion, ce qui d'une certaine façon vaut démonstration.

Mais nous n'en avons pas fini, et de loin, avec les souffrances créées par le capitalisme, c'est-à-dire l'économie de marché dérégulée… Le débat reste ouvert, les partisans d'un « autre chose que l'économie de marché » bien incertain demeurent nombreux. Curieusement, en ce début de XXIe siècle, la France est le pays du monde où les sondages d'opinion découvrent que les adversaires de l'économie de marché sont les plus nombreux, frisant la moitié de la population, beaucoup plus qu'aux États-Unis, en Russie, en Chine ou en Europe de l'Est !

Les sciences humaines parleraient-elles plus fort, et d'un commun accord, sur ce sujet, que le débat serait peut-être un peu moins incertain, en France notamment.

S'agissant toujours du marché, il est d'autres domaines dans lesquels l'incertitude ouvrant conflit serait opportunément limitée par des avancées du savoir.

Je veux parler ici d'abord de son horizon. « Le marché est myope, il n'est pertinent qu'à court terme. » Cette phrase est un des « dits » acceptés de l'économie. Je ne sache pas que l'on convienne de certitudes à cet égard. Si cela est vrai, comme l'on en convient en général, et comme bien sûr je l'admets moi-même, il en résulte une moindre pertinence du marché pour l'activité d'investissement que pour la répartition d'une production acquise de biens ou de services. Cela n'ouvre-t-il pas une piste de recherche vers une régulation différente, plus délibérée peut-être, et avec circulation financière spécifique, qui sait ? de ces opérations de long ou de très long terme que sont les investissements ?

Il faut ensuite, nécessairement, parler des bornes du marché. Qui dit marché dit confrontation d'acheteurs et de vendeurs cherchant chacun leur profit à l'occasion de la transaction. S'agissant de biens ou de services à usage purement privatif, une histoire longue de plusieurs siècles a clairement montré l'efficience du marché, et la capacité du signal prix à provoquer les mouvements d'offre et de demande nécessaires à l'établissement de l'équilibre de celui-ci, tant en prix qu'en quantité.

Cela est-il vrai de tous les biens ou services ? Depuis fort longtemps, de manière intuitive et pour des raisons où une éthique peu formalisée joue son rôle, des courants politiques, des sociétés identifiées plaident que les intérêts personnels, et notamment celui quantifiable du profit, ne sauraient avoir leur place dans l'élaboration et la distribution de biens ou de services ; alors qu'un point de vue collectif à faible justification rationnelle mais à fort contenu passionnel donc politique déclare d'intérêt général certains d'entre eux. On le dit de l'éducation, plus strictement encore du savoir. On le dit aussi, c'est même la source de la distinction entre le droit d'auteur et le brevet, des produits purs de l'esprit humain, en cela différents de ceux de la machine. On le dit encore de la santé, et également des biens et services de culture.

Ne peut-on espérer qu'une convergence de la sociologie, de la psychologie, de la biologie et de l'éthique puisse apporter quelque contribution de la communauté du savoir à l'élucidation des limites entre ce qui peut bénéficier d'un prix de marché (et donc d'une rémunération de son producteur ou offreur) et ce qui ne peut et doit n'être associé qu'à une taxe ou à une redevance, au titre de remboursement d'un coût ?

S'agissant toujours du marché, son indifférence au temps long doit être explorée sous un autre angle. Elle ne concerne pas, en effet, seulement l'investissement, mais aussi l'effet global du marché sur les quantités de produits ou de services qu'il appelle à transiter par lui : ressources limitées pour la fabrication, consommation énergétique, pollution occasionnée, durabilité des déchets. Quels types de signaux, incitatifs ou interdictifs, peuvent-ils baliser cette route ?

Plus profondément, le marché ne connaît que des flux. Des stocks il sait seulement les variations à court terme. Or il est d'évidence que les conduites à motivations patrimoniales ont autant de significations et de résultats d'intérêt collectif que celles à motivations échangistes donc marchandes.

C'est à ce titre que doit s'approfondir la mise en confrontation de l'économique et du vivant, domaine ouvert par le gros travail de René Passet, déjà cité, et qui appelle bien d'autres développements.

Dans cette interrogation des savoirs espérés destinés à guider le pas-à-pas de l'humanité vers un monde moins contradictoire et plus stable, il y a lieu d'interroger aussi la puissance publique elle-même.

Les disciplines juridiques, droit constitutionnel et droit administratif, lui font largement sa place.

La sociologie dénonce plus facilement ses travers qu'elle n'en reconnaît la nécessité.

Quant à l'éthique, elle est mal outillée pour aborder ce problème. Trop connotée avec des morales transcendantales, elle ne l'est pas assez avec les exigences de la pérennité de la vie dans l'ordre matériel et immatériel.

Ce qui est d'usage commun, par exemple, n'est guère ressenti, défini, délimité, et moins encore défendu comme tel. Or non seulement l'air respirable et l'eau potable devraient relever de la catégorie des biens publics, mais il faudrait y inclure des services : la sécurité, la santé, l'éducation et quelques autres sans doute ont ce caractère de bien collectif qu'une définition juridique explicite pourrait contribuer à protéger.

En d'autres termes, les sciences humaines d'aujourd'hui ont davantage travaillé sur la puissance publique pour ce qu'elle est qu'à propos de ce qu'elle fait et moins encore sans doute au sujet de ce qu'elle devrait faire.

Cette approche de la puissance publique à partir de ce qu'elle est plutôt qu'en considérant ses tâches emporte un autre inconvénient : elle enlève à l'impôt la part la plus aisément justifiable de sa légitimité. Il n'en apparaît, dès lors, que comme une contrainte de sécurité, et pour le reste un prix à payer pour les excès d'activités auxquels il a plu à l'État de se livrer.

Une des caractéristiques de la période présente, on l'a vu, est le ralentissement ou l'essoufflement de la croissance dans tous les pays développés. De ce fait si l'inégalité dans l'enrichissement est aggravée par ce coup de frein, le revenu moyen, lui, stagne, et avec lui les rentrées fiscales. Tous les pays avancés sont, dès lors, engagés dans un double mouvement : de restriction de la qualité et de l'ampleur des services fournis par la puissance publique d'une part, notamment dans le champ couvert par la protection sociale ; et d'intolérance croissante à l'impôt chez les classes les plus aisées et moyennes. La réponse des États est, à peu près partout, dans le soulagement fiscal des plus riches, provoquant, on l'a vu chapitre 3, une aggravation significative des inégalités.

Les conséquences de cette situation sont multiples : traitement de moins en moins efficace de la pauvreté – et notamment de ses concentrations comme les banlieues –, renvoi de l'essentiel des investissements collectifs au secteur privé. Or si le marché sait bien assurer (c'est l'une de ses qualités) les financements courts, il est beaucoup moins performant pour assurer les opérations à long terme. Et beaucoup des éléments de la multicrise dans laquelle nous nous débattons seraient relativement aisés à traiter si l'on pouvait sans trop de difficulté y injecter les capitaux nécessaires : pollution des eaux, des océans, de l'air, substitution de procédés de fabrication pour changer d'alimentation énergétique et produire moins de gaz à effet de serre, etc. La détérioration fréquente des équilibres budgétaires aggrave donc beaucoup ce qui était, même sans cela, une faiblesse.

Deuxième conséquence de même nature mais qu'il serait important de définir, d'isoler et de mesurer comptablement : la détérioration générale – et grave – des équipements publics, routes, ponts, réseaux électriques et ferroviaires et plus gravement encore réseaux d'alimentation en eau potable. Dans ce dernier cas, les experts évaluent entre 40 et 50 % la part des réserves d'eau potable de l'humanité perdue par des fuites. Et les réseaux des pays développés ne valent guère mieux à cet égard que ceux des pays moins avancés, car ils sont beaucoup plus anciens et le souci de leur entretien s'est largement érodé.

L'invention des sondages est ancienne de trois quarts de siècle maintenant. Dans la production extrêmement diversifiée qu'elle fournit figure entre autres la mesure du degré de satisfaction des populations nationales à l'endroit de leurs institutions publiques et de leurs structures nationales. « Êtes-vous heureux chez vous ? Préféreriez-vous vivre ailleurs et où ?... Êtes-vous satisfaits de votre système d'enseignement, de votre justice, de votre police ? Etc. » Ce qui donne des éléments de comparabilité internationale innombrables.

Or, depuis de nombreuses décennies, toutes les séries de sondages font apparaître cinq nations – toujours les mêmes – où l'on est satisfait de son modèle social, de son gouvernement, et en aucun cas désireux d'aller vivre ailleurs… Ce sont les quatre scandinaves et les Pays-Bas. Premier point à noter : l'ensoleillement ne fait donc pas principalement la joie de vivre… Second point : ces quatre pays affichent de manière continue les taux de prélèvements obligatoires les plus élevés du monde. D'autres s'en approchent – la France notamment, et on lui en fait souvent reproche –, mais, dans ce cas, la crispation sociale à ce propos est beaucoup plus forte et la qualité de la gestion publique notablement moins évidente. Ce qui, naturellement, conduit à une satisfaction affichée dans les sondages beaucoup plus faible. Cela n'enlève rien à l'étonnante performance des autres.

Dans la longue recherche sur l'évaluation du progrès humain, l'organe spécialisé des Nations unies, le PNUD (Programme des Nations unies pour le développement), est le premier à avoir cherché à compenser le caractère purement matériel et exclusivement acquisitif de l'instrument de mesure international dénommé PIB. Ainsi est né l'indice du développement humain, indice composite dans lequel trouvent place l'état de santé, le taux d'alphabétisation, le niveau d'éducation et quelques autres grandeurs non mesurables selon une stricte vision monétaire. On retrouve dans ces nouvelles échelles le Danemark, la Finlande, la Norvège, la Suède et les Pays-Bas, un peu plus mélangés toutefois car avec quelques autres pays d'Europe, d'Amérique ou d'Océanie.

Tout cela laisse émerger une hypothèse ; celle selon laquelle le bien-être social, s'il incorpore le confort matériel, résulte davantage de la disponibilité de biens collectifs, tels la santé, la sécurité, le système de transports ou l'éducation dont les coûts combinés, pour toute une population, représentent pas loin de la moitié du produit brut global. Si cette estimation intuitive se trouvait clairement confirmée par un savoir social reconnu, un progrès important serait sans doute fait vers la tolérance à l'impôt, ce qui, à bien des titres, fait partie des conditions de la sortie de crise.

Il est encore un domaine où les avatars de la période contemporaine conduisent à se demander si l'on n'est pas en présence d'abord d'une insuffisance des savoirs acquis, gouvernements compris, assurément loin d'être seuls dans cette insuffisance. C'est la finance.

Il est étonnant déjà, vu l'importance des mécanismes et des forces en jeu, que les krachs boursiers n'aient jamais pu être prévus. Il ne semble même pas qu'existent des zones ou plages de dangerosité, des seuils limites tels que le franchissement en soit déconseillé. De la même façon, la science financière semble refuser de distinguer certaines opérations comme spéculatives.

Je ne crois pas un instant que des gouvernements nationaux, chargés séparément ou ensemble de protéger leurs citoyens, ni des autorités internationales supposées s'occuper de la même mission, puissent efficacement lutter contre la spéculation – pour éviter les krachs boursiers – ni contre l'inflation – dont le mode de traitement actuel assèche les finances publiques et les rend incapables d'entreprendre la transition écologique et énergétique urgente – si la science ne parle pas plus fort et plus unanimement qu'elle le fait aujourd'hui.

La science ? Faut-il confondre l'économie et la finance ? Faut-il les considérer conjointement ou l'une comme un département de l'autre ? Faut-il, surtout, mettre l'économie en demeure de renoncer à sa prétention à l'objectivité et à la neutralité absolue pour souhaiter que chaque nature de transaction y soit affectée d'une connotation appelant au traitement favorable ou dissuasif ?

Spéculation ? S'agit-il d'une appellation extrascientifique cherchant à disqualifier certaines opérations plutôt que d'autres ? Les opérations de l'espèce sont-elles utiles à la liquidité des marchés, à l'optimalité de l'allocation des ressources ? Sont-elles dangereuses, à partir de quels seuils et de quelles quantités ? Lorsque les liquidités mondiales dépassent 800 trillions de dollars, et donc trois fois le PIB mondial, et que 2 % des transactions qu'elles animent sont liées à des exportations, des importations ou des achats de biens et services mais 98 % à de purs échanges de titres financiers sans rapport avec l'économie réelle, y a-t-il du souci à se faire ou la situation est-elle soutenable ?

Inflation ? C'est, non sans raison, la hantise majeure des autorités monétaires et des banques centrales. Mais l'outillage pour la combattre est faible, et peut s'avérer largement contre-productif. D'abord les outils d'observation, les indices de mesure sont beaucoup plus développés et l'opinion publique et la presse y sont plus sensibles en ce qui concerne les prix des produits et services nécessaires à la vie quotidienne que pour les actifs immobiliers ou financiers. Or les dernières grandes explosions intervenues dans l'ordre financier tiraient davantage leur source d'évolutions survenues dans le monde des actifs que dans celui des transactions commerciales. Il y a donc là moins d'attention, moins de surveillance et peut-être même moins de prudence.

S'agissant des transactions courantes, la doctrine reçue, validée en théorie par le monétarisme, est celle quantitative de la monnaie. Elle est simple : plus il y a de monnaie disponible et plus les prix montent. Cela paraît clair. Et pourtant c'est oublier une évidence : la monnaie n'est pas constamment en train de changer de mains. La monnaie en circulation, ce sont des encaisses dans les poches ou dans les comptes en banques. Tout détenteur d'encaisse, personne privée, entreprise ou collectivité, a dans la tête non seulement une encaisse mais aussi un niveau au-dessous duquel il n'aime pas voir son encaisse baisser, par précaution. Il y a donc des encaisses oisives et des encaisses actives. En vertu de la théorie quantitative de la monnaie, lorsque la hausse des prix (l'inflation) menace ou s'annonce, les autorités monétaires raréfient la masse de monnaie en circulation, dans l'espoir que cette pratique conduira à la baisse des prix. Mais il est logique que tout détenteur d'encaisse ait un comportement de défense. L'annonce d'un comportement restrictif des autorités signifiant que les prix vont monter, il est sage de procéder auparavant à des achats de précaution. L'on fera passer pour cela une part d'encaisses oisives à l'activité. Ce comportement peut mobiliser très vite dix à vingt fois le volume de ce que les autorités sont capables d'enlever à la masse totale des liquidités… Cette politique est donc parfaitement contre-productive, et ce d'autant plus que le mécanisme fonctionne dans les deux sens. Lors d'une phase d'inflation, il faut un temps relativement long avant que la restriction de quantité de monnaie voulue par les autorités tarisse assez les encaisses pour que, non seulement leur niveau habituel baisse mais qu'il y ait sur la quantité restante une sérieuse dissuasion à mobiliser encore plus de sommes jusqu'alors oisives. L'on en arrive donc à empêcher l'augmentation de l'activité, et par là bien sûr celle des prix, ce qui veut dire qu'il a fallu taper très fort, sinon trop fort.

De ce fait lorsque l'inflation, ou sa menace, a disparu, les autorités peuvent mettre fin à la politique de restriction quantitative. Mais avant d'en revenir à une activité normale, les détenteurs auront comme priorité de reconstituer leurs encaisses : ce sont des précautions. Il faut donc un temps significatif pour qu'ils se sentent en état, encaisses reconstituées, d'en revenir à leur niveau usuel d'activité. Dans cette politique de stop and go excessifs, la dépense publique a toute sa place. Il y a là une quasi-interdiction d'exécuter des programmes réguliers d'investissements, ou de lutte contre la pollution.

Il faut du reste se poser le problème de la lutte contre l'inflation de manière plus pérenne et systématique. La contribution la plus forte imaginable à une hausse de prix zéro est l'absence de toute croissance. Est-ce cela que l'on recherche ? Une hausse des prix de 2 % l'an est-elle porteuse d'inconvénients si lourds qu'il faille se passer de la relative facilitation de paiement de dette dont elle est porteuse ? Le contrôle de quelques prix stratégiques est-il si antagonique avec les principes régissant une bonne économie qu'il faille lui préférer l'étouffement excessif de l'activité ? Les ordres de priorité des objectifs du pilotage de l'économie ont besoin d'être revus dans le cadre d'une évaluation plus rigoureuse de leurs conséquences sociales.

Un travail récent (quelque trois ans) vient en outre de poser aux dépositaires du savoir économique et financier une question parallèle, mais d'une autre ampleur et d'une autre nature. J'y ai fait allusion dans l'introduction de ce livre.

Un nouveau rapport présenté par le Club de Rome est récemment sorti, improprement appelé en français « Halte à la toute-puissance des banques ». Il traite des systèmes financiers. Son auteur est un universitaire belge, professeur de finance et ancien directeur de la Banque centrale de Belgique, Bernard Lietaer. Il rappelle d'abord que l'histoire est beaucoup plus riche en tous lieux de périodes où se confrontent des monnaies multiples qu'en périodes où règne sur un territoire donné une monnaie centrale unique. Il rappelle aussi que les rois de France ont mis pas loin d'un millénaire avant d'imposer leur monnaie centrale, lourde et chère puisque d'or ou d'argent, aux abbayes, aux villes et aux grands féodaux qui payaient leurs fournitures et services en monnaies locales, les méreaux. Lietaer voit dans cette situation un facteur d'équilibrage, en même temps qu'un moyen de valoriser des produits, des services ou des qualifications locaux qui ne le seraient pas sans cela. Il conte d'innombrables aventures de monnaies complémentaires qui rendirent et rendent encore, tel le WIR suisse, de réels services. Les rois ont d'ailleurs fini par imposer leur système pour de pures raisons politiques, histoire de réduire et de dominer les pouvoirs locaux et non afin de suivre la logique de raisonnement d'une pensée cartésienne centraliste !

Lietaer propose surtout une analyse selon laquelle un système monétaire unique dirigé par l'État, c'est-à-dire par un agent n'ayant aucun contrepoids, pouvant avoir d'autres motivations que la stabilité financière et n'émettant cette monnaie qu'en contrepartie d'une dette bancaire (facteur éminemment volatil), est par construction structurellement instable. Or le dollar, l'euro, le yuan, le yen et bien d'autres répondent à cette définition. J'ai parlé plus haut de la sourde menace d'explosion de bulles financières immenses. Y a-t-il dans notre quête des chemins de sortie de crise, tâche plus immense et plus immédiate que d'élucider la pertinence de ce nouveau savoir imprévu ? La tâche incombe à la communauté des chercheurs, bien avant les États. Bref la sortie de crise est un appel à la pensée plus encore qu'à la gouvernance.

Dans cet ordre d'idées, il faut aussi s'attendre à voir survenir des occurrences d'un type nouveau, celui où ce ne sont pas des perfectionnements ou des techniques nouvelles qui appellent à modifier une façon de faire, mais bien une réinterrogation (pour des raisons tenant à l'éthique) de toute une procédure. C'est, par exemple, le cas des normes comptables, bancaires ou d'entreprises. Les progrès de ces dernières décennies ont consisté à rapprocher le plus possible l'écriture des résultats comptables de la situation réelle instantanée du marché. Est-ce pour autant purement et simplement bénéfique ? Le marché est âpre à obtenir des statistiques de résultats trimestriels. Or la politique d'investissement d'une firme est rarement une constante, elle est plutôt faite d'opérations lourdes, sectorielles, découlant d'un désir de maîtrise technologique de tel ou tel secteur d'activité. Est-il sage, efficace, d'en évaluer la performance sur une période aussi courte ? De plus ces techniques obligent à l'enregistrement immédiat des changements de cours sur le marché des valeurs détenues par l'entreprise. Il devient donc possible, et cela s'est vu, qu'une société parfaitement saine en ce qui concerne son cœur de métier se trouve mise en difficulté voire en faillite à cause de variations défavorables de la valeur de ses actifs. Cette instantanéisation est une fragilisation de l'économie. Est-ce pertinent ? Souhaitable ? Est-il concevable de n'enregistrer de variations de cours dans les bilans qu'en cas de transaction effective ?

En d'autres termes, il faudra certes faire émerger de nouveaux savoirs traitant de nos malaises, mais aussi réconcilier ceux dont nous disposons avec le temps de la vie dans les activités humaines.

Les instruments de traitement des crises seront aussi, à l'avenir, des institutions.

Les institutions

D'institutions, le monde en est couvert. À l'évidence, dans ce domaine l'innovation doit davantage rechercher l'agencement de leurs compétences et leurs manières de faire que leur existence. Je ne parle ici, bien sûr, que des institutions ayant compétence pour déterminer les règles auxquelles doivent se soumettre les hommes afin que la vie collective soit possible. Dans le foisonnement que six mille ans d'histoire ont produit, il n'est que deux niveaux à propos desquels l'histoire, la géographie, les habitudes de commandement, les cultures ont produit des systèmes institutionnels assez largement comparables : la proximité locale (village, bourg ou ville) et la nation. Les échelons intermédiaires sont beaucoup plus incertains, et il n'y a à peu près rien au-dessus. Quant au niveau local, il n'a à peu près nulle part une autonomie lui permettant d'innover dans les pratiques de vie.

Peut-être n'était-il pas fatal qu'il en fût ainsi, mais tel est le legs de l'histoire, l'héritage de l'humanité actuelle, menacée par d'innombrables dangers. La nouveauté réside dans leur multiplicité, et leur ampleur inconnue jusqu'alors. Au-delà des grandes questions tournant autour du « savoir quoi faire », le plus urgent des besoins serait de disposer d'institutions à la dimension des problèmes. Or l'humanité ne les a pas…

Chacun le sent et le sait, tout pouvoir naît du besoin de sécurité, et pour y faire face s'appuie sur la force. Dès que les premières tribus d'homo sapiens, d'abord nomades, se sont sédentarisées, ce besoin apparut. À peu près partout dans le monde et au long des siècles, les tendances longues furent similaires. Pour assurer la sécurité dans la proximité immédiate, ce furent d'abord les hommes les plus vigoureux qui se virent reconnus chefs, parce que seuls capables d'imposer une punition au nom de tous et d'éviter par là que chacun n'assure ses propres vengeances, maintenant le groupe en état de sauvagerie. Puis, l'effectif de la famille, du groupe, de la tribu augmentant, le chef eut besoin d'adjoints, la visibilité de la force dominante s'affaiblit. L'exercice de la police collective dépendit davantage de la légitimité que de la force, et son commandement devint dynastique.

Une évolution plus profonde et plus longue commença en même temps et apparemment partout. Le vrai danger de la violence collective ne vient guère de l'intérieur d'un peuple qui partage la même langue, les mêmes outils et les mêmes manières de transformer les ressources de la nature en moyens de subsistance. Il y a des voyous dans toute collectivité d'hommes, mais leur nombre est faible. Partout et toujours, le vrai danger c'est l'autre, le barbare, celui qui parle autrement, prie d'autres dieux, utilise d'autres armes et d'autres ressources. Là on est peuple contre peuple, avec tout le monde conduit à se défendre. Or il faut beaucoup plus d'hommes pour se protéger et pour vaincre.

C'est ici que l'histoire humaine est étonnante parce que convergente. Les chefs des chefs en vinrent à regrouper beaucoup de combattants, et à définir des territoires qu'ils protégeaient. On s'accommodait de variantes locales dans l'art de vivre, liées à la variété des ressources, on pouvait même tolérer que la violence domestique fût traitée localement. Mais c'est pour leur propre peuple que les premiers souverains éclairés édictèrent des règles qu'ils s'appliquaient : Hammurabi en Mésopotamie, la dynastie Ramsès en Égypte, les premiers empereurs de Chine. Pour la sécurité face aux « autres », la géographie comme le bon sens poussaient dans la même direction : éloigner les frontières le plus loin possible, et s'habituer à d'intermittentes grandes mobilisations pour les défendre. Il était logique que les regroupements de peuples sous une même protection s'étendent à tout le territoire explorable avec les techniques de transport d'alors, c'est-à-dire, pour chaque époque au monde entier connu.

L'évidence de cette logique de développement est aveuglante dans le cas de la Chine, isolée de ses barbares possibles par des montagnes infranchissables autant que par des déserts, voire l'océan. Pourtant, malgré les longues périodes de rechute et donc de déclin – les « Royaumes combattants », les « Seigneurs de la guerre » –, le tropisme permanent était que l'ensemble fût défendu par un commandement politique et militaire unique alors qu'existait et était admise une immense diversité interne. La « Grande Muraille » vaut confirmation signée de cette vision. L'aventure de l'Inde est presque aussi claire, puisqu'elle aussi est protégée du contact massif et de l'interpénétration avec l'autre par des montagnes peu franchissables à l'ouest, au nord et à l'est.

Si l'on veut bien admettre que les techniques de navigation de proximité sont très radicalement différentes de celles hauturières, on est conduit à considérer que la construction de l'empire du Japon répond à la même logique. Laquelle parle tout aussi fort dans le cas de la Haute-Égypte, née de l'art de discipliner l'eau du Nil pour fertiliser ses bords sur 4 000 kilomètres de long, et arrêtée par le fouillis végétal et humain que permettait la multiplicité des fleuves au Moyen-Orient. Cela a quand même tenu trois mille ans.

Cyrus, fils de l'immense Perse, incarne la même démarche. Mieux, à la stratégie « l'Empire protège contre tous autres ceux qui acceptent sa suzeraineté », ce précurseur ajoute un trait nouveau : chaque fois que ses armées pénètrent un nouveau pays, il y fait construire des monuments à la gloire des dieux locaux. La diversité des identités se voit préservée. Ce que fit à peu près l'empire Romain, quelques siècles plus tard : la sécurité assurée sur l'ensemble du monde connu, dans une immense diversité acceptée des langues, des arts de vivre et même des formes du commandement local. Je pourrais multiplier les exemples en ce sens.

Et puis, un jour, vient la longue nuit moyenâgeuse. La Chine connaît des « occultations », au moins deux, mais qui n'ont pas entraîné la disparition du tropisme dominant. Ce millénaire de régression voit l'abolition de tout élément de gouvernement commun, et la disparition de la paix civile garantie. L'humanité vivote dans la frugalité retrouvée de la vie matérielle et l'autonomie absolue des pratiques locales de survie.

Diverses tribus germaniques ont forgé là une autre vision de la vie commune. Les unités sont à effectifs plus réduits, la vie beaucoup plus fusionnelle. Les exigences de la survie poussent très loin le souci d'uniformité. Le chef est chargé d'y pourvoir, il est pour cela porteur d'attributs mythiques ou sacrés. Il devient le roi. Choisi par Dieu, il n'a rien au-dessus de lui... Et a pouvoir de vie et de mort sur ses sujets.

La paix revient, mais négociée par les chefs de tribus en train de devenir rois. La féodalité s'affirme, organisation de vassalités hiérarchisées. Le local redevient dépendant des orientations des chefs, les rois. C'est lorsque s'affirme le nouveau décollage économique – on va l'appeler la Renaissance – qu'est forgé cet extraordinaire et dangereux concept de souveraineté.

Il y a de l'inertie partout : en histoire aussi. Des résidus institutionnels de l'empire Romain demeurent. Cela porte le nom de Saint Empire romain germanique. Mais l'essence du pouvoir est ailleurs. L'Église de Rome tente pourtant, longuement, de contribuer à le sauver. Elle n'y parvient pas. Quelques rois décisifs, Espagne, Autriche, France, plus tard Angleterre, Prusse suffirent à y pourvoir. Ainsi fut tuée en Europe l'idée d'un commandement possible du monde aux fins d'y établir la paix.

Tout au long de l'histoire et partout, le pouvoir et les formes qu'il a prises sont donc liés à la force par la hantise première de la sécurité. Mais partout aussi, lorsque le pouvoir sut assurer la paix, cela permit l'échange. L'échange sans doute était porteur d'autres vertus, d'autres potentialités. Quelques bourgades grecques, aidées par le commerce à devenir villes, surent inventer d'autres formes de pouvoir, moins liées à la force, plus ouvertes à la décision collective. Le mot fut inventé en même temps que la chose : la démocratie. Mais il fallut peu de siècles pour que les empires retrouvent leur dominance. Pourtant l'échange avait ouvert une trace, que Rome sut poursuivre.

Nos rois de cette période de résurrection ont davantage gardé de l'histoire le souvenir des vertus de l'échange que de celles de la démocratie. Le marché, que déjà connaissaient Rome et la Chine, se mue alors en capitalisme. Aujourd'hui, c'est avec les formes du pouvoir dont nous avons hérité qu'il faut tenter d'en traiter les difficultés.

La souveraineté nationale nous encadrera pour fort longtemps. C'est donc dans son cadre qu'il convient d'aborder les problèmes les plus urgents de l'exercice contemporain du pouvoir. Loin d'être une tâche spécifique dédiée à ceux dont la profession y est liée, ce devrait être l'obligation première de tous ceux qui cherchent à penser notre temps.

Aujourd'hui, le mode de régulation de l'élément local et de la prise en charge du territoire me semble être l'interrogation principale.

Ce que nous savons, même en nous limitant à ce qui est à peu près certain, de la limitation des ressources par rapport à notre nombre, mais aussi du danger des déchets, de la nocivité de certaines formes d'énergie, de la nécessité croissante d'utiliser des matières, matériaux et objets récupérables, recyclables, biodégradables, résulte qu'il faudrait à l'humanité être capable de changer radicalement de mode de vie en aussi peu de décennies que possible. À l'évidence, c'est au niveau local que l'essentiel se passe. Vivre dans des immeubles autorégulés thermiquement et produisant l'énergie dont ils ont besoin ou un peu plus, se déplacer moins, multiplier les formes de réunion, délibération et travail à distance, généraliser les activités sociales, culturelles et sportives de proximité dépendront largement du niveau local d'autorité. Le problème se pose donc de savoir si l'état actuel des attributions consenties à cet échelon par le « centre » est en cohérence avec une telle vision, s'agissant aussi bien de la nature de ces attributions que de leur coût. Un problème de cet ordre doit naturellement être traité par la représentation politique sous toutes ses formes, mais il a besoin d'être dégrossi, approfondi, analysé par tout ce que l'université compte de géographes, de sociologues, de juristes et d'écologistes notamment.

La même pertinence des attributions doit être examinée aussi au niveau non de la proximité d'habitat, mais de l'unité territoriale d'activités, de relations et de fournitures, en somme l'échelon intermédiaire de l'administration territoriale. C'est là que s'organisent en général les réseaux d'alimentation, de transport et de flux nécessaires à la vie actuelle.

Mais en matière d'institutions, à l'évidence le problème le plus grave n'est pas là. Il réside au sommet, à l'étage des continents et du monde entier.

On l'a vu plus haut, ce sont les traités de Westphalie, en 1648, qui ont identifié la nation comme cristallisant l'unité entre un territoire, un peuple et son roi. Résolvant conceptuellement les conflits religieux entre catholiques et protestants par le principe *Cujus regio ejus religio* (les sujets sont de la religion de leur roi), ces traités ont abouti à la consolidation en tant que nations de beaucoup plus d'entités qu'il n'y avait de parties autour de la table de négociation. Le principe a donc triomphé, la suite fut l'affaire de chaque roi chez lui.

En découla une clarification considérable puisque, à l'occasion de tout conflit, la souveraineté victorieuse étendait l'assise territoriale de son absolutisme. Le concept résista à des chocs énormes. Les États-Unis, s'arrachant à la souveraineté de la dynastie britannique, se constituèrent en nation. Le peuple de France abattit son roi et déclara le peuple souverain en vivant une cristallisation d'identité nationale d'une rare intensité. La vague révolutionnaire européenne de 1848 se coula dans le moule, la première grande vague de décolonisation, celle de l'Amérique latine, transforma toutes les terres colonisées sous administration distincte en nations. Ce qui restait des immenses empires multilingues et diversifiés de l'ancien temps et à vocation universelle – empire Ottoman, Chine, Inde, Perse – prit aussi cette forme. Comme sut le faire le tsar de toutes les Russies. La nation avait gagné, et n'avait rien au-dessus d'elle.

Les esprits de l'époque éprouvaient même une jouissance esthétique à disposer d'un concept aussi puissant, qui acceptait le monde comme divers, et soumettait l'organisation de cette diversité au pouvoir absolu de nations égales en droits et totalement libres de leur organisation sociale. L'idée que le monde pouvait un jour avoir besoin d'une régulation commune était hors de tous les esprits. Elle n'est même pas vraiment acceptée de nos jours.

Il fallut beaucoup de temps, et de très fortes exigences techniques, pour que les nations se résolvent enfin à créer des organisations internationales ayant capacité à fixer leurs propres normes ou standards. La première fut l'Union postale universelle en 1874. Vint ensuite le Bureau international des poids et mesures en 1875, puis d'innombrables autres.

Bien sûr Victor Hugo, *vox clamans in deserto*, en appelait aux États-Unis d'Europe en 1851, mais naturellement les dissensions locales continuaient, et le désordre national des communautés linguistiques germanophone et italophone avait de quoi inquiéter. Quant aux guerres, elles perduraient.

Le XXe siècle eut le génie de changer la nature des conflits. Concernant la totalité de la population, industriels, massifs, ils mirent en danger jusqu'à l'humanité elle-même. Après la première grande boucherie de 1914-1918, le président américain Woodrow Wilson n'eut pas grand mal à faire accepter au monde l'idée qu'une organisation commune unique était nécessaire. Mais les nations veillaient : la Société des Nations fut faible. D'abord parce que la plus puissante des nations d'alors et la créatrice de l'institution, les États-Unis, ne ratifièrent pas le traité, le tuant pratiquement de la sorte.

Ensuite parce que la SDN n'avait pas vraiment le pouvoir d'infliger des sanctions aux nations bellicistes. L'Italie puis l'Allemagne se moquèrent d'elle et la ridiculisèrent. Vint ainsi la Seconde Guerre mondiale. Et 50 millions de morts.

La volonté de limiter les dégâts fut plus forte et plus sincère. En 1945, on créa l'Organisation des Nations unies. Quarante-cinq nations en signèrent le traité constitutif. Elles sont aujourd'hui 193.

L'impulsion initiale fut très forte. Mise en place de l'organisation, création de ses multiples agences, adoption de la Déclaration universelle des droits de l'homme, partage de la Palestine et création de l'État d'Israël, sanction contre la Corée du Nord, résultats spectaculaires de quelques agences (maladies éradiquées par l'OMS, éléments du patrimoine sauvés par l'Unesco, reconnaissance de l'existence et de l'indépendance de la Namibie). Cette séquence est impressionnante. Malheureusement elle s'essouffle.

Car les derniers succès de l'ONU furent la création du Groupe international d'études sur le climat, le GIEC, en 1986, puis l'organisation de la conférence mondiale dite du Sommet de la Terre, à Rio de Janeiro en 1992 – à l'écho relatif –, suivis de l'ouverture d'opérations militaires pour limiter les dommages à la population civile en Libye et en Irak. Mais, ni dans un cas ni dans l'autre, les forces en présence ne surent profiter de l'accalmie pour construire la paix. Et si, à Rio, l'adoption de la Convention-cadre des Nations unies contre le changement climatique fut une indéniable réussite (la dernière grande de l'ONU), aucune des Conférences des parties à la CCNUCC qui suivirent (il y en eut vingt) n'arriva à un résultat significatif. Seule la troisième, celle de Kyoto en 1997, aboutit à la recommandation que les nations se rallient à un système de permissions d'émettre du gaz carbonique en créant, pour ce faire, un marché des quotas. L'Union européenne fut la seule à appliquer cette recommandation, avec un résultat mitigé. Les États-Unis, une nouvelle fois, ne ratifièrent pas un traité à l'élaboration duquel ils avaient pourtant grandement contribué, dissuadant le reste du monde de suivre l'Europe.

Et voici maintenant près de vingt ans que toutes les négociations internationales échouent, qu'elles touchent le climat, l'armement nucléaire, la régulation financière et bancaire du monde, la paix au Moyen-Orient, la stabilité en Afrique… On ne saurait guère considérer les nouvelles normes comptables et assurantielles Bâle III et Solvency II comme de vrais progrès. Même la création de nouvelles aires marines protégées vient d'être reportée *sine die* ! Quant à la création des infrastructures, des moyens de secours et du cadre légal nécessaires à l'ouverture d'une grande route maritime polaire commerciale dans l'océan Arctique, on n'en voit pas la moindre esquisse de commencement. L'aide internationale au développement diminue en volume et en efficacité.

Le monde semble bel et bien entré dans une phase de non-coopération.

Sans doute sommes-nous au nœud gordien de tout ce que veut évoquer ce livre.

Certes il est imaginable, et raisonnable, d'espérer que, devant l'aggravation et la multiplication des menaces, l'écoute mutuelle et les débats s'intensifient. Certes il est imaginable, et raisonnable, de penser que se développeront dans divers domaines des savoirs nouveaux, à la hauteur des enjeux actuels. Si cet espoir est la pensée dominante des citoyens d'Amérique, j'y vois un peu de naïveté et de graves limites. Car comment penser que ces cheminements difficiles vers des horizons plus stables puissent se faire sans un corpus de règles mondiales contraignantes ?

C'est là que l'humanité est confrontée au problème de son éventuel suicide. La mobilisation des intelligences et du sens civique des opinions publiques sur ce sujet est devenue une condition de survie du monde.

Or l'humanité n'a ni le goût ni la pratique d'un commandement commun. Six mille ans d'histoire ont connu dix mille guerres. Il a fallu les plus épouvantables massacres pour que se lève, le temps d'un court demi-siècle, le petit soleil d'une régulation commune. Et le voici déjà à son couchant.

S'il faut une guerre mondiale pour créer une institution de commandement du monde, l'affaire est claire : il n'y a pas d'autre choix. Force est bien de considérer l'Organisation des Nations unies comme l'unique fondement possible de normes contraignantes. Sa charte le permet très clairement, et comporte même l'esquisse des moyens propres à les faire respecter. Tout le problème est donc d'en décider, ce qui, depuis plus d'une quinzaine d'années, confine à l'impossibilité.

Il y a pourtant trois cas, dans les décennies récentes, on l'a vu, où l'Assemblée générale des Nations unies a fini par adopter un projet de traité international et par accepter qu'il soit proposé à la signature des États.

Le premier est la convention interdisant les mines terrestres. Ce fut une longue affaire, évoquée à diverses reprises à l'Assemblée générale. À l'origine personne ne voulait de ce traité. Même la pacifique Norvège, jamais en aucun cas suspecte ni de bellicisme ni d'agressivité, disait en gros : « J'ai 400 kilomètres de frontière commune avec l'Union soviétique. Vu la disproportion des populations et des troupes, comment voulez-vous que je tienne sans d'immenses champs de mines… » Pourtant l'opinion se déchaîna dans le monde. Près de 1 400 ONG intervinrent, dont beaucoup réussirent à convaincre leurs gouvernements. Le comité international de la Croix-Rouge fut l'un des animateurs, avec le secrétariat des Nations unies, de la « campagne internationale pour interdire les mines ». Et puis, un jour, la princesse Diana d'Angleterre rallia cette cause. L'effet d'opinion fut immense, nombre de gouvernements suivirent. Une majorité se révéla à l'Assemblée générale de 1997. Le traité fut adopté, mis à la signature, puis ratifié par assez d'États. Il est en vigueur depuis mars 1999. La bataille avait duré pas loin de dix ans.

La Cour pénale internationale, destinée à punir les chefs d'États ou chefs d'exécutifs coupables de crimes contre l'humanité, connut une histoire analogue mais bien plus longue. La première mention de cette idée vient de la Croix-Rouge et fut émise en 1872. Le traité de Versailles (1919) en prévoit la création dans son article 227 ; sans suite. L'Assemblée générale de l'ONU renouvelle cette recommandation en 1948, sur laquelle reviennent deux rapports spécialisés en 1975 et 1985. L'ONU commence par instituer des tribunaux pénaux spécialisés et temporaires, pour l'ex-Yougoslavie en 1993, pour le Rwanda en 1994, pour la Sierra Leone en 2002, enfin pour le Liban en 2005. L'accord se fait lentement sur la pérennisation et le refus de la spécialisation. Le statut de la Cour est voté à Rome en 1998. De cette idée non plus aucun État ne voulait à l'origine. Relayée par d'inlassables ONG, la pression de l'opinion publique internationale finit par l'imposer, même en l'absence d'une princesse médiatique. La Cour est aujourd'hui créée et fonctionne depuis 2002, même si la non-ratification de quelques grands États, Chine, Russie, États-Unis entre autres, les exclut du système et l'affaiblit beaucoup.

La troisième situation est un peu différente. Il s'agit du CTBT (Complete Test Ban Treaty), traité proclamant l'arrêt complet des essais nucléaires dans le monde entier. La commission du désarmement des Nations unies avait travaillé près de dix ans sur ce sujet, et beaucoup plus efficacement qu'à son ordinaire. Un beau jour, au tout début du XXIe siècle, l'accord se fait, le texte est prêt. Le président de la commission appelle au vote. Le Pakistan valide. Au moment de voter, le représentant de l'Inde s'exclame : « Chers collègues, ce qui se passe est inadmissible. Je viens de voir le Pakistan voter ce texte. Ce vote est hypocrite. Nous sommes en Inde bien placés pour savoir que le Pakistan n'a pas la moindre intention de respecter cet engagement. Dans ces conditions, nous n'avons pas confiance. Je ne peux pas voter. »

Ce refus suffit à empêcher l'adoption. Le texte devient bon pour la corbeille à papiers. Et l'Inde fait valoir que sa non-adoption interdit au secrétariat de la commission de le transmettre à l'Assemblée générale, qui seule a pouvoir de le valider et de le soumettre à la signature des États. Il va de soi que, dans toute cette affaire, la pression des ONG et donc à travers elles celle de l'opinion, restait très forte. C'est alors que l'ambassadeur d'Australie à la commission du désarmement a l'idée incongrue de « voler le texte » et de proposer à son gouvernement de le présenter lui-même (en tant qu'État) à l'Assemblée générale, ce qu'il a le droit de faire, droit que la commission du désarmement n'a pas. Le gouvernement australien se prend au jeu et présente le projet de traité au bureau de l'Assemblée générale. Ce dernier – sans doute après un éclat de rire, mais l'histoire ne le dit pas – non seulement le déclare recevable, mais décide l'urgence. C'est donc en plein mois d'août qu'une assemblée générale extraordinaire des Nations unies adopte ce texte considérable pour l'envoyer à la signature des États. Les cinq membres permanents du Conseil de sécurité signent (ils avaient déjà signé en commission) : c'est la victoire. Mais les États-Unis ne l'ont pas ratifié, l'Inde et le Pakistan non plus à ma connaissance. Il n'est donc pas en vigueur.

Ces trois anecdotes superbes montrent beaucoup de choses. La première est qu'il n'y a pas de veto à l'Assemblée générale. La seconde est que les mécanismes de l'ONU recèlent des possibilités souvent ignorées. La troisième est qu'à travers leurs animateurs infatigables, les ONG, une opinion publique mondiale est en train de naître et de se développer. Or c'est elle la force de demain, le levier majeur demeuré entre les mains des citoyens du monde pour provoquer des décisions.

Mais pour redonner vigueur à la communauté internationale, la pression de l'opinion et des ONG doit s'intensifier et porter sur de multiples sujets. Surtout, c'est aussi aux procédures qu'il faudrait savoir donner de l'importance.

Les procédures

La première qu'il conviendrait d'invoquer est d'ordre symbolique. Mais qu'y a-t-il de plus important que le symbolique lorsqu'il s'agit d'en appeler à l'opinion ?

La tâche essentielle des Nations unies, la charte le dit clairement, est d'assurer la sécurité internationale. Cette alliance de mots figure dix-sept fois dans la charte, dont onze à propos du Conseil de sécurité, dont c'est la responsabilité essentielle sinon exclusive. Depuis 1946, date de la mise en place de l'Organisation, le Conseil de sécurité se réunit tous les jours ouvrables, pour en traiter.

Or la sécurité internationale n'est définie nulle part, et notamment pas dans les textes constitutifs des Nations unies. C'est par une convention tacite, jamais explicitée ni formalisée, que le Conseil de sécurité voit seulement venir à son ordre du jour les problèmes à propos desquels la sécurité internationale est menacée par l'emploi d'armes à feu. Les exceptions sont rarissimes et se limitent, je crois bien, à des tsunamis.

Qu'est-ce qui empêche de déclarer le réchauffement climatique menace pour la sécurité internationale ? Ou même, par exemple, le risque d'explosion d'une bulle financière spéculative énorme ?

Techniquement cela ne changerait pas grand-chose au fonctionnement de l'ONU et à la délimitation de ce qu'elle peut faire et ne pas faire. Mais, symboliquement, voilà qui donnerait beaucoup plus de force à ses délibérations, à ses recommandations et surtout aux mesures contraignantes qu'elle pourrait être amenée à adopter en conséquence. Il s'agit notamment, ici, du poids de l'opinion sur les gouvernements récalcitrants.

Deuxième procédure, le veto. Beaucoup plus décisive celle-là, elle est devenue le poison de l'ONU, presque depuis son origine, et la cause de sa quasi-paralysie pendant trente ans de guerre froide.

Ne rêvons pas : le veto est tellement essentiel à l'existence internationale des États-Unis, de la Russie et de la Chine à tout le moins, que l'on n'est pas près de les voir y renoncer.

La seule piste raisonnable est celle de la limitation. En nombre par année ? En nombre sur un même sujet sur une période de temps ? Ou encore sur décision de l'Assemblée générale déclarant certains sujets d'une importance vitale telle que le veto n'y serait pas recevable ? L'important est ici que la société civile internationale en train de naître (Internet aidant) comprenne que les gouvernements des États d'aujourd'hui sont, sur ce sujet comme sur bien d'autres, bloqués par le jeu compliqué de leurs rapports d'influence. Aussi, que seule une pression globale forte et continue de l'opinion internationale contribuerait à débloquer ce verrou.

Encore faut-il s'y préparer.

Choisir l'objectif le plus raisonnablement réalisable et commencer à convaincre un par un les gouvernements les plus intègres et les plus pacifiques s'impose.

Il en va de même de la troisième : la composition du Conseil de sécurité lui-même. Voici bien des décennies que l'accord est fait sur la caducité d'une composition qui donne beaucoup trop d'importance aux seuls vainqueurs de la dernière guerre mondiale, il y a soixante-dix ans, en oubliant que le monde a très profondément changé entre-temps.

Sur ce point encore, je ne vois guère de sortie possible par le canal de la seule diplomatie interétatique. Au fond, on a besoin de démocratie mondiale, et cela commence par la formation d'une opinion éclairée.

La solution possible est dans les têtes : porter le Conseil de sécurité de 15 à 20 ou 25 membres, dont 8 ou 10 permanents à veto limité. Il ne reste plus qu'à convaincre les récalcitrants. C'est un travail mondial d'opinion.

Cela vaut aussi pour la quatrième catégorie – on dépasse ici les procédures – de problèmes pour lesquels il y a urgence à débloquer la machinerie mondiale afin de gérer ce qui est de son ressort, c'est-à-dire les problèmes ou les espaces n'entrant pas dans le champ de compétences d'un gouvernement national. Pour l'essentiel, les zones ou sujets concernés sont l'Antarctique, la haute mer, l'espace, les biens publics mondiaux, les territoires sans État.

À la naissance de l'Organisation des Nations unies et lors de la rédaction de sa charte, le surgissement de problèmes de cette nature n'était pas rejeté. Mieux, la charte intègre, en matière de territoires sinon d'enjeux thématiques, des dispositions traitant des espaces repérables à l'époque comme relevant de ce domaine. Elle comporte ainsi un chapitre 12 intitulé « Régime international de tutelle » et un chapitre 13 baptisé « Conseil de tutelle ». Ces dispositions, relativement détaillées et précises, avaient deux objectifs principaux : celui de traiter le cas des territoires en voie, ou à vocation, d'être décolonisés, et celui ensuite de s'occuper des démembrements territoriaux d'États consécutifs à la Seconde Guerre mondiale.

Les deux processus ainsi évoqués sont à leur terme, et le conseil de tutelle n'a plus grand objet ni raison d'être. Mais la rigidité de l'institution, et aussi la guerre froide, n'ont pas permis l'évolution du conseil de tutelle l'autorisant à prendre en charge au moins quelques-uns des problèmes de l'espèce. Le régime de tutelle, et surtout le conseil de tutelle, sont dès lors devenus des « branches mortes » de la charte des Nations unies. Ce qui – voyons les choses positivement – laisse au moins de l'espace pour les remplacer par une prise en charge pertinente des problèmes actuels. Il est aujourd'hui sur la planète quelques espaces où la disparition de l'État laisse la population fragile et démunie voire quasi comme dans une jungle. Somalie, Haïti, Liberia sont aux limites de cette situation. Faut-il réveiller la tradition des années 1950, où l'ONU donnait un mandat de gestion à un pays donné, ou, au contraire, accorder un mandat de gestion propre aux Nations unies elles-mêmes ? Il est des zones où, faute d'une autorité habilitée, l'absence de règle laisse craindre des abus, dans l'usage de la violence comme dans le non-respect de règles écologiques impérieuses.

L'Antarctique serait à peu près dans cette situation si deux miracles politiques (la signature du traité qui la démilitarise en 1959 et le troisième protocole de 1990 qui la déclare « terre de science » et « réserve naturelle ») ne l'en avaient pas protégée. Mais les mers et les océans, en dehors des zones économiques exclusives des États côtiers et l'espace atmosphérique, en relèvent à l'évidence. Là aussi, il faut préparer l'ONU à assumer ces tâches.

Dernière remarque sur ce sujet : dans l'Organisation des Nations unies, ce qui relève de l'économie et de la finance n'est pas traité comme ce qui a trait aux relations internationales. Les deux grandes agences qui s'en occupent, le Fonds monétaire international et la Banque mondiale, échappent largement tant à l'activité du Conseil de sécurité qu'à celle du secrétaire général. Jacques Delors, déjà il y a plus de dix ans, avait suggéré la création d'un conseil de sécurité économique et financier, ou le regroupement de ces attributions avec celles de l'actuel Conseil de sécurité. Or il est nécessaire de faire sortir la Banque mondiale et le Fonds monétaire international des limites de leur horizon spécifique, la crise étant plus générale que cela. L'idée est donc à reprendre.

Si l'on a besoin, pour que le monde soit mieux capable de traiter les nouvelles menaces qui le harcèlent, de savoirs nouveaux et d'institutions rénovées, c'est bien davantage encore d'acteurs vigoureux que l'on manque.

Les acteurs

Cette longue revue des menaces pesant sur la planète, de ce que l'on en sait, des moyens d'y répondre et des outils nécessaires pour ce faire, aboutit à un résultat relativement inquiétant mais parfaitement clair : il n'y a pas de cause unique, ni non plus de remède unique. Bien au contraire, les zones de danger sont multiples, les champs d'action tout autant, les objectifs à atteindre déterminés seulement en partie. Et, bien entendu, il n'existe pas non plus d'acteur unique à dynamiser ou à incriminer. Individus en tant que producteurs consommateurs et citoyens, sociétés productrices, organisations politiques administratives, structures associatives, institutions intellectuelles et scientifiques, tout le monde et chacun doit y avoir sa part.

La tâche, à l'évidence, est triple. Il faut :

– intensifier la précision des diagnostics et la faire plus largement partager par les opinions publiques.

– imaginer, décrire, tester les mesures, les comportements, les inventions et les pratiques techniques à mettre en œuvre.

– pousser à la décision, dans tous les organismes privés ou publics, nationaux ou internationaux, productifs ou non, les décideurs qui y ont leur part.

Naturellement tous les gouvernements devraient être les organes les plus importants pour déterminer et tenir le discours d'ensemble, animer et coordonner les recherches de toute nature toujours nécessaires, adopter les mesures de leur ressort et pousser le reste du corps social à prendre, chacun dans son domaine, les décisions de son propre ressort.

Il n'y a pas lieu d'évoquer à nouveau, car on l'a vue plus haut, la relative impuissance contemporaine de l'instance politique. Empêchés, aussi bien par les médias que par leur calendrier électoral, de donner au long terme toute l'importance qu'il appelle, les dirigeants d'aujourd'hui vivent en outre une période d'affaissement profond de leur légitimité. Les gouvernements sont donc de moins en moins capables de prendre ou faire prendre des décisions ayant, à court terme, un coût important ou un aspect douloureux pour une partie de leurs électeurs. Presque tous, en outre, sont depuis vingt ou trente ans frappés par le ralentissement économique et le désordre financier au point que les vastes programmes d'investissements souvent nécessaires sont impossibles à bâtir et à lancer : rénovation de tout le patrimoine immobilier, transformation des systèmes de transports, modifications profondes des processus de production, et même intensification de l'effort de recherche, tout cela est fragilisé, incertain, sinon presque impossible. Ce sont naturellement les gouvernements que l'opinion publique, inquiète, accuse de cette situation.

Il faut donc en revenir aux structures inspiratrices des regroupements de citoyens, et par là des gouvernements : les partis politiques.

Malheureusement, dans les démocraties à tout le moins, les partis politiques vivent à peu près tous une crise spécifique profonde. Laquelle est en partie le reflet de la situation générale, les causes évoquées ci-dessus produisant les mêmes effets. Elle est aussi pour une autre part spécifique à l'objet nommé parti politique, pour des raisons parfois plus contemporaines et particulières.

La première est que nulle part, ou à peu près, les démocraties n'ont su ni pu établir un statut financier et fiscal décent pour assurer le fonctionnement de ces structures indispensables à la démocratie – et pas davantage, sinon moins encore, pour le déroulement des campagnes électorales.

L'alourdissement des coûts de l'affichage, des correspondances postales, de l'organisation de réunions et de la production de messages télévisés ou radio diffusés, lié à l'aggravation de la compétition découlant de l'état de crise rampante, font qu'il n'est pas de pays démocratique qui n'ait connu dans les années récentes quelques scandales liés au financement frauduleux de partis et de campagnes. Leur légitimité et leur respectabilité en souffrent beaucoup, et c'est hélas général.

La seconde raison est que l'ampleur, la multiplicité et la nouveauté des dangers à affronter sont telles qu'ils restent sans réponse connue possible, moins encore unanime bien entendu. Devant l'incertitude générale, tous se replient sur la défense de leurs circonscriptions et la conquête du pouvoir, local ou national. La défense de l'intérêt général se réduit le plus souvent à la défense catégorielle de telle ou telle partie de leur corps électoral.

Les mêmes pentes, la même logique, entraînent un repli complet sur les sujets strictement nationaux et une indifférence croissante aux affaires extérieures, mâtinée fréquemment de xénophobie. C'est aussi vrai aux États-Unis et dans toute l'Europe qu'en Australie ou au Japon. Et il s'agit d'une interdiction de penser la crise.

Il fut un temps où l'on pensait dans les partis politiques, la fin du XIXe siècle et les débuts du XXe notamment. Ce temps est révolu. Et les mouvements sont devenus des rings de bataille pour le pouvoir.

Or leur fonction principale ne devrait-elle pas être de penser l'avenir et d'élaborer les réponses possibles aux drames de la période ?

Afin d'y parvenir, il faut trois conditions :

– qu'ils retrouvent et respectent la fonction de penser ;

– qu'ils assument complètement la dimension d'abord internationale des problèmes et de leurs solutions ;

– qu'enfin ils redonnent son absolue priorité à la réflexion sur l'avenir long. Penser en dessous du demi-siècle n'est pas vraiment penser. Qu'il le veuille ou non, qu'il le fasse bien, mal ou pas du tout, la tâche effective du politique est de préparer l'avenir.

Au milieu de tout cela, le militantisme a lui-même dégénéré. Il n'est plus qu'électoral. Né dans le champ social, à partir de solidarités concrètes, n'ayant pas su prendre d'ampleur territoriale, il est devenu indifférent aux dimensions environnementale et internationale.

Cette longue dégénérescence a commencé tôt. Dès 1911, le sociologue autrichien Roberto Michels diagnostique l'évolution des partis sociaux-démocrates allemand et autrichien, les premiers partis politiques créés dans le monde, tous deux devenus en proportion de leur population nationale les plus gros des pays développés, vers d'immenses bureaucraties desséchées. Il apparaîtra pas si longtemps après que la même analyse, construite à partir de l'observation de formations de gauche, vaut aussi largement, et pour des raisons parallèles, pour ceux de droite.

Simone Weil – qui se décrivait comme « l'agrégée de philo en vadrouille dans la classe ouvrière » – écrivait juste avant la Seconde Guerre mondiale, un diagnostic encore plus brutal (cité par Jacques Julliard) : « Qu'est-ce qu'un parti politique ? D'abord une machine à fabriquer de la passion collective, ensuite une organisation destinée à faire pression sur la pensée de ses membres, enfin un appareil exclusivement préoccupé de sa propre croissance, sans aucune limite. Or la passion collective est destructrice de la volonté générale, telle que la concevait Rousseau… » Et elle concluait : « Les partis sont des organismes publiquement, officiellement constitués de manière à tuer dans les âmes le sens de la vérité et de la justice. »

Le diagnostic est donc ancien, plus que séculaire.

À la différence de ce que laisse entendre Simone Weil, je crois qu'il existe à cette malédiction des partis politiques une cause distincte, repérable parmi d'autres. Le fait que, dans le travail incombant aux partis, la tâche de sélection de candidatures, aussi bien pour les fonctions internes que pour celles publiques dans l'organisation de l'État, a pris petit à petit une importance essentielle, cette fonction écrasant toutes les autres et les vouant à la marginalisation. Dès lors, l'écriture programmatique se voit asservie aux exigences tactiques des candidats les plus notoires. Il existe bien peu d'exemples où des partis puissants, riches d'une longue histoire et d'une influence réelle sur leur pays et leur société, ont gardé à la fois le sens de cette responsabilité historique et la disposition d'outils destinés à y répondre, tout particulièrement des fondations (Allemagne, Scandinavie, Grande-Bretagne…). La dégénérescence intellectuelle est alors un peu moins marquée, l'investigation, la recherche et le débat n'y ont pas disparu. C'est à cette fonction préservée que l'on doit notamment en Suède et au Danemark la capacité des partis gouvernants à réformer fortement les appareils d'État et à endiguer, dans les années 1990-2000, ce que l'on commençait à appeler la « crise du modèle scandinave ». À peu près partout ailleurs, le paysage intellectuel de la vie des mouvements politiques s'est avéré consternant.

Dans la dernière partie du XXe siècle, l'émergence de formations nouvelles a pu donner un temps l'impression que la crise de la pensée avait trouvé sa réponse et qu'un renouveau se préparait : j'évoque ici la naissance et le développement des partis et mouvements écologistes.

Avant eux, et depuis la fin de la guerre, la France n'avait connu, sur une dizaine de tentatives, qu'un seul cas de naissance de mouvement politique parvenu à tenir une petite douzaine d'années, réussissant à sortir de la marginalité, assumant jusqu'au bout sa vocation initiale (la lutte contre la guerre d'Algérie) et préservant une indéniable et vigoureuse fertilité intellectuelle : ce fut le Parti socialiste unifié. La déferlante gauchiste qui suivit Mai 68 provoqua son émiettement et sa radicalisation, qui finirent par le faire disparaître. On connut en Europe peu d'équivalents, le plus notoire étant sans doute Démocratie 66 aux Pays-Bas. Naturellement, l'extrême droite fascisante favorisa l'émergence de structures nouvelles dans nombre de pays européens, mais ces dernières n'ont jamais eu pour préoccupation de prendre à bras-le-corps la multicrise qui sévit en Europe – sauf à en profiter démagogiquement bien sûr.

L'événement novateur aurait donc pu être l'apparition des écologistes. Malheureusement, ils rassemblèrent peu de forces et gardèrent, bien plus encore que ne l'avait en France fait le PSU, les signes évidents du marginalisme. Ils furent étonnamment rapides à singer les partis qu'ils dénonçaient pour afficher un gros appétit de fonctions électives, s'entre-déchirer, et se fractionner à l'extrême. Au lieu d'être une incitation à une action réformatrice approfondie, la difficulté très réelle, considérable, à entreprendre un changement de mode de vie et de formes de consommations énergétiques en pays développé fut au contraire, chez eux, le prétexte à une radicalisation des propos et à des dénonciations mutuelles qui finirent à peu près partout par affaiblir les partis écologistes et les éloigner de leur objet principal.

Une chance a été manquée là, vraisemblablement derrière nous aujourd'hui. Sans doute était-ce une erreur de penser conciliables une forme nécessaire à l'action politique dans son absolue et constante polyvalence (celle de parti) et une concrétisation résolument sectorielle proclamant l'écologie prisme dominant de la lunette permettant de regarder la vie des hommes et leurs rapports avec la nature. Cette contradiction les a limités, puis affaiblis, sinon tués. Toujours est-il que peu résistèrent, le parti écologiste allemand restant à cet égard le plus puissant et le mieux préservé.

Dans l'état actuel des choses, il est peu probable que les partis écologistes deviennent capables d'entreprendre le profond travail d'analyses macroéconomique et surtout financière nécessaires pour comprendre et maîtriser tous les aspects de la multicrise en cours. Il est moins probable encore qu'ils redeviennent attractifs au point de rassembler et mobiliser des foules importantes.

Il faut alors interroger une autre forme d'organisation collective des hommes : les syndicats. Leurs avantages énormes sont qu'ils sont souvent puissants, presque toujours influents, et qu'ils vivent parfois intensément une certaine pérennité mondiale d'objectifs et de modes d'action.

Leur faiblesse majeure tient à une certaine rigidité qui ralentit fortement leur capacité et leur rapidité d'évolution. Les plus anciens en effet, ceux qui servent toujours de référence au mouvement, sont plus que centenaires.

Leur taille même appelle la lourdeur d'organisation. L'obligation qu'ils ressentent d'arracher des succès à terme court – et pour ce faire de ne se donner que des objectifs précis et atteignables – entraîne ce résultat étrange que la transformation de la société, explicitement souhaitable aux yeux de beaucoup, ne devient au final qu'un objectif indirect et lointain. Le caractère souvent subversif, parfois aux limites de la légalité, des actions qu'ils mènent, les conduit à beaucoup de prudence en même temps qu'à l'adoption de règles strictes et d'une forte discipline. Il en résulte de l'inertie.

C'est ainsi que de nombreux syndicats des pays développés ont eu du mal et mis du temps à accepter la féminisation d'une partie de leurs membres et cadres. Pour des raisons analogues se recoupant, beaucoup peinent à sortir de leur secteur et milieu d'origine (l'industrie) pour s'étendre aux services, aujourd'hui dominants dans l'activité salariée des pays avancés. Et surtout, ils se sont repliés sur la dimension nationale, objet exclusif, partout, de leurs réflexions et luttes.

Le même état d'esprit, les mêmes traditions expliquent pourquoi, devant les drames écologiques et humains, et bien que leur évidence soit de plus en plus largement perçue, les syndicats éprouvent de grandes difficultés à pénétrer dans ces domaines d'action aujourd'hui décisifs que sont le territoire, l'écologie et l'international.

Sur les plusieurs centaines de syndicats internationaux, rares sont ceux ayant pris sérieusement le tournant écologique. Il faut citer ici les trois grands scandinaves, nommés LO en Suède comme au Danemark et en Norvège, dans une certaine mesure aussi le DGB allemand, et en France la seule CFDT. Dans ce domaine nouveau, le militantisme de base a du mal à s'affirmer. Il commence par la présentation publique des causes.

Pourtant, et malgré les difficultés de la situation, le syndicalisme a gardé beaucoup mieux que les partis politiques son tropisme international. C'est une vieille affaire et ce n'est pas le lieu ici d'en retracer l'histoire. Mais il faut rappeler un événement considérable. En un congrès tenu à Vienne du 1er au 3 octobre 2006, après une division remontant à 1920, le mouvement syndical mondial a retrouvé son unité presque complète par la fondation de la Confédération syndicale internationale, CSI. Laquelle, en 2011, pouvait annoncer regrouper quelque 176 millions de travailleurs appartenant à 301 organisations réparties dans 151 pays. Naturellement, cette confédération ne se substitue en rien aux organisations affiliées et n'a pas le pouvoir de déclencher des actions de terrain. Mais une puissance est là, la plus grande sans doute de toute la société civile, pour incarner, fédérer une représentation et un lobbying mondiaux. Ses interlocuteurs naturels sont bien sûr la Banque mondiale, le FMI, et surtout l'OMC – qui, pourtant, n'a jamais pris en compte la revendication syndicale de « clause sociale » dans les accords économiques ou commerciaux internationaux. La CSI entend participer aux forums sociaux mondiaux et intensifier ses relations avec les ONG. Elle en est d'ailleurs une, la plus énorme sans doute.

Son secrétaire général, l'Anglais Guy Ryder, a pu déclarer récemment « que le mouvement syndical mondial a fait sa révolution sur les questions environnementales ». La CSI est d'ailleurs liée à ce sujet à travers le soutien donné en 2004 au protocole de Kyoto, par la plus forte des organisations fondatrices qui se sont dissoutes en elle, l'ex-CISL, Confédération internationale des syndicats libres.

Une de mes fureurs récentes est de n'avoir jamais, je dis bien jamais, entendu ou lu dans la presse la moindre mention de son existence, à la seule exception de l'annonce – en « brève » – de sa naissance. Il est pourtant clair, et cela malgré le fait que l'accord donné au protocole de Kyoto le fut en dépit du vote négatif de l'AFL CIO américaine, que la défense de l'environnement et de notre niche écologique représente pour la CSI un axe majeur de développement, en outre relativement peu encombré. Il est même raisonnable de penser que sur ce champ, elle sera capable de dynamiser fortement ses organisations membres.

Elle est en outre – et surtout – la seule structure mondiale capable d'élaborer, de définir et de présenter des objectifs environnementaux, après prise en compte et compromis négocié sur les éventuelles divergences nationales exprimées. Il va de soi, en outre, que les problèmes de doctrine économique, financière et monétaire sont aussi de son ressort.

Reste à espérer – et à y contribuer – qu'elle se renforce et soit écoutée… En tout cas émerge un acteur potentiellement majeur dans la lutte contre les multiples dangers qui menacent l'humanité.

Puisqu'il s'agit ici de mentionner les acteurs possibles de cette bataille, il me faut en évoquer un autre, décisif celui-là, les entreprises. Et naturellement les plus grandes d'entre elles, les multinationales. Le plus souvent elles font peur, et parfois deviennent l'objet d'une haine explicite et véhémente.

Il est utile, pourtant, afin de comprendre quelque chose à ce domaine, de distinguer deux catégories profondément différentes de multinationales.

Il y a d'abord celles, le plus souvent minières ou agroalimentaires, qui ont besoin de vastes territoires pour exercer leur activité. Celles-là restent colonialistes dans leurs modes de commandement comme de surveillance des travailleurs. La plus emblématique (et l'une des plus féroces) était l'immense United Fruit, américaine et dominante en Amérique centrale et dans une partie de l'Amérique du Sud. Elle fomenta quelques coups d'État, dont, au Guatemala, celui qui abattit la tentative démocratique du colonel Arbenz. Elle commit tellement d'exactions qu'elle fut mise au ban de l'opinion mondiale et se vit, par là, entravée dans ses activités. Elle tenta de s'extraire de ce guêpier en changeant de nom ; et s'appelle désormais Chiquita Brands International. Je ne suis pas sûr que cette modification ait été accompagnée de bouleversements de ses comportements. De fait, elle reste l'un des plus grands propriétaires fonciers de l'Amérique latine.

À l'inverse d'un exemple de ce type, les multinationales vendant des produits ou des services et n'ayant aucun territoire propre ont besoin de la non-hostilité, voire du respect, des populations et des gouvernements. Dans la plupart des cas, elles s'astreignent à respecter les législations locales, quitte à négocier changements ou adaptations.

Beaucoup sont conscientes et concernées par les menaces écologiques. Certaines ont adopté des chartes de l'environnement et/ou des pactes sociaux à dispositions significatives. De nombreuses sont en outre sensibles aux risques financiers que nous affrontons. Ces interlocuteurs-là ne sont pas à négliger. Ils peuvent même contribuer utilement à décrire et à faire adopter des évolutions dans les processus, comportements et règles.

Il convient aussi de souligner que, dans ce secteur immense qu'est l'agriculture, les professionnels sont bien plus qu'ailleurs des agents quasi exclusifs du changement. Leur association aux recherches, à l'élaboration des incitations et mesures, comme leur participation à la vulgarisation de méthodes et pratiques nouvelles, sont des facteurs clés de l'évolution vers une agriculture moins intensive, moins productrice de CO_2 et de méthane !

Dernier acteur dont je n'ai pas parlé, les Organisations non gouvernementales, alias ONG. Qui sont, pour certaines, les seules à avoir développé une vision globale, résolument mondiale, et à avoir provoqué ou conduit des recherches approfondies, rarement mises en doute et souvent dérangeantes, sur des sujets majeurs. Mieux, elles sont les seules à avoir le courage d'engager des actions résolues, le plus souvent par appel à l'opinion mondiale, beaucoup par intervention directe sur le terrain, certaines par des opérations plus conflictuelles visant à limiter ou à empêcher des atteintes à la nature et à l'environnement. Résultat, nombre d'entre elles ont déjà rendu d'immenses services à la protection de la nature et soutenu des populations menacées dans ce monde déréglé.

Peu de secteurs échappent à leur vigilance. Médiation dans des conflits (Sant'Egidio), soutien aux peuples menacés de famine (ACF, Oxfam) ou de maladies (Médecins sans frontières, Médecins du monde), défense des droits de l'homme (Human Rights Watch), dénonciation des tortures et crimes (les observatoires des prisons, Amnesty International), défense de l'information (Reporters sans frontières), surveillance de la finance internationale (Observatoire de la finance, Transparency International), défense et protection de la nature (World Wildlife Fund, Greenpeace)... sans oublier leur mère à tous, l'immense et respectable Croix-Rouge. Mais pas question pour moi, ici, d'être exhaustif, tant des acteurs engagés comme elles existent par milliers.

Encore insuffisant vu l'état du monde, leur bilan est cependant – et déjà – gigantesque. Ce sont exclusivement des ONG, on l'a vu, qui ont su imposer l'interdiction des mines terrestres. Ce sont elles encore qui, presque seules, ont arraché la création de la Cour pénale internationale.

Beaucoup ont su créer des complicités avec des diplomates en service dans des pays plus avancés que d'autres sur ces thèmes. Cela s'est vu, je l'ai conté plus haut, à propos du traité d'arrêt complet des essais nucléaires. Cela s'est su aussi même si on le voit moins, à l'occasion des quelques progrès enregistrés en matière de contrôle des marchés financiers et des orientations bancaires.

Les ONG sont donc la ligne avancée du combat de l'espèce humaine pour sortir de la crise.

Mais, hélas, elles ont aussi leurs faiblesses.

La première tient au fait que n'importe qui peut créer son ONG. Il existe donc dans leur multiplicité des organisations ouvertement complices de certains gouvernements, y compris de leurs malversations. On en trouve même de carrément corrompues. Et d'autres dont l'agressivité ne s'accompagne pas d'assez de rigueur.

La seconde faille tient à leur extrême spécialisation, parfois étouffante, bien que nécessaire par respect pour leurs bailleurs de fonds et leur légitimité. Il n'est pas d'ONG globale et l'on ne peut guère en concevoir. Leur coordination s'avère donc l'un des problèmes lourds rencontrés aujourd'hui.

Certaines ONG – c'est leur troisième faiblesse – affichent une relation trop forte, sinon exclusive, avec leur ethnie, leur langue ou leur nation d'origine.

Enfin, et surtout, bien qu'elles soient devenues le champ d'intervention dominant de la jeunesse engagée, elles sont petites, faibles par rapport à leurs objectifs.

Et pourtant, parce que mondiales dans leur vocation, leur réflexion et leur recrutement, parce que militantes, c'est-à-dire actives et efficaces car concrètes et courageuses, les ONG sont un peu seules. Mais au moins elles sont là, porteuses de l'espoir d'un réveil de l'humanité face aux dangers qui l'assaillent. Grâce à elles, la chance de commencer à remporter certains succès n'est plus infime.

Si les États démocratiques – et conscients – multipliaient les systèmes de service civil, national ou international ; si les grandes religions limitaient moins leur influence, leur réflexion et leur action à la morale et à la conduite privée des êtres humains pour s'intéresser davantage aux règles qui régissent leur vie commune, peut-être multiplierait-on les acteurs de ce nécessaire sauvetage !

Chapitre 11

La France et l'Europe dans tout cela

Il aura été jusqu'ici bien peu question de mon superbe pays de France ni du continent qui l'abrite, l'Europe. C'est pourtant sur ces terres qu'est née la civilisation devenue mondiale mais qu'il s'agit aujourd'hui de préserver.

La raison en est simple et évidente. Le choix, pour cet ouvrage, était de mettre l'accent sur ce que l'on oublie trop : les menaces d'ampleur mondiale, celles qui ne connaissent ni frontières ni différences d'identité nationale dans le poids qu'elles font peser sur le monde sans qu'il y ait, pour autant, de raison de distinguer les effets selon les lieux.

La France et l'Europe y ont bien sûr leur part, sans avoir guère de moyens spécifiques pour les traiter. Je m'inquiète pourtant, et ce sera l'objet du présent chapitre, de ce que, aussi bien en France qu'en Europe, on fasse peu l'effort de distinguer entre ces dangers divers, d'isoler et de définir les politiques spécifiques dont ils devraient être l'objet, et surtout de les différencier des insuffisances, problèmes et drames propres qui ne manquent pas d'exister, bien sûr, mais que l'on ne saurait simplement confondre avec tout le reste. À défaut, l'on a une image aggravée des difficultés d'ensemble, complexe à situer dans le temps, et dont on attend une solution uniquement issue d'une politique gouvernementale globale et univoque sans qu'en soient identifiés clairement les étapes et moins clairement encore les multiples partenaires obligés.

Il n'est ni définition possible des différentes politiques nécessaires, ni échéancier raisonnable dans le temps, ni désignation rigoureuse de tous les partenaires indispensables, tant publics que privés, tant Français qu'Européens, sans cette clarification. Il n'est surtout pas de vraie délibération démocratique sans elle.

Commençons par la France.

La France

« Durant des siècles, la France n'a fait que croire et, quand elle doutait, elle le faisait au sein de ses croyances. Elle a cru, tour à tour, au Classicisme, aux Lumières, à la Révolution, à l'Empire, à la République. Elle a eu les idéaux de l'aristocratie, de l'Église, de la bourgeoisie, du prolétariat ; et a souffert pour chacun. Ses efforts, transformés en formules, elle les a proposés à l'Europe et au monde, qui les ont imités, perfectionnés, compromis. Mais leur croissance et leur délitement, c'est elle qui les a vécus en premier lieu, et avec le plus d'intensité ; elle a créé des idéaux, et les a usés, les a expérimentés jusqu'au bout, jusqu'au dégoût. Cependant, une nation ne peut être indéfiniment génératrice de foi, d'idéologies, de formes étatiques et de vie intérieure. Elle finit par trébucher.

Les fontaines de l'esprit se tarissent, et elle se réveille devant son désert, les bras croisés, effrayée par l'avenir. »

Emil CIORAN.

Dans un livre récent, Jean Peyrelevade analyse crûment les carences de notre pays, concluant d'un définitif et glaçant : « Le mal est génétique : notre ADN national nous condamne à l'impasse. » Et Emmanuel Macron, peu avant d'être nommé ministre de l'Économie, ajoutait guère moins gravement, que : « L'idéologie de gauche classique ne permet pas de penser le réel tel qu'il est. »

La lucidité tragique de ces deux responsables de gauche est-elle sans appel ? Ne peut-elle conduire qu'au renoncement ? Il importe de clarifier ce point – et sans doute, avant d'entrer dans le détail des secteurs en danger, des structures sclérosées, des politiques impuissantes et des réformes indispensables – de commencer par apprécier si la France est ou non au terme (sans espoir) d'un déclin irréversible ? De s'interroger aussi sur les raisons et la pertinence de l'autodénigrement qui sont l'une des facettes les plus visibles de l'incontestable et profond malaise hexagonal actuel.

La France accuse-t-elle un déclin profond ?

À l'été 2013, le Fonds monétaire international a distingué sept Français parmi les vingt-cinq jeunes économistes les plus prometteurs. Seuls les États-Unis, forts d'une population six fois plus importante, nous devançaient dans ce classement. Parmi eux, Thomas Piketty, acclamé de part et d'autre de l'Atlantique pour son *Capital au XXIe siècle* [1] reconnu comme l'un des livres d'économie les plus importants de l'année, si ce n'est de la décennie, par l'illustre Paul Krugman. Comme pour parachever cette consécration nationale en la matière, c'est un Français, Jean Tirole, président de l'École d'économie de Toulouse, qui a été récompensé de ce prix Nobel en fin d'année, rejoignant au cru des nobélisés 2014 son compatriote Patrick Modiano, récipiendaire de celui de littérature. Pas si mal pour un pays représentant un centième des habitants de la planète…

Outre cette génération d'économistes brillants et reconnus à travers le monde académique, deux universités françaises sont présentes parmi les dix meilleures en mathématiques d'après le classement de Shanghai, certes contestable, mais qui fait néanmoins référence en la matière [2].

Peut-être notre problème relève-t-il donc non pas de la formation de cette « élite académique », que nos grandes écoles

1. Thomas Piketty, *Le Capital au XXIe siècle*, Seuil, 2013.

2. Il s'agit de l'université Pierre et Marie Curie, UPMC, 4e rang, et de l'université Paris Sud, 7e rang, en 2014.

assurent admirablement bien, mais plutôt d'une part d'un système universitaire à deux vitesses, de l'autre de notre incapacité à retenir les talents que nous formons. « La République française forme à grands frais ses meilleurs élèves et, parmi eux, la crème de la crème part ensuite assez logiquement vers des pays valorisant mieux leur talent », analysait ainsi Jean Tirole, qui fait pourtant figure d'exception puisque, après avoir complété sa formation et acquis une reconnaissance certaine aux États-Unis, il est revenu travailler en France – et en province qui plus est, fait notable dans ce pays aux traditions jacobines et centralisatrices.

Nous pouvons également nous targuer d'être une terre fertile pour les grandes entreprises, et notamment dans les *industries de demain* où nous nous montrons particulièrement performants : aéronautique (Dassault, EADS, Safran), spatial (Arianespace), maritime (DCNS), eau (Veolia et Suez environnement), énergie (Total, Areva, GDF-Suez), pharmacie (Sanofi-Aventis), informatique (tant du point de vue des services, avec Capgemini, que des logiciels, avec Dassault Systèmes)… Pas trop mal, encore une fois, pour une puissance qui se voit déclinante et marginalisée !

C'est dire alors à quel point les débats actuels sur la nécessité – ou pas – « d'aider les entreprises » semblent vains. La France n'est pas, contrairement à ce que tant, à gauche comme à droite, se plaisent à croire, un pays hostile par nature aux entreprises. Les Français ne sont pas, à l'inverse de ce que tant de gens aiment à penser, hostiles aux grands groupes. Il paraît simplement logique de demander à ceux-ci, qui bénéficient à juste titre des investissements publics (fût-ce sous la forme, peut-être moins visible mais tout aussi indispensable, d'infrastructures de qualité, d'une formation excellente et généralisée, d'une sécurité juridique enviée et d'un État, quoi qu'on en dise et bien qu'un effort continu d'amélioration soit nécessaire, efficace), d'y contribuer en retour lorsque leur entreprise est couronnée de succès, via des cotisations, des impôts et des contributions.

D'ailleurs, les journalistes britanniques, une fois n'est pas coutume, ne se sont pas privés de relever que le modèle français, s'il connaissait actuellement des difficultés conjoncturelles indéniables, s'avérait plus solide et pérenne que celui de son voisin allemand, auquel on ne manque pourtant pas de tresser en permanence des lauriers chez nous. « La France peut passer pour l'homme malade de l'Europe, pouvait-on ainsi lire dans les colonnes du *Daily Telegraph* en octobre 2014, mais les malheurs de l'Allemagne sont plus profonds, enracinés dans le dogme mercantile, la glorification de l'épargne pour son propre compte et la psychologie corrosive du vieillissement. » Conclusion : « D'ici dix ans, la France sera la puissance dominante de l'Europe »... continentale, s'empresse de préciser le journaliste, comme pour éviter de confronter les meilleurs ennemis en Europe que sont Paris et Londres ! Contrairement à nos amis d'outre-Rhin, notre démographie va en effet fort bien, portée entre autres par des dépenses sociales importantes mais précieuses qui viennent en soutien des parents et de ceux qui désirent le devenir. En plus d'être le plus grand pays de l'Union européenne en termes de superficie, nous devrions même, vraisemblablement, devenir le plus peuplé d'ici à 2050 à la seule exception, peut-être, de la Turquie.

Au-delà de cette réconfortante analyse britannique, il faut rappeler que même si la France vit actuellement une période sombre où elle se sert peu de ses atouts et les laisse mal voir, elle reste l'un des pays d'Europe les mieux dotés par la nature, par la géographie et par l'histoire même récente, d'armes, de chances et d'outils encore capables de lui offrir, dans l'avenir, un destin à la hauteur de son passé.

Premier atout : sa démographie, c'est-à-dire sa jeunesse. Avec un taux de fécondité d'un peu plus de 2 enfants par femme au long de sa vie, en moyenne, la France se situe juste au niveau du renouvellement des générations, seule en Europe avec l'Irlande à y parvenir. Le taux moyen dans l'Union est de 1,6, le britannique de l'ordre de 1,6 aussi, ceux de l'Europe méditerranéenne sont inférieurs, le taux allemand de 1,3. La population globale allemande a même déjà commencé à diminuer d'environ 200 000 personnes chaque année. Partout en Europe, sauf chez nous, la moyenne d'âge des collèges où l'on décide (tribunaux, universités, directions de journaux, état-major, parlement, fonction publique, conseils d'administration d'entreprises et tout le reste) va augmenter lentement, avec la signification psychologique que cela peut prendre. Tous nos voisins connaîtront dans l'avenir des problèmes de financement des retraites insoutenables, la France beaucoup moins – à cela près qu'elle s'y prend plus mal que les autres pour régler ce genre de sujets. Notre population totale continuera d'augmenter légèrement pendant quinze à vingt ans.

Notre système scolaire connaît des problèmes graves, objets sans doute d'une agitation excessive (il faut vingt ans pour évaluer le bon ou mauvais effet d'une réforme scolaire !), mais pas au point de mettre en danger l'avenir intellectuel de toute cette jeunesse. Quant à notre enseignement supérieur et de recherche, l'immense électrochoc qu'il vient de subir avec le PIA (Programme d'investissements d'avenir) va porter des résultats très féconds pour près de la dizaine d'années à venir.

Concernant les autres atouts que la nature a donnés à la France, c'est la géographie qui parle.

D'abord la terre, la plus vaste et la plus fertile de toute l'Europe de l'Ouest. Associée au climat, cela donne les céréales les plus abondantes et les plus sèches d'Europe. Le réchauffement climatique annonce peut-être une menace, mais elle est à évolution lente. Or il y a là une puissance économique, un savoir-faire, tout un système équipé de moyens de recherche parmi les meilleurs du monde et s'inscrivant dans une vocation nationale jamais démentie. La modification progressive de notre chaîne alimentaire s'impose cependant, allant vers moins de consommation de viande, moins d'intensivité, moins d'intrants, moins de nitrates, moins d'émissions de méthane et de CO_2, et offrant plus de diversité, de qualité et de produits du terroir. Si bien que nous pourrions être le pays le mieux placé d'Europe pour imaginer, inventorier, préciser en détail et commencer à mettre en œuvre les multiples aspects de ce changement.

Deuxième atout majeur accordé par la nature, hélas fort oublié celui-là, la mer. La France bénéficie des côtes maritimes les plus longues d'Europe après la Russie, et cela sur quatre mers : celle du Nord, la Manche, l'Atlantique et la Méditerranée. Ce qui lui a valu dans le passé lointain des aventures et une gloire maritime haute en couleurs dans la grande pêche, l'exploration, la guerre de course, les victoires navales et la construction d'un vaste empire colonial. Mais depuis Trafalgar et la défaite de l'Empire sur mer bien plus encore que sur terre, nous avons oublié non seulement largement notre marine, mais plus encore notre fonction maritime.

Or deux faits majeurs se conjuguent pour changer la perspective. Le premier est à la fois l'enfant de l'histoire et du droit maritime. Ce qui reste de notre ancien Empire – les confettis de l'Empire – sont des îles et des îlots présents dans les trois grands océans. La Convention des Nations unies dite « le droit de la mer » adoptée en 1982 fixe la limite de la zone économique exclusive (donc entre autres la propriété des sols sous-marins à 200 milles marins soit 370 kilomètres au large de la côte). Laquelle dote la France d'un patrimoine de 11 millions de kilomètres carrés, le deuxième du monde après celui des États-Unis. Or la Convention de 1982 prévoit que tout pays riverain d'un océan, capable de prouver la continuité géologique absolue du sol sous-marin au-delà de ses côtes avec celle du sol de sa zone économique exclusive se verra attribuer la zone correspondant à cette identité géologique. Une centaine de demandes sont à l'étude, dont une dizaine pour la France (mer d'Iroise, Saint-Pierre et Miquelon, Nouvelle-Calédonie, Kerguelen, etc.). Ce travail prendra encore quatre ou cinq ans, mais une fois terminé, notre zone maritime sera de 14 millions de kilomètres carrés, soit la première au monde.

Le second fait majeur est que depuis quelques décennies, la science accumule les découvertes sur l'extraordinaire richesse des fonds marins, minéralogiques (les nodules polymétalliques), biologiques donc alimentaires, et surtout énergétiques. Si les renouvelables terrestres, solaire et éolien, sont intermittents, les maritimes ne le sont pas. La plupart des courants sous-marins, à plus de 20 ou 30 mètres sous la surface, sont puissants, 5 à 7 nœuds, et absolument permanents. Savoir y mettre des turbines permettra d'alimenter en électricité à coût très faible tous nos DOM-TOM et bien plus encore. On saura aussi produire de l'électricité en utilisant la houle ou la différence de température entre l'eau de surface et celle des profondeurs. La France serait même, dit-on, le seul pays au monde à maîtriser la totalité des savoir-faire et des outils nécessaires au travail à grande profondeur. Elle a donc là de quoi retrouver une grande vocation oubliée. Technip, Total, la DCNS et tant d'autres ne demandent que cela.

La France reste aussi la mieux placée en Europe pour les techniques de l'aéronautique et de l'espace. Elle ne s'est guère laissée distancer dans les biotechnologies et les nanotechnologies. Et pour les technologies de demain, elle n'accuse un retard qu'en informatique.

La crise qu'elle vit aujourd'hui, pour grave et profonde qu'elle soit, pourrait donc n'être que temporaire car, à bien des titres, elle apparaît soluble. On oublie trop que son aspect le plus destructeur est… psychologique.

La France se meurt de son autodénigrement.

Innombrables sont les visiteurs de notre pays à relever chez ses habitants quelque chose comme de la mauvaise humeur, un manque de confiance en eux ou en l'avenir, une morosité permanente.

Cet instrument sophistiqué de connaissance de nous-mêmes que l'on appelle les sondages le confirme de manière presque stupéfiante.

La théorie mathématique des sondages fut élaborée dans les années 1920. Les premiers instituts américains naquirent juste avant ou pendant la grande crise de 1929-1932. L'IFOP français vit le jour en 1935. On a donc beaucoup de matériel ancien pour comparer. Très tôt, en effet, on fit des sondages dans toutes les démocraties développées. Très tôt aussi, l'habitude se prit d'effectuer deux types d'enquêtes, les unes nominatives et les autres thématiques. Les premières suivaient des personnes, mesuraient leur notoriété, la sympathie ou l'antipathie qu'elles collectaient et les intentions de vote les concernant. Les secondes pouvaient porter sur tout problème faisant l'objet des débats publics du moment. L'habitude vint de répéter ces études afin d'en suivre les changements dans le temps. Bref, ces sondages d'humeur générale prenaient le pouls du pays.

« Êtes-vous satisfait de votre situation actuelle ? » « Souhaitez-vous vivre dans un autre pays, et lequel ? » « Pensez-vous que votre avenir va s'améliorer ? » « Pour vous personnellement ? » « Pour votre pays ? » Etc. Voilà ce qui était demandé.

La première information ressortant de ce rassemblement de données riches est optimiste : la plupart des gens, un peu partout et en tout temps, voient plutôt l'avenir de manière favorable, le pensent même en voie d'amélioration. Curieusement, mais de façon sympathique, les réponses sont un peu partout analogues, s'agissant de l'idée que chaque sondé se fait de son avenir individuel comme de celle qu'il a de son pays, de sa collectivité nationale. Ce paquet d'optimisme regroupe entre 60 et 85 % des avis exprimés partout dans le monde. Surtout, il n'y a nulle part de différence forte entre l'avis que l'on exprime sur soi-même et son avenir personnel, et celui exprimé concernant le pays où l'on vit. Les petites divergences observées varient d'ampleur et de sens sans corrélation claire avec des situations continentales.

Il n'y a donc de différence nulle part… Sauf en France !

Depuis des décennies, de manière constante, les Français affichent le même optimisme relatif que la moyenne du reste du monde sur leur avenir personnel. Mais, s'agissant de leur pays, de la collectivité à laquelle ils appartiennent, ils passent au pessimisme actif. Vingt-cinq pour cent de moins de confiance en l'avenir, d'espoir de le voir positif.

Notre cas est unique au monde. Et permanent depuis un demi-siècle au moins. Il a été beaucoup dit et écrit sur ce sujet.

Mais les avis sur les causes sont multiples, il n'y en a guère de convaincants.

Le cas français est d'autant plus étonnant que l'on retrouve ce pessimisme collectif profond dans les réponses à des questions spécifiques. Voilà quatre ou cinq ans sortit par exemple un sondage international concernant l'appréciation portée sur l'économie de marché. Je n'ai pu retrouver les résultats précis, mais ils étaient si frappants que j'ai conservé les ordres de grandeur en mémoire. Étaient favorables à l'économie de marché plus de 90 % des Américains, des Britanniques, des Allemands ; plus de 80 % des Européens mais aussi plus de 75 ou 80 % des Chinois et des Russes… Et largement plus de 60 % dans l'essentiel de l'Afrique. En France ? 48 % seulement. Un chiffre stupéfiant, quasi suicidaire pour notre pays…

Un tel point de vue est étonnant. À la fois parce que la France est seule dans ce cas ; ensuite parce qu'il est stable, observé depuis plus d'un demi-siècle. On a beaucoup cherché… mais on n'a rien trouvé de convaincant. C'est, dit une tradition orale qui a perdu le nom de l'intéressée, une mathématicienne fouillant dans le thème des sondages, et non une sociologue, qui a fait la découverte majeure : cette particularité française se découvre dans les premiers sondages concoctés après la Seconde Guerre mondiale, mais ne figurait pas dans le matériel produit durant l'entre-deux-guerres…

En somme, en juin 1940, la « Grande Nation », la plus centralisée et étatique des démocraties du XXe siècle, voit le ciel lui tomber sur la tête. Tout s'effondre à la fois ; pas seulement l'armée, mais le gouvernement, le Parlement, l'état-major, toutes les élites. Pétain rallie les Français en prêchant le ruralisme et la dépendance internationale. La bourgeoisie républicaine et laïque, qui avait conçu l'école universelle et la laïcité, fait du zèle en matière d'antisémitisme.

Depuis, tout se passe comme si la France ne s'était jamais remise de ce tremblement de terre.

En tout cas, ses effets nous poursuivent toujours. La méfiance vis-à-vis des pouvoirs publics est une constante *a priori*. Si bien qu'à peu près aucun grand projet de réforme n'aboutit. Le vrai drame français est donc beaucoup plus là que dans les secteurs économique, financier ou social.

La France en difficulté économique et financière grave.

La France est, comme tous les pays développés, frappée par les difficultés qui menacent le capitalisme actuel.

La première est l'arrivée à maturité du modèle industriel, avec le quasi-arrêt de la croissance que cela induit. En comparaison avec l'année précédente, l'augmentation du PIB fut en 2010 de 1,7 % ; en 2011 de 2 % ; en 2012 de 0 ; en 2013 de 0,3 %. Et on attend en 2014 0,5 %. Le tout suivant la récession consécutive à la crise financière, les croissances du PIB ayant été de 2,4 en 2006, de 2,4 en 2007, de 0,2 en 2008 et de - 2,9 en 2009.

Avec un tel rythme de croissance, le chômage ne pouvait que s'accroître : en pourcentage de la population totale il est passé de 7,7 % en 2007 à 9,8 % en 2011, 10,2 % en 2013 et 10,5 % en septembre 2014.

La France a, en outre, une tradition propre qui veut que ses lois, ses tribunaux, son appareil d'État et largement aussi ses chefs d'entreprise manifestent une certaine réticence à l'encontre du travail précaire. Le travail pleinement reconnu y est un peu mieux défendu qu'ailleurs. Résultat (bien que la précarité ne soit à peu près nulle part reconnue ni mesurée), il semble bien que nous ayons sensiblement moins de précaires qu'aux États-Unis, en Grande-Bretagne ou en Allemagne mais, corrélativement, beaucoup plus de chômeurs.

Tout cela nous est commun avec le reste de l'Europe, l'Amérique du Nord et le Japon.

Mais le drame français se complique d'autre chose, à l'évidence plus spécifique et propre à notre pays. On peut clairement parler d'un effondrement de notre appareil productif, beaucoup plus perceptible sur notre territoire et s'y limitant car ne s'étendant guère à nos voisins.

Le signe le plus visible, et l'un des plus dangereux sans doute, en est l'évolution de notre solde extérieur global. Pour les dix ans allant de 2004 à 2013, les chiffres annuels sont toujours négatifs : - 5,7 milliards d'euros, - 24,2, puis - 29,9, puis - 42,5. En 2008, - 56,2 ensuite, - 45,4, - 52,4. Le record est atteint en 2011 : - 74,2. Suivi de - 67,2 et de - 61,2. Ces chiffres sont terribles. D'autant plus terribles qu'ils incluent la balance des échanges de services, elle-même constamment positive, voire en vif progrès. En voici les soldes, tous positifs, entre 2006 et 2013 : + 12,3 milliards d'euros ; + 54,4 ; + 16,5 ; + 18,3 ; + 21,4 ; + 31,5 ; + 32,6 ; enfin + 33,2.

Une belle performance qui ne peut cacher le désastre, lui, industriel. La France a dans cette période perdu 4 à 5 % de parts de marché dans le monde alors que l'Allemagne en gagnait 3. Corrélativement, la part de l'industrie dans le PIB national a baissé. Elle était supérieure à 20 % à la fin du XXe siècle, elle est descendue à 14 % aujourd'hui. La même faiblesse s'observe dans les défaillances d'entreprises, qui battent leur record historique en augmentant de 2012 à 2013 de 5,3 %, atteignant 63 452, chiffre qui semble devoir augmenter encore de 1,8 % en 2014. Les délocalisations ne sont responsables, dans ce chiffre, que d'une toute petite proportion comparée aux fermetures pures et simples d'unités de production.

Le XXIe siècle accuse nettement l'aggravation de ce mouvement, entamé dans la dernière décennie du XXe siècle.

Certes le climat mondial, et même européen, n'est plus guère porteur depuis longtemps – on l'a assez vu tout au long de ce livre. Mais il n'explique pas tout, tant s'en faut. Il est très dommageable que jamais, pendant ces quelque vingt années, nos pouvoirs publics de droite comme de gauche n'aient osé formuler explicitement ce diagnostic. Ni osé distinguer dans ce drame ce qui est propre à la France de ce qui nous vient du reste du monde, le quasi-arrêt du financement des investissements des entreprises par les banques, par exemple.

Beaucoup de causes se conjuguent pour expliquer pareille situation. Certaines sont permanentes, tares très anciennes propres à notre pays et repérées depuis longtemps sans que pour autant nous ayons été capables d'y porter remède.

Il en va ainsi de l'apprentissage professionnel, qui ne rassemble en France que moins de la moitié des jeunes concernés en Allemagne.

Il en va aussi ainsi des petites et moyennes entreprises. Depuis des décennies, il en naît chaque année autant chez nous qu'outre-Rhin. Mais elles vivent ici en moyenne beaucoup moins longtemps, la moitié mourant avant cinq ans. Résultat : en Allemagne, les PME, souvent grosses, représentent la moitié des exportations ; en France, juste 10 %.

Plus généralement, notre pays est historiquement un peuple de paysans, d'ingénieurs et de soldats, l'Allemagne et plus encore l'Angleterre des États de commerçants. Les typologies nationales se reflètent aussi bien dans les choix de carrières que dans les comportements de la puissance publique. La fragilité industrielle de la France est du reste connue, repérée depuis longtemps. Colbert, Bonaparte et de Gaulle avaient eux-mêmes tenté d'y remédier, donnant tous les trois leurs noms à des pratiques économiques. Mais la panne contemporaine s'est aggravée.

La panne contemporaine

Le coup de massue qui semble avoir frappé notre économie, et par là affaibli le pays, tient sans doute à ce que la mondialisation (l'internationalisation des échanges) a pris à revers notre tradition nationale la plus avérée, celle d'en appeler au politique, à la loi, à la règle et à l'administration d'État pour régler les équilibres économiques majeurs.

Plus qu'ailleurs, c'est à l'État que nous devons nos transports ferroviaires et aériens, notre développement charbonnier, électrique puis nucléaire. Pis, notre protection sociale est intégralement étatique.

Plus gravement, le drame national de la Commune a retardé d'un demi-siècle la naissance du syndicalisme chez nous et l'a fait naître anarchiste et révolutionnaire. Dès lors, le dialogue social, le changement de la société par le contrat négocié, n'a pu se développer. Le poids de la législation derrière toute décision novatrice est incompatible avec le mouvement des échanges, mais nous ne changeons, nous, que par la loi !

Ajoutons que l'on n'enseigne pas, ou guère, l'économie dans les écoles, les collèges et les lycées. Et que l'indifférence ou le mépris affichés à l'endroit des métiers du commerce et de l'industrie laissent nos élites aux prises avec des trajectoires et des destins marqués par les diplômes publics et les grandes écoles. L'État s'honore de ne point dépendre d'intérêts privés.

De ce fait nos forces politiques, tant à droite qu'à gauche, ignorent tout de l'économie même si elles ne la méprisent pas.

C'est en matière de fiscalité que les dégâts sont les plus graves. Inciter à la production et à l'initiative n'est pas notre fort. Toute entreprise efficace et hautement productive étant une poule aux œufs d'or, elle n'aura donc pas le temps de grandir. Surtout, la confusion est totale dans les esprits – et la loi en porte inévitablement la trace – entre les fortunes personnelles et les patrimoines d'entreprises.

Ne pratiquant pas le dialogue social, la France ne pratique pas très bien non plus le dialogue politique. Du coup, nos débats sont flamboyants et symboliques. Le compromis y trouve mal sa place, la continuité droite gauche sur les enjeux essentiels moins encore.

Frappée par la crise, notre fiscalité a atteint un niveau intenable pour l'appareil productif. Mais soulager les entreprises équivaut aux yeux de beaucoup à « faire des cadeaux aux patrons… ».

Mettre fin à des situations favorables héritées de monopoles antérieurs mais caducs ne peut être que brutal si c'est fait par la loi. Trouver des avantages compensateurs, mais d'une autre nature et ailleurs, supposerait de négocier. Or nous ne savons pas faire.

Ces multiples facettes d'une tare nationale cumulent leurs effets en matière budgétaire. Notre dernier budget voté à l'équilibre le fut en 1974. Depuis, le déficit fut constant, ajoutant chaque année à la dette nationale, même s'il variait quelque peu.

Il lui arrive de baisser légèrement, mais c'est hélas pendant des périodes courtes.

Dans les dernières décennies du XXe siècle, il était rare que le solde public déficitaire – État plus Sécurité sociale plus collectivités locales – dépasse 1,5 % du produit intérieur brut. Au XXIe siècle, il dépasse régulièrement 2 % : 1,5 % en 2000 ; 1,6 % en 2001 ; 3,3 % en 2002 ; 4,1 % en 2003 ; 3,6 % en 2004. Il retombe ensuite sous 3 % entre 2005 et 2007. Quand survient la grande crise financière mondiale, la croissance ralentit, les exportations baissent, le déficit en porte la trace : - 3,3 % en 2008 ; - 7,5 % en 2009 ; - 7 % en 2010. La France ne bat pas le record du déficit européen dans ces années-là mais pas loin. Les choses ne se rétablissent que lentement et mal : - 5,2 % en 2011 ; - 4,9 % en 2012 ; - 4,3 % en 2013 et - 4,4 % en 2014.

Bien entendu, l'aggravation de la dette retrace cette permanence du déficit. Elle atteignait 60 % du PIB en 2002, approche 70 % en 2008, dépasse 80 % en 2010, 90 % en 2012 et atteindra 97 % en 2015.

Une situation aussi détériorée entraîne de multiples conséquences.

D'abord, de constantes difficultés politiques et administratives dans nos relations avec la Commission européenne de Bruxelles, gardienne selon les textes du respect des traités, y compris celui dit de croissance et de stabilisation qui prévoit la limitation du déficit public à 3 % du PIB, ce à quoi n'arrive pas une petite dizaine de pays membres dont le nôtre. Ensuite, et surtout, elle provoque un ralentissement grave de la fonction d'investissement de la puissance publique. Ainsi, pour 2014, le budget de l'État prévoit-il un service de la dette de 47 milliards d'euros, à comparer avec un volume d'investissements nouveaux, calculé hors continuation des chantiers commencés, de 800 millions d'euros. Nous sommes dans l'autoamplification de la non-croissance ! Un mouvement qui s'aggrave d'une baisse prévisible des rentrées fiscales, résultat elle-même de l'insuffisance de la croissance.

Dans ces conditions, la France n'est guère capable de financer les chantiers nécessaires en matière de transports publics, d'énergies renouvelables et d'entretien du patrimoine immobilier, pourtant indispensables afin d'illustrer la voie de sortie de crise dans le domaine écologique notamment. Or elle tient de son histoire, de l'influence culturelle qu'elle a longtemps préservée avec ses anciennes colonies, comme avec l'Amérique latine ou avec le monde arabe, une écoute et une autorité morale qui lui donnent ce que j'ai envie d'appeler un devoir d'exemplarité. Un devoir dont nous ne sommes guère en état de nous acquitter !

Le grand blocage français d'aujourd'hui se trouve donc dans la machine publique. Mais l'intolérance aussi bien que la méconnaissance de l'économie sont partagées par les électeurs – n'importe quel député le confirmera, s'il ne cherche pas à en rajouter.

Ne perdons pas espoir pour autant. La France reste un pays capable d'incroyables sursauts. On l'a vu en 1954 avec Pierre Mendès France, et de nouveau en 1958 avec Charles de Gaulle. Hors EDF (publique), il y avait zéro entreprise française parmi les cent premières mondiales vers 1960, une quinzaine au tournant du siècle. Nous en avons reperdu deux ou trois depuis, mais cela reste. Notre aventure nucléaire a quelque chose de spectaculaire et d'inouï. Et l'électrochoc du PIA va dynamiser notre industrie et notre recherche pour des années.

C'est dans l'appareil public que l'innovation est maintenant nécessaire. Bien que cela y soit plus difficile, la gravité de la crise comme ce qui survient au niveau européen pourraient y pousser efficacement.

L'Europe

L'Europe a beaucoup à voir avec le traitement des diverses menaces qui nous assaillent, avec la mise en œuvre d'un cheminement de « sortie de crise », comme le proclame le vocabulaire – non pertinent mais usuel et commode – en usage aujourd'hui.

On ne peut cependant pas écrire qu'il s'agit là d'une conséquence de sa vocation première, ni même que cela entre réellement dans les objectifs que les traités la régissant ont donnés à l'Union européenne.

L'Europe ne fut pas créée pour faire de l'économie mais pour faire la paix. La première forme qu'elle a prise, la Communauté européenne du charbon et de l'acier, en atteste clairement. Sa mise en place pourtant fut un gros succès. La diplomatie afférente à ces matières premières ne suffisant pas à répondre à l'ambition que l'Europe se donnait sur les sujets de réconciliation entre les peuples, de procédures de solution des conflits et d'influence sur les affaires du monde, on convint alors d'essayer d'unifier les armées comme on venait d'y parvenir avec le charbon et le fer. Mais la rémanence, en France, d'un fort prurit nationaliste, affirmé aussi bien par les gaullistes que par les communistes, rendit ce très haut niveau de coopération internationale – avec transferts partiels de souveraineté – inacceptable pour la majorité parlementaire. Et fit échouer l'affaire.

L'ambition demeurait, toujours caressée par de nettes majorités de l'opinion publique chez les six pays fondateurs. Hélas, il n'existait plus d'instrument ni de champ d'action. C'est par défaut, par raccroc pourrais-je écrire, que les pays fondateurs choisirent l'économie comme champ d'expérimentation pour la mise en œuvre de relations internationales d'un type nouveau.

Mais on ne s'avisa pas, en changeant de domaine, que la capacité de prendre de vraies décisions collectives supranationales était plus indispensable en politique étrangère et en diplomatie que pour édifier un ensemble commercial et douanier commun. La Grande-Bretagne adhéra donc à ce projet de communauté économique européenne en croyant – ou en faisant semblant de croire ? – qu'il s'était réduit à ce qu'elle désirait depuis l'origine : une simple zone de libre-échange. Et en faisant semblant de penser que les autres membres fondateurs avaient renoncé à leur projet initial, à savoir créer ensemble une entité publique de droit international capable d'agir en politique étrangère et de décider en lieu et place des nations constitutives. Ce dont Londres ne voulait à aucun prix.

Le malentendu fut durable au point qu'il n'est toujours pas levé. La concentration nécessaire des pensées et des efforts pour mettre en place une construction de cette ampleur suffit à saturer les agendas et à occuper les acteurs. Le fait que l'on ne parvenait à faire mouvement ni en matière fiscale ni en droit de la représentation sociale, faute de pouvoir jamais atteindre une impossible unanimité, était presque occulté par ce qu'il restait à entreprendre et possible d'accomplir. C'était, pourtant, interdire au fonctionnement décisionnel de l'Union de traiter, bien au-delà de la seule concurrence, la structure même du système et tout particulièrement celle de l'entreprise au cœur de la crise d'aujourd'hui. Les États, petit à petit, se fatiguèrent.

Les débuts cependant furent remarquables. On se souvient que, dès l'entrée en exercice du traité de Rome, en 1960, la levée des entraves tarifaires ou non au commerce interne à la communauté se révéla un accélérateur de croissance extrêmement efficace. Nous étions au cœur des Trente Glorieuses, les têtes étaient encore keynésiennes, les changes à peu près fixes faisaient merveille, la mise en place de la protection sociale augmentait le bien-être comme la consommation. Le plein-emploi était général, le monde plus pacifié qu'aujourd'hui. Pourquoi en demander davantage ?

Mais lorsqu'en 1971 le président Nixon décida de supprimer la convertibilité du dollar en or, l'Europe ne put rien faire, ni même rien dire… Comme elle avait dû assister, sans rien faire ni même rien dire non plus à l'invasion de la Tchécoslovaquie par l'armée Rouge en 1968.

À ce type de sujets, elle ne pouvait pas grand-chose. Et on s'en plaignait peu… Croissance rapide, plein-emploi sur longue période… l'incitation à déborder de ce cadre limitatif, au risque de créer des désaccords politiques, était faible. Mieux, la réussite était telle que la plupart de nos voisins voulurent adhérer…

Cela commença par la Grande-Bretagne dès 1963. Charles de Gaulle, président de la France à l'époque, fut rapide à déceler, et à déclarer, l'incompatibilité de la vision stratégique de la Grande-Bretagne avec celle des pays fondateurs, et lui opposa un non franc et direct. Furieux et humilié, ce grand pays tenace ne fit pas mystère de son insistance à vouloir être membre de l'Union douanière, mais aussi de son refus de toute vision du type États-Unis d'Europe ou Fédération européenne.

Or on percevait que les structures et les mécanismes de décision créés par une communauté réduite à six États et au champ strictement limité au charbon et à l'acier, seraient probablement mal adaptés à la gestion d'une économie énorme, vaste et complexe. Surtout si le nombre des États membres associés à cette gestion augmentait.

Dans l'ordre sémantique, l'accord se fit assez vite sur le terme « d'approfondissement », censé évoquer les réformes de structures et de processus décisionnels nécessaires pour que la CEE soit capable d'élargir efficacement son champ de travail en même temps que d'accueillir de nouveaux membres. « Oui à l'élargissement mais accompagné de l'approfondissement » fut la formule qui, vingt années de suite, rallia l'accord des forces politiques européennes, conservatrices, centristes ou sociales-démocrates, lesquelles œuvraient à une Europe plus intégrée, s'orientant d'avantage vers une structure fédérale.

De l'extérieur, on voyait mal l'extrême difficulté à gérer. Le succès économique – et avec lui la réconciliation de l'après-guerre – paraissait un miracle. Les demandes d'adhésion déferlaient et la Communauté puis l'Union dirent oui à tous. Grande-Bretagne à nouveau, avec Danemark et Irlande en 1973, Grèce en 1981, Espagne et Portugal en 1986, Suède, Autriche, Irlande en 1995. À ce dernier paquet la Norvège et la Suisse s'étaient jointes, mais leurs peuples le refusèrent par référendum interne. Puis vint l'énorme élargissement de 2004 à dix pays d'un coup : Estonie, Lettonie, Lituanie, Pologne, Hongrie, République tchèque, Slovaquie, Chypre, Malte et la Slovénie. Suivi, en 2007, de la Roumanie et de la Bulgarie, enfin de la Croatie en 2013.

Soit sept négociations d'élargissement successives. À l'occasion de chacune, le problème de l'approfondissement fut reposé. Mais aucun pas en avant ne fut possible. L'Angleterre y veillait, comme elle veillait à ce que l'évolution interne d'une aussi énorme machine n'amène pas de renforcement de son commandement ni de son pilotage.

Soyons justes : la Grande-Bretagne ne fut pas – et de loin – le seul pays à s'opposer ici ou là à telle réforme de structure proposant un peu plus d'intégration. Mais elle fut la seule à refuser de manière absolument continue toute mesure suggérée dans ce sens. De fait, elle gagna sur toute la ligne. Aucun approfondissement n'a jamais pu avoir lieu.

La tentative engagée au début du XXIe siècle de doter l'Europe d'une constitution, pilotée par l'ancien président français Valéry Giscard d'Estaing, fut aussi récusée par la Grande-Bretagne qui ne la soumit même pas à référendum. À l'époque de cette tentative, le monde était en crise, avec une croissance très ralentie, un chômage et une précarité massifs, des bulles financières explosant tous les cinq ou six ans… Et l'Europe montrait déjà qu'elle n'y pouvait rien. Ce sont deux peuples fondateurs, parmi les plus allants en matière européenne à l'origine, le français et le néerlandais, qui renvoyèrent le projet de Constitution à la corbeille à papiers, par référendum.

Cette Europe-là n'était pas celle qu'ils avaient voulue. Le résumé amorti que l'on en fit ensuite, pour sortir de l'impasse, sous le nom de traité de Lisbonne, et qui est, lui, en service, ne sauva rien. Et décida même qu'il n'était pas nécessaire que l'Union européenne eût un hymne et un drapeau. Ce dernier ne survit que par routine.

Il faut prendre la mesure de la situation qui en découle.

Les 28 pays qui forment l'Union européenne constituent la plus forte unité économique et commerciale du monde, mais cette dernière se révèle inerte. Sa puissance commerciale, notamment, n'est que potentielle. L'unification des normes, des standards, l'interpénétration mutuelle des économies en font une force énorme, mais latente.

Pis, l'Europe a disparu de la scène internationale. Les grandes difficultés actuelles – caucasienne, ukrainienne, moyen-orientale, africaines, ou concernant les mers de Chine – se traitent sans elle. Au G20, elle fait de la figuration.

Au ralentissement de la croissance et à la montée vertigineuse du chômage et de la précarité qui marquèrent la dernière décennie du XXe siècle et la première du XXIe, elle ne put opposer ni politique ni action, ni même des mesures communes, et pas même un discours. À la crise qu'étudie ce livre, il n'y a pas plus de réponse européenne.

Lorsque peu d'années après éclata la grande crise bancaire et financière de 2006 à 2008, on ne vit émerger ni analyse ni discours commun de l'Europe. La Commission ne produisit pas de diagnostic qui lui fut propre. Et à la réunion du G20 en 2009 qui tenta de limiter la casse et y réussit partiellement, ce sont exclusivement des nations qui négocièrent. On entendit l'Allemagne, bien sûr, la Grande-Bretagne naturellement, et aussi la France grâce aux propositions énergiques et novatrices qu'osa y faire le président français Nicolas Sarkozy, cette fois-là bien soutenu par le Premier ministre travailliste anglais Gordon Brown. On entendit bien sûr aussi les États-Unis, la Chine et le Brésil. Mais pas l'Europe ; qui d'ailleurs n'y parla pas, ou guère.

L'habitude se prit ensuite, lors des multiples réunions internationales qui suivirent (car dans cette période incertaine, si le monde décida peu, il se réunit beaucoup), de baptiser « position européenne » le ralliement d'une majorité des chefs de gouvernement en fonction aux propositions d'un ou deux d'entre eux, faute qu'il y ait une suggestion réellement européenne et que les organes officiels de l'Europe (Commission, Conseil des ministres et Parlement) aient effectivement délibéré.

L'incapacité où s'est trouvée l'Europe en 2003 d'aller unie à la troisième conférence sur le climat, celle de Kyoto, qui a pesé beaucoup dans le demi-échec final, est antérieure au dernier délitement que je viens d'évoquer. Au moins y avait-il eu proposition de celle-ci et délibération formelle des organes. Mais l'antagonisme des intérêts français et allemands en matière énergétique avait quelque chose d'irréductible. De fait, nous ne nous en sommes jamais remis : et l'Europe, en tant que telle, a disparu de ce chantier-là aussi.

N'oublions tout de même pas que, dans ce qu'elle reste capable de faire, qui ne peut hélas toucher au fondamental, le travail de l'Union est utile, parfois remarquable : normes environnementales et sanitaires, amorce de la transition énergétique, etc. Pour autant, au total, je constate qu'il n'est sorti de l'Union européenne aucune analyse des difficultés dans lesquelles nous nous débattons, et moins encore de proposition globale afin de les traiter.

Dans ce contexte s'est produit un jour un événement étonnant, inattendu, dont l'origine n'avait guère de rapport avec la régulation de l'économie mondiale mais qui, bizarrement, pourrait contribuer à tout changer – ou plus modestement à changer beaucoup et dans le bon sens. Nous avons réussi à faire l'euro, décision prise à l'occasion du traité de Maastricht en 1992 !

C'était au fond une idée étrange. Car en vérité, nous n'en avions économiquement aucun besoin. Le vrai succès des premières décennies de la Communauté européenne, remporté conjointement par des pays membres aux monnaies distinctes, le montre amplement. Le maintien intact de l'union douanière et de ses mécanismes, l'extension continue du marché unique malgré le ralentissement de la croissance et la survenance des premières crises financières, la découverte même, à ces occasions, d'un effet relativement protecteur des institutions et systèmes de l'Union pour ses membres, le confirment encore davantage.

Au demeurant, les théoriciens de la monnaie, pas tous américains, étaient presque unanimes à souligner l'impossibilité d'un tel projet… L'euro fut donc purement et simplement le fruit d'une intention géopolitique.

Il était important et urgent de régler les difficultés internes liées aux variations différentes des cours des monnaies dans la Communauté. Et il devenait intenable de poursuivre une politique agricole fondée sur des prix communs. Une monnaie unique avait donc de l'utilité.

D'autres éléments sont entrés en jeu.

D'abord en Allemagne, la guerre avait laissé un lourd malaise quant aux pulsions dominantes de sa psychologie profonde. Nietzsche déjà pouvait inquiéter, sinon Wagner, mais il y a eu Hitler et la longue et massive popularité qu'il a longtemps conservée. Endiguer la puissante et mystérieuse Allemagne dans une Europe au rationalisme établi et aux institutions vigoureuses était la solution, le contraire d'une fuite en avant, la volonté froide et raisonnée de hautes consciences politiques inquiètes pensant le monde autant que leur patrie. Je revois encore l'immense Helmut Kohl, sortant irrité d'une conversation malaisée avec François Mitterrand, mettant son grand bras autour de mes épaules et me disant : « N'oubliez jamais, Michel, jamais, que j'appartiens à la dernière génération de dirigeants allemands qui ont connu la guerre. Après, c'est l'inconnue. » Une pensée de géant.

Il y avait aussi la France, déjà moins forte que l'Allemagne en population comme en économie, inquiète devant la puissance de déflagration de l'unité allemande reconstituée, attristée de voir l'Europe dériver vers une sorte de grande Suisse, continent sans identité diplomatique ni militaire, s'intéressant seulement à son bien-être et indifférent aux affaires d'un monde qu'elle ne regardait même pas changer. Car la France continuait à penser le monde, se souvenant sans doute qu'avec Louis XIV puis Napoléon, elle l'avait dirigé. Avec ses outremers, notre pays demeure présent sur les trois grands océans, sa plus longue frontière terrestre est avec le Brésil, sa plus longue « frontière » de zones économiques exclusives maritimes avec l'Australie ; elle est présente aussi sur tous les continents. Les mouvements que cela appelle donnent à ses personnels diplomatiques, militaires, administratifs et politiques, voire sanitaires et pédagogiques, une compétence et une culture uniques en Europe continentale sinon au monde. Elle est en outre puissance nucléaire militaire et membre permanent du Conseil de sécurité. Elle a enfin gardé de son histoire de vieilles et toujours confiantes relations en Amérique latine, en Afrique et dans le monde arabe. Tout un ensemble d'atouts qui lui octroie un patrimoine politique lui permettant de participer à la gestion des affaires du monde, patrimoine ne pouvant être valorisé que par l'appui d'une monnaie puissante. En faire bénéficier l'Europe, matrice de notre commune civilisation, devenait possible à travers une monnaie commune.

Tout cela ne concernait guère les autres nations continentales qui, elles, ne s'intéressaient strictement qu'à l'économie et donc à la finance. Mais justement, de ce côté, l'irresponsabilité monétaire américaine commençait à faire peur.

La politique d'endettement insensée des États-Unis commence avec Ronald Reagan en 1981. La création illimitée de liquidités privées s'orientant massivement vers la spéculation devient perceptible dans la fin de la décennie 1980. Le cours du dollar se montre alors dangereusement erratique. La crise russe liée à une dérégulation trop rapide de marchés financiers sans règles et connectés avec la spéculation mondiale date de 1992. La proposition Delors-Kohl-Mitterrand d'une monnaie unique commune tombe donc très bien. Il faut, à ce dollar trop volatil, un contrepoids lourd et puissant, pour se protéger.

Les nations d'Europe continentale, sans partager le doute de l'Allemagne sur elle-même et moins encore le rêve français de voir l'Europe et sa culture prendre en charge l'héritage diplomatique considérable de la France dans les affaires du monde, se rallient à l'idée de cette monnaie unique.

Peut-être un peu – assez peu à mon sens – pour la satisfaction d'y voir la puissante Allemagne accepter de rejoindre un carcan commun que, certes, elle dominera mais qui l'englobera et sans doute pourra la tempérer. Car de la première moitié du siècle il reste beaucoup de mauvais souvenirs, notamment aux Pays-Bas.

Sans doute aussi parce que enfin cela mettait un terme aux difficultés créées par les variations de change, et réglait définitivement les problèmes monétaires de la politique agricole commune.

Sûrement beaucoup plus – la chose me paraît claire – parce qu'il devenait évident qu'il fallait se protéger des folies du dollar. De ce souci on ne parla quasiment pas, pour ne pas prendre le risque d'irriter ou d'aggraver politiquement les tensions et méfiances venant de la finance. Mais je peux témoigner de cette inquiétude latente et silencieuse.

On négocia vite et bien, aiguillonnés sans doute par la hargne arrogante des Anglais, et dans une totale absence de pression américaine, ni pour ni contre.

Tout fut prêt pour 1999 où l'instauration des changes fixes illustra le scellement de l'affaire. La mise en circulation des espèces, billets et pièces en janvier 2002 fut une réussite technique magnifique. Ainsi naquit l'euro.

Il n'est pas ici question de retracer l'histoire monétaire de la période, pourtant bousculée et passionnante. Mon propos sur ce sujet se limite aux mécanismes de décision, au cas de difficultés notamment. Mais il faut commencer par prendre la mesure de l'ampleur des forces en jeu.

En quinze ans, l'euro s'est étendu à 19 pays sur les 28 que compte l'Union.

Il est la deuxième monnaie du monde pour le montant des transactions ; depuis 2006 la première pour le montant de billets en circulation (soit 610 milliards d'euros), et la première pour le montant d'emprunts publics libellés dans cette monnaie. Il est surtout la deuxième monnaie de réserve du monde derrière le dollar, dans une proportion croissante : 17,9 % des réserves mondiales en 1999, 27,3 % en 2009. Il a même échappé à l'ancien président de la Banque centrale américaine, la FED, Alan Greenspan, en 2009, qu'« il est concevable que l'euro remplace le dollar comme monnaie de réserve ou devienne d'une importance égale ». La dimension mondiale est donc acquise.

Il faudra pourtant quelques années, une demi-douzaine, pour que l'on s'aperçoive de l'existence de failles dans le système.

On ne pouvait bien sûr créer une monnaie unique sans créer une banque centrale pour l'émettre et la gérer. Cela fut fait. Mais les gardiens des dogmes maléfiques veillaient. Allégeance à la doctrine monétariste dominante, la Banque centrale européenne eut interdiction de financer les États, ni leur trésorerie ni leurs déficits ni leur dette. Allégeance à la souveraineté nationale : contrairement à la situation de toute banque centrale au monde, la Banque centrale européenne voit le montant maximal de ses opérations limité non seulement par le volume de liquidités qu'elle peut mobiliser, mais aussi par un plafond qu'il ne peut dépasser qu'avec l'autorisation politique de la Commission européenne. On ne verra que bien plus tard (2008-2009) ce que cela va entraîner

Au début, tout se passe bien. L'euro se met en place. Les craintes fréquentes d'une poussée d'inflation corrélative se révèlent limitées à un arrondissement au chiffre rond plus élevé de tous les prix du commerce de détail. Cet effet pèse moins de 2 % et s'arrête au bout de deux ans.

L'euro commence sa vie de monnaie internationale par une chute profonde de sa valeur par rapport au dollar, de plus de 10 % en quatre ans. Les raisons s'avèrent multiples, mais les deux principales sont qu'il s'agit de l'époque où une masse de liquidités mondiales se rue vers les industries de l'informatique et de la communication – ce qui finira par provoquer l'explosion de la bulle de la e-économie en 2002 –, fuyant ainsi un peu l'Asie et beaucoup l'Europe, en dépression financière de ce fait. La seconde est que s'annonce et commence la deuxième guerre d'Irak ; les capitaux cherchant en de telles circonstances d'abord leur sécurité, ils la trouvent aux États-Unis bien plus qu'ailleurs pour des raisons diplomatiques et militaires, et non financières… Puis les choses reviennent au calme et l'euro entame en 2002 une longue remontée qui lui fait retrouver l'année suivante sa parité initiale avec le dollar pour, ensuite, la dépasser très durablement.

Ces années 2003-2006 connaissent donc un calme financier presque euphorique, sous les auspices de la doctrine monétariste dominante. Or la combinaison des différentes priorités qu'elle décrète aboutit à une extraordinaire incitation à l'endettement, pour les personnes privées afin de doper la consommation, et pour les États en raison de l'exigence où elle les met de soulager la fiscalité pesant sur les classes aisées, et à se mettre de ce fait en déficit.

Pendant les Trente Glorieuses, tous les États démocratiques développés gérés à peu près correctement avaient des comptes en excédent et faisaient beaucoup d'investissement public. Dès la décennie 1990, à peu près les mêmes États se trouvaient en déficit significatif et s'endettaient. L'investissement public, productif ou non, diminuait fortement. Cela s'aggrave doucement dans ces années 2003 à 2006, où l'euro se consolide à un haut niveau, surfant sur des économies atones. Ces années sont aussi celles où les États-Unis, exubérants de leur modeste croissance retrouvée après la crise de la e-économie, se lancent dans la politique du « tous propriétaires », inventant les prêts hypothécaires subprimes et le moyen de les diffuser à l'économie, la titrisation dont j'ai déjà parlé.

On connaît la suite : tout explose en 2006 et 2007. La banqueroute de deux petits pays, Irlande et Islande, donne le signal. Un millier de banques américaines disparaissent, dont les quatre plus grands établissements d'investissement. Quelques autres grandes banques s'effondrent en Écosse, en Angleterre, ici ou là. Le choc final est la faillite tonitruante de l'immense Lehman Brothers, aux États-Unis. Qui fait dans le monde des millions de victimes. Les retraites de dizaines de millions d'Américains sont volatilisées. Les banques se protègent en cessant toute transaction interbancaire. L'économie mondiale entre en paralysie. Une récession minimale est commencée. Elle menace de devenir rapidement très profonde, gravissime.

Pour parer à la catastrophe, le monde se réunit, on invente le G20 au lieu du G7 afin que les grands émergents soient présents en 2009. Il faut éviter que le krach bancaire et boursier ne devienne une vraie récession durable. C'est le Premier ministre travailliste anglais Gordon Brown, devenu un privatisateur et libéralisateur déchaîné, mais qui avait été longtemps keynésien, qui formule la solution : consolider les banques par la garantie publique. Nicolas Sarkozy donne un accord immédiat et enthousiaste, Obama également. Même Angela Merkel, faute d'autre choix, se rallie. Ainsi mourut en une réunion le monétarisme qui régnait sur le monde depuis plus de trente ans et l'avait conduit à ce drame.

Presque tous les pays ayant des banques importantes et modernes offrirent la garantie publique à leurs réseaux bancaires ; la Grande-Bretagne et les États-Unis, les plus atteints, à hauteur de plus de 70 % de la valeur de leur PIB, les pays de la zone euro pour en moyenne 30 à 35 % de celle-ci.

Les différents États concernés virent leurs banques tirer sur cette garantie de manière très variable : moins de la moitié de la garantie offerte fut utilisée aux dépens des contribuables, tant aux États-Unis qu'en Grande-Bretagne, une proportion beaucoup plus forte en Europe méditerranéenne, et très peu en Allemagne.

Le cas de la France est un peu particulier. Elle est le seul pays dont l'État s'est vu intégralement remboursé de ce qu'il avait avancé. Deux raisons à cette heureuse étrangeté. La première est que nos quatre plus grandes banques générales furent beaucoup plus prudentes que leurs consœurs anglo-saxonnes. La seconde est que, particularité favorablement annonciatrice pour le futur, plus de la moitié des guichets bancaires territoriaux sont, chez nous, mutualistes. Leur statut comme leur éthique – ainsi que je l'ai expliqué plus haut – leur interdisent des opérations de type spéculatif.

Reste que, dans plus de la moitié des pays de la zone euro, l'endettement public a massivement et brutalement augmenté. Il était déjà quasi insoutenable avant la crise de 2006-2009. Les plus dangereusement insolvables furent d'abord la Grèce et Chypre, le cas de l'Irlande ayant été traité au début, de manière assez efficace. Derrière elles, l'Espagne, le Portugal et l'Italie n'allaient guère mieux. La France même se trouvait en situation incertaine.

C'est en Grèce qu'apparut dès 2009 le premier risque de défaut de paiement d'un État membre de l'Union, et qui plus est de la zone euro. On s'aperçut alors de ce dont on n'avait guère pris conscience jusque-là : une dette *en* euro est une dette *de* l'euro. La Grèce est petite : elle pèse 2 % du PIB de la zone euro. Ça pouvait être rapidement soluble et sans grand drame. Mais un défaut de paiement de l'euro créerait la panique dans près de 30 % de la liquidité mondiale… Ce très petit détonateur pouvait provoquer une explosion mettant en cause l'euro lui-même et menaçant de faire s'effondrer l'immense château de cartes des liquidités mondiales, évoqué ci-dessus.

Or le problème est insoluble. Car le traité interdit à la Banque centrale européenne de prêter à un État. Et parce que l'Allemagne s'oppose à tout effort supplémentaire dont une part de la charge incomberait à ses contribuables. Suivent deux années de négociations frénétiques, marquées par des plans de soutien partiel avec restructuration partielle de la dette grecque. On évite le défaut de paiement formel, mais en prenant tant de temps pour ce faire que l'agitation se fait sentir sur les marchés.

Rebelote avec Chypre dans les deux ans qui suivent. Le détail n'a pas sa place ici. Création du mécanisme européen de stabilité, puis du Fonds européen de stabilité, modification des règles internes du système, etc. Et au total il n'y a pas eu défaut : l'euro fut sauvé.

L'Europe s'avère alors prête à faire face un peu moins mal aux difficultés éventuelles suivantes. Sont sous observation attentive, et dans l'ordre, le Portugal, l'Italie, l'Espagne, à un moindre degré la France.

En terminant ce bref rappel historique et avant d'en tirer les conclusions, je ne peux que saluer le courage, l'imagination et la compétence des deux présidents successifs de la Banque centrale européenne Jean-Claude Trichet puis Mario Draghi. Ces deux hommes ont su, toujours aux limites de leur mandat, déminer la crise de l'euro et parer effectivement aux menaces de défaut de paiement pouvant avoir des conséquences déflagratoires. Ils l'ont fait parce qu'ils étaient beaucoup plus conscients que n'importe quel dirigeant national du risque mondial que représentait une implosion possible de l'euro, détonateur à l'effondrement total du château de cartes. Pourtant Mario Draghi est inculpé devant la Cour suprême fédérale allemande !

Aujourd'hui, le risque d'une implosion de l'euro semble bel et bien derrière nous.

Mais tout est loin d'être fini pour autant. Si jamais l'Italie ou l'Espagne, huit à dix fois la Grèce en volume, se trouvent en difficulté financière, les mécanismes mis au point jusqu'ici risquent d'être débordés. Et plus de la moitié des membres de l'Union, sa zone méditerranéenne et quelques autres, s'acharnent à assumer leur dette dans des conditions qui leur interdisent presque tout investissement public et de faire jouer à leur budget un rôle incitateur à la croissance. Bien au contraire, Allemagne comprise, les politiques publiques nationales en Europe sont toutes déflationnistes.

Quant à l'idée que l'Union européenne puisse, en matière d'environnement et de réchauffement climatique, devenir le moteur d'une politique puissante d'investissements écologiques nécessaires, elle est tout aussi hors de propos que de portée.

Il reste donc, pour que l'Europe parvienne à sortir du marginalisme de son action de confortement des marchés, de la paralysie générale de son action macroéconomique et de sa disparition diplomatique, deux grandes questions. Aussi décisives l'une que l'autre, totalement indépendantes l'une de l'autre et à traiter distinctement. Le réveil de l'Europe exige pour chacune une réponse apportant un changement majeur, mais celles-ci ne dépendent pas l'une de l'autre. Elles doivent être cumulatives.

La première est institutionnelle : comment en Europe donner plus de pouvoir au centre, le rendre effectivement capable de prendre des décisions à la hauteur des enjeux en œuvre, quels qu'ils soient ? Ce projet doit affronter deux obstacles dominants.

D'abord la position britannique. Il suffit que la Grande-Bretagne soit à la table de négociation pour empêcher qu'un tel sujet apparaisse à l'ordre du jour. Les pays d'Europe continentale sont conscients de l'impuissance où les a mis la multiplicité des guerres auxquelles ils se sont livrés depuis quelques siècles. Ils sont conscients du caractère collectif des menaces qu'ils subissent et de leur totale impuissance à y mettre fin seuls. Ils sont conscients, l'ayant appris avec les difficultés de l'euro, que les actions nécessaires en réponse ne doivent pas avoir d'autre limite, en ampleur, que celle de l'importance des enjeux. Ils sont conscients qu'il est absurde et dangereux de limiter la puissance d'une banque centrale en cas de menace sur la monnaie qu'elle gère. Et ils ont besoin, d'abord monétairement mais pas seulement, que l'Union européenne soit leur vrai protecteur. Au point d'accepter de renforcer ses pouvoirs. Mais cette conception est radicalement antagonique avec la vision britannique. Qui ne laisse aucune place à un opérateur international de rang supérieur à celui de la nation dans l'ordre monétaire, ni macroéconomique ni diplomatique ou géostratégique. Sa vision, telle qu'exprimée par le concept de « liens spéciaux avec les États-Unis » (auxquels elle reste seule à croire puisqu'à l'évidence les États-Unis y ont renoncé depuis longtemps), est celle d'une marginalisation de ce continent trop conflictuel et chaotique qu'est l'Europe, au profit d'une régulation du monde par l'action conjointe de puissances commerciales et maritimes parlant la *lingua franca* du monde contemporain, l'anglais. Au problème en cause, il n'y a donc aucune solution tant que le départ anglais de l'Union n'est pas acquis. Depuis le temps que les Anglais l'annoncent et que leur opinion publique l'exige, la question a mûri.

L'ennui, c'est que la City continue à gagner beaucoup d'argent, à être la place financière la plus forte d'Europe. Elle souhaite le rester et influence donc son gouvernement. Mais ce dernier, écartelé entre l'europhobie croissante de son peuple et cette exigence, s'en tire en ne préparant pas le retrait, pis en cherchant à s'en faire pardonner par ses électeurs en aggravant la brutalité et l'insolence de ses critiques de l'Union, l'immigration n'étant là que le plus visible et facile des prétextes.

À jouer ce jeu plus longtemps, non seulement l'Europe restera paralysée, impuissante et donc absente de la gigantesque confrontation intellectuelle financière et politique engagée à la suite de cette multicrise, mais surtout le caractère hebdomadaire immanquable des sarcasmes et insultes britanniques finira par éroder et tuer une ancienne confiante et solide amitié entre nos deux peuples. Née de l'Entente cordiale scellée en 1905 entre Paris et Londres, vieille donc de plus d'un siècle, cette entente franco-britannique avait résisté à deux guerres mondiales. Elle ne résistera pas au visage xénophobe qu'affiche aujourd'hui la Grande-Bretagne. Son départ m'apparaît donc comme la moins mauvaise des issues.

La permission de poser le problème et d'en débattre étant acquise grâce au retrait britannique de l'Union, l'autre obstacle majeur à la perspective évoquée ici est tout simplement la souveraineté nationale. Même lorsque nous n'étions encore que six, et en l'absence des Anglais, c'est elle qui imposa la *diminutio capitis* de l'Europe lorsqu'elle est passée de la CECA à la CEE, la Haute Autorité se dégradant en Commission, la part de décisions ne pouvant être prises qu'à l'unanimité augmentant substantiellement. Ainsi a débuté une longue évolution qui a vu le Conseil des ministres reprendre progressivement mais nettement la prééminence sur la Commission. Cette évolution me semble presque à son terme : la Commission a depuis deux décennies perdu lustre et légitimité et n'est plus la vraie inspiratrice de ce qui survient en Europe.

D'autant que la souveraineté nationale veille toujours. Dans presque tous nos pays, la colère collective contre le chômage, la précarité, la stagnation moyenne des revenus et des salaires, l'absence de réponse à la crise, se voit dérivée, par l'outrance simplificatrice des médias et la couardise démagogique des gouvernements, vers l'Europe devenue un bouc émissaire. Ce retour vers l'absolutisme de la souveraineté nationale est une réponse populiste populaire mais fausse – on l'a assez vu dans cet ouvrage, l'Europe n'y est pas pour grand-chose – faisant des ravages dans les opinions publiques contemporaines.

Or, c'est peut-être des problèmes de l'euro que pourrait venir le déblocage. Tout le monde a compris que la disparition de cette monnaie provoquerait d'immenses catastrophes. Plus de la moitié des pays d'Europe serait contrainte à une énorme dévaluation, renchérissant beaucoup leur dette et leurs achats de pétrole, amputant de 10 à 20 % les revenus par tête, et risquant en outre de provoquer une déflagration financière mondiale. Chacun en est conscient, même l'Allemagne.

Si ce problème est posé de manière comptable, en fonction d'échéances mensuelles de court terme, on sait aussi que sa solution appelle une absence totale de limite au pouvoir de la banque centrale, une absolue possibilité pour elle de décider puissamment et vite – sous la condition, bien sûr, de rendre compte démocratiquement après, mais sans avoir eu l'obligation paralysante et retardatrice de négocier durant la prise de décision.

Or il s'agit précisément du genre d'options dont l'Angleterre ne veut pas.

Pour les pays continentaux, le réchauffement climatique est loin, le retour à plus de croissance est attendu davantage des États-Unis et des émergents que de l'Europe elle-même. Pas besoin de sacrifier de la souveraineté pour cela, qui peut attendre. L'urgence c'est l'euro. Et voilà pourquoi le traitement efficace de problèmes purement financiers et de court terme pourrait contribuer à réintroduire dans la mécanique européenne l'autorité du centre, la pérennité des enjeux et l'absence de limites préimposées aux décisions qui lui étaient interdites jusqu'ici et explique l'affaissement de l'Union.

Amusant retournement possible de l'Histoire. Même si ce n'est pour l'instant qu'une hypothèse.

Mais l'alternative est la mort de l'Union, un risque pour l'euro toujours présent et même pressant, et l'ouverture de négociations pour un nouveau traité déjà à l'ordre du jour. Ce qui serait, en outre, l'occasion d'engager un vigoureux renforcement du caractère démocratique du fonctionnement de l'Europe.

La crise pourrait être surtout l'occasion, pour l'Europe, de sortir du marginalisme budgétaire. Avec un budget limité à 1 % de son PIB, l'Union européenne ne peut guère peser sur quoi que ce soit, ni influer sur les tendances conjoncturelles et moins encore mettre en œuvre des politiques puissantes et efficaces en matière sociale, écologique ou autre. Si l'Europe continentale – la zone euro en fait – acceptait de se doter d'une vraie supranationalité pour des raisons bancaire et monétaire, il est fort évident qu'elle n'en limiterait pas l'usage aux seules opérations de court terme.

Une fiscalité européenne deviendra alors aussi possible qu'elle est nécessaire, l'immense chantier des énergies renouvelables des infrastructures écologiques, de la taxe carbone, etc., enfin traitable à l'échelle européenne qui est son niveau de pertinence.

Reste alors la seconde grande question, totalement distincte et indépendante de cette affaire institutionnelle : celle de la doctrine monétaire.

Comme l'Amérique du Nord et le Japon, l'Europe a hérité de quarante ans de suprématie monétariste non seulement la crise elle-même, mais aussi un corps de doctrine. Lequel demeure dominant dans les gestions financières et les façons de penser de bien des gouvernements, dont l'allemand et l'anglais actuels, parmi d'autres, et de bien des acteurs professionnels bancaires ou financiers.

Dans ce corps de pensée, l'État n'a pas à se mêler de croissance, les difficultés et problèmes doivent être réglés par le marché, l'investissement productif ne peut être que privé, il n'a pas à être activé par la puissance publique. De fait, selon cette doxa, il dépend uniquement de la confiance. Le confortement de celle-ci exige que les États équilibrent leur budget et paient leurs dettes. Et cela, quel que soient le coût social – baisse de la protection sociale en période de crise – ou économique – arrêt du moteur de croissance qu'est aussi la dépense publique – d'une telle politique. Au sein de l'Union européenne actuelle, il suffit de l'absolue rigidité du gouvernement allemand, et notamment de la chancelière Angela Merkel, pour obliger, à travers des règles européennes écrites avant que la crise ne dévoile toute son intensité, plus d'une douzaine de gouvernements à réduire leur protection sociale quand le besoin s'en accroît, et à s'interdire toute politique puissante d'investissements publics pour affronter la menace écologique et préserver ce que l'on peut de croissance.

L'évidence est pourtant là. En cas de déficit public important, tout gouvernement sait qu'il lui faut de la croissance pour le réduire et rembourser sa dette. À vouloir réduire le déficit au point d'arrêter la croissance, on aggrave tout, y compris, pour l'avenir, la possibilité de rembourser précisément cette dette.

Ajoutons d'une seule phrase, car si c'est décisif ce n'est pas mon sujet ici, qu'une politique aussi déraisonnable pousse l'opinion vers des choix protestataires désespérés, vers le repli national, la xénophobie et le rejet inconditionnel de l'Europe. Les exemples sont multiples.

Cet immense débat est un conflit intellectuel mondial. De plus en plus, de jeunes économistes y interviennent. Mais surtout les trois derniers prix Nobel d'économie, Amartya Sen discrètement, Joseph Stiglitz et Paul Krugman de manière tonitruante, en ont fait leur principal cheval de bataille.

Le politiquement correct interdit encore l'ouverture formelle de ce débat dans les instances européennes. Pour le moment celles-ci ne l'abordent que feutré. Mais c'est l'avenir d'ensemble de l'économie de marché dans le monde qui en dépend. Si l'Europe n'en est pas le lieu principal, elle en est l'enjeu le plus urgent. Et cela non seulement pour sa survie en tant qu'entité politique, mais plus encore parce que la profondeur, la durée et la gravité des multiples dangers évoqués dans cet ouvrage n'ont pas de solution sans la mobilisation et l'intervention puissante de grands agents publics.

À côté de la Chine et de la Russie, légitimement plus préoccupées de sortir leurs peuples de la misère que de régulation financière et du climat ; à côté des États-Unis paralysés par leur inconscience écologique et leur hostilité égoïste à toute régulation mondiale, l'Europe a un devoir d'exemplarité en même temps qu'une chance d'efficacité inouïe. Plus forte économie du monde, rassemblant le demi-milliard d'hommes le plus cultivé donc le plus capable de comprendre et d'assumer ces problèmes, nette de tout conflit territorial ou religieux avec quiconque, elle est exemplaire dans le respect des règles du jeu communes. Son exemple déjà serait contagieux, son poids aiderait à transformer des vœux en règles.

On a besoin de l'Europe parmi les acteurs majeurs capables d'apporter une réponse mondiale à la multicrise qui nous assaille.

Chapitre 12 et conclusif

INSTITUER L'ART DU VIVRE ENSEMBLE

Depuis toujours – on l'a retrouvé au long de ces pages –, les plus éminents souverains des hommes ont tenu à définir les principes rendant possible la vie en commun, ayant compris que leur clarté et leur lisibilité constituaient les conditions de leur meilleur respect.

Philosophes et autorités religieuses ont illustré de manière constante cette démarche, toujours portés par l'espoir d'être entendus et confirmés par les pouvoirs... sans toujours y parvenir.

On retrouve cette intention, et ce débat, au cœur des réflexions qu'inspire la multicrise dans laquelle se démène aujourd'hui l'humanité.

Il est limpide que quelques-unes des difficultés potentiellement dévastatrices nous menaçant ont leur origine dans des dysfonctionnements et des défaillances de nature technique. Donc qu'elles pourraient, de ce fait, être réglées de manière technique par de nouveaux savoir-faire, de nouveaux modes d'emploi, voire de nouveaux outils et produits. Mais... partiellement ou totalement ? Et quel que soit le niveau déjà atteint par les dommages provoqués ?

Toute économie a besoin de finances. Mais s'il est fatal qu'il y ait des marchés financiers, il n'est pas fatal que ceux-ci soient déséquilibrés. De fait, on n'a jamais connu de crise financière collective entre 1945 et 1980. Une régulation efficace s'avère donc possible ; on la trouvera. Elle sera de nature technique, mais appellera – c'est déjà perceptible – des changements de comportement.

Toute société humaine a besoin d'énergie pour se nourrir et organiser la pérennisation de sa vie. Il n'est pas fatal que cela doive se faire au prix de l'empoisonnement de l'atmosphère et du réchauffement général. Il y aura évidemment des réponses techniques, mais qui, tout aussi évidemment, exigeront des changements de comportement.

Tout groupe humain a aussi besoin de créer des instruments de production – des entreprises – pour transformer les ressources naturelles en moyens de survie par le biais de l'énergie. En d'autres termes, l'humanité dépense de manière constante un certain volume de richesses pour en produire d'autres, en plus grande quantité. À toute époque, devant chaque situation, l'humanité a donc charge de ne consommer, pour en vivre ou la dilapider, qu'une partie de la richesse produite afin de consacrer l'autre à la préparation et à la fabrication des nouvelles richesses de l'avenir, investissement notamment. Il faut pour cela des mécanismes. Il n'est pas fatal, là non plus, que ceux-ci se dérèglent voire tombent en panne.

Et il est encore évident que ce sont, dans l'ordre technique, d'autres mécanismes et d'autres modes d'emploi qui y pourvoiront. Mais il est clair qu'il y faudra de nouveaux comportements.

Les principes du vivre ensemble issus de l'Histoire ont de nombreuses formes, certaines religieuses – le Décalogue – d'autres politiques, nationales – la Déclaration française des droits de l'homme et du citoyen – ou internationales – la Déclaration universelle des droits de l'homme adoptée en 1948 par les Nations unies. Autant de textes bénéficiant d'une légitimité et d'une valeur immenses. C'est même sous l'égide du dernier, riche de l'autorité d'avoir été ratifié par 193 nations, que se poursuit l'extension mondiale du respect de ces droits, socle juridique minimal de la présente civilisation.

Ces textes ont en commun de formuler les exigences morales minimales – rejet de la violence, respect de la personne et des biens de l'autre, liberté de conscience et de parole, etc. – nécessaires à la pérennité d'une communauté. Pour autant, aucun n'entre de façon plus précise dans un jugement sur les mécanismes de la vie en commun. Pourquoi ? Parce que, de tout temps, les pouvoirs officiels ont prétendu préserver pour eux seuls la définition et la mise en œuvre de ces mécanismes ; ce qui peut se comprendre. Mieux : depuis l'établissement de la domination capitaliste sur l'essentiel de la planète, la dominante privée – souhaitée dans la structure et le pilotage de tels mécanismes – interdisait de poursuivre plus loin l'écriture de principes ou de règles que certains ne souhaitaient pas voir devenir publics.

Mais l'état du monde que cet ouvrage vient de décrire montre qu'il ne suffira en aucune manière de simples décisions gouvernementales pour que change profondément, et durablement, le rapport des hommes à la nature. Tout comme les rapports des hommes entre eux, tels que dangereusement déterminés aujourd'hui par l'argent et l'absence de toute règle en déterminant les limites et finalités.

La situation de multicrise appelle donc, impérieusement, de déterminer les conditions nécessaires à la vie en commun jusque dans les règles qui régissent notre organisation sociale.

Il y a, dans l'émergence de ce besoin d'une conscience collective informée, quelque chose d'analogue aux raisons ayant conduit M. Le Breton, libraire, à solliciter Diderot puis d'Alembert et quelques autres pour entamer l'immense aventure de *L'Encyclopédie*. Il s'agit, de nos jours aussi, d'accompagner un vaste mouvement social, un mouvement qui ne saurait se faire sans que les autorités publiques jouent un grand rôle, un mouvement qui ne prendra toute sa dimension que si le corps social dans son ensemble en découvre l'enjeu et s'y joint.

Un tel dessein ne peut être que mondial, d'origine multinationale, multilingue et multireligieuse. Il prendra quelques décennies… Ne rêvons donc pas.

Mais la clarification de quelques règles, essentielles quoique oubliées, faute desquelles se prolonge et prolifère la multicrise, est une nécessité.

D'abord parce que si nous gardons l'espoir de voir des règles mondiales contraignantes contribuer fortement au processus de redressement, il est sage de commencer par en établir la base juridique.

Ensuite parce que la grande victoire politique que constituerait l'écriture, par une part importante des forces vives du monde, de principes collectifs nécessaires à demain aurait une immense valeur mobilisatrice, agirait comme un détonateur chez les millions de citoyens inquiets de leur avenir comme de celui de la planète. Ceux désireux de participer à la lutte, sans bien savoir laquelle, ni où ni avec qui, ni surtout si elle doit être d'abord politique, reprendraient espoir.

Troisième raison, plus importante encore s'il se peut : le combat multifronts engagé voit les forces de progrès éparpillées, incertaines de leurs cibles comme de leurs objectifs, et surtout sans forces suffisantes. Or les adversaires sont nombreux et puissants. Il est donc nécessaire et efficace de les identifier, de dénoncer, d'analyser leurs méfaits ou leur résistance aux solutions indispensables. La dénonciation, la mise au pilori, la honte ont de la force.

Les processus nécessaires à notre changement de modèle social pour sortir de la crise auront d'innombrables ennemis, le plus omniprésent étant sans doute la protection des privilèges du passé par le refus du changement et l'inertie. C'est l'affaire décisive, celle du long terme. Mais il y a plus limité et urgent : à tout seigneur tout honneur, le lobby mondial – surtout russe et américain – des fabricants de bombes nucléaires et de missiles qui a réussi, jusqu'à présent, à empêcher ses présidents d'ouvrir la voie aux négociations de désarmement, donc qui a facilité l'extension de la prolifération. Le concept de crime de guerre doit selon moi être élargi, défini et devenir sanctionnable.

Autre adversaire, plus polymorphe, moins repérable mais plus immédiatement dangereux : la haute banque mondiale privée à orientation spéculative. Cette catégorie professionnelle, restreinte mais toute-puissante, protège, aux dépens du reste du monde, son droit d'être (de très loin) la branche la mieux payée du monde et, pour ses dirigeants, le droit inconditionnel à l'extrême richesse. Comment ? En parvenant à interdire toute régulation efficace. Là encore, il faut définir les comportements déviants, les opérations dangereuses donc délinquantes et savoir que le règne du droit est voué à progresser.

Ces urgences ne sauraient en rien limiter ni qualifier la nécessité d'entreprendre l'écriture collective des principes de la vie en commun nécessaires à notre temps.

Je me garderai bien de prétendre entreprendre ici une telle tâche ; elle ne peut être qu'œuvre collective.

Mais il me paraît utile de souligner les manques les plus évidents dans l'écriture des principes actuels qui nous régissent, ainsi que de signaler les plus grandes urgences.

La première, à mon sens, est le constat de notre interdépendance.

L'interdépendance, fait nouveau, majeur et inévitable

Ce constat, je l'ai brièvement esquissé dans le chapitre relatif à l'effondrement des sociétés : les changements radicaux en matière de flux et de transports (humains, matériels, d'information), cause et conséquence des prodigieux progrès techniques réalisés ces derniers siècles, ont bouleversé la géographie internationale en rapprochant les peuples. Car il ne faut pas voir, dans la géographie, une science statique du territoire physique : elle évolue au gré de la transformation des réalités humaines.

Le monde n'est plus, de nos jours, un ensemble de vases presque clos, plus ou moins bien reliés les uns aux autres : inévitablement, il est un. Pluriel, bien sûr, dans ses modalités humaines, culturelles, physiques ; pour autant unique et uni dans sa globalité. Peut-être est-ce l'acte de mettre un pied sur la Lune en 1969, si ce n'est le « simple » fait d'envoyer un homme dans l'espace à peine une dizaine d'années plus tôt (*a fortiori* à l'âge de la terreur nucléaire mettant à la portée de la folie de quelques hommes le sort de l'humanité tout entière), qui nous a, symboliquement, brutalement même, projetés dans cette réalité nouvelle : nous formons bel et bien un tout, dérisoire à l'échelle du reste de l'univers mais dont les destins ne peuvent qu'être communs. Nous sommes pieds et poings liés, bon gré mal gré.

Rien ne se passe à un endroit de la planète qui ne soit su ailleurs, exception faite, peut-être, de l'insondable Corée du Nord. Si l'on pouvait concevoir, autrefois, la chute d'empires (grec, romain, maya, aztèque), sans qu'ailleurs l'humanité bouge, la mondialisation économique et culturelle a changé la donne. Bien sûr, des pays peuvent s'affaiblir. Peut-être les États-Unis céderont-ils leur place de première puissance mondiale à la Chine dans les prochaines décennies ; peut-être le Brésil et l'Inde sont-ils déjà des puissances géantes et pas seulement des annonces, ce qu'ils n'étaient pas voici un demi-siècle. Pour autant, la relativité même de ces enjeux locaux de puissance et de stratégie révèle le caractère absolument intégré du monde contemporain. Tout se tient, remettant en cause les souverainetés nationales et les traditions locales, absorbées et mélangées progressivement dans la confusion culturelle globale. C'est dire la nécessité d'articuler gouvernances globales et locales pour gérer intelligemment et collectivement cet état de fait tout en évitant la dilution des identités spécifiques. Et ce d'autant plus que l'interdépendance doit également se penser vis-à-vis de la nature : l'humanité est intrinsèquement liée au devenir de son écosystème naturel. Nous l'avons toujours su, instinctivement, bien avant de le penser rationnellement. Nous n'avions jamais, cependant, éprouvé une situation de telle urgence : aujourd'hui, cette interdépendance se fait plus cruellement ressentir parce qu'elle risque de nous amener tous ensemble, et sans aucune distinction, fût-elle nationale, à une confrontation progressive mais implacable avec la nature, épuisée, dépecée, maltraitée.

Or cette prise de conscience de l'interdépendance, si elle est évidente pour les plus de 4 milliards d'adultes vivant sur la planète, elle est purement et simplement récusée dans nos règles officielles. Toute nation a le droit de refuser que l'on en déduise des règles contraignantes qui lui soient applicables. Et comme quelques-unes des plus influentes bénéficient, à ce titre, d'un droit de veto sur les décisions des autres, la mise au point de telles règles en devient impossible. C'est néanmoins, aujourd'hui, l'urgence des urgences. Une déclaration internationale d'interdépendance adoptée par les Nations unies est l'objectif que doivent se donner les nations assez profondément démocratiques pour être capables de placer l'intérêt de l'humanité au-dessus du leur propre. D'une telle déclaration découlerait la capacité des Nations unies à prendre pour le monde entier les mesures contraignantes nécessaires à sa survie.

Voici plusieurs décennies maintenant que, dans quelques rares lieux de haute culture où l'on pense librement, circulent des préoccupations de cette nature. Club de Rome, Club de Madrid, Collegium international éthique, politique et scientifique, Alliance universelle pour un monde responsable et solidaire comme beaucoup d'autres réfléchissent, se rencontrent, produisent des documents ayant valeur d'esquisse.

Si un accord assez général se fait autour de l'idée que l'interdépendance est suffisamment patente et lourde de conséquences pour devoir être officiellement formulée et pouvoir servir de base juridique aux instruments de la régulation mondiale, une autre idée, collatérale et aussi importante, a été produite par ces débats. Celle selon laquelle cette interdépendance est créatrice de nouvelles exigences de responsabilité.

La responsabilité, support nécessaire de toute vie sociale

La formulation du constat de l'interdépendance est sans doute plus logique – et par là plus facile à exprimer – si elle est associée à sa conséquence la plus directe : une responsabilité en découle.

Il n'est plus niable que chaque collectivité humaine porte la responsabilité vis-à-vis des autres de ce qu'elle laisse faire à ses membres, actions dont les conséquences ne sont pas limitées à leur seul territoire.

Concernant la nature, cela vise tout autant les prélèvements abusifs de ressources que les dommages et détériorations, les changements apportés aux conditions de stabilité biologique, chimique et thermique nécessaires à la vie.

Concernant les rapports des hommes entre eux, cela vise les atteintes à la morale comme celles à l'ordre public, où qu'elles soient commises.

Et, concernant l'organisation collective des hommes entre eux, cela vise les actes et comportements susceptibles d'introduire des dérèglements graves dans les équilibres nécessaires à ces mécanismes complexes.

À ce titre, et pour contribuer à définir plus clairement cette responsabilité, une autre élucidation paraît devoir être recherchée. Depuis toujours, les préceptes philosophiques et religieux, les grands codes, les législations nationales garantissent à tout homme un élément essentiel nécessaire à sa vie et à son épanouissement : la propriété. Qu'il s'agisse de la terre, bien immeuble, ou de tous les objets portables avec soi, les biens meubles. La propriété se définit comme le droit de tout faire avec ces biens : user et abuser, y compris vendre ou détruire. Et la règle mondiale acceptée, affirmée par toutes les grandes religions et tous les systèmes législatifs connus, est qu'un droit aussi absolu ne saurait être applicable qu'à la propriété strictement privée de chacun. Il n'y a de vie en société possible que si ce terrible droit (qui va jusqu'à l'abus) se limite strictement à l'usage de biens reconnus et définis comme d'appartenance personnelle. La règle comporte donc l'interdiction de porter atteinte au bien d'autrui.

Un constat expérimental doit s'ajouter à ce constat. Afin d'être maintenu en usage, tout bien a besoin d'être protégé des dégradations, entretenu. Et ce sous la responsabilité de son propriétaire.

Deux catégories de biens ont un caractère collectif. La première n'est pas très difficile à identifier, définir ni même évaluer. Ce sont les immeubles nécessaires à nos services collectifs. Que leur propriétaire en soit l'État, une ville, un département ou une collectivité, ils sont matériels, route, pont ou bâtiment, hôpital, université ou caserne. Les obligations d'entretien, par son possesseur, ou de respect minimal par quiconque autre, sont à peu près claires. Et également à peu près ressenties.

Il n'en va pas de même – tant s'en faut – pour les biens non matériels.

Les biens publics : concept, nécessité, réalité ?

Une fois partagée l'idée d'une nécessaire déconnexion entre l'épanouissement et le travail, le bonheur et l'argent, on reconnaît que les biens privés ne sont pas les seuls à même de rendre l'être humain heureux et, ce faisant, on distingue et admet l'existence de *biens publics*, permettant partiellement de sortir du paradigme du productivisme *per se* ainsi que de la propriété individuelle, dont les excès néfastes pour l'homme et son environnement sont connus.

Qu'ils soient des biens matériels ou des systèmes tout entiers, ces biens publics s'appellent santé, sécurité, éducation, culture, infrastructures, produits de la nature (air respirable, eau potable). Or, aujourd'hui, ils n'ont pas vraiment de statut, malgré leur définition par Paul Samuelson dans les années 1950, ni de reconnaissance formelle, malgré leur relatif envol conceptuel durant ces vingt dernières années. Alors que notre société calcule tout, ils sont même souvent ignorés statistiquement comme dans les flux qu'ils subissent – prélèvements et dégradations que nous leur infligeons, notamment. Qu'un pays assèche ses fleuves et rase ses forêts : son sacro-saint produit intérieur brut ne s'en portera que mieux, et tant pis pour ses ressources naturelles. Cette appréhension du monde n'est pas seulement de court terme, elle est bel et bien passéiste dans la mesure où elle évalue une entité en regardant dans le rétroviseur (sa production passée) au mépris de ses perspectives d'avenir (en l'occurrence bien menacées dans le cas d'une telle destruction en règle). La nécessité d'une catégorie juridique et comptable se fait donc pressante.

Définir les biens publics, préciser la nature et l'ampleur de la protection qu'on doit leur assurer, créer les institutions et agences de surveillance d'évaluation, de dénonciation des atteintes, et obtenir l'inscription dans les législations nationales du devoir de sanctionner et punir les dégradations ou dommages repérés, voilà une tâche d'envergure et d'urgence pour les Nations unies.

La définition du principe relève de l'Assemblée générale, les précisions de sa mise en œuvre du Conseil de sécurité. Il faut donc commencer par saisir l'une *et* l'autre.

Les remarques sur l'interdépendance, la responsabilité partagée et les biens publics conduisent à une conclusion commune vigoureuse : parmi les performances multiples dont l'humanité a besoin pour retrouver pérennité, sécurité et harmonie, et qui visent de nouvelles découvertes scientifiques, de nouvelles régulations, des transformations dans nos attitudes et nos modes de vie, il faut ajouter un socle juridique novateur créant les obligations de solidarité et de prise en compte des intérêts mutuels que nous n'avons jamais su imposer jusqu'ici. Le temps nécessaire se comptant en décennies, toute collectivité découvrant cette nécessité à travers les problèmes qu'elle traite – gouvernements, universités, groupes de recherche, organisations non gouvernementales, etc. – devra en ouvrir le chantier et créer les conditions d'un débat à ce sujet dès que possible.

Mais l'avancée collective nécessaire à l'art de vivre ensemble est loin de se limiter à ce que doit fournir un jour la base juridique indispensable à l'exercice d'un droit de punir les comportements dommageables.

Il est d'autres domaines où, bien avant d'avoir assez de certitudes pour oser songer à sanctionner, l'extrême complexité atteinte par les rapports entre les vivants appelle approfondissement, élucidation et formalisation. Afin de conduire à des suggestions ou recommandations, au mieux.

Cela est d'autant plus important que, dans un monde étourdi par le fracas des crises, des accidents, des dysfonctionnements et des menaces venant de partout, nos règles et nos pratiques de l'art de vivre ensemble, loin d'être les mêmes, sont issues d'histoires, de langues, de religions, de philosophies, de niveaux de développement et de pratiques démocratiques différents. Pour mettre en commun ces patrimoines, il faut les confronter et conforter leur compatibilité.

L'action des seuls gouvernements ne pouvant y suffire, c'est aux clercs de notre société, aux hommes et aux femmes de savoir qu'il revient de s'adresser et en qui faire confiance.

Face aux drames qui menacent l'humanité, il me paraît temps de passer du diagnostic à la recherche de réponse.

Au chapitre 4 – « Le dieu marchandise » –, j'ai cherché à mesurer la conséquence pour un bien matériel comme immatériel, de passer du rôle d'élément de bien-être à celui d'objet de commerce. Alors est apparu un problème : dans sa nature même, dans la manière dont il est rendu disponible et utilisé, ce bien répond à un intérêt privé ou correspond à un intérêt collectif. La santé, l'éducation, la culture, les transports publics ou privés, collectifs ou individuels, l'illustrent. Comme, dans un autre registre, l'accès à l'information. Or, dans de tels domaines, il me paraît urgent de proclamer qu'il n'appartient pas au savoir économique de décider de la valeur de ces biens. La sociologie et la psychologie, qui s'essayent à dire dans quelle mesure la vie d'un individu est conditionnée par ses rapports avec le reste de son espèce, ont à parler d'abord. La morale et l'éthique ensuite – indépendamment de l'éventuelle transcendance au nom de laquelle elles s'expriment – ont vocation à préciser les conditions limites de préservation de l'espèce dans le droit que demande chaque personne d'assujettir les autres à ses propres intérêts. Résultat, si l'ampleur du consensus le permet, il y a ici matière à des dispositions interdictives.

Ce sujet est d'autant plus vital, crucial, que la crise dans laquelle nous vivons est consubstantielle à la victoire complète, absolue, remportée par l'économie de marché au XXe siècle. Étant, en ce qui concerne la subsistance, la forme de distribution des biens et services la plus efficace, pourquoi vouloir l'étendre aux domaines où, pour des raisons extraéconomiques, le marché n'a pas sa pertinence et entraîne des effets pervers de haute gravité.

Autre remarque essentielle. Je l'ai expliqué : le marché n'est informé, ne juge et ne décide qu'à court terme. C'est même sa vertu essentielle. Or il est manifeste que pour une personne privée, et plus encore pour une collectivité, il peut y avoir – il y a souvent – contradiction entre l'évaluation et la perception de l'intérêt à court terme, et celles à long terme.

Cela vaut pour la distinction entre les transactions de type spéculatif et les transactions « saines ».

Cela vaut pour l'investissement directement économique, à la différence du financier. La temporalité différente de ces opérations est-elle suffisamment perceptible, et leur intérêt économique respectif suffisamment distinct, pour qu'il puisse être pertinent de songer à en distinguer les marchés ?

Il appartient aux maîtres du savoir économique de rechercher et d'approfondir la confrontation avec leurs homologues du savoir en « sciences humaines » pour expliquer le poids du temps dans les affaires des hommes, initier et décrire les mécanismes visant à dissuader l'économie, comme elle l'a fait jusqu'ici, de marginaliser voire d'annihiler le temps long, celui du déroulement de la vie.

Sécularité – Laïcité

Cet effort d'élucidation des règles du vivre ensemble aux fins d'en élargir l'audience et la compréhension pour donner un caractère plus impérieux à leur application ne saurait se limiter à des constats découlant du nombre des hommes et de la complexité, croissant avec ce nombre, des mécanismes nécessaires à la vie collective. Car nous avons cultivé entre nous nos différences. Bien avant que la science ne s'y attelle, ce sont des croyances, des religions, qui ont cherché à donner aux individus une lisibilité du système de leur vie, une tentative d'explication de leurs rapports avec l'univers ou la nature. Nos cosmogonies sont fort diverses, nos anciens ont bien souvent accepté qu'elles se formalisent en religions. L'intensité du besoin collectif d'identité est telle que c'est sur les religions qu'il s'est greffé avant de rencontrer, après quelques millénaires d'histoire, le principe national. Le fait que l'on ne s'identifie bien qu'en s'opposant et la propension profonde du psychisme humain à s'investir dans une vision cosmogonique ou une foi, ont longtemps fait de nos manières de prier le fondement majeur des hostilités entre groupes humains.

Les guerres de religion firent, dans toute l'Europe, d'effrayants ravages. En moins de deux cents ans et au prix de plusieurs dizaines de milliers de morts, les Réformés devinrent nombreux et construisirent des positions de pouvoir telles que le problème de la cohabitation entre catholiques et protestants sur des territoires voisins (ou sur le même) devint un enjeu politique de première importance. Il fallut plusieurs siècles pour régler des problèmes distincts, qui le furent séparément : abolir la puissance politique particulière des congrégations religieuses, reconnaître la liberté absolue pour chacun de choisir sa religion (ou de n'en pas avoir) et interdire toute prééminence d'une religion sur d'autres, enfin détruire le lien qui unissait l'Église catholique et l'État dans l'exercice conjoint du pouvoir. C'est en France que, finalement, la solution commune à ces problèmes trouva la plus profonde cohérence et le meilleur niveau d'acceptation publique : la laïcité. L'absolue liberté de pratique religieuse, l'égalité de statut des différentes religions et l'absence de toute référence ou choix de nature religieuse dans l'exercice des fonctions d'État composent, finalement, la solution la plus porteuse de paix civile et de concorde.

Dans tout territoire où une religion prétend à la prééminence sur d'autres et veut influencer les choix politiques de l'autorité publique, la liberté finit par se trouver menacée. Un Français réfléchissant à ces questions ne peut pas ne pas se demander si, bénéficiant d'une éducation laïque plus intense et réussie, l'Algérie n'aurait pas évité la guerre civile religieuse des années 1990, le Liban et la Syrie une partie des drames qu'ils vivent actuellement ?

Alors que le grand Moyen-Orient s'enflamme de toutes parts pour des raisons où les passions religieuses aggravent les tensions découlant du pétrole et de l'histoire politique, alors que les immenses territoires de la Russie et de la Chine subissent eux aussi le choc des antagonismes religieux, le moment semble donc venu de faire de la sécularité des institutions publiques une règle de droit international.

Le concert international actuel tient en effet la sécularité des institutions publiques nationales pour un acquis implicite. La plupart des démocraties d'Occident s'y conforment, mais par commodité et sans l'avoir réellement inscrit dans leur droit. La Russie comme la Chine ont, dans leurs textes constitutionnels, un principe général de cet ordre, mais on s'y réfère rarement et les détails d'application ne sont guère connus, ni même forcément publics. Une offensive juridique internationale sur ce plan me paraît d'actualité et nécessaire.

Tout bien considéré, le sens de ce dernier chapitre sur l'art de vivre ensemble vise à défendre et à rechercher des règles assurant la pérennité et la sécurité de la société humaine, tout en lui permettant la plus grande adaptabilité à un environnement changeant. Prendre la mesure de notre interdépendance, donner corps à la responsabilité mutuelle qu'elle crée, soulager le poids de la contrainte économique collective par la reconnaissance des biens publics et par la définition de bornes au marché, faire de la puissance publique, par la reconnaissance de la laïcité, le vrai garant du droit à la différence entre hommes, sont autant de pas dans cette direction.

Il est une dernière piste à ouvrir. Une piste d'une telle ampleur qu'elle en devient impressionnante. Je ne ferai que l'évoquer comme appel à de tout autres travaux et réflexions : en finir avec cette décision d'un État national se prenant pour l'organisateur et le régulateur exclusif de la vie des hommes sur Terre. Les dérives nazie et communiste ont quelque parenté avec celles qu'ont connues certaines écoles de pensée musulmanes, wahabbistes chez les sunnites ou persanes chez les chiites, puisqu'un pouvoir local (séculier par sa nature et quelle que soit la transcendance dont il se recommande) s'est arrogé le droit de soumettre à ses normes la totalité des relations des hommes vivant sous sa férule.

Les exigences de la société civile

C'est de la société civile qu'il s'agit ici, autrement dit de toutes les relations interpersonnelles ne relevant pas de l'organisation des pouvoirs publics. Dans tous les cas, qu'ils tirent leur prétexte d'une transcendance divine ou d'une vision totalitaire de l'organisation sociale, les excès d'un pouvoir concrétisé comme national ont entraîné l'atrophie de ces relations quotidiennes élémentaires qui toutes ensemble constituent la société civile.

La pente est forte, et la tentation considérable, puisque même en l'absence d'une dérive totalitaire un État trop puissant se laisse parfois aller à étouffer ces relations au prétexte mal inspiré qu'elles ont quelque rapport avec la souveraineté, dont il se veut et se pense le seul garant. Le cas de la France est assez typique à cet égard, puisque la souveraineté nationale s'y est totalement investie dans l'État républicain au point de faire perdre sens aux corps intermédiaires, aux identités et traditions régionales, et même aux éventuelles relations juridiques ou accords, conventions, contrats, noués entre certaines parties constitutives, sociales ou territoriales. C'est de là, entre autres, que la France affronte son extrême difficulté à se réformer et à évoluer.

Revigorer, réhabiliter la société civile fait partie des objectifs nécessaires pour permettre à chaque composante du corps social d'entreprendre, à son rythme, les modifications de genre de vie, d'adaptation au milieu naturel, de mode d'habitat et de transport qu'appelle l'immense mutation en cours qui nous effraie tant.

Il y a trois ou quatre ans, Jeremy Rifkin, l'infatigable essayiste américain, prenant acte de l'impossibilité dans laquelle est la

« main invisible du marché » d'assurer l'harmonie dans la vie des hommes, soutenait que l'empathie doit remplacer la transaction comme acte de base – ou comme attitude dominante – dans les relations humaines, grand thème et grande idée. Mais il faut, à l'empathie, la possibilité de provoquer des résultats concrets lorsque la rencontre des hommes permet de découvrir des opportunités de faire, dans l'ordre économique ou autre.

Le contrat doit ici prendre toute sa place. Dans les relations entre personnes, il s'agit sans doute d'un acquis contemporain. Dans les relations entre entités collectives, c'est moins sûr. La loi a souvent tout étouffé sous elle.

Pour autant, réguler ne veut pas nécessairement dire légiférer ! Expression de la volonté générale, la loi n'a pas forcément la souplesse requise pour s'adapter aux situations particulières : elle est un marteau-pilon qui écrase tout sur son passage, au mépris des subtilités inhérentes à chaque situation.

Le contrat, lui, le peut. Bien sûr, les modalités de sa définition doivent être encadrées afin qu'il ne devienne pas l'expression d'un rapport de forces déséquilibré, mais l'outil du consensus dans le compromis. La loi doit donc rester au-dessus du contrat dans la hiérarchie des normes afin de garantir le respect des normes protectrices fondamentales.

Relancer le contrat collectif comme instrument de transformation sociale, faire place au contrat dans nos constitutions, dynamiser la pratique contractuelle font partie de l'évolution nécessaire.

C'est un peu ce que voulait dire le mot d'autogestion, avant que la dérive yougoslave, découlant du maintien d'un parti unique à vocation totalitaire, ne lui fasse perdre son sens.

« Une société autogestionnaire, c'est une société où les hommes sont capables de prendre en main leurs propres affaires, de prendre eux-mêmes les décisions qui concernent leur travail, leur cadre de vie, leur formation, leurs relations et toute leur vie quotidienne. » Je ne pense pas que cette définition, issue du « Manifeste pour l'autogestion du Parti socialiste unifié » en 1972, ait pris autant de rides que ses rédacteurs : l'autogestion est toujours d'actualité ! Elle est, aujourd'hui comme hier, une nécessité pour sortir des difficultés rencontrées dans le mode d'organisation du système économique.

Aujourd'hui, l'essor de l'économie sociale et solidaire, qui en est une forme dérivée, ainsi que la reconnaissance scientifique des bienfaits de l'autogestion – avec notamment la remise du prix Nobel d'économie à Elinor Ostrom en 2009 pour ses travaux sur la gestion des biens publics – laissent augurer de perspectives plus favorables à cette idée. L'autogestion montrait en effet que les équipements collectifs étaient généralement mieux gérés lorsqu'ils se trouvaient entre les mains des usagers, constitués en associations, coopératives ou autres, que lorsque le marché ou l'État lui-même s'en occupaient !

Celle-ci ne peut pourtant se conjuguer qu'avec un principe de responsabilité, sans quoi elle se fourvoierait dans l'anarchie ou, au contraire, la reprise en main autoritaire et antidémocratique. « Qui dit autogestion ne dit pas dilution des responsabilités mais responsables qui rendent compte, responsables soumis au jugement de ceux qui les ont élus et sur qui s'exercera leur autorité », écrivais-je également dans ce texte.

Certes, l'entreprise, en France et ailleurs, s'est ouverte à des formes de transparence et de démocratie qu'elle ne connaissait pas auparavant. Les salariés qui, s'ils n'insufflent pas de capital dans la société y apportent de la valeur par leur travail, sont plus impliqués aujourd'hui dans sa vie, l'entreprise étant trop souvent partie intégrante si ce n'est prépondérante de la leur. Nous pourrions, néanmoins, aller plus loin en multipliant les formes associatives, fussent-elles à finalité économique avec une recherche de profits, gérées directement par les femmes et les hommes en étant parties prenantes. L'entreprise a été dénaturée par le développement du capitalisme financier depuis les crises des années 1970 : communauté humaine, elle est devenue une somme d'actifs financiers morcelés, dépecés, échangés – méprisée, donc. L'autogestion, forme politique plastique pouvant s'accommoder de degrés divers, peut permettre d'y remédier.

À l'heure où la défiance des citoyens vis-à-vis des pouvoirs constitués va croissant, la solution peut se trouver dans cette expansion de la démocratie à des sphères qui ne l'ont jamais accueillie – ou trop peu. L'entreprise n'en est qu'une parmi d'autres. De l'autogestion dérivent également la décentralisation, la transparence et, corollaire, la formation, indispensable afin de donner à chacun les clefs de la gestion. Que ce soit pour l'épanouissement individuel, pour l'efficacité des services et institutions à petite échelle ou pour la recherche et la mise en œuvre de solutions globales aux problèmes qui menacent l'humanité et les sociétés, je crois en la société civile et, ce faisant, en l'autogestion. Cela implique au passage – il va de soi – un fort degré de décentralisation politique et administrative.

Au-delà de cette contractualisation plus étendue des rapports entre les humains, créant du lien social à l'échelon inférieur à celui de la souveraineté nationale, la société rassérénée de demain, dominant ses peurs et ses menaces, connaîtra un autre grand besoin : retrouver la solidarité. Affaiblie de toutes parts, disparaissant même des valeurs collectives proclamées, cette dernière peine à se maintenir dans nos grandes bureaucraties, chargées pourtant de l'administrer mais de moins en moins respectées. Bien des forces s'acharnent à en réduire le champ, pour le confier conjointement à la charité et à l'assurance.

Or la solidarité n'est pas la charité.

La solidarité est un système, la charité un acte moral. On doit la première notamment aux travaux intellectuels et à la volonté politique de radicaux comme Léon Bourgeois sous la IIIe République, tandis que la seconde est un don de soi, un acte individuel et de conscience. Paul Bert, ministre de l'Instruction publique de Gambetta et, à ce titre, père fondateur de l'école primaire gratuite, obligatoire et laïque en France, posait la distinction en ces termes : « Dans le régime démocratique, à côté de la charité, ne la supplantant pas mais coopérant avec elle, se place la solidarité ; c'est-à-dire qu'à côté du devoir imposé à chacun par la morale, il y a, imposé par la politique à la société elle-même, le devoir de venir au secours de ceux qui souffrent. »

Le bilan du XXe siècle est ici clair. C'est la social-démocratie internationale, pas tout à fait seule mais presque, qui a le mieux reçu, préservé et amplifié cet héritage.

Ce rappel en forme de clarification me semble extrêmement important à l'heure où, trop souvent, les politiques sociales – fussent-elles particulièrement ambitieuses et, donc, exigeantes comme dans notre pays – sont dénigrées et leurs bénéficiaires méprisés, bien rapidement traités « d'assistés ». Une honte, évidemment, mais également un non-sens car la solidarité n'est pas une charité ! Le système *solidariste* ne bénéficie en rien à une poignée de personnes, plus ou moins importante : il profite à l'ensemble de la société, à chacun de ses citoyens. Dans *Une société sans impôts ?* [1], Vincent Drezet, fiscaliste et secrétaire général du syndicat Solidaires Finances publiques, rappelle qu'une année de collège, pour ne citer que cet exemple, coûte 8 000 euros. Intégralement pris en charge par l'État pour ce qui est de l'enseignement public, bien évidemment. Les collégiens et leurs parents sont-ils pour autant des « assistés » ? L'État et les contribuables font-ils œuvre de « charité » envers eux en finançant, par leurs impôts, leur éducation ?

De la même façon que peuples et nations sont inextricablement liés les uns aux autres, les êtres humains au sein d'une société sont inévitablement entremêlés. L'existence et le bien-être de l'un ne peuvent être indépendants de la société dans son ensemble en ce qu'elle offre un cadre de vie, les moyens de la réussite, une éducation, un espace de sociabilité et de sécurité physique, intellectuelle et juridique. Si tout le monde ne profite pas de l'allocation-chômage ou du RSA, chacun jouit des mécanismes de solidarité globaux. Au-delà, même ceux qui, plus chanceux, plus talentueux ou autre, n'ont pas besoin des prestations sociales accordées aux plus démunis en profitent : sans elles, en effet, la société se disloquerait, les inégalités, déjà criantes, exploseraient et, avec elles, une certaine forme de paix sociale et de bien-être collectif se maintient. Tout le monde est gagnant dans un système solidaire.

Dans un très percutant livre, Éloi Laurent revient sur ce thème en conservant à la société solidaire le nom étrange et dangereux

1. Vincent Drezet, *Une société sans impôts ?*, Les Liens qui libèrent, 2014.

qui lui a été donné en France, l'État-providence, alors que les Anglophones l'appellent plus sagement État de bien-être (*Welfare State*). Sous le titre *Le Bel Avenir de l'État-providence* [1], il rétablit d'abord la vérité historique en montrant qu'en assurant le bien-être, cet État-providence a prévenu l'affaissement moral des individus, qu'en développant les capacités humaines il a favorisé la prise de risque et maintenu la cohésion sociale. Loin d'être insoutenable financièrement, il n'a jamais – et ce nulle part – provoqué de crise économique globale. L'auteur plaide au contraire que, dans l'aggravation des tensions sociales actuellement provoquée par la crise globale du système, le renforcement des institutions et des instruments de l'État-providence est l'un des plus importants moyens de préserver l'équilibre social sans lequel aucune sortie de crise n'est possible. Enfin, et surtout, Éloi Laurent affirme que les outils mis en place en plus d'un demi-siècle ont préservé l'humanité de la cruauté inhérente du capitalisme et que les mêmes techniques – fiscales et redistributives – sont celles dont nous avons besoin pour nous protéger des risques écologiques. Le concept de solidarité reste donc puissamment protecteur et réellement porteur d'avenir.

Un dernier point a toute sa place dans cet art de vivre ensemble à réinventer : le combat contre les inégalités.

Les inégalités

J'ai rappelé, plus haut, à quel point l'exacerbation des inégalités constitue une dangereuse fissure dans le corps social, lézarde qui pourrait provoquer son explosion et sa dissolution finale. Comment continuer à accepter les règles de la société quand celle-ci est génératrice de situations aussi inégales et injustes ?

Des progrès ont été faits ces dernières années, si ce n'est sur le plan économique, du moins sur le plan social – je pense

1. Éloi Laurent, *Le Bel Avenir de l'État-providence*, Les Liens qui libèrent, 2014.

notamment au statut de la femme dans les sociétés occidentales, enfin normalisé après qu'il eut été méprisé pendant des siècles. Le combat pour un suffrage universel au XIXe siècle ? Une lutte pour la justice sociale et l'égalité politique à laquelle il eût été impensable d'associer les femmes ! Heureusement, nous en sommes loin désormais. La place de la femme reste un sujet important, un point de vigilance majeur mais le fait même qu'il soit porté, sur la place publique, par de nombreuses associations dont les revendications, à défaut des méthodes, sont très largement partagées, suffit à montrer que nous allons dans le bon sens. Quand un sujet attire l'attention plutôt que de susciter le silence, c'est bon signe.

En revanche, il est temps de sonner l'alarme en matière d'inégalités économiques – elles-mêmes génératrices d'inégalités culturelles et d'injustice sociale ! Car au-delà des souffrances qu'elles provoquent, elles menacent le vivre ensemble. Jamais dans les trente dernières années, nous dit l'OCDE dans un rapport sur la question publié en décembre 2014, le fossé entre riches et pauvres n'a été aussi prononcé au sein des pays occidentaux. Une inégalité de fait qui pèse, en outre, sur la sacro-sainte croissance, empêchant l'accumulation de capital humain des classes les plus défavorisées et « limitant ainsi la mobilité sociale et le développement des compétences ». Vain arbitrage, donc, que celui proposé par certains responsables politiques entre lutte contre les inégalités et croissance économique : les deux vont de pair. Pour l'OCDE, les pouvoirs publics doivent se préoccuper activement du sort des 40 % les plus défavorisés, incluant donc dans les cibles qui devraient être privilégiées par les politiques publiques les « classes moyennes inférieures vulnérables », en sus des classes les plus populaires.

À cet égard, nous pouvons nous féliciter que la France soit, au milieu de ce marasme d'inégalités occidentales, parmi les bons élèves : notre relativement bonne résistance à la crise financière et économique des dernières années, par rapport à nos partenaires occidentaux, serait même due en partie à notre situation moins inégalitaire en interne. Si le coefficient de Gini, qui sert de mesure des inégalités, a progressé dans la plupart des pays occidentaux au cours des trois dernières décennies, signalant des inégalités de revenus croissantes, il est resté relativement stable en France, performance égalée uniquement en Belgique et aux Pays-Bas et dépassée en Grèce et en Turquie.

Au-delà du versement de prestations sociales, l'OCDE affirme, rejoignant ce que j'écrivais plus tôt, que les « investissements sociaux » visant au « renforcement de l'accès aux services publics » devraient être un objectif majeur des politiques publiques visant à réduire les inégalités et à favoriser l'égalité des chances, socle démocratique. Encore faudrait-il, pour ce faire, engager véritablement la révolution fiscale promise et oubliée, seule à même de recréer un consentement à l'impôt à travers une remise à plat du système visant à le reconstruire sur des bases justes, claires et consensuelles.

En attendant, la situation reste extrêmement précaire : comment les responsables politiques pourraient-ils s'accommoder d'une France dans laquelle la pauvreté a augmenté au cours des dix dernières années, à rebours de l'évolution constatée depuis les années 1970 ? 8 millions et demi de personnes vivaient en 2012 sous le seuil de la pauvreté, soit avec moins de 987 euros par mois. Une situation socialement explosive mais, surtout, humainement inacceptable. Et encore je ne parle même pas, ce faisant, des inégalités abyssales à l'échelle internationale…

Ce viatique de l'art de vivre ensemble montre bien que le savoir économique – la science économique ? – fait fausse route lorsqu'il croit possible de traiter la grande menace d'affaissement qui nous assaille uniquement à partir du champ d'investigation qui est le sien. Le quantitatif ne saurait suffire. Il faut une pensée globale de la société des hommes, de leurs identités et de leur dignité.

Ce n'est qu'ainsi qu'il sera possible d'intégrer à nos savoirs, et à nos règles, ce que nous oublions tant désormais : le sort des générations futures.

Annexes

Les principaux bassins versants du monde

Bassin versant

Débit spécifique moyen (litre/seconde/km²)

De 25 à 42 — De 15 à 24,9 — De 8 à 14,9 — De 5 à 7,9 — De 0 à 4,9

Source : UNEP, 1995 ; Shiklomanov et Rodda, 2003 ; WRI, Earth Trends.

Lana
Indiguirka
Petchora
Dvina
7
Kolyma
Ienisseï
Lena
Volga
Ob
8
Amour
Syr Daria
Huang He
6
Tarim
Tigre et
Euphrate
Indus
Gange
9
Yangzi Jiang
Narmada
Godavari
Krishna
Irrawady
Mékong
Océan
Pacifique
Nil
Congo
Océan
Indien
Zambèze
Orange
Murray
2 000 km
Échelle à l'équateur
Carte : Édigraphie
Débit moyen à l'embouchure (m³/seconde)
200 000
40 000
10 000
4 000
1 000
Les cercles proportionnels sont situés à l'embouchure des fleuves concernés.
1. Èbre
2. Loire
3. Rhône
4. Rhin-Meuse
5. Elbe
6. Danube
7. Neva
8. Dniepr
9. Brahmapoutre

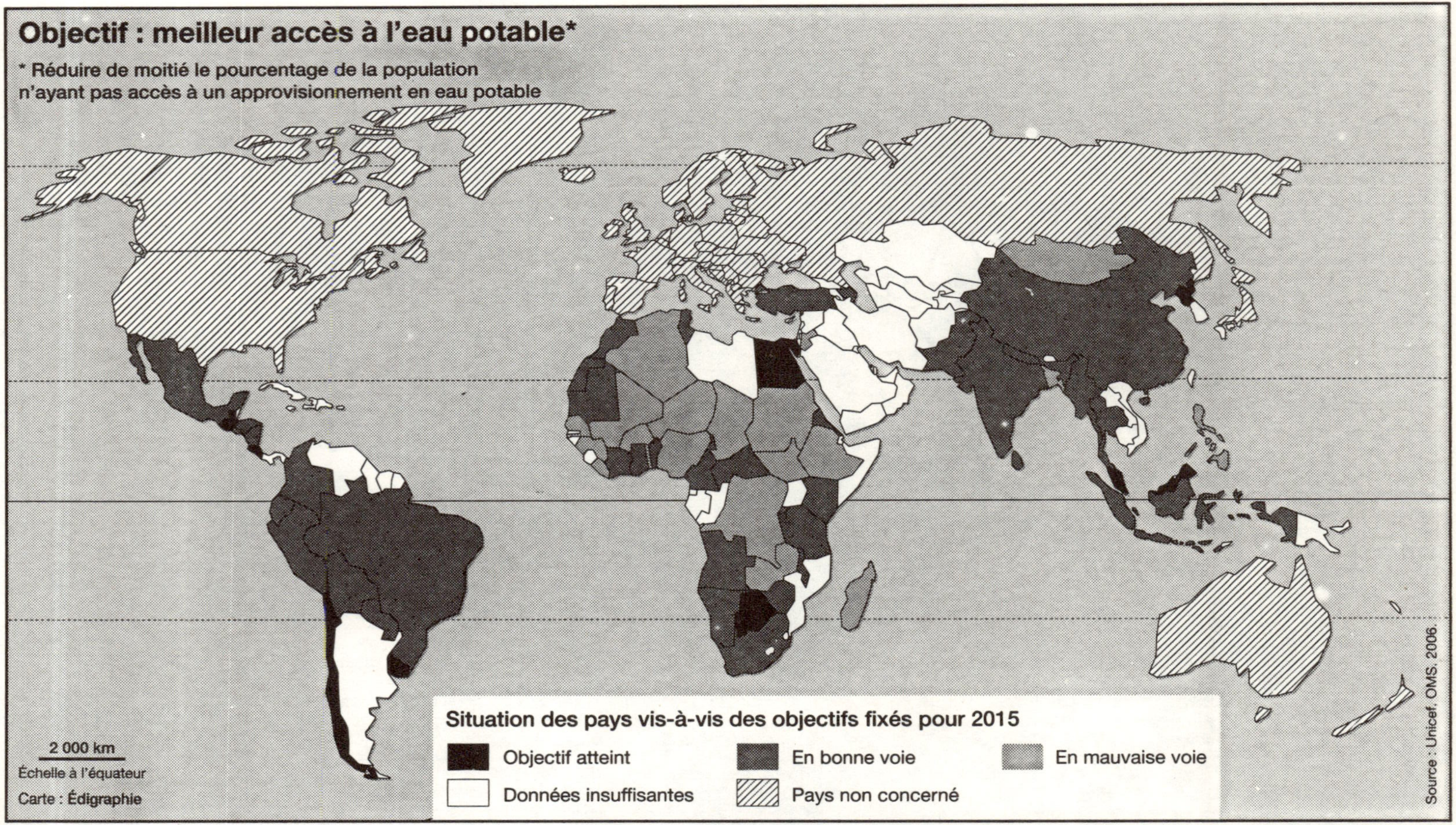
Objectif : meilleur accès à l'eau potable*
* Réduire de moitié le pourcentage de la population
n'ayant pas accès à un approvisionnement en eau potable
Situation des pays vis-à-vis des objectifs fixés pour 2015
Objectif atteint
En bonne voie
En mauvaise voie
Données insuffisantes
Pays non concerné
2 000 km
Échelle à l'équateur
Carte : Édigraphie
Source : Unicef, OMS, 2006.

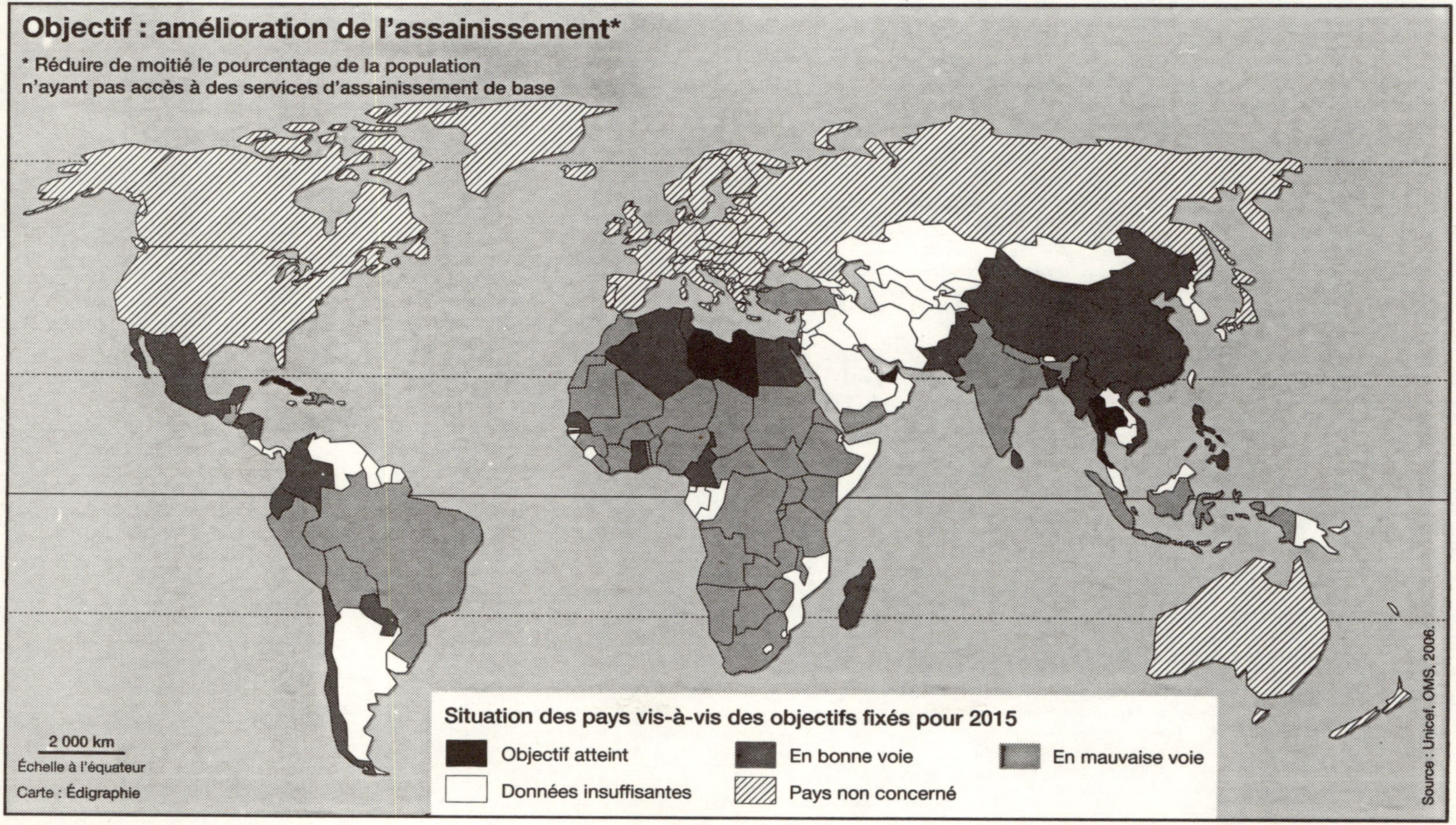

Objectif : amélioration de l'assainissement*
* Réduire de moitié le pourcentage de la population n'ayant pas accès à des services d'assainissement de base
Situation des pays vis-à-vis des objectifs fixés pour 2015
Objectif atteint
En bonne voie
En mauvaise voie
Données insuffisantes
Pays non concerné
2 000 km
Échelle à l'équateur
Carte : Édigraphie
Source : Unicef, OMS, 2006.

Remerciements

Je veux remercier Thierry Billard, mon éditeur, pour sa compréhension, Nelly Rivier pour l'énorme tâche qu'elle a assumée, et très vivement Jules Fournier, sans l'infatigable énergie de qui ce livre n'aurait pu être produit.

TABLE

Mise en page par Meta-systems
59100 Roubaix

CET OUVRAGE
A ÉTÉ ACHEVÉ D'IMPRIMER
SUR ROTO-PAGE
PAR L'IMPRIMERIE FLOCH
À MAYENNE EN MARS 2015

N° d'édition : L.01ELKN000511.A002. N° d'impression : 88165
Dépôt légal : février 2015
Imprimé en France